KB260247

임동석중국사상100

장자

莊子

1/2

莊周 撰 / 林東錫 譯註

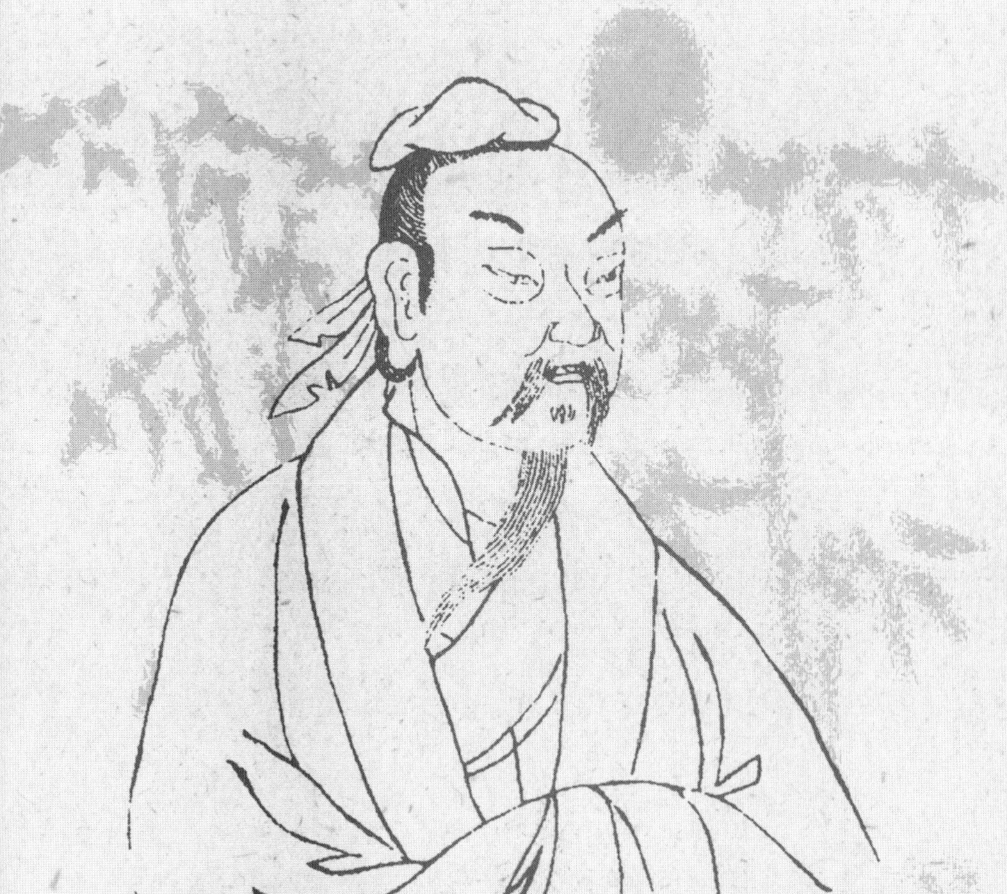

"상아, 물소 뿔, 진주, 옥. 진괴한 이런 물건들은 사람의 이목은 즐겁게 하지만 쓰임에는 적절하지 않다. 그런가 하면 금석이나 초목, 실, 삼베, 오곡, 육재는 쓰임에는 적절하나 이를 사용하면 닳아지고 취하면 고갈된다. 그렇다면 사람의 이목을 즐겁게 하면서 이를 사용하기에도 적절하며, 써도 닳지 아니하고 취하여도 고갈되지 않고, 똑똑한 자나 불초한 자라도 그를 통해 얻는 바가 각기 그 자신의 재능에 따라주고, 어진 사람이나 지혜로운 사람이나 그를 통해 보는 바가 각기 그 자신의 분수에 따라주되 무엇이든지 구하여 얻지 못할 것이 없는 것은 오직 책뿐이로다!"

《소동파전집》(34) 〈이씨산방장서기〉에서 구당(丘堂) 여원구(呂元九) 선생의 글씨

책 머 리 에

　일찍이 《장자》를 읽으며 "박실한 본래의 바탕대로만 하면 천하에 그 무엇도 그와 아름다움을 다툴 수 없다"(樸素而天下莫能與之爭美. 〈天下篇〉)라는 구절에 힘이 빠졌던 적이 있다. 어리고 젊은 나이에 어찌 그 깊은 뜻을 터득했다고 할 수 있었겠는가? 그럼에도 이것이 나를 사로잡고 나서 늘 《장자》를 들쳐보면서, 뜻도 모르면서 신기한 구절, 마음에 와 닿는 구절이 없을까 편린片鱗을 찾기에 바빴다. 모든 경經이란 단장취의斷章取義한 구절도 그 가치를 지니기는 하나 앞뒤 배경이나 상황을 모른 채 그저 낱 구절을 두고 무엇을 느꼈다거나 그 구절이 전체를 대변하는 것이라 여기는 것은 실로 위험하기 그지없는 행동임을 나이가 들면서 차츰 깨닫게 되자 은근히 겁이 나기 시작하였다.

　이에 천학의 둔재이지만 《장자》 전체를 초보적으로나마 한 번 섭렵해보리라 하고 덤빈 것이 벌써 10여 년이 넘었다. 그런데 문자로 쓰여진 내용을 넘어 그 속에 들어 있는 깊은 뜻은 날이 갈수록 내 자신으로 하여금 '나는 무식無識한 자, 무지無知한 자, 무모無謀한 자'라고 중얼거리도록 덜컥 겁을 주어, 《장자》는 나를 삼무三無로 끌고 들어가는 두려운 책이라는 생각에 내 자신이 왜소해지고 겁에 휩싸여 그만둘까 하고 사실 몇 번을 고통 속에 괴로워하였다. 더 나아가 이를 책으로 낸다는 것은 '삼무' 중에 '무모'함을 최선의 가치로 여기는 한 사례로서 천하에 그 유례가 없는 '무모 극치'의 주인공이 되어 비웃음을 사게 될 것임은 자명한 일일 것이리라. 내 어찌 장자를 알겠는가? 어찌 장자의 내용을 이해하겠는가? 어찌 내 시대도 다르고 언어체계도 다른 나만의 모국어로써 풀이해낼 수 있겠는가? 아니 알지도 못하면서 어찌 내 얕은 어휘로써 이를 설명한다는 것인가? 이는 이려측해(以蠡測海, 표주박으로 바닷물의 양을 잼)요, 이관규천(以管窺天, 대롱으로 하늘을 살핌)이다. 아니 그만만 해도 위안을 받을 수 있는 평가이리라.

　　그럼에도 결국 버리지 못한 채「중국사상100」전체의 '보벽용補壁用'이라는 구실을 달아 슬며시 끼워 넣고 말았다. 이 때 나는 늘 도연명陶淵明의 '불구심해不求甚解'라는 독서법으로 나를 변호하곤 한다. "그래, 와 닿는 구절만 유관流觀하는 것도 내 하나의 삶이지 뭘! 어찌 그 큰 대인, 진인들의 사상을 훤히 깨달을 수 있겠는가! 깨달았다면 득도한 것이며, 득도했다면 이런 작업을 하고자 하였겠는가?"

　　독자들께서는 살펴 읽어주시기를 바란다.

줄포茁浦 임동석이 부곽재負郭齋에서 적음.

일러두기

1. 이 책은 청淸 곽경번郭慶藩의 《장자집석莊子集釋》(中華書局, 諸子集成本, 1995, 北京)을 기본으로 하고 그밖에 현대 백화어 주석본을 고루 참고하여 우리말로 번역한 것이다.

2. 원의에 가깝도록 번역하고자 하였으나 워낙 문장이 어렵고 함의가 깊어 일부는 앞뒤의 문맥과 전체 뜻을 감안하여 수식어나 부사어를 더하여 풀이한 것도 있다.

3. 원문은 현대 중국의 문장부호를 원용하였으며 대화체와 문단 구성에 따라 단락을 나누었다.

4. 인명, 지명, 주요 어휘와 개념을 나타내는 구절 등은 따로 분리하여 주석을 더하였다.

5. 「참고 및 관련자료」난을 설정하여 본문이 전재되거나 인용된 다른 문헌을 찾아 이를 제시하였으며 본문 속에 역대 이래 논란이 되었던 구절이나 문장을 설명하였다.

6. 문장의 분류는 역대 이래 확정된 것은 없으며 현재 많은 주석본이나 백화어 번역본 등도 장별 분류를 하지 않거나 혹 분류를 한다 해도 각기 그 기준이 다르다. 본 책의 전체 번호와 괄호 안의 해당 편 소속 번호는 진고응陳鼓應의 《장자금주금역》을 따랐으나 이는 절대적이거나 확정적인 것은 아니지만 내용 분류와 독자의 편의를 위하여 임시로 제시한 것이다.

7. 각 장마다의 한글 제목은 본인이 임의로 부여한 것으로 해당 장 전체의 의미를 포괄하는 것은 아니며 내용 중 일부 구절이거나 표현의 적절한 것을 선택한 것일 뿐이다.

8. 부록으로 장자서문과 일부 서록을 제시하여 연구자의 도움이 되도록 하였다.

9. 이 책의 역주작업에 기본적으로 참고한 문헌만 제시하면 다음과 같다.
　①《莊子集釋》(4책) 淸, 郭慶藩(撰) 新編諸子集成本 中華書局(北京) 1995
　②《莊子今註今譯》(3책) 陳鼓應 中華書局(香港) 1991
　③《莊子今註今譯》(修訂本 2책) 陳鼓應 臺灣商務印書館(臺北) 1999
　④《莊子譯注》劉建國, 顧寶田 吉林文史出版社(長春) 1993
　⑤《莊子全譯》張耿光 貴州人民出版社(貴陽) 1992
　⑥《新譯莊子讀本》黃錦鋐 三民書局(臺北) 1979
　⑦《白話莊子》李申 岳麓書社(長沙) 1996
　⑧《南華眞經》四部叢刊本(北京) 1996
　기타 공구서 및 방증 자료로 사용한 문헌은 생략함.

해 제

장자(B.C.369~B.C.286)는 이름이 주周이며 전국시대 송宋나라 몽(蒙, 지금의 河南 商丘縣 동북쪽, 혹 安徽 蒙縣이라고도 함) 사람으로 전국시대 뛰어난 사상가이며 전설적인 철학자이다. 노자老子와 열자列子의 사상을 이어받아 도가道家의 대표 학자로 '노장老莊'이라 병칭되기도 한다. 그에 대한 전은 사마천《사기》 老莊申韓 列傳에 실려 있다.(본책 부록을 볼 것)《사기》에 의하면 그는 양(梁, 魏) 혜왕(惠王: B.C.369~B.C.335 재위), 제齊 宣王(威王: B.C.356~B.C.320 재위)과 동시대 인물로 아주 박학하여 들여다보지 않은 분야가 없을 정도라 하였다. 저서 10여만 언글에 이르는 방대한 양이며 노자에 기초를 두었고, 유가와 묵가를 맹렬하게 배척하였으며 당시 석학이라 자처하는 자로서 그 누구도 그의 공격에서 벗어날 수 없었다 하였다. 이러한 기록으로 보아 장자는 맹자(孟子, B.C.372~B.C.298)와 거의 동시대 인물이었다. 그럼에도 맹자는 장자를 거론한 곳이 없고, 장자 역시 맹자에 대하여 일언반구도 언급한 곳이 없다. 이에 대하여 주자(朱子, 朱熹)는 맹자는 대량(大梁, 魏나라 도읍, 지금의 河南 開封) 이남으로 내려가 본 적이 없고, 장자는 남쪽 자신의 활동 범위를 벗어난 적이 없어 서로 모르고 살았기 때문일 것이라 하였다.

좌우간 장자는 통이 크고 끝간 데를 알 수 없이 현원玄遠한 생각을 가진 특이한 인물이었다. 그는 노자의 도道에 근거를 두고 유심주의唯心主義의 신비한 색채를 띠고 있었으며 '무위자연無爲自然'의 대도를 주장하고 인위를 배척하였다. 그리고 유가의 인의仁義 따위는 속박이며 하잘 것 없는 것이라 치부하였다. 그리고 만물에 대하여는 상대성을 강조하고 사람으로서의 주관적 인식론을 제창하였다. 그리하여 "道, 物, 俗, 差, 功, 趣" 등의 잣대를 설정하여 "以道觀之, 以物觀之, 以俗觀之, 以差觀之, 以功觀之, 以趣觀之" 등의 명제를 제시하기도 하여 인간의 관점을 한없이 넓힐 수 있는 기틀을 마련해 주었다. 나아가 노자와 양주楊朱의 '귀생貴生', '위아爲我'를 근거로 자신 특유의 '달생達生', '망아忘我' 등 고답적인 경지의 개념을 창출하였다. 그를 바탕으로 숙명론, 명정론命定論 등을 과감하게 대체론大體論에 접합하여 우주 만물에 대한 평등 개념과 '관유 觀游'의 새로운 세상을 열어 보여주기도 하였다.

이러한 장자의 사상은 긴 시간을 거쳐 위진魏晉 시대에 이르러 크게 주목을 받기 시작하였다. 바로 당시 현학玄學이라는 새로운 학문의 교재로 최적으로 여겼던 것이 바로 이 도가의 신비주의 철학이었기 때문이다. 이에 당시 '삼현학 三玄學', 즉 《주역》,《노자》,《장자》로 칭해지면서 정식 주석서를 필요로 하게 되자 드디어 상수向秀와 곽상郭象 등이 나선 것이다. 지금 곽상 주《장자》가 전하고 있으며 이는《세설신어世說新語》에 의하면 〈추수秋水〉, 〈지락至樂〉, 〈마제馬蹄〉 3편을 제외하고는 모두 상수의 주를 베낀 것이라 하였다. 그리고 곽상은 당시 전하던 33편을 정리하고 주석한 것으로 지금도 널리 인정받고 있다.

한편 이《장자》는 원래《한서》예문지藝文志에는 모두 52편으로 저록되어 있으나 지금 전하는 것은 바로 곽상 주의 33편일 뿐이며 내편(7), 외편(15), 잡편(11)으로서 그 중 내편은 장자 자신의 저술이지만 외편과 잡편은 장자의 문인 제자나 그 뒤 도가 학술을 신봉하는 이들이 부가해 써넣은 것으로 보고 있다.

다음으로 당대唐代에 이르러 마침 당 왕조가 李氏로써 도교道敎를 정식 종교로 인정하고 숭앙함에 따라 '도가의 사상서'가 '종교의 경전'으로 격상하게 된다. 즉 현종玄宗 천보天寶 연간에《장자》를《남화진경南華眞經》으로,《열자》를《충허 지덕진경沖虛至德眞經》으로(742) 명명하면서 기존《노자》의《도덕경》과 함께 모두 '진경'으로 이름을 부여하여 '도교삼경道敎三經'으로 확정하게 된다. 한편 이들에 대한 호칭도 노자는 '太上老君'으로, 장자는 '南華眞人'으로 하여 도교의 교주로 추앙하면서 '제자학諸子學의 사상가'에서 '종교 신앙대상의 성인'으로 자격이 바뀌게 되었다. 장자를 '남화진인'이라 부른 것은 그가 한때 조주(曹州, 지금의 山東 曹縣) 남화산南華山에 은거하여 취명한 것이라 한다.

그 뒤 宋元대를 거쳐 明淸대에 이르도록 《장자》南華眞經에 대한 연구와 주석서는 헤아릴 수 없을 정도로 봇물을 이루었다. 우선 〈사고전서四庫全書〉에 수록된 《남화진경신전南華眞經新傳》(宋, 王雱), 《장자구의莊子口義》(宋, 林希逸), 《남화진경의해찬미南華眞經義海纂微》(宋, 褚伯秀), 《장자익莊子翼》(明, 焦竑) 외에도 당唐 성현영成玄英의 《남화진경주소南華眞經注疏》, 청淸 곽경번郭慶藩의 《장자집석莊子集釋》, 마서륜馬敍倫의 《장자의증莊子義證》, 왕선겸王先謙의 《장자집해莊子集解》 등은 지금도 널리 애용되고 있다. 그 외에 중국의 현대 주석본, 백화어 역주본, 평석본 등은 지금 시대에 맞추어 대량으로 출간되고 있으며 국내에도 오랫 동안 많은 번역, 주석본이 간행되어 쉽게 접할 수 있는 고전으로 자리잡고 있다.

〈莊子像〉《三才圖會》

《南華眞經》(道敎 經典으로서의 《莊子》)〈四部叢刊〉本(初編) 子部

莊子卷一

晉　郭象　註
唐　陸德明　音義

莊子內篇逍遙遊第一

夫小大雖殊，而放於自得之場，則物任其性，事稱其能，各當其分，逍遙一也，豈容勝負於其間哉。

音義曰：內篇，內者對外立名。說文云：篇，書也，字從竹，從廾者草名耳，非也。逍音銷，亦作消。逍如字，亦作搖。遊如字，亦作游。逍遙者，篇名，義取閒放不拘，怡通自得。夫音符。場直良切。遍尺證切。當丁浪切。分符問切。

北冥有魚，其名為鯤。鯤之大，不知其幾千里也。化而為

鵬鯤之實，吾所未詳也。夫莊子之大意，在乎逍遙遊放，無為而自得，故極小大之致，以明性分之適。達觀之士，宜要其會歸，而遺其所寄，不足事事曲與生說，自不害其弘旨，皆可略而遺之。

○北冥本亦作溟，覓經切，北海也。嵇康云：取其溟漠無涯也。梁簡文帝云：冥，冥無極，故謂之冥。東方朔十洲記云：水黑色，謂之冥海，無風洪波百丈。鯤徐音昆，李頤溫反，大魚名也。崔譔云：鯤當為鯨。居豈反，下同。鵬步登反。

鳥，其名為鵬。

徐音朋，郭甫登反，崔音鳳，云：鵬即古鳳字，非來儀之鳳。鳳字。夫音符，發句之端皆同。分符問反，下皆同。觀古亂反。說文云：朋及鵬皆古文鳳字也。朋鳥象形，鳳飛，羣鳥從以萬數，故以鵬為朋黨字。字林云：鵬，朋黨也，古亂為鳳字。

鵬之背，不知其幾千里也。怒而飛，其翼若垂天之雲。是鳥也，海運則將徙於南冥。南冥者，天池也。

足以運其身，非九萬里不足以負其翼。此豈好奇哉，直以大物必自生於大處，大處亦必自生此大物，理固自然，不患其失，又何措心於其間哉。○垂天之雲，司馬彪云：若垂天旁雲。垂天之雲也，其大如天之一面雲也。海運，司馬云：運轉也。向秀云：非海不行，故曰海運。簡文云：運徙也。好呼報反，下同。處昌慮反，下同。厲七故反。本亦作溟。海非不冥。

齊諧者，志怪者也。諧之言曰：鵬之徙於南冥也，水

夫翼大則難舉，故摶扶搖而後能上九萬里，乃足自勝耳。既有斯翼，豈得決然而起，數仞而下哉。此皆不得不然，非樂然也。○齊諧，戶皆反，司馬及崔並云：人姓名。簡文云：書志怪也。措又作齊。

擊三千里，摶扶搖而上者九萬里，

飛舉翼擊水，跟跆也。跟音亮，跆七亮反。摶徒端反，云：摶飛而上也。一音搏。崔云：摶團。雅云：扶搖謂之猋。扶搖謂之扶搖。之毗，郭璞云：暴風從下上也。時掌反，註同。勝音升，下同。缺喜缺反，下同。數色主反。

去以六月息者也。

夫大鳥一去半歲，至天池而息。小鳥一飛半朝，槍榆枋而止。此比所能則有間矣，其於適性一也。○有問矣其於適性一也。槍七羊反，枋音方。

野馬也，塵埃也，生物之以息相

此皆鵬之所憑以飛者耳。野馬者，遊氣也。○野馬，司馬云：春月澤中遊氣也。崔云：天地間氣如野馬馳也。吹也如字，崔本作炊。憑馮冰反，本亦作憑。塵埃也，揚天之間氣，蓊鬱似塵埃揚。

吹也。天之蒼蒼，其正色邪？其遠而無所至極邪？其視下也，亦若是則已

今觀天之蒼蒼，竟未知便是天之正色邪，天之為遠而無所至極邪。其視下也，亦若人之自此視天，則天之正色邪。天之正色邪，自此視天則遠。止而困，兩而困。○邪也，言鵬不知道里之遠近，趣足以自勝而逝。○邪也，差反，助句不定之辭，後故此。

矣。且夫水

차 례

莊子 一

〈內篇〉

1. 소요유逍遙遊

2. 제물론齊物論

3. 양생주養生主

7. 응제왕應帝王

〈外篇〉

8. 병무騈拇

9. 마제馬蹄

13. 천도天道

14. 천운天運

19. 달생達生

20. 산목山木

21. 전자방田子方

22. 지북유知北遊

莊子 을

〈雜篇〉

23. 경상초庚桑楚

24. 서무귀徐无鬼

25. 칙양則陽

26. 외물外物

33. 천하天下

🦎 부록 : 《莊子》 관련 자료 ······················· 833

1. 莊子序 ··············· 晉, 郭象

2. 莊子序 ··············· 唐, 成玄英(西華法師)

3. 莊子集釋序 ············· 淸, 王先謙

4. 經典釋文序錄 ············· 唐, 陸德明

5. 莊子列傳 ············· 漢, 司馬遷 《史記》

내편內篇

   《장자》의 내용은 「내편」, 「외편」, 「잡편」으로 나뉘어 있다. 그 중 「내편」은 도의 깊은 이치나 근본 개념, 즉 이본理本을 주제로 한 것으로 여기고 있다. 그리고 외편은 사적事迹을 위주로 한 것이며, 잡편은 내외편의 내용, 즉 이사理事을 다시 풀어 밝힌 것이다. 그러나 이 역시 명확한 설명은 아니다. 이에 당唐 성현영 成玄英은 "內篇明於理本, 外篇於其事迹, 雜篇雜明於理事. 內篇雖明理本, 不无事迹; 外篇雖明事迹, 甚有妙理; 但立敎分篇, 據多論耳"라 하였다.

   「내편」은 〈소요유逍遙遊〉, 〈제물론齊物論〉, 〈양생주養生主〉, 〈인간세 人間世〉, 〈덕충부德充符〉, 〈대종사大宗師〉, 〈응제왕應帝王〉 등 7편으로 구성되어 있으며 대체적으로 각 편의 주제를 포괄하여 편명으로 삼은 것으로 보고 있다.

장자

1. 소요유 逍遙遊

　'소요逍遙'란 유유자득하는 모습을 나타내는 첩운연면어이다. 따라서 '소요유逍遙遊'란 그 어떤 것에도 속박됨이 없이 자유롭게 노닒을 뜻한다. 장자 철학의 가장 핵심이 되는 것으로 생동감과 정신 세계의 무한한 상상력을 동원하여 현실을 초탈하고 자연에 순응하여 인간 사회의 일체 제도나 작용을 거부한 채 우주와 혼연일체가 되는 경지를 설정한 것이다.

　"하루살이는 새벽과 밤을 모르고 쓰르라미는 봄과 가을을 모른다."

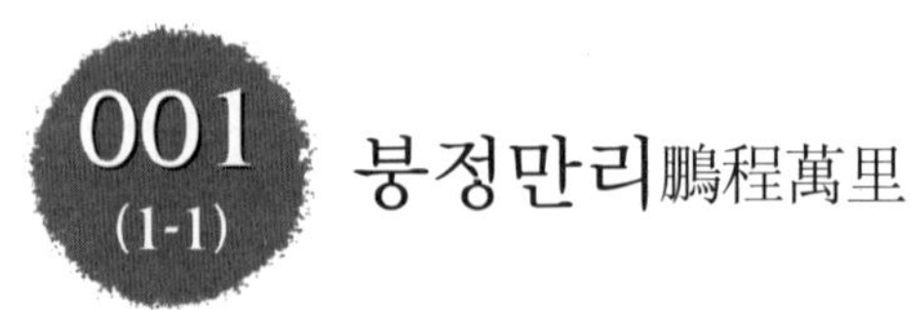

북쪽 바다에 물고기가 있어 그 이름을 곤鯤이라 한다. 곤의 크기는 몇 천리나 되는지 알 수가 없다. 이것이 변하여 새가 되면 그 이름을 붕鵬이라 한다. 붕의 등도 그 길이가 몇 천 리나 되는지 알 수 없다. 붕이 한번 날아오르면 그 날개는 하늘에 드리운 구름과 같다. 이 새는 바다에 파도가 일어나 넘실거리면 남쪽 바다로 이동하게 된다. 남쪽 바다란 천지天池를 말한다.

"제해齊諧"란 괴이한 일을 기록해 놓은 책이다. 그 "제해"에는 이렇게 기록되어 있다.

"붕이 남쪽 바다로 이동할 때에는 물을 쳐 올려 그 높이가 3천 리나 되고, 회오리바람을 타고 9만 리나 올라가 유월의 거센 바람을 안고 날아간다."

아지랑이나 먼지 같은 것은 생물生物이 숨을 쉬면서 서로 불어 내보낸 것이다. 하늘이 파란 것은 그것이 정색正色일까? 그 넓이란 다함이 없는 것일까? 붕새가 그곳에서 아래를 내려다보아도 역시 그럴 것이다.

무릇 물이 깊지 않으면 큰 배를 띄울 수 없다. 한 잔의 물을 작은 웅덩이에 부어 놓으면 초개草芥 정도라면 배가 되어 뜨겠지만 잔을 거기에 놓으면 땅에 닿고 마는 것은 물은 얕은데 배는 크기 때문이다. 바람이

쌓여도 두텁지 않다면 그 역시 큰 날개를 떠받칠 힘이 없게 된다. 따라서 9만 리 정도는 올라가야 바람이 날개 밑에 그만큼 쌓이게 되어 그런 뒤에 비로소 붕이 바람을 타게 되는 것이다. 곧 푸른 하늘을 등에 지고 거리낄 것이 없어진 뒤에야 붕은 남쪽으로 날아갈 수 있는 것이다.

매미와 작은 참새가 그것을 보고 웃으며 말한다.

"나는 있는 힘껏 뛰어 날아올라도 겨우 느릅나무 위에 올라서는 머물러야 하며 때로는 거기에도 이르지 못하고 땅에 떨어지고 만다. 그런데 붕은 어찌 9만 리를 날아 남쪽으로 가는 것일까?"

가까운 교외로 나가는 사람은 세 끼 밥을 먹고 돌아와도 배가 여전히 부를 것이나, 백 리 길을 가는 사람은 전날 밤에 먹을 것을 절구에 찧어 준비해야 하고 천 리 길을 가는 사람은 석 달 동안 식량을 모아 준비해야 한다. 그런데 두 마리의 작은 벌레(새)가 어찌 그러한 사실을 알겠는가!

작은 지혜는 큰 지혜에 미치지 못하고, 수명이 짧은 것은 수명이 긴 것에 미치지 못한다. 하루살이는 새벽과 밤을 모르고 쓰르라미는 봄과 가을을 모른다. 이것들은 수명이 짧은 것들이다.

초楚나라의 남쪽에 명령冥靈이라는 거북이 살았는데 오백 년을 봄으로 하고 또 오백 년을 겨울로 삼았다. 상고 시대에 대춘大椿이라는 나무가 있었는데 이 나무는 8천 년을 봄으로 하고 8천 년을 가을로 삼았다. 이것들은 수명이 긴 것들이다.

그리고 팽조彭祖는 지금까지도 오래 산 사람으로 아주 유명하다. 세상 사람들이 그와 같이 되고자 한다면 그 또한 슬픈 일이 아니겠는가?

탕湯임금이 극棘에게 물었던 것도 이러한 것이었다.
탕 임금이 극에게 이렇게 물었다.
"상하上下 사방四方에 끝이 있소?"
그러자 극이 대답하였다.

"무극無極의 바깥에는 다시 무극無極이 있습니다. 불모의 북녘 땅에 명해冥海라는 바다가 있으니 그것이 곧 천지天池입니다. 그곳에 물고기가 있어 그 너비는 수천 리에 이르며 그 길이는 아직 아무도 아는 사람이 없습니다. 그 물고기의 이름은 곤鯤이라 합니다. 그곳에 또 새가 있어 그 이름을 붕이라 합니다. 등은 태산太山과 같고 날개는 하늘에 드리운 구름과 같습니다. 회오리치는 바람을 타고 높이로는 9만 리를 올라 구름을 끊고 솟구쳐 푸른 하늘을 등지고 그런 연후에 남쪽으로 향하는데 남명南冥으로 가려는 것입니다.

그러자 못 가에 사는 작은 새가 비웃으며 말하였습니다. '저 자는 대체 어디로 가려는 것일까? 나는 뛰오 날아오르면 불과 몇 길 높이도 오르지 못한 채 떨어지며, 쑥대 사이를 겨우 날아다닐 뿐이지만, 이것 역시 나로서는 아주 힘닿는 데까지 날아다니는 것인데 저 자는 어디로 간다는 것일까?'"

이것이 작은 것과 큰 것의 구분이다.

그러므로 무릇 지혜는 관직 하나를 맡아볼 만하고 행동은 고을 하나 정도에 합당하며 덕은 임금 하나를 모시기에 적당하며 능력은 나라 하나의 신임을 받을 정도인 사람이 그 자신을 보는 것도 역시 그러하다.

그러나 송영자宋榮子 같은 인물은 그런 것을 두고 그저 빙그레 웃을 뿐이다. 그는 세상이 모두 들고일어나 그를 칭찬해도 우쭐대지 않았고, 세상 사람들이 모두 그를 비난해도 행동에 거리낌을 받지 않았다. 그는 자신의 안팎에 대한 구분을 정확히 하였고, 영욕의 경계을 확연히 변별하였기에 그럴 수 있었던 것이다. 그는 세속에 대해 급급하지 않았던 것이다. 비록 그렇기는 하나 아직은 뿌리를 내려 제대로 선 것은 아니었다.

무릇 열자列子는 바람을 타고 가볍게 거리낌 없이 돌아다니다 15일 정도가 되면 돌아오곤 하였다. 그는 세상의 행복을 구하는 일이라면 그에 대해서는 전혀 급급해하지 않았던 것이다. 그러나 그 역시 비록 걸어다니는 일은 면하였다고는 하나 그래도 바람이라는 것을 의지해야만 되었다.

만약 천지의 도道를 타고, 육기六氣의 변화를 조종하여 무궁無窮함 속에서 노닐 수 있는 사람이 있다면 그런 사람은 그 무엇이 의지할 것이 있겠는가?

그런 까닭에 지인至人은 자신의 형체가 없으며 신인神人은 자신의 공이라는 것이 있다 하지 않으며 성인聖人은 명성을 추구함이 없는 것이다.

北冥有魚, 其名爲鯤. 鯤之大, 不知其幾千里也. 化而爲鳥, 其名爲鵬. 鵬之背, 不知其幾千里也; 怒而飛, 其翼若垂天之雲. 是鳥也, 海運則將徙於南冥. 南冥者, 天池也.

齊諧者, 志怪者也. 諧之言曰:「鵬之徙於南冥也, 水擊三千里, 搏扶搖而上者九萬里. 去以六月息者也.」

野馬也, 塵埃也, 生物之以息相吹也. 天之蒼蒼, 其正色邪? 其遠而無所至極邪? 其視下也, 亦若是則已矣.

且夫水之積也不厚, 則其負大舟也無方. 覆杯水於坳堂之上, 則芥爲之舟; 置杯焉則膠, 水淺而舟大也. 風之積也不厚, 則其負大翼也無力. 故九萬里, 則風斯在下矣, 而後乃今培風; 背負青天而莫之夭閼者, 而後乃今將圖南.

蜩與學鳩笑之曰:「我決起而飛, 搶楡枋而止, 時則不至而控於地而已矣, 奚以之九萬里而南爲?」

適莽蒼者, 三飡而反, 腹猶果然; 適百里者, 宿舂糧; 適千里者, 三月聚糧. 之二蟲又何知!

小知不及大知, 小年不及大年. 奚以知其然也? 朝菌不知晦朔, 蟪蛄不知春秋, 此小年也. 楚之南有冥靈者, 以五百歲爲春, 五百歲爲秋; 上古有大椿者, 以八千歲爲春, 八千歲爲秋, 此大年也. 而彭祖乃今以九特聞, 衆人匹之, 不亦悲乎!

湯之問棘也是已:

湯問棘曰:「上下四方有極乎?」

棘曰:「無極之外, 復無極也. 窮髮之北有冥海者, 天池也. 有魚焉, 其廣數千里, 未有知其修者, 其名爲鯤. 有鳥焉, 其名爲鵬, 背若太山, 翼若垂天之雲, 搏扶搖羊角而上者九萬里, 絶雲氣, 負靑天, 然後圖南, 且適南冥也. 斥鴳笑之曰:『彼且奚適也? 我騰躍而上, 不過數仞而下, 翶翔蓬蒿之間, 此亦飛之至也. 而彼且奚適也?』」此小大之辯也.

故夫知效一官, 行比一鄕, 德合一君而徵一國者, 其自視也亦若此矣. 而宋榮子猶然笑之. 且擧世而譽之而不加勸, 擧世而非之而不加沮, 定乎內外之分, 辯乎榮辱之境, 斯已矣. 彼其於世未數數然也. 雖然, 猶有未樹也.

夫列子御風而行, 泠然善也, 旬有五日而後反. 彼於致福者, 未數數然也. 此雖免乎行, 猶有所待者也.

若夫乘天地之正, 而御六氣之辯, 以遊無窮者, 彼且惡乎待哉!

故曰: 至人無己, 神人無功, 聖人無名.

【北冥】 '冥'은 '溟'과 같은 것으로 보며 '海'의 뜻으로 풀이함. 嵇康은 "取其溟漠無涯也"라 함. 莊子가 설정한 북쪽의 상상 속의 바다.

【鯤】 원래는 어린 물고기를 뜻하나 여기서는 도리어 큰 물고기를 상징하는 말로 쓰였음. 明 方以智는 "鯤本小魚之名, 莊用大魚之名"이라 함.

【海運】 바다 파도와 물결의 요동. 혹은 鵬鳥가 바다 위를 비행하는 것을 표현한 것이라고도 함.

【天池】 상상 속의 큰 못.

【齊諧】 齊나라의 諧隱之書이며 고유명사의 서명이 아닌 것으로 보고 있음. 한편 司馬彪와 兪樾 등은 人名으로 보기도 하였음.

【扶搖】 바다의 폭풍. 장자가 만든 名詞.

【野馬】 공중에 떠도는 기운을 뜻함. 우선 '아지랑이'로 풀이하였으나 원래는 봄철 숲이나 못 위에 피어오르는 분기(雰氣)를 가리킨다 하며 그 분기가 피어올라

浮動하는 모습이 야생마가 들을 몰려 뛰어다니는 것 같다고 하여 '野馬'라 한다 함. 뒤 구절의 '塵埃', '生物' 역시 공중에 떠도는 먼지와 부유물을 가리킴.

【坳】 '凹'와 같음. 움푹 패인 곳.

【培風】 '培'는 '乘'과 같음. '바람을 타다'의 뜻.

【夭閼】 '夭'는 '끊다'(折)의 뜻이며 '閼'은 '막히다'(塞)의 뜻. 따라서 '막힌 것을 끊다'의 뜻으로 '아무런 장애가 없음'을 표현한 말.

【蜩】 매미(蟬).

【學鳩】 學은 鷽과 같음. 鷽鳩는 메까치(小灰雀). 여기서는 아주 작은 새를 비유한 것임.

【莽蒼】 푸른 색 들풀이 무성한 교외. 들.

【三飡】 飡은 餐과 같음. 하루 세 끼 먹을 식량.

【蟪蛄】 매미의 다른 이름. 봄에 나서 여름에 생을 마치는 계절 동물.

【冥靈】 깊은 바다 속의 영험한 거북을 말함. 혹은 나무 이름이라고도 함.

【此大年也】 이 구절은 통행본에 없음.

【彭祖】 이름은 籛鏗이라 하며 중국 전설상 최고 장수를 누린 신선. 767년을 살았다 하며 《神仙傳》 卷一에 전이 실려 있음.

【棘】 《列子》 湯問篇에는 '夏革'으로 되어 있음. 탕 임금 때의 신인.

【窮髮】 아무런 생명이 살지 못하는 不毛之地를 뜻함.

【羊角】 회오리 바람. 旋風.

【斥鴳】 못 가에 사는 작은 참새 따위. 斥은 못이나 小澤을 가리킴.

【宋榮子】 齊나라 稷下學士의 하나로 제나라 威王, 宣王 때의 학자. 宋鈃(송평으로 읽음), 宋牼, 宋榮 등으로도 표기하며 당시 反戰思想을 제창했던 인물.

【列子】 列禦寇. 춘추시대 鄭나라 사상가. 道家의 대표적인 인물이며 장자보다 앞선 道家 三大人物의 하나. '虛'와 '遊'를 제창하였음. 그가 바람을 타고 다닌 고사는 《列子》 黃帝篇에 실려 있음.

【冷然】 飄然과 같으며 가볍게 활동하는 모습.

【六氣之辯】 六氣의 변화. '辯'은 '變'과 같음. 六氣는 陰陽, 風雨, 晦明을 뜻한다고 함.(司馬彪)

【無己】 자신만을 고집하지 않음. 자신의 형체조차 없음.

1. 《列子》湯問篇

殷湯問於夏革曰:「古初有物乎?」夏革曰:「古初無物, 今惡得物? 後之人將謂今之無物, 可乎?」殷湯曰:「然則物無先後乎?」夏革曰:「物之終始, 初無極已. 始或爲終, 終或爲始, 惡知其紀? 然自物之外, 自事之先, 朕所不知也.」殷湯曰:「然則上下八方有極盡乎?」革曰:「不知也.」湯固問. 革曰:「無則無極, 有則有盡; 朕何以知之? 然無極之外復無無極, 無盡之中復無無盡. 無極復無無極, 無盡復無無盡. 朕以是知其無極無盡也, 而不知其有極有盡也.」湯又問曰:「四海之外奚有?」革曰:「猶齊州也.」湯曰:「汝奚以實之?」革曰:「朕東行至營, 人民猶是也. 問營之東, 復猶營也. 西行至豳, 人民猶是也. 問豳之西, 復猶豳也. 朕以是知四海·四荒·四極之不異是也. 故大小相含, 無窮極也. 含萬物者, 亦如含天地. 含萬物也故不窮, 含天地也故無極. 朕亦焉知天地之表不有大天地者乎? 亦吾所不知也. 然則天地亦物也. 物有不足, 故昔者女媧氏練五色石以補其闕; 斷鼇之足以立四極. 其後共工氏與顓頊爭爲帝, 怒而觸不周之山, 折天柱, 絶地維; 故天傾西北, 日月辰星就焉; 地不滿東南, 故百川水潦歸焉.」湯又問:「物有巨細乎? 有修短乎? 有同異乎?」革曰:「渤海之東不知幾億萬里; 有大壑焉, 實惟無底之谷, 其下無底, 名曰歸墟. 八紘九野之水, 天漢之流, 莫不注之, 而無增無減焉. 其中有五山焉: 一曰岱輿, 二曰員嶠, 三曰方壺, 四曰瀛洲, 五曰蓬萊. 其山高下周旋三萬里, 其頂平處九千里. 山之中間相去七萬里, 以爲鄰居焉. 其上臺觀皆金玉, 其上禽獸皆純縞. 珠玕之樹皆叢生, 華實皆有滋味; 食之皆不老不死. 所居之人皆仙聖之種; 一日一夕飛相往來者, 不可數焉. 而五山之根無所連箸, 常隨潮波上下往還, 不得蹔峙焉. 仙聖毒之, 訴之於帝. 帝恐流於西極, 失羣仙聖之居, 乃命禺彊使巨鼇十五擧首而戴之. 迭爲三番, 六萬歲一交焉. 五山始峙而不動. 而龍伯之國有大人, 擧足不盈數步而暨五山之所, 一釣而連六鼇, 合負而趣歸其國, 灼其骨以數焉. 於是岱輿員嶠二山流於北極, 沈於大海, 仙聖之播遷者巨億計. 帝憑怒, 侵減龍伯之國使阨, 侵小龍伯之民使短. 至伏羲神農時, 其國人猶數十丈. 從中州以東四十萬里得僬僥國, 人長一尺五寸. 東北極有人名曰諍人, 長九寸. 荊之南有冥靈者, 以五百歲爲春, 五百歲爲秋. 上古有大椿者, 以八千歲爲春, 八千歲爲秋. 朽壤之上有菌芝者, 生於朝, 死於晦. 春夏之月有蠓蚋者, 因雨而生, 見陽而死. 終北之北有溟海者, 天池也, 有魚焉, 其廣數千里, 其長稱焉, 其名爲鯤. 有鳥焉, 其名爲鵬, 翼若垂天之雲, 其體稱焉. 世豈知有此物哉? 大禹行而見之, 伯益知而名之, 夷堅聞而志之. 江浦之間生麼蟲, 其名曰焦螟, 羣飛而集於蚊睫, 弗相觸也. 栖宿去來, 蚊弗覺也. 離朱子羽方晝拭眥揚眉而望之, 弗見其形: 觚兪師曠方夜擿耳俛首而聽之, 弗聞其聲. 唯黃帝與容成子居空峒之上, 同齊三月, 心死形廢; 徐以神視, 塊然見之, 若嵩山之阿; 徐以氣聽, 砰然聞之, 若雷霆之聲. 吳楚之國有大木焉, 其名爲櫾. 碧樹而冬生, 實丹而味酸. 食其皮汁, 已憤厥之疾. 齊州珍之. 渡淮而北而化爲枳焉. 鸜鵒不踰濟, 貉踰汶則死矣; 地氣然也. 雖然, 形氣異也, 性鈞已, 無相易已. 生皆全已, 分皆足已. 吾何以識其巨細? 何以識其修短? 何以識其同異哉?」

2.《列子》黃帝篇

列子問關尹曰:「至人潛行不空, 蹈火不熱, 行乎萬物之上而不慄. 請問何以至於此?」關尹曰:「是純氣之守也, 非智巧果敢之列. 姬! 魚語女. 凡有貌像聲色者, 皆物也. 物與物何以相遠也? 夫奚足以至乎先? 是色而已. 則物之造乎不形, 而止乎無所化. 夫得是而窮之者, 焉得而正焉? 彼將處乎不深之度, 而藏乎無端之紀, 游乎萬物之所終始. 壹其性, 養其氣, 含其德, 以通乎物之所造. 夫若是者, 其天守全, 其神無郤, 物奚自入焉? 夫醉者之墜於車也, 雖疾不死. 骨節與人同, 而犯害與人異, 其神全也. 乘亦弗知也, 墜亦弗知也. 死生驚懼不入乎其胸, 是故遻物而不慴. 彼得全於酒而猶若是, 而況得全於天乎? 聖人藏於天, 故物莫之能傷也.」

3.《史記》老子列傳

老子脩道德, 其學以自隱無名爲務. 居周久之, 見周之衰, 迺遂去. 至關, 關令尹喜曰:「子將隱矣, 彊爲我著書.」於是老子迺著書上下篇, 言道德之意五千餘言而去, 莫知其所終.

4.《淮南子》道應訓

故莊子曰:「小人不及大人, 小知不及大知. 朝菌不知晦朔, 蟪蛄不知春秋.」此言明之有所不見也

5.《神仙傳》卷一 葛洪

彭祖者, 姓籛, 名鏗, 帝顓頊之玄孫, 至殷末世, 年七百六十歲而不衰老. 少好恬靜, 不恤世務, 不營名譽, 不飾車服, 唯以養生治身爲事. 殷王聞之, 拜爲大夫.

6.《幼學瓊林》1313

王母蟠桃, 三千年開花, 三千年結子, 故人借以祝壽誕; 上古大椿, 八千歲爲春, 八千歲爲秋, 故人托以比嚴君.

002 (1-2) 뱁새가 깊은 숲에 둥지를 지어도

요堯임금이 천하를 허유許由에게 넘겨주고자 이렇게 말하였다.

"해와 달이 이미 떴는데도 횃불을 끄지 않는다면, 그 횃불의 빛이 역할을 하기란 어렵지 않겠습니까! 때맞춰 비가 내리는데도 여전히 물을 끌어댄다면, 그 물 대어 혜택을 삼고자 하는 일은 헛된 노고가 아니겠습니까! 무릇 그대께서 임금자리에 오르시면 천하가 잘 다스려질 터인데 그럼에도 내가 이 자리를 주인이 되어 지키고 있습니다. 제 스스로를 돌아보건대 저는 부족한 게 너무 많습니다. 청컨대 천하를 받아 주십시오."

그러자 허유가 이렇게 대답하였다.

"그대가 천하를 다스려 천하가 이미 잘 다스려지고 있습니다. 그런데 내가 그대를 대신하라니 나에게 장차 명분을 위하라는 것입니까? 명분이란 실질의 손님이지요. 나에게 그러한 손님이 되라는 것입니까?

뱁새가 깊은 숲 속에 둥지를 짓되 나뭇가지 하나 이상은 필요로 하지 않으며, 두더지가 하수의 물을 마신다 해도 배만 채우면 그뿐입니다. 돌아가시오. 임금이시여. 나에게는 이 큰 천하가 아무 곳에도 쓸모가 없소이다! 요리사가 비록 솜씨가 없다 패도 시축尸祝이 그 자리를 넘어 제기祭器를 들고 달려들어 그를 대신할 수는 없는 것입니다."

견오肩吾가 연숙連叔에게 물었다.

"내가 접여接與의 말을 들으니 너무 크고 의치에 합당하지 않아 앞으로 나아갈 줄만 알았지 돌아올 줄 모른다더군요. 나는 그의 말이 너무 놀랍고 두려웠는데 마치 은하수같이 끝이 없는 경우와 같았습니다. 너무도 크고 엄청나 사람들의 보통 상식에는 가깝지 않더이다.”

그러자 연숙이 물었다.

“그가 말한 것이 어떤 것이었기에 그렇소?”

그는 이렇게 대답하였다.

“그는 ‘아득한 고야산姑射山에 신인神人이 살고 있는데 그 피부는 희기가 빙설冰雪 같고 아름답기는 처녀 같지요. 오곡五穀을 먹지 않고 바람과 이슬을 마시며 구름을 타고 용을 몰면서 천지 밖에서 노닐고 있지요. 그가 신력神力을 응집하여 만물로 하여금 병들지 않고 곡식도 잘 여물도록 하지요’라고 말합디다. 나는 이 까닭으로 그를 미친 자라 여겨 그 말을 믿을 수 없다는 것입니다.”

연숙이 말하였다.

“그럴 수도 있지요! 장님에게는 무늬의 아름다움을 보여줄 수 없고, 귀머거리에게는 악기의 소리를 들려 줄 수 없지요. 어찌 드러난 형체에만 장님과 귀머거리가 있겠소? 무릇 앎이란 것도 그런 경우가 있지요. 그것이 맞는 말이라면 바로 그대에게도 그러한 것입니다. 그 신인神人이며 그의 덕이란 만물과 크게 어울려 하나가 되는 것이오. 세상이 이를 바탕으로 잘 다스려지기를 바라고 있는데 그 외에 누가 천하를 위해 수고롭게 일을 해 주기를 바랄 필요가 있겠소! 그 신인에게는 어떤 사물도 그를 상하게 할 수 없으며 홍수가 나서 물이 하늘까지 닿는다 해도 그를 빠뜨릴 수 없으며, 가뭄에 쇠와 돌이 녹아 흐르고 대지와 산이 타 버린다 해도 그를 뜨겁게 할 수 없다오. 그의 몸에 붙은 먼지나 티끌, 곡식의 쭉정이로도 도자기나 쇳물을 녹여 물건을 만들 듯 요임금이나 순임금 같은 인물들을 만들어 낼 수 있을 텐데 무엇 때문에 분분연分分然히 나서서 사물을 위하여 일을 하려 들겠소?”

송宋나라 사람이 장보章甫라는 관冠을 팔러 월越나라로 갔더니 월나라 사람들은 머리를 짧게 깎고 몸에 문신을 하고 있어 그것이 아무데에도 소용이 없었다.

요임금이 천하의 백성을 다스리고 사해四海의 정치가 안정되자 네 사람을
아득한 고야산 분수汾水의 북쪽에 가서 만나고 나서는 망연히 자신이
천하를 다스리고 있음에 대하여 모두 잊어버리고 말았다.

堯讓天下於許由, 曰:「日月出矣, 而爝火不息, 其於光也, 不亦難乎!
時雨降矣, 而猶浸灌, 其於澤也, 不亦勞乎! 夫子立, 而天下治, 而我
猶尸之, 吾自視缺然. 請致天下.」

許由曰:「子治天下, 天下旣已治也. 而我猶代子, 吾將爲名乎? 名者
實之賓也. 吾將爲賓乎? 鷦鷯巢於深林, 不過一枝; 偃鼠飮河, 不過
滿腹. 歸休乎君, 予無所用天下爲! 庖人雖不治庖, 尸祝不越樽俎而
代之矣.」

肩吾問於連叔曰:「吾聞言於接輿, 大而無當, 往而不返. 吾驚怖其言,
猶河漢而無極也; 大有逕庭, 不近人情焉.」

連叔曰:「其言謂何哉?」

「曰:『藐姑射之山, 有神人居焉, 肌膚若冰雪, 綽約若處子; 不食五穀,
吸風飮露; 乘雲氣, 御飛龍, 而遊乎四海之外. 其神凝, 使物不疵癘而
年穀熟.』吾以是狂而不信也.」

連叔曰:「然! 瞽者无以與文章之觀, 聾者无以與乎鐘鼓之聲. 豈唯
形骸有聾盲哉? 夫知亦有之. 是其言也, 猶時女也. 之人也, 之德也,
將旁礴萬物以爲一, 世蘄乎亂, 孰弊弊焉以天下爲事! 之人也, 物莫
之傷, 大浸稽天而不溺, 大旱金石流·土山焦而不熱. 是其塵垢粃糠,
將猶陶鑄堯舜者也, 孰肯分分然以物爲事?」

宋人資章甫而適諸越, 越人斷髮文身, 无所用之. 堯治天下之民,
平海內之政, 往見四子藐姑射之山, 汾水之陽, 窅然喪其天下焉.

【堯】儒家에서 이상을 내세우는 고대 陶唐氏의 군주. 唐堯로도 부름.

【許由】전설상의 隱者. 箕山(河南 登封縣)에 은거하였으며 흔히 巢父와 함께 堯의 천하 양보를 거절한 인물로 널리 알려짐.

【爝火】횃불. 炬火. 나무에 솜이나 짚을 묶어 기름을 칠하여 붙이는 불.

【尸】주인을 뜻함. 원래는 제사를 지낼 때 신주의 역할을 하는 사람을 가리킴.

【鷦鷯】굴뚝새. 아주 작은 새. 속칭 巧婦鳥라 함.

【偃鼠】두더지. 혹 隱鼠. 鼢鼠. 鼴鼠라도도 함.

【庖人】제사의 음식과 요리를 준비하는 주방의 요리사.

【尸祝】제사를 주재하는 사람. 祭主.

【樽俎】제사에 쓰이는 술동이와 제사상 등 여러 가지 祭器들.

【肩吾·連叔】장자가 가설로 내세운 고대 修道者.

【接輿】고대 楚나라 은사.《高士傳》에 의하면 이름이 陸通, 자가 接輿라 하였음. 그러나《논어》의 접여는 孔子와 동시대 인물로 흔히 '楚狂接輿'라 하여 '공자의 수레에 접근한(接輿)' 인물로 풀이함.

【大有逕庭】정도에 너무 지나침. 너무 어려운 문제를 뜻함. 각 책마다 '逕庭'은 '逕庭'으로도 표기하며 이는 疊韻連綿語이기 때문에 그러한 혼효가 일어난 것임. 그러나 淸, 宣穎은《南華眞經》에서 "逕, 門外路也. 庭, 堂前地也. 勢相遠隔. 今言大有逕庭, 則相遠之甚也"라 하여 글자의 뜻을 억지로 풀이하였음.

【姑射山】전설상 신선이 사는 산. '藐'은 '멀다, 아득하다'의 뜻으로 풀이함. 그러나 일부 해석에는 앞의 글자를 묶어 '막고야산'(藐姑射山)이라도 함.

【時女】'時'는 '是'와 같으며, '女'는 '汝'와 같음. 肩吾를 가리킴.

【旁礴】磅礴, 磅礴 등으로도 쓰며 疊韻連綿語. '아주 넓고 커서 널리 퍼져 있음'을 뜻함.

【世蘄乎亂】'亂'을 '治'로 해석함.

【大浸稽天】물이 넘쳐 하늘까지 이름.

【宋】지금의 하남성 일대의 고대 제후국으로 殷나라의 후예이며 微子가 봉해졌던 나라.

【章甫】殷나라 사람들이 쓰던 모자. 章甫冠.

【諸越】지금의 浙江 紹興 일대. 고대 越나라 지역.

【四子】네 사람. 흔히 王倪, 齧缺, 被衣, 許由를 가리킨다고 보고 있음.

【汾水】 太原에서 발원하는 물 이름. 陽은 그 물의 북쪽 양지. '山南江北曰陽'이라 함.
【窅然】 '窅'는 '요'로 읽으며 아득하고 멀리 바라보는 모습을 뜻함. 망망한 모습.

1.《列子》黃帝篇

列姑射山在海河洲中, 山上有神人焉, 吸風飲露, 不食五穀; 心如淵泉, 形如處女; 不偎不愛, 仙聖爲之臣; 不畏不怒, 愿愨爲之使; 不施不惠, 而物自足; 不聚不歛, 而己無愆. 陰陽常調, 日月常明, 四時常若, 風雨常均, 字育常時, 年穀常豐; 而土無札傷, 人無夭惡, 物無疵厲, 鬼無靈響焉.

2.《列子》楊朱篇

楊朱曰:「豐屋·美服·厚味·姣色. 有此四者, 何求於外? 有此而求外者, 無厭之性. 無厭之性, 陰陽之蠹也. 忠不足以安君, 適足以危身; 義不足以利物, 適足以害生. 安上不由於忠, 而忠名滅焉; 利物不由於義, 而義名絶焉. 君臣皆安, 物我兼利, 古之道也. 鬻子曰:『去名者無憂.』老子曰:『名者實之賓.』而悠悠者趨名不已. 名固不可去, 名固不可賓邪? 今有名則尊榮, 亡名則卑辱. 尊榮則逸樂, 卑辱則憂苦. 憂苦, 犯性者也; 逸樂, 順性者也; 斯實之所係矣. 名胡可去? 名胡可賓? 但惡夫守名而累實; 守名而累實, 將恤危亡之不救, 豈待逸樂憂苦之間哉?」

3.《山海經》海內北經

列姑射在海河州中. 郭璞 注:「山名也, 山有神人, 河州在海中, 河水所經者, 莊子所謂藐姑射之山也.」

4.《幼學瓊林》1247

鷦鷯巢林, 不過一枝; 鼴鼠飲河, 不過滿腹.

박이 너무 커서 쓸데가 없습니다

혜자惠子가 장자莊子에게 말하였다.

"위왕魏王이 큰 박씨를 주기에 그것을 심었더니 자라서 다섯 섬 들이의 열매가 맺었습니다. 물을 담자니 무거워서 혼자 들 수가 없고, 쪼개어 표주박 바가지를 삼자니 펑퍼짐하고 얕아서 물이 담기지 않습니다. 휑하니 크기만 하다고 여기지 않을 수 없습니다. 나는 아무데도 소용되는 것이 없다고 여겨 이를 부숴 버리고 말았습니다."

장자가 말하였다.

"선생께서는 큰 것을 쓰는 방법이 정말 모자라시는군요. 송나라에 어떤 사람이 손이 트지 않게 하는 데 잘 듣는 약 처방을 가지고 있었습니다. 그 집안은 대대로 솜을 물에 세탁하는 일을 가업으로 삼고 있었습니다. 그런데 한 객客이 그 말을 듣고 그 처방을 백금百金에 사겠다고 제의하자 그가 가족들을 모아 놓고 상의하였지요. '우리가 대대로 솜을 빠는 일을 해 오고 있지만 겨우 몇 푼이나 벌뿐이다. 이제 이 기술을 팔면 백금을 벌 수 있으니 그에게 팔도록 하자.'

객은 그 처방을 얻어 가지고 오왕吳王을 설득하였습니다. 마침 월越나라가 쳐들어오자 오왕은 그를 장수로 삼아, 겨울에 월나라 군사와 수전水戰을 벌여 그 월나라 사람들을 크게 패배시켰습니다. 오왕은 그의 공적을 치하하여 봉지를 내렸습니다.

손을 트지 않게 하기는 똑같지만 어떤 이로서는 봉지를 받고, 어떤 이는 솜이나 빨게 된 이유는 그것을 쓰는 방법이 달랐기 때문입니다.

이제 그대가 다섯 섬 들이의 박을 가지고 있다면 어찌 그것을 큰 술통 모양의 배로 만들어 강이나 호수에 띄울 생각은 하지 아니하고 그것이 펑퍼짐하여 아무것도 담을 수 없다는 걱정만 하고 있습니까? 선생은 역시 앞뒤가 꽉 막힌 마음을 가지고 있구려!"

혜자가 장자에게 말하였다.
"나에게 큰 나무가 하나 있는데 사람들은 그것을 가죽나무樗라고 부릅니다. 그 큰 본줄기는 옹이가 있어 먹줄을 칠 수도 없고, 그 작은 가지는 말리고 꼬여서 곧은 자나 굽은 자도 댈 수가 없습니다. 그 나무가 길가에 서 있지만 목수들이 거들떠보지도 않습니다. 지금 그대의 말도 크기만 하고 쓸모는 없기에 사람들이 똑같은 생각을 하면서 그대 곁을 떠나버리는 것입니다."
그러자 장자는 이렇게 말하였다.
"선생은 삵쾡이나 족제비를 보지 못하셨습니까? 몸을 낮게 움츠리고 엎드려 있다가 돌아다니는 작은 짐승을 노려 이리 뛰고 저리 뛰며 높고 낮은 데를 가리지 않다가 결국 덫에 걸리거나 그물에 걸려 죽고 말지요. 그런데 이우犛牛라는 들소는 그 크기가 하늘에 드리운 구름만 합니다. 이는 정말 큰 덩치이지만 쥐는 잡을 수가 없습니다. 지금 그대는 큰 나무가 있음에도 쓸모가 없다고 걱정하고 있습니다. 그런데 어찌 그것을 아무 것도 할 일이 없는 곳, 드넓은 들판에 심어 높고 하릴없이 그 곁에서 어슬렁거리며 쉰다거나 노닐다가 그 아래에 누워 잠을 잔다거나 할 생각은 하지 않습니까? 그 나무는 도끼에 찍혀 일찍 죽지도 않을 것이요 어떤 사물도 그것을 해치지 않을 것이니 아무데도 쓸모가 없다는 것이 어찌 괴로움이 된다는 것입니까!"

惠子謂莊子曰:「魏王貽我大瓠之種, 我樹之成而實五石, 以盛水漿, 其堅不能自擧也; 剖之以爲瓢, 則瓠落無所容. 非不呺然大也, 吾爲其無用而掊之.」

莊子曰:「夫子固拙於用大矣. 宋人有善爲不龜手之藥者, 世世以洴澼絖爲事. 客聞之, 請買其方以百金. 聚族而謀曰:『我世世爲洴澼絖, 不過數金; 今一朝而鬻技百金, 請與之.』客得之, 以說吳王. 越有難, 吳王使之將, 冬與越人水戰, 大敗越人, 裂地而封之. 能不龜手, 一也; 或以封, 或不免於洴澼絖, 則所用之異也. 今子有五石之瓠, 何不慮以爲大樽而浮乎江湖, 而憂其瓠落無所用? 則夫子猶蓬之心也夫!」

惠子謂莊子曰:「吾有大樹, 人謂之樗. 其大本擁腫而不中繩墨, 其小枝卷曲而不中規矩, 立之塗, 匠者不顧. 今子之言, 大而無用, 眾所同去也.」

莊子曰:「子獨不見狸狌乎? 卑身而伏, 以候敖者; 東西跳梁, 不辟高下; 中於機辟, 死於罔罟. 今夫斄牛, 其大若垂天之雲. 此能爲大矣, 而不能執鼠. 今子有大樹, 患其无用, 何不樹之於无何有之鄉, 廣莫之野, 彷徨乎无爲其側, 逍遙乎寢臥其下. 不夭斤斧, 物无害者, 无所可用, 安所困苦哉!」

【惠子】惠施. 전국시대 宋나라 사람으로 梁 惠王의 재상을 지낸 적이 있으며 莊子의 절친한 친구. 名家의 중요 인물로 본《장자》天下篇에 그의 주장 10가지가 실려 있음.

【魏王】梁 惠王. 이름은 魏罃. 魏나라는 도읍을 大梁(지금의 開封)으로 옮겨 흔히 梁나라라 불렸음.《孟子》첫머리에 맹자가 만났던 임금임. 惠는 시호.

【石】'단'으로 읽으며 들이의 단위로 120근의 곡식을 담을 수 있음. 우리말로는 '섬'으로 말함.

【瓠落】표주박이 너무 큼. 낙은 '廓落'(疊韻連綿語)의 줄인 말로 '너무 크다'의 뜻.

【龜手】‘균수’로 읽으며 추위로 인해 갈라 터진 손.

【洴澼絖】洴澼은 ‘세탁하다’의 쌍성어. 絖은 솜(絮).

【越有難】월나라와 오나라의 전쟁으로 재난이 있음을 말함.

【樽】남쪽 사람들은 ‘腰舟’를 ‘樽’이라 한다 함.

【蓬之心】앞뒤가 막혀 새로운 발상을 하지 못함을 이르는 말.

【擁腫】나무의 옹이. 첩운연면어. 육질의 종기는 癰腫이라 함.

【狸狌】狸는 貍와 같으며 살쾡이. 狌은 鼬(족제비). 흔히 黃鼠狼이라고도 함.

【敖者】敖는 邀와 같으며 날아다니는 먹이를 뛰어올라 잡는 것을 말함. 鷄鼠
　따위의 사냥법을 말한다 함.

【機辟】짐승을 사냥하는 덫.

2. 제물론齊物論

  '제물론齊物論'은 만물과 제론을 합친 말이다. 즉 천하의 모든 만물은 모두가 하나의 뿌리로 돌아가면 평등하며 똑같은 것이며, 이를 두고 사람들이 어떤 이론을 펴거나 관점을 가지고 있다고 하는 것도 실제 그 뿌리로 돌아가면 역시 하나로 똑같다는 뜻이다. 우주의 시간도 장단長短이 없으며 공간도 광협廣狹이 없어 시작도 끝도 없다고 여기고 있다.

  "마음이 아직 제대로 형성되기도 전에 옳고 그름을 따지는 것은 마치 오늘 월越나라로 떠나면서 어제 도착하였다는 것이 된다."

천뢰天籟, 지뢰地籟, 인뢰人籟

(2-1)

남곽자기南郭子綦가 안석案席에 기대어 앉아 하늘을 바라보며 한숨을 내쉬는데 그 망각의 모습이 마치 자신의 형체마저 잊은 듯 하였다. 안성자유顔成子游가 그 앞에 서서 시중을 들면서 말하였다.

"어찌된 것입니까? 육체에서의 형해形骸는 마른 나무와 같도록 할 수 있고, 정신에게 있어서의 마음도 불 꺼진 재와 같이 되도록 할 수 있습니까? 오늘 안석에 기대어 앉으신 모습이 예전에 안석에 기대어 앉으셨던 모습과 다르십니다."

남곽자기가 말하였다.

"언偃아, 참으로 멋지지 아니한가? 그대의 질문은! 지금 내가 나 자신을 잊고 있었음을 알고 있었느냐? 너는 사람들이 내는 소리人籟는 들었으되 땅이 내는 소리地籟는 듣지 못하였을 것이다. 네가 땅이 내는 소리는 들었다 해도 하늘이 내는 소리天籟는 아직 듣지 못하였을 것이로다!"

자유가 말하였다.

"감히 그 방법을 여쭙습니다."

자기는 이렇게 설명하였다.

"무릇 대지가 내뿜는 기를 바람이라 부른다. 이것이 불지 않으면 그뿐이지만 불게 되면 모든 구멍이 성난 듯 울부짖게 된다. 너는 그것이 윙윙 우는 소리를 들어보지 못하였느냐? 산과 숲의 높고 낮은 봉우리와 골짜기에 서 있는 백 아름이나 되는 큰 나무의 구멍들은 마치 코 같고, 입 같고, 귀 같고, 목이 긴 병 같고, 술잔 같고, 절구통 같고, 깊은 웅덩이 같고,

얕은 웅덩이 같은 것들이 있다. 이들은 물결치는 소리, 화살 날아가는 소리, 꾸짖는 소리, 숨 들이마시는 소리, 외치는 소리, 흐느끼는 소리, 둔탁하게 울리는 소리, 맑게 울리는 소리가 난다. 앞의 것들이 우 하는 소리를 내면 뒤따르는 것들도 우 하는 소리를 내게 된다. 작은 바람에는 작은 소리로 화답하고, 회오리바람에는 큰 소리로 화답한다. 사나운 바람이 자고 나면 모든 구멍들이 비게 되는데 너는 그 나뭇가지들이 크기에 따라 흔들리는 모습을 보지 못하였느냐?”

자유가 말하였다.

“땅에서 나는 소리란 여러 구멍들에서 나는 소리가 이것이고, 사람이 내는 소리라면 즉 통소에서 나는 소리이겠군요. 감히 여쭙건대 하늘이 내는 소리란 어떤 것입니까?”

자기가 말하였다.

“무릇 하늘이 내는 소리란 바람이 불되 그 나는 소리는 만 가지로 달라 각기 나름대로의 소리를 갖고 있단다. 그렇다면 그들이 각기 자신의 소리를 가지고 노하도록 하는 것은 누구이겠느냐?”

南郭子綦隱机而坐, 仰天而噓, 荅焉似喪其耦. 顏成子游立侍乎前, 曰:「何居乎? 形固可使如槁木, 而心固可使如死灰乎? 今之隱机者, 非昔之隱机者也.」

子綦曰:「偃, 不亦善乎? 而問之也! 今者吾喪我, 汝知之乎? 汝聞人籟而未聞地籟; 汝聞地籟而未聞天籟夫!」

子游曰:「敢問其方.」

子綦曰:「夫大塊噫氣, 其名爲風. 是唯無作, 作則萬竅怒呺. 而獨不聞之翏翏乎? 山陵之畏佳, 大木百圍之竅穴, 似鼻, 似口, 似耳, 似枅, 似圈, 似臼, 似洼者, 似汚者; 激者, 謞者, 叱者, 吸者, 叫者, 譹者, 宎者, 咬者. 前者唱于而隨者唱喁. 泠風則小和, 飄風則大和,厲風濟則衆竅爲虛. 而獨不見之調調之刁刁乎?」

　子游曰: 「地籟則衆竅是已, 人籟則比竹是已. 敢問天籟.」

　子綦曰: 「夫天籟者, 吹萬不同, 而使其自己也, 咸其自取, 怒者其誰邪!」

【郭南子綦】 성곽 남쪽에 사는 子綦라는 인물. 장자가 가설로 내세운 사람.
【隱机】 궤(상자)에 기댐. 隱은 憑, 倚의 뜻.
【嗒焉】 모든 것을 잊고 있는 모습을 형용한 것임.
【耦】 ‘偶’와 같음. 짝을 가리키며 흔히 정신의 짝인 육체, 혹은 물체의 짝인 그림자, 외물의 짝인 자신 등을 비유함.
【顔成子游】 남곽자기의 제자이며 顔成은 성, 이름은 偃. 자는 子游.
【何居】 ‘何故’와 같음.
【籟】 원래 籟는 簫와 같으며 작은 구멍이나 통로를 통해 나오는 소리를 뜻함. 人籟는 사람이 숨쉬고 걷고 할 때의 소리, 地籟는 땅의 모든 물건이 바람 등에 의해 내는 소리. 天籟는 하늘의 날씨 변화 등으로 인해 나는 소리. 이 세 가지는 모두가 다를 바가 없으며 자연 속에 나는 천연의 소리라는 뜻.
【大塊】 大地, 지구.
【噫氣】 숨을 내뱉을 때 나는 소리.
【翏翏】 바람 소리. 飂飂와 같음.
【畏佳】 崔崔와 같음. 높낮이가 다름을 표현한 첩운어.
【枅】 기둥 위의 네모난 나무. ‘계’로 읽음.
【汚】 물 웅덩이.
【謞】 화살이 날아갈 때 나는 소리. 혹은 ‘號’와 같은 뜻이라고도 함.
【譹】 울음을 터뜨릴 때 나는 소리.
【宎】 깊은 굴이나 골짜기에서 나는 소리. 혹은 笑의 訛字라고도 함.
【泠風】 작은 바람.
【厲風濟】 厲風(매운 바람)이 그침. 濟는 止와 같음.
【刁刁】 나뭇잎이 미세하게 흔들리는 모습. ‘刀刀’로 쓴 판본도 있음.
【比竹】 簫管 악기. 笙簧 등을 말함.

1. 《幼學瓊林》 837

何謂箑? 亦扇之名; 何謂籟? 有聲之謂.

005 (2-2) 내 몸의 아홉 개 구멍

큰 지혜를 가진 사람은 너그럽고 여유 있지만, 작은 지혜를 가진 자는 매사에 세밀하고 꾀죄죄하다. 큰 말은 담담하나 하찮은 말은 수다스럽다.

그들은 잠이 들면 혼백이 꿈을 꾸고 깨어나면 육신이 개운하다. 외물과 접촉하여 교섭하느라 마음은 날마다 투쟁을 한다. 그 가운데 마음이 바쁜 사람도 있고 우울한 사람도 있고, 답답한 사람도 있는 것이다. 작은 두려움은 사람을 놀라게 하지만 큰 두려움은 오히려 여유만만 하게 한다. 사람들이 시비를 가릴 때에는 마치 쇠뇌를 떠난 화살처럼 빠르게 행동한다. 그들이 자기의 입장을 끝까지 고수할 때는 마치 신에게 맹세하는 것처럼 꿈쩍도 하지 않는다.

그러나 그들이 날로 약해질 때에는 가을과 겨울에 초목이 시들듯 쇠잔해진다. 그들이 일단 그 가운데 빠져들면 다시는 돌이킬 수 없게 된다. 그들이 늙고 쇠락하게 되는 것은 욕망에 억눌려 앞뒤가 막히기 때문이다. 죽음에 가까이 이른 사람의 마음은 다시 살려내기 어렵다.

희로애락喜怒哀樂과 여탄변집慮嘆變慹 및 요일계태姚佚啓態의 심리 변화는 마치 악기가 비어야 음악이 나오고 땅 기운이 응집해야 버섯이 돋아나듯 밤낮으로 번갈아 가며 우리 앞에 나타나지만 그러한 감정의 싹이 나타나는 까닭은 알지 못한다. 그만두어라, 그만두어라! 아침저녁으로 이 변화들이 나타나는 것은 그것이 말미암아 생기게 되는 것이 아니겠는가!

그것들이 없으면 나도 존재하지 않을 것이요, 내가 없으면 그것들도 생겨나지 않을 것이다. 그것은 아주 서로 가까운 것이라고 할 수 있으나 무엇이 그렇게 시키는지는 알 수 없다. 마치 그들을 다스리는 진재眞宰가 있는 것 같으나 특이하게도 그를 볼 수는 없다. 그 작용은 믿을 만하나 그 형체는 볼 수가 없는 것이다. 그 정황은 있으나 그 형태는 없는 것이다.

사람의 몸은 백 개의 뼈마디와 아홉 개의 구멍, 여섯 개의 내장으로 갖추어져 있다. 나는 그 가운데 어느 것과 가장 가까운 것일까? 그대는 그것들을 모두 소중히 여기는가? 아니면 어느 하나만 사사롭게 더 고맙게 여기는 것이 있는가? 이와 같음은 그들은 일을 부리는 신하나 첩 같은 것일까? 그 신하나 첩은 족히 서로를 다스릴 수 없는 것일까? 그들이 서로 차례에 따라 군주가 되고 신하가 될 수 있는 것일까? 그들 가운에 진군眞君은 있는 것일까? 만약 그 정황을 알아차리거나 혹은 알아차리지 못한다 해도 그것은 그 진군에게는 아무런 손익損益도 없으리라.

한번 그 형체를 받아 이루어지면 그 몸에 아무런 변화를 주지 않은 채 그것이 다할 때까지 기다려야 한다. 외물과 맞서 서로 칼날을 마주하여 마모되고 그 삶은 마치 말 달리 듯 빠르게 지나쳐 버려 그 걸음을 멈출 수도 없으니 역시 슬프지 아니한가? 종신토록 발버둥쳐도 그 성공은 보지 못하고, 고달프고 피곤하나 그 돌아갈 바를 모르게 되고 마는 것이니 가엾지 아니한가?

남이 그를 보고 아직 죽지 않았다고 한들 무슨 이익이 되겠는가? 그 육신의 변화에 따라 그 마음도 그렇게 되고 마는 것이니 그 역시 크게 애처로운 일이 아니겠는가? 사람의 삶이란 진실로 이처럼 망망한 것일까? 나만 망망히 느끼고 다른 사람들 중에는 망망하게 여기지 않는 자가 있을 수 있는 것일까?

大知閑閑, 小知閒閒; 大言炎炎, 小言詹詹. 其寐也魂交, 其覺也形開, 與接爲構, 日以心鬪. 縵者, 窖者, 密者. 小恐惴惴, 大恐縵縵. 其發若機栝, 其司是非之謂也; 其留如詛盟, 其守勝之謂也; 其殺若秋冬,以言其日消也; 其溺之所爲之, 不可使復之也; 其厭也如緘, 以言其老洫也; 近死之心, 莫使復陽也. 喜怒哀樂, 慮嘆變慹, 姚佚啓態; 樂出虛, 蒸成菌. 日夜相代乎前, 而莫知其所萌. 已乎, 已乎! 旦暮得此, 其所由以生乎!

非彼無我, 非我無所取. 是亦近矣, 而不知所爲使. 若有眞宰, 而特不得其眹. 可行已信; 而不見其形, 有情而無形.

百骸·九竅·六藏, 賅而存焉, 吾誰與爲親? 汝皆說之乎? 其有私焉? 如是皆有爲臣妾乎? 其臣妾不足以相治乎? 其遞相爲君臣乎? 其有眞君存焉? 如求得其情與不得, 無益損乎其眞.

一受其成形, 不化以待盡. 與物相刃相靡, 其行進如馳, 而莫之能止, 不亦悲乎! 終身役役而不見其成功, 苶然疲役而不知其所歸, 可不哀邪! 人謂之不死, 奚益! 其形化, 其心與之然, 可不謂大哀乎? 人之生也, 固若是芒乎? 其我獨芒, 而人亦有不芒者乎?

【閑閑·閒閒】'閑閑'은 광대하고 넓은 모습. '閒閒'은 미세하여 보잘것없는 모습을 형용한 말.

【魂交】정신이 서로 交錯함.

【形開】형체가 안정을 얻지 못함.

【縵·窖·密】縵은 慢과 같으며 느린 모습. 窖는 덫을 설치함. 密은 새지 않도록 함을 뜻함.

【惴惴】걱정이나 근심에 쌓인 모습.

【縵縵】정신이 혼미하여 실성한 상태.

【機栝】쏘아놓은 화살. 쇠뇌를 발사함.

【詛盟】맹세함.

【老洫】노후하여 고갈됨.

【慮嘆變慹】염려와 한탄, 그리고 변화와 두려움. 위의 喜怒哀樂에 대를 맞추어 표현한 여러 가지 심리 상태를 말함.

【姚佚啓態】 ‘姚’는 들뜬 마음, ‘佚’은 방종, ‘啓’는 마구 행동함, ‘態’는 작태를 꾸밈을 뜻함.

【眞宰】 眞我. 眞心. 眞君과 같음. 우주의 主宰者.

【眹】 조짐. 단서. ‘진’으로 읽음. 눈으로 봄.

【百骸】 사람의 육신을 이루는 뼈가 백 개나 된다고 여긴 것.

【九竅】 하람이 감지하고 살 수 있는 기관의 구멍이 아홉 개임. 즉 눈, 코, 귀는 2개씩이며 입과 항문, 요도는 하나씩으로 모두 9개라 함.

【六藏】 六臟과 같음. 사람의 장기 중에 心, 肝, 脾, 肺, 腎을 오장이라 하며 여기에 腎臟은 두 개이므로 이를 ‘육장’이라고도 말함.

【眞君】 오직 하나뿐인 조종자. 주재자. 주인.

【苶然】 ‘날연’으로 읽으며 병이 들어 피곤한 모습.

【芒】 망망하고 아득함. 인생에 대하여 무지하며 진리를 아득히 먼 것으로 여겨 힘들고 괴로움을 뜻함.

006
(2-3) 어리석은 자에게도 스승은 있다

무릇 이미 형성된 마음을 좇아 그것을 스승으로 삼는다면 누구에게 스승이 없다 하겠는가? 어찌 반드시 차례로 변화하는 것을 알고 이를 마음 속에 스스로 체득한 자만이 그 스승을 가지고 있다고 하겠는가? 어리석은 자에게도 스승이 있는 것이다. 그러나 마음이 아직 제대로 형성되기도 전에 옳고 그름을 따지는 것은 마치 오늘 월越나라로 떠나면서 어제 도착하였다는 것이 된다. 이것은 있지도 않은 것을 있다고 하는 것이다. 있지도 않은 것을 있다고 하는 것은 우禹 임금같이 신통한 사람이라도 알 수 없는 것이니 내 홀로 장차 이를 어찌하겠는가!

무릇 말이란 그저 소리를 내는 것만은 아니다. 말에는 그 말뜻이 있어야 하는 것이니 그 말하는 바가 독특하게 정해지지 않았다면 과연 그 말이란 있는 것일까? 아니면 아직 그 말이 있지 않은 것일까? 그것이 새 울음소리와 다르다고는 하나 역시 그 소리와는 구별이 되는 것일까, 아니면 구별이 되지 않는 것일까?

도道는 어찌하여 숨어 있어도 진위의 구별이 있는 것일까? 말은 어찌하여 숨겨져 있어도 시비가 있는 것일까? 도는 어찌 이미 가고 없으면 존재하지 않는 것일까? 말은 어찌하여 존재하면서도 옳다고 볼 수 없는 것도 있을까?

도는 작은 성취에 숨겨져 있으며, 말은 화려한 수식 속에 가려져 있는 것이다. 그러므로 유가儒家와 묵가墨家의 시비가 있는 것이며 상대가 그르다 하는 것을 이쪽에서는 옳다고 하고, 상대가 옳다고 하는 것을 이쪽에서는

그르다고 하는 것이다. 상대가 그르다는 것을 옳다고 하고, 상대가 옳다는
것을 그르다고 하려면 명석한 지혜로써 하는 것만 한 것이 없다.

사물은 저것 아닌 것이 없고 또 마찬가지로 이것 아닌 것이 없다. 스스로
저편의 입장에서 볼 수 없을 때에는 자신의 입장에서 보면 알게 되는 것이다.
그러므로 "저것은 이것으로부터 나오고 이것 역시 저것으로부터 비롯된다"고
하는 것이니 이는 곧 저것과 이것이 함께 생겨난다는 논리이다. 비록 그렇기는
하나 삶이 있으면 곧 죽음이 있게 되고, 죽음이 있으면 곧 삶이 있게 된다.
또 가可함이 있으면 불가함이 있고 불가함이 있으면 가함이 있게 된다.
옳음으로 인하여 그르다는 것이 나오고 그르다는 것으로 인하여 옳다는
것이 생겨나는 것이다. 이 까닭으로 성인聖人은 어디에도 말미암는 바가
없이 그저 자연의 본성을 관조할 뿐이니 역시 여기에 근거를 둘 뿐이다.

이것은 곧 저것이 되고 저것은 또 이것이 되어 저것도 하나의 시비是非이며
이것도 하나의 시비가 된다. 과연 그렇다면 저것과 이것의 구별이 존재하게
되는 것일까? 존재하지 않는 것일까? 저것과 이것을 짝으로 보아 파악하지
않을 때 이를 일러 도추道樞라고 한다. 중추가 되는 것이 고리의 중심에
있어야 무궁한 변화에 대응할 수 있는 것이다. 이렇게 볼 때 옳다는 것도
무궁한 변화 중의 하나요, 그르다는 것 역시 무궁한 변화 가운데 하나인
것이다. 그 때문에 명석한 지혜로 하느니만 못하다고 하는 것이다.

夫隨其成心而師之, 誰獨且无師乎? 奚必知代而心自取者有之?
愚者與有焉. 未成乎心而有是非, 是今日適越而昔至也. 是以無有
爲有. 無有爲有, 雖有神禹, 且不能知, 吾獨且奈何哉!

夫言非吹也, 言者有言, 其所言者特未定也. 果有言邪? 其未嘗有
言邪? 其以爲異於鷇音, 亦有辯乎, 其無辯乎?

道惡乎隱而有眞僞? 言惡乎隱而有是非? 道惡乎往而不存? 言惡
乎存而不可? 道隱於小成, 言隱於榮華. 故有儒墨之是非, 以是其所

非而非其所是. 欲是其所非而非其所是, 則莫若以明.

物无非彼, 物无非是. 自彼則不見, 自是則知之. 故曰「彼出於是, 是亦因彼」彼是方生之說也, 雖然, 方生方死, 方死方生; 方可方不可, 方不可方可. 因是因非, 因非因是. 是以聖人不由, 而照之於天, 亦因是也.

是亦彼也, 彼亦是也. 彼亦一是非, 此亦一是非. 果且有彼是乎哉? 果且无彼是乎哉? 彼是莫得其偶, 謂之道樞. 樞始得其環中, 以應无窮. 是亦一无窮, 非亦一无窮也. 故曰莫若以明.

【成心】 자신의 마음에 이미 굳어져 있는 견해. 편견. 마음이 가는 상태 등으로
　해석함.
【言非吹也】 의견을 말하는 것은 성시에서 나오는 것이며 바람은 자연에서 나오는
　것이라는 뜻.
【彀音】 새가 처음 알에서 깨어 나와 내는 소리.
【物无非彼】 세상 만물은 서로 상대적이 아닌 것이 없음.
【樞】 문을 열고 닫을 수 있도록 장치된 지도리. 혹은 만물의 중심축. 원의 중심에
　자리를 잡아야 그 원이 영원히 움직일 수 있다는 원리를 말함.

천지는 하나의 손가락

손가락으로 손가락이라는 개념을 설명하면서 손가락이 아니라고 하는 것은, 손가락이 아닌 것으로 손가락을 손가락이 아니라고 하는 것만 못하다. 말馬로써 말을 설명하면서 말이 아니라고 하는 것은, 말이 아닌 것으로 말을 설명하면서 말이 아니라고 하는 것만 못하다.

천지는 하나의 손가락이요, 만물은 하나의 말이다.

긍정할 수 있는 것은 긍정할 이유가 있고, 부정할 수 있는 것은 부정의 이유가 있다. 도라는 것은 그것이 운행됨으로 해서 이루어지는 것이고, 사물은 그렇게 일컬어지기에 그렇게 된다. 스스로 그렇게 있는 것도 가하고 스스로 그렇게 있는 것이 불가할 수도 있으며, 스스로 그렇게 되는 것이 그럴 수도 있고 스스로 그렇게 되어 있는 것이 그렇지 않은 것도 있다. 어찌하여 그러한가? 그렇기 때문에 그러한 것이다. 어찌하여 그렇지 아니한가? 그렇지 않기에 그렇지 않은 것이다. 어찌하여 가한가? 그것이 가하기 때문에 가한 것이다. 어찌하여 불가한가? 그것이 불가하기 때문에 불가한 것이다. 사물에는 고유하게 그렇게 되는 까닭이 본래부터 내재해 있으며, 사물에는 그렇게 되는 가한 고유의 가함이 역시 내재해 있다. 그렇게 되지 않는 사물이란 존재하지 않으며 그렇게 되는 가능성이 내재해 있지 않은 사물 역시 존재하지 않는다.

그러므로 작은 풀줄기와 큰 기둥, 악창을 앓는 자와 서시西施, 그리고 일체의 희귀하고 괴이한 사건들이란 모두가 도의 입장에서 보면 하나로 관통해 있는 것이다. 분리란 다른 입장에서 보면 합성이며, 그 합성

역시 다른 편에서 보면 파괴가 된다. 무릇 모든 사물에는 근본적으로 합성도 파괴도 없이 다시 하나로 통하는 것이다.

오직 이러한 이치에 통달한 사람만이 그것이 하나로 관통해 있음을 알 수 있으므로, 자신의 판단을 사용하지 않고 각각의 사물이 가지고 있는 본성庸에 맡기는 것이다. 여기에서 용庸이란 용用의 뜻이며 다시 용用은 통通의 뜻이다. 그리고 통은 득得의 뜻으로 적절하게 이를 얻으면 거의 도에 가까워질 것이다. 이미 그렇게 되었음에도 그렇게 된 까닭을 알지 못하고 있는 것을 일러 도道라 한다.

사람들은 정신이 하나됨을 추구하려 애쓰지만 그것이 본래부터 똑같은 하나였음을 알지 못한다. 그것을 일러 조삼朝三이라 한다. 무엇을 일러 조삼이라 하는가? 옛날에 원숭이를 기르는 사람이 도토리를 먹이로 주면서 이렇게 말하였다.

"아침에 세 개, 저녁에 네 개 주리라."

이에 여러 원숭이들이 화를 내자 그는 "그러면 아침에 네 개, 저녁에 세 개 주겠다"라고 하자 원숭이들이 모두 즐거워하였다는 것이다. 그 명분이나 실제 내용은 달라진 것이 없건만 즐거워하기도 하고 화를 내기도 한 것은 역시 그와 같은 이유 때문이다. 이 까닭으로 성인은 시비의 논쟁에 휘말리지 않으며, 천균天鈞 속에 여유 있게 그친다. 이를 일러 양행兩行이라 한다.

옛날 사람들은 그 지혜의 지극함이 이르른 바가 있었다. 그렇다면 어느 정도에까지 이르렀는가? 당초 사물이 존재하지 않는다고 생각하는 경지까지 이르렀다. 그것은 지극한 것이며 끝까지 다한 것이었으며 거기에 무엇인가를 더 이상 보탤 수도 없다. 그 다음은 사물이 있되 아직 아무런 경계도 서지 않은 단계를 설정한 것이다. 그 다음은 경계가 있으니 시비를 일으키지 않은 단계이다. 시비가 번잡하게 일어나는 것은 거꾸로 보면 도가 어그러짐을 말한다. 도가 어그러지게 되는 것은 그것을 두고 완성을 추구하기 때문이다.

과연 완성과 어그러짐은 함께 존재하는 것일까? 아니면 존재하지 않은 것일까?

완성됨과 어그러짐이란 옛날 소문昭文이 거문고를 연주함과 같으며 아무것도 이루지 않음과 어그러짐이란 소씨가 거문고를 연주하지 아니함과 같다. 소씨가 거문고를 연주하자 사광師曠은 북채를 들고 들었으며, 혜자惠子는 안석案席에 기대어 담론을 나누었다. 이 세 사람의 기예는 거의 최고의 경지에 이르렀기에 후세에까지 그 이름이 전해지는 것이다.

오직 그들은 그것을 애호함이 다른 사람들과 남달라 그것을 남에게 드러내 보이려 하였다. 드러내 보일 수 없는 것을 드러내려 하였기에 혜자는 견백론堅白論이라는 궤변에 빠졌고, 소문의 아들 역시 소문의 기예를 계승하는 데에 그쳤을 뿐 평생 완성의 경지에 이르지 못하였던 것이다. 이를 두고 완성의 경지라 말할 수 있겠는가? 만약 그렇다면 내가 비록 아무 것도 완성하지 못하였더라도 완성의 경지에 이르렀다고 말할 수 있을 것이다. 그러나 만약 이를 두고 아무런 것도 완성하지 않는 것이라 말할 수 있는가? 그렇게 되면 사물이나 우리 모두에게 완성이라는 것은 전혀 없는 것이 된다. 이 까닭으로 세상을 혼란에 빠뜨리는 현란한 변론을 성인들은 제거하려 하였던 것이다. 이를 위하여 성인은 아무것도 사용하지 않으면서 각각의 사물의 본성에 맡긴 것이니 이를 일러 '이명'以明이라 한다.

以指喩指之非指, 不若以非指喩指之非指也; 以馬喩馬之非馬, 不若以非馬喩馬之非馬也.

天地一指也, 萬物一馬也.

可乎可, 不可乎不可. 道行之而成, 物謂之而然. 有自也而可, 有自也而不可. 有自也而然, 有自也而不然. 惡乎然? 然於然. 惡乎不然? 不然於不然. 惡乎可? 可於可. 惡乎不可? 不可於不可. 物固有所然, 物固有所可. 無物不然, 無物不可. 故爲是擧莛與楹, 厲與西施, 恢恑憍怪, 道通爲一. 其分也, 成也; 其成也, 毀也. 凡物無成與毀, 復通爲一.

唯達者知通爲一, 爲是不用而寓諸庸. 庸也者, 用也; 用也者, 通也; 通也者, 得也. 適得而幾矣. 因是已. 已而不知其然, 謂之道.

勞神明爲一, 而不知其同也, 謂之朝三. 何謂朝三? 狙公賦芋曰:「朝三而暮四.」衆狙皆怒. 曰:「然則朝四而暮三.」衆狙皆悅. 名實未虧而喜怒爲用, 亦因是也. 是以聖人和之以是非而休乎天鈞, 是之謂兩行.

古之人, 其知有所至矣. 惡乎至? 有以爲未始有物者, 至矣, 盡矣, 不可以加矣. 其次, 以爲有物矣, 而未始有封也. 其次, 以爲有封焉, 而未始有是非也. 是非之彰也, 道之所以虧也. 道之所以虧, 愛之所以成. 果且有成與虧乎哉? 果且無成與虧乎哉? 有成與虧, 故昭氏之鼓琴也; 無成與虧, 故昭氏之不鼓琴也. 昭文之鼓琴也, 師曠之枝策也, 惠子之據梧也, 三子之知, 幾乎皆其盛者也, 故載之末年. 唯其好之也, 以異於彼; 其好之也, 欲以明之. 彼非所明而明之, 故以堅白之昧終. 而其子又以文之綸終, 終身無成. 若是而可謂成乎? 雖我無成, 亦可謂成矣. 若是而不可謂成乎? 物與我無成也. 是故滑疑之耀, 聖人之所圖也. 爲是不用而寓諸庸, 此之謂以明.

【一指·一馬】 천지 만물을 공통성을 상징하는 말로 내세운 것. 같은 관점에서 보면 모든 만물은 모두 같다는 뜻.

【莛楹】 莛은 풀줄기. 楹은 기둥. 대소의 구분을 뜻함.

【寓諸庸】 만물의 기본 庸(功能)에 의탁함.

【神明】 精神, 心思.

【天鈞】 자연 섭리 속의 균형.

【兩行】 어느 쪽에도 치우치지 아니하고 양쪽 모두를 긍정함.

【昭氏】昭文이라는 고대 음악가. 鄭나라 사람으로 탄금에 뛰어났던 인물. 장자는
소문이 아무리 거문고를 잘 연주한다고 해도 한꺼번에 동시에 五音을 모두
온전히 합성할 수 없으니 차라리 연주하지 아니하면 그 오음이 온전히 그대로
있는 것이 된다는 논리로써 설명한 것임.

【師曠】晉 平公 때의 樂師로 장님이었으며 귀가 밝기로 이름난 인물.

【據梧】열대 이래 두 가지로 보았음. 즉 '梧机, 혹은 梧樹에 기대다'와 梧를
琴으로 보아 '거문고에 기대다'의 뜻으로 본 것임.

【載之末年】역시 '후세에 전하다'는 뜻과 '이 하나의 업무에 종신토록 종사하다'의
두 가지로 보았음.

【以堅白之昧終】惠施는 종신토록 堅白說에 얽매어 미혹하게 살았음.

【聖人之所圖也】성인은 이를 비루한 것으로 여겨 제거하고 없앰. 圖는 '鄙除'와
같은 뜻으로 봄.

【以明】마음을 거울처럼 밝게 하여 사물을 인식함.

1. 본문 중간의 "庸也者, 用也; 用也者, 通也; 通也者, 得也. 適得而幾矣"의
20글자는 바로 앞의 "寓諸庸"의 '庸'자를 疊韻이나 동음자 등으로 互訓하여
설명한 注文이며 이것이 잘못하여 正文으로 들어간 것임.

2. 《列子》黃帝篇

宋有狙公者, 愛狙; 養之成羣, 能解狙之意; 狙亦得公之心. 損其家口, 充狙之欲.
俄而匱焉, 將限其食, 恐衆狙之不馴於己也, 先誑之曰:「與若芧, 朝三而暮四, 足乎?」
衆狙皆起而怒. 俄而曰:「與若芧, 朝四而暮三, 足乎?」衆狙皆伏而喜. 物之以能鄙
相籠, 皆猶此也. 聖人以智籠羣愚, 亦猶狙公以智籠衆狙也. 名實不虧, 使其喜怒哉!

008 (2-5) 우주 생성 이전에 있었던 것

이제 여기에 한 마디의 언론(개념)이 있다고 하자. 이러한 이론이 다른 사람의 이론과 같은 것인지, 또는 같지 않은 것인지 알 수 있는가? 같아도 좋고 같지 않아도 좋다. 결국 두 이론은 모두가 이론이기 때문에 결국 이론으로서의 차이는 없는 것이다.

비록 그렇기는 하나 시험삼아 한번 이야기해 보도록 하자.

우주의 시작이라는 것이 있었다면 아직 시작되지 않았던 시작이 있었을 것이며 그 시작되기 이전의 그 시작이라는 것이 시작되었을 것이다. 우주에게 그 자신이 있다고 하는 것은 그것이 아무 것도 없었다는 것이 있어야 하며, 나아가 그에게는 아직 아무 것도 없었다는 의미의 없음이 있어야 하고, 다시 더 나아가 그에게 아무 것도 없었다는 것 이전에 아무 것도 없었다는 없음이 있어야 한다.

잠깐 사이에 있음과 없음이 생겨났다면 도리어 이 유무라는 것이 과연 진실로 유有인지, 아니면 과연 진실로 무無인지 알 수 없다. 지금 내가 이러한 논의를 펴는 것도 과연 도리어 과연 진실로 이러한 논의를 말하고 있는 것인지, 아니면 이러한 논의를 말해본 적이 없는지 알 수 없다.

천하에는 추호秋毫의 끝보다 더 큰 것은 없고, 태산太山보다 더 작은 것은 없다. 또 일찍 요절한 어린아이보다 오래 산 사람이 없으며, 팽조보다 단명한 사람은 없다. 왜냐하면 천지는 모두가 나와 더불어 무無에 함께 살고 있으며 만물은 모두가 나와 똑같은 일체이기 때문이다. 이처럼 이미 모두가 하나로 같다고 하였으니 어찌 다시 무슨 말이라는 것이 있다고 할 수 있겠는가? 또 이처럼 모두가 이미 하나라고 하였으니 어찌 무슨 말도 없는 것이다라고 할 수 있겠는가?

하나一라는 일체의 도에다가 나의 논리言를 더하여 둘이 되고, 그 둘은 둘이라는 것을 하나라 하여 더하여 셋이 된다. 이렇게 미루어 나간다면 아무리 셈을 잘하는 사람이라도 계산할 수 없을 터인데 하물며 평범한 사람임에랴! 그와 같이 무無로부터 유有로 나아가는데도 셋이나 되는데 하물며 유에서 유로 나아가게 되면 얼마나 많아지겠는가! 따라서 한없이 나아감이 없이 그저 이를 근거로 그만두어 자연의 도에 맡겨 둘 수밖에 없다.

무릇 도道에는 애초 한계라는 것이 없었고, 말이란 처음부터 불변의 상례常例란 있을 수 없는 것이다. 이를 위해 부분이 생긴 것이니 그 부분이라는 것을 한번 토론해 보기로 하자.

말로 표현할 수 있기로는 왼쪽, 오른쪽의 구별이 있고, 입론立論이 있고 차례倫와 동의함義이 있으며, 분석과 변별이 있으며, 경쟁과 다툼이 있다. 이를 일러 '팔덕'八德이라 한다.

육합六合 밖의 일에 대해 성인聖人은 존재를 인정할 뿐 논의를 세우지는 않으며, 그 육합의 안에 대해서 성인은 논리는 세우되 토론은 하지 않는다.

춘추春秋에는 세상을 다스리는 데 대한 선왕先王들의 기록이 담겨져 있는데, 성인은 그에 대해 논의만 하였지 변별은 하지 않았다. 그러므로 분석할 수 있는 것이 있고 분석할 수 없는 것이 있으며, 변별할 수 있는 것이 있고 변별할 수 없는 것이 있는 것이다. 어찌하여 그런가? 성인은 이상의 것들을 그저 마음속에 품고 있을 뿐인데 반해, 백가百家들은 그것을 변별하여 남에게 보이고자 하기 때문이다. 그러므로 변별을 일삼는 사람에게는 자신의 고집만 보일 뿐 그의 다른 일면의 틀린 부분은 보이지 않는다라고 하는 것이다.

무릇 대도大道는 말로 표현되지 않으며, 대변大辯은 말로 나타낼 수는 없는 것이다. 대인大仁은 편애하는 바가 없으며, 대렴大廉은 겸양하지 않는 듯하고, 대용大勇은 남을 해치지 않는다. 도가 말로 밝히 표현되면 더 이상 도가 아니며, 변론이 말로 표현되고 나면 미치지 못하는 부분이 있게 된다. 인仁이 한 곳에 치우쳐 있으면 두루 미칠 수 없게 되며, 청렴함이 그 형체를 나타내게 되면 진실을 다할 수 없으며 용기가 남을 해치면 완전한 것이 되지 못하는 것이다. 이 다섯 가지를 소홀히 여기지 않는다면 거의 도에 가까워진 것이 된다. 그러므로 지혜라는 것은 그 지혜로써는 알 수 없는 곳에 그칠 때 지극한 경지에 이른 것이다. 그 누가 말로 나타나지 않는 변론, 말로 표현되지 않는 도를 알 수 있겠는가? 만약 능히 알아낼 수 있다면 이를 일러 천부天府라 한다. 거기에는 아무리 물을 부어도 가득 차는 일이 없고 아무리 퍼내어도 마르는 일이 없으나 그럼에도 그렇게 되는 까닭은 알 수 없으니 이를 일러 보광葆光이라 한다.

今且有言於此, 不知其與是類乎? 其與是不類乎? 類與不類, 相與爲類, 則與彼无以異矣.

雖然, 請嘗言之. 有始也者, 有未始有始也者, 有未始有夫未始有始也者. 有有也者, 有无也者, 有未始有无也者, 有未始有夫未始有无也者. 俄而有无矣, 而未知有无之果孰有孰无也. 今我則已有謂矣, 而未知吾所謂之其果有謂乎, 其果无謂乎?

天下莫大於秋毫之末, 而大山爲小; 莫壽於殤子, 而彭祖爲夭. 天地與我並生, 而萬物與我爲一. 旣已爲一矣, 且得有言乎? 旣已謂之一矣, 且得无言乎? 一與言爲二, 二與一爲三. 自此以往, 巧曆不能得, 而況其凡乎! 故自无適有以至於三, 而況自有適有乎! 无適焉, 因是已.

夫道未始有封, 言未始有常, 爲是而有畛也, 請言其畛: 有左, 有右, 有倫, 有義, 有分, 有辯, 有競, 有爭, 此之謂八德. 六合之外, 聖人存而不論; 六合之內, 聖人論而不議. 春秋經世先王之志, 聖人議而不辯. 故分也者, 有不分也; 辯也者, 有不辯也. 曰: 何也? 聖人懷之, 衆人辯之以相示也. 故曰辯也者, 有不見也.

夫大道不稱, 大辯不言, 大仁不仁, 大廉不嗛, 大勇不忮. 道昭而不道, 言辯而不及, 仁常而不周, 廉清而不信, 勇忮而不成. 五者无棄而幾向方矣.

故知止其所不知, 至矣. 孰知不言之辯, 不道之道? 若有能知, 此之謂天府. 注焉而不滿, 酌焉而不竭, 而不知其所由來, 此之謂葆光.

【秋毫之末】아주 미세함을 뜻함. 짐승은 가을 털갈이할 때 그 털이 아주 미세하다 하며 그 끝은 더욱 미세함을 강조한 것. '毫'는 '豪'로 표기된 판본도 있음.

【巧曆】계산에 아주 뛰어난 사람.

【一與言爲二, 二與一爲三】앞의 一은 천지만물의 道, 그리고 나의 이론을 더하면 둘이 되며 이 두 가지에다 다시 두 가지라는 이론을 하나로 보아 원래의 두 가지에 더하면 세 가지가 됨. 혹 이는 老子의 "道生一, 一生二, 二生三"의 이론이라 함.

【八德】유가와 묵가가 집착하는 여덟 가지 덕목. 즉 左, 右, 倫, 義, 分, 辯, 兢, 爭을 말함.

【六合】천지 사방. 우주.

【春秋】역대의 史書를 일컫는 말. 六經 중의 《春秋》를 일컫는 것이 아님.

【天府】자연의 부고. 광대한 만물이 모두 갖추어져 있음을 뜻함.

【葆光】감추어진 빛. 숨겨진 광명.

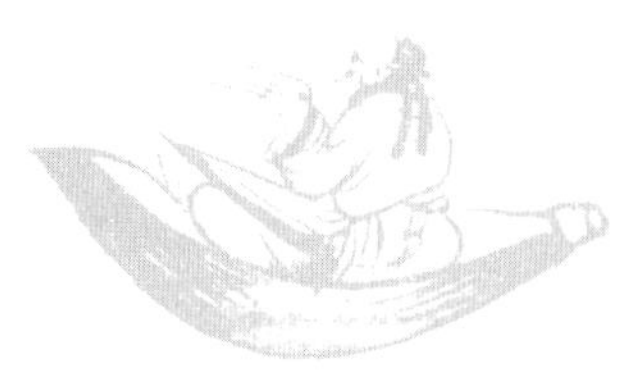

혼돈의 변화 속에 자신을 맡겨

그러므로 옛날 요堯가 순舜에게 이렇게 물었다.

"나는 종회宗膾, 서胥, 오敖를 치고자 하는데 내 남면南面하여 천자의 자리에 있으면서도 마음이 석연치 않으니 무슨 까닭일까요?"

이에 순이 말하였다.

"그 세 나라는 아직도 쑥대가 우거진 원시 상태로 살고 있습니다. 개운하지 않으시다니 어째서입니까? 옛날에는 열 개의 해가 한꺼번에 나와 만물을 비추었다고 하던데, 하물며 덕이 그 태양보다도 더 훌륭하신 임금께 있어서야 어떠하겠습니까!"

설결齧缺이 왕예王倪에게 물었다.

"그대는 만물에는 똑같은 기준이 있다는 것을 알고 있소?"

왕예가 말하였다.

"내 어찌 그것을 알리이까!"

"그대는 알지 못하고 있다는 그대에 대하여 알고 있소?"

왕예가 말하였다.

"내 어떻게 그것을 알리까!"

"그렇다면 사물에 대해 알고 계시는 게 없다는 것입니까?"

왕예가 말하였다.

"내 어찌 그것을 알리오! 비록 그렇다고는 하나 시험삼아 거기에 대해 이야기해 보겠소. 어찌 내가 알고 있다는 것이 사실은 모르고 있는 것이 아니라고 말할 수 있겠소? 그리고 내가 소위 모른다고 하는 것은 실은 알고 있는 것이 아니라고 단정할 수 있겠소? 내 그대에게 시험삼아 물어보겠소. 사람은 습한 곳에서 자면 허리 병이 생겨 반신 불수가 되지만, 미꾸라지도 그러하던가요? 나무 위에서 사람은 겁을 내며 두려워 하지만 원숭이도 그러하던가요? 이 세 가지 동물 중에 어느 누가 올바른 거처를 알고 있는 것입니까?

사람은 소나 양, 개, 돼지를 잡아먹으며, 미록麋鹿은 부드러운 풀을 뜯어먹고, 지네는 뱀을 잡아먹으며, 솔개와 까마귀는 쥐를 좋아하지요. 이 네 가지 중에서 어느 것이 가장 좋은 맛을 알고 있는 것입니까?

원숭이는 긴팔원숭이가 짝으로 삼고, 고라니는 사슴과 교미를 하며, 미꾸라지는 물고기와 어울려 살고 있소. 그런데 모장毛嬙과 여희麗姬를 두고 사람들은 미인이라 부르지만 물고기는 그들을 보면 깊은 물 속으로 숨고, 새는 높이 날아가 버리며, 고라니·사슴은 나 살려라 달아납니다. 이 네 가지 중에 누가 천하의 진정한 아름다움을 아는 것입니까?

내가 보건대 인의仁義의 단서와 시비是非의 갈림길은 어지럽게 뒤섞여 있는 것이니 내 어찌 그것을 분별해 낼 수 있겠소!”

설결이 말하였다.

“그대는 이해利害를 알지 못한다고 하였는데 그렇다면 지인至人이라면 진실로 이해를 모르는 것입니까?”

왕예가 대답하였다.

“지인至人이란 신묘한 존재라오! 큰 연못을 태울 만큼 뜨거운 불도 그를 뜨겁게 할 수 없으며, 큰 강물을 얼릴 만한 추위도 그를 추위에 떨게 할 수 없고, 사나운 천둥이 산을 무너뜨리고 바람이 바다를 뒤흔든다 해도 그를 놀라게 할 수 없다오. 이와 같은 자는 구름을 타고 해와 달에 올라앉아 이 세상 밖에서 노닐 수 있지요. 삶과 죽음도 자신을 변화시킬 수 없거늘, 하물며 이해의 단서쯤이야 어떻겠소!”

구작자瞿鵲子가 장오자長梧子에게 물었다.

“내가 공자에게서 들었더니 ‘성인聖人은 세상일에 힘쓰지 않으며, 이익을 쫓아가지도 않으며, 손해를 보더라도 피하지 않는다. 무엇을 추구하겠다고 즐겁게 여기지도 않으며, 도에 얽매여 따르지도 않으며, 말하지 않아도 말하는 셈이며, 말을 하면서도 아무 말도 하지 않는 것이며, 속세를 떠나 티끌 밖의 세상에서 노닌다'라고 하였는데 공자는 이러한 말을 두고 경솔하고 맹랑한 논리라고 하였지요. 그러나 나는 그것이야말로 신묘한 도의 실행이라 여기고 있소. 그대는 어떻게 생각하시오?"

장오자가 말하였다.

"그 말은 황제黃帝가 들었어도 잘 알아듣지 못하였을 것인데 하물며 공자 같은 인물이 어찌 족히 알아들을 수 있겠소! 그리고 그대도 너무 급히 알고자 하고 있소. 달걀을 보고 닭이 울기를 바라고, 활을 쏘는 것을 보고 새를 구워먹을 생각을 하고 있는 꼴이오. 내 그대에게 허튼 소리 하나 해 볼 테니 그대도 엉터리라고 들어줄 수 있겠소? 성인은 일월과 함께 밝으며, 우주를 끼고 만물과 일체가 되어, 모든 것을 혼돈 된 상태 그대로 놓아두고 서로를 존대하고 있다오. 많은 일반 사람들은 자신의 일에 노역을 당하지만, 성인은 우둔한 듯이 하여 수만 년에 걸친 무수한 변화 속에 자신의 몸을 맡겨 한결같이 순수함을 지키고 있습니다. 그리고 만물은 모두 같은 것이라 여겨 그것을 바탕으로 도를 쌓아 가고 있다오.

그러니 내 어찌 삶을 즐기는 것이 미혹된 것이 아니라고 여긴다고 안 될 일이 있겠소! 또 내 어찌 죽음을 싫어하는 것이 어려서 고향을 떠나 다시 고향으로 돌아가기를 잊지 않음과 같은 것이라 여긴다고 안 될 일이 있겠소! 여희麗姬는 애艾 땅의 국경을 지키는 관리의 딸이었지요. 진晉나라에서 그 여인을 처음 데려왔을 때에는 너무도 슬프게 울며 눈물로 옷깃을 적셨지요. 그러나 왕의 거처에 들어가 왕과 같이 자고, 맛있는 음식을 먹게 되자, 처음에 그렇게 울고불고 하였던 것을 후회하였다고 하오. 그러니 내 어찌 이미 죽은 사람들 역시 그가 처음에 살기를 바랐던 것을 후회하지 않았는지를 알겠소?

그리고 꿈속에 술을 마시던 사람이 아침에 깨어나 슬피 우는 경우도 있고, 꿈에서 울던 자가 깨어나서는 즐겁게 사냥을 떠날 수도 있다오. 막 꿈을 꾸고 있을 때에는 그것이 꿈이었다는 것을 알지 못하고, 꿈속에서 다시 꿈을 꾸다가 깨어나서야 그것이 꿈이었다는 것을 알게 되기도 한다오. 또한 큰 깨달음이 있은 뒤에야 그것이 큰 꿈이라는 것을 아는 경우도 있지요. 그런데 어리석은 사람은 자신이 깨어 있다고 여겨, 무엇이고 모두 아는 체하며, 임금이로다, 제후로다 하고 있으니 참으로 고루한 것이지요! 공자도, 그대도 모두 꿈을 꾸고 있는 것이라오. 그리고 내 그대에게 꿈을 이야기하는 것 역시 꿈이지요. 이 말은 아주 괴이한 논리라고 할지라도 만세萬世 뒤에 위대한 성인을 만나 그 뜻을 알게만 된다면 그것만 으로도 일찍 아는 셈이라오.

　나로 하여금 그대와 논쟁을 하도록 한 것이라 여겨봅시다. 그대가 나를 이기고 내가 그대를 이기지 못하였다면 그대가 옳고 내가 옳지 못한 것입니까? 내가 그대를 이기고 그대가 나에게 졌다면 내가 옳고 그대가 옳지 못한 것입니까? 어느 한 쪽이 옳고 다른 한 쪽은 그른 것입니까? 우리 둘 모두 옳거나, 아니면 우리 둘 모두가 틀린 것일까요? 그런 것은 나나 그대나 알 수 없는 것이지요. 무릇 모든 사람들이란 나름대로의 어두운 견해를 가지고 있는 것인데 우리가 누구를 불러 이를 바로잡을 수 있다는 것입니까? 그대와 같은 의견을 가진 자로 하여금 판결하도록 하겠소? 그렇게 하면 그대의 의견에 동조하게 될 것이니 어찌 그것이 바른 판단이 되겠소! 그러나 나와 같은 의견을 가진 자로 하여금 판결하도록 하겠소? 그러면 그는 나와 의견을 같이 할 것이니 어찌 바른 판결이 되겠소! 그렇다고 나나 그대와는 다른 의견을 가진 사람에게 판단해 달라고 하겠소? 그러면 그 사람 역시 나나 그대와 의견이 다를 것이니 어찌 바른 판단을 할 수 있겠나! 마찬가지로 나나 그대와 의견이 같을 때 다른 사람에게 판단해 달라고 하겠소? 그러면 이미 나나 그대와 의견이 같은데 어찌 능히 바른 판단이 있을 수 있겠소! 그러니 나와 그대, 그리고 다른 사람들까지 모두가 알 수가 없는 것이 되고 마는 것인데 저에게 의지할 수 있겠소?

　변화하는 소리란 서로에게 의지하여 이루어진 것입니다. 만약 그것들을 서로에게 의지하지 않도록 하고서도 자연의 도리로 조화를 시킬 수 있다면 나의 언변도 막힘 없이 흘러갈 것이요, 이렇게 하여 일생을 보낼 수 있을

것이오. 그런데 무엇을 일러 자연의 도리로 모든 시비를 조화시킨다는 것일까요? 그것은 바로 옳은 것과 옳지 않은 것, 그러한 것과 그렇지 않은 것은 모두가 상대적이라는 것이지요. 옳은 것이 만약 정말 옳은 것이라면, 옳은 것이 옳지 않은 것과 다르다는 것도 같은 말이 되지요. 그러한 것 역시 진실로 그러한 것이라면, 그러한 것이 그렇지 않은 것과 다르다는 것 또한 같은 말이 됩니다. 나이도 잊고 의리도 잊고, 무한한 경지에서 노니는 것. 그 까닭으로 무궁 속에 머물게 되는 것이지요."

故昔者堯問於舜曰：「我欲伐宗·膾·胥敖, 南面而不釋然. 其故何也?」

舜曰：「夫三子者, 猶存乎蓬艾之間. 若不釋然, 何哉? 昔者十日並出, 萬物皆照, 而況德之進乎日者乎!」

齧缺問乎王倪曰：「子知物之所同是乎?」

曰：「吾惡乎知之!」

「子知子之所不知邪?」

曰：「吾惡乎知之!」

「然則物无知邪?」

曰：「吾惡乎知之! 雖然嘗試言之. 庸詎知吾所謂知之非不知邪? 庸詎知吾所謂不知之非知邪? 且吾嘗試問乎汝: 民濕寢則腰疾偏死, 鰍然乎哉? 木處則惴慄恂懼, 猨猴然乎哉? 三者孰知正處? 民食芻豢, 麋鹿食薦, 蝍且甘帶, 鴟鴉嗜鼠, 四者孰知正味? 猨猵狙以爲雌, 麋與鹿交, 鰍與魚游. 毛嬙·西施, 人之所美也; 魚見之深入, 鳥見之高飛, 麋鹿見之決驟. 四者孰知天下之正色哉? 自我觀之, 仁義之端, 是非之塗, 樊然殽亂, 吾惡能知其辯!」

齧缺曰：「子不知利害, 則至人固不知利害乎?」

王倪曰：「至人神矣! 大澤焚而不能熱, 河漢沍而不能寒, 疾雷破山而不能傷, 飄風振海而不能驚. 若然者, 乘雲氣, 騎日月, 而遊乎四海之外. 死生無變於己, 而況利害之端乎!」

瞿鵲子問乎長梧子曰:「吾聞諸夫子:『聖人不從事於務, 不就利, 不違害, 不喜求, 不緣道; 无謂有謂, 有謂无謂, 而遊乎塵垢之外.』夫子以爲孟浪之言, 而我以爲妙道之行也. 吾子以爲奚若?」

長梧子曰:「是黃帝之所聽熒也, 而丘也何足以知之! 且汝亦大早計, 見卵而求時夜, 見彈而求鴞炙.

予嘗爲女妄言之, 女以妄聽之奚? 旁日月, 挾宇宙, 爲其脗合, 置其滑涽, 以隸相尊. 衆人役役, 聖人愚芚, 參萬歲而一成純. 萬物盡然, 而以是相蘊.

予惡乎知說生之非惑邪! 予惡乎知惡死之非弱喪而不知歸者邪! 麗之姬, 艾封人之子也, 晉國之始得之也, 涕泣沾襟; 及其至於王所, 與王同筐牀, 食芻豢, 而後悔其泣也. 予惡乎知夫死者不悔其始之蘄生乎!

夢飲酒者, 旦而哭泣; 夢哭泣者, 旦而田獵. 方其夢也, 不知其夢也. 夢之中又占其夢焉, 覺而後知其夢也. 且有大覺而後知此其大夢也. 而愚者自以爲覺, 竊竊然知之. 君乎, 牧乎, 固哉! 丘也與女, 皆夢也; 予謂女夢, 亦夢也. 是其言也, 其名爲弔詭. 萬世之後而一遇大聖, 知其解者, 是旦暮遇之也.」

既使我與若辯矣, 若勝我, 我不若勝, 若果是也, 我果非也邪? 我勝若, 若不吾勝, 我果是也, 而果非也邪? 其或是也, 其或非也邪? 其俱是也, 其俱非也邪? 我與若不能相知也, 則人固受其黮闇, 吾誰使正之? 使同乎若者正之? 既與若同矣, 惡能正之! 使同乎我者正之? 既同乎我矣, 惡能正之! 使異乎我與若者正之? 既異乎我與若矣, 惡能正之! 使同乎我與若者正之? 既同乎我與若矣, 惡能正之! 然則我與若與人俱不能相知也, 而待彼也邪?

化聲之相待, 若其不相待, 和之以天倪, 因之以曼衍, 所以窮年也.
何謂和之以天倪? 曰: 是不是, 然不然. 是若果是也, 則是之異乎不
是也, 亦無辯; 然若果然也, 則然之異乎不然也亦無辯. 忘年忘義,
振於無竟, 故寓諸無竟.」

【宗·膾·胥敖】 작은 나라 이름으로 〈人間世〉에는 叢·枝·胥敖로 되어 있음.
【齧缺·王倪】 인명. 설결은 왕예의 제자.
【偏死】 半身不遂.
【鰌】 鰍와 같으며 미꾸라지. 鰍魚, 泥鰍.
【芻豢】 芻는 꼴을 먹는 가축. 豢은 곡류를 먹는 가축. 혹은 가축에게 있어서의
　좋은 먹이를 통틀어 하는 말.
【薦】 좋은 풀.
【蝍蛆甘帶】 蝍蛆는 지네(蜈蚣), 帶는 작은 뱀. 지네는 작은 뱀을 즐겨 잡아
　먹음.
【毛嬙·西施】 고대의 미녀.
【沍】 얼다(凍)의 뜻.
【瞿鵲子·長梧子】 인명. 모두 장자가 가설로 내세운 사람.
【夫子】 선생님. 여기서는 공자를 지칭함.
【不緣道】 길이 어떤가에 얽매이지 않음. 혹 행동의 흔적이 없음.
【聽熒】 疑惑. 첩운연면어.
【時夜】 밤을 지킴. 닭을 말함.
【艾封人】 애(艾) 땅에 봉해진 사람.
【弔詭】 괴이함. 위의 恢詭, 憰詭와 같음.
【黮闇】 어두워 아무것도 보이지 않음. 첩운연면어.
【天倪】 자연의 분화. 자연의 경계나 구분.
【振於無竟】 무궁한 경지에서 노닒.

망량罔兩이 그림자에게 물었다.

"그대는 조금 전에는 걸어다니다 지금은 멈춰 서 있고 방금 앉아 있더니 지금은 서 있으니 어째서 일정한 절조가 없는 것이오?"

그림자가 중얼거렸다.

"나는 주체가 움직여야 그에 의지하기 때문에 그렇게 되는 것일까? 내가 의지하고 있는 것도 역시 무언가 의지하는 것이 있어 그렇게 하는 것일까? 나는 뱀 껍질이나 매미 날개 같은 것에 의지하고 있는 것일까? 그렇게 되는 까닭을 어찌 알겠는가! 그렇게 되지 않는 까닭을 어찌 알겠는가!"

옛날에 장주莊周가 꿈에 나비가 되었다. 훨훨 날아다니는 나비가 되어 스스로 유유자적하였다! 그러면서 자신이 장주라는 것도 알지 못하였다. 그러나 문득 잠에서 깨어나니 자신은 뻣뻣하게 누워 있는 장주였다. 장주가 꿈에 나비가 된 것인지 나비가 꿈에 장주가 된 것인지 알 수 없었다. 장주와 나비에는 틀림없이 구분이 있을 것이다. 그를 일러 '물화' 物化라 한다.

周兩問景曰:「曩子行, 今子止; 曩子坐, 今子起; 何其无特操與?」

景曰:「吾有待而然者邪? 吾所待又有待而然者邪? 吾待蛇蚹蜩翼邪? 惡識所以然! 惡識所以不然!」

〈莊子夢蝶圖〉 작자 미상

昔者莊周夢爲胡蝶, 栩栩然胡蝶也, 自喩適志與! 不知周也. 俄然覺, 則蘧蘧然周也. 不知周之夢爲胡蝶與, 胡蝶之夢爲周與? 周與胡蝶, 則必有分矣. 此之謂「物化」.

【罔兩】그림자 밖의 미미한 물체. 혹 '魍魎', '蝄蜽'으로도 표기하며 산천의 精物. 귀신. 도깨비. 첩운연면어.
【景】'影'의 본자. 그림자를 뜻함.
【待蛇蚹蜩翼】뱀은 배 밑의 비늘로 기어가며 매미는 날개로써 날아오름.
【栩栩】펄펄 나는 모습.
【蘧蘧】굳어 뻣뻣한 모습.
【物化】나와 외물의 관계가 없어지고 만물과 융화하여 일체가 됨을 뜻함.

"내가 나비인가? 나비가 나인가?"〈莊周夢蝶〉明末淸初 環中子 馬駘《馬駘畫寶》

3. 양생주養生主

'양생주養生主'란 양생의 요령이라는 뜻이다. 양생은 바로 자연에 순응하여 감정을 잊고 외물에 전혀 구애를 받지 않는 것이라 주장한 내용이다.

"우리의 삶에는 끝이 있으되 앎에는 끝이 없다. 끝이 있는 것으로 끝이 없는 것을 뒤쫓자니 심신이 너무 지쳐간다."

 **삶은 유한하나**

우리의 삶에는 끝이 있으되 앎에는 끝이 없다. 끝이 있는 것으로 끝이 없는 것을 뒤쫓자니 심신이 너무 지쳐간다.

이미 앎을 위한다는 것이 심신을 지치게 하는 일이니 선善을 행함에 명예에 가까이 하려 하지 말 것이며, 악惡을 행하더라도 형벌에 가까이 다가가지는 말아야 할 것이다. 이에 자연의 도리에 따르는 것을 벼리로 삼으면 몸을 온전히 지킬 수 있을 것이요, 주어진 생명을 온전히 할 수 있을 것이며, 자신의 몸을 잘 양생할 수 있을 것이며, 천수를 다할 수 있을 것이다.

吾生也有涯, 而知也无涯. 以有涯隨无涯, 殆已; 已而爲知者, 殆而已矣. 爲善无近名, 爲惡无近刑. 緣督以爲經, 可以保身, 可以全生, 可以養親, 可以盡年.

【涯】 끝. 가(邊).
【殆已】 피로에 지친 모습.
【緣督】 자연의 도리에 순응함.
【養親】 莊子의 내용과 관련이 없는 것으로 보아 흔히 '養身'이 아닌가 함.

포정해우庖丁解牛

포정庖丁이 문혜왕文惠王을 위하여 소를 잡는 일을 하고 있었는데 그의 손이 닿는 곳이나, 어깨를 기댄 곳, 발로 밟은 곳, 무릎으로 누른 곳은 슥삭하는 소리와 함께 칼이 움직이는 대로 살이 분리되어 베어지는 소리가 났는데, 음률에 맞지 않는 것이 없었다. 그것은 상림桑林의 춤과 같았고 경수經首의 음절에도 맞았다.

문혜왕이 말하였다.

"아, 훌륭하도다! 그 기술이 어떻게 그와 같은 경지에 이를 수 있는가?"

백정은 칼을 놓고 이렇게 대답하였다.

"제가 좋아하는 것은 도道입니다. 이는 재주보다 앞서는 것입니다. 처음 제가 소를 잡기 시작하였을 때에는 소 전체가 한 마리로 보이지 않는 것이 없었습니다. 3년이 지나자 이미 소 전체의 모습은 보이지 않게 되었습니다. 지금에 이르러서는 저는 정신으로 소를 대하지 눈으로는 보지 않습니다. 눈의 작용이 멎게 되자 정신의 작용만으로 하고자 하게 되었습니다. 저는 천리天理를 따라 큰 틈새와 빈곳을 따라 칼을 놀려 본래 그러한 구조를 따라가는 것이지요. 그 기술의 미묘함에 아직 한번도 힘줄이나 질긴 근육에 막힌 적이 없으니 하물며 큰 뼈야 더 말할 게 있겠습니까!

솜씨 좋은 백정은 1년에 한번 칼을 바꾸는데 그것은 살을 베기 때문입니다. 범속한 백정들은 달마다 칼을 바꾸니 이는 뼈를 자르기 때문입니다. 지금 제 칼은 19년이 되었으며 수천 마리의 소를 잡았으되 칼날은 방금 숫돌에

간 것과 같습니다. 소의 뼈마디에는 틈이 있으니 칼날은 그보다 더 두껍지 않습니다. 두께가 없는 것을 틈이 있는 것에 넣기 때문에 칼을 휙휙 놀려도 틀림없이 여유가 있는 것입니다. 그 때문에 19년이 지났어도 칼날은 새롭게 숫돌에 갈아 놓은 것 같은 것입니다.

비록 그렇다고는 하나 매번 뼈와 살이 뭉친 곳에 이르면, 저도 어려움을 알고는 조심하여 경계하며 눈길을 거기에 멈추고 천천히 손을 움직입니다. 이리하여 칼의 움직임을 아주 미약하게 하여 결국 해체하며 그 소가 죽어 있다는 것도 알지 못한 채 마치 땅 위에 자신을 맡겨 흩어져 있는 흙처럼 느끼지요. 그리고 칼을 들고 일어서서 사방을 둘러보며 천천히 만족스러운 기분을 느끼면서 칼을 닦아 챙겨 넣습니다.”

문혜왕이 말하였다.

“훌륭하도다! 나는 포정의 말을 듣고 양생養生의 도를 터득하였도다.”

丁爲文惠君解牛, 手之所觸, 肩之所倚, 足之所履, 膝之所踦, 砉然嚮然, 奏刀騞然, 莫不中音; 合於桑林之舞, 乃中經首之會.

文惠君曰:「譆, 善哉! 技蓋至此乎?」

庖丁釋刀對曰:「臣之所好者道也, 進乎技矣, 始臣之解牛之時, 所見无非全牛者. 三年之後, 未嘗見全牛也. 方今之時, 臣以神遇而不以目視, 官知止而神欲行. 依乎天理, 批大卻導大窾因其固然, 技經肯綮之未嘗微礙, 而況大軱乎! 良庖歲更刀, 割也; 族庖月更刀, 折也. 今臣之刀十九年矣, 所解數千牛矣, 而刀刃若新發於硎. 彼節者有閒, 而刀刃者無厚; 以無厚入有閒, 恢恢乎其於遊刃必有餘地矣. 是以十九年而刀刃若新發於硎. 雖然, 每至於族, 吾見其難爲, 怵然爲戒, 視爲止, 行爲遲. 動刀甚微, 謋然已解, 牛不知其死也, 如土委地. 提刀而立, 爲之四顧, 爲之躊躇滿志, 善刀而藏之.」

文惠君曰:「善哉! 吾聞庖丁之言, 得養生焉.」

【庖丁】庖는 성씨. 丁은 사나이라는 뜻. 그러나 庖는 부엌을 뜻하며 일반적으로 도살장을 의미하기도 하여 가축을 잡아 이를 해체하는 일에 종사하는 사람을 가리키는 것으로 보는 것이 마땅함.

【文惠君】장자가 가설로 내세운 어떤 군주.

【砉然】'획연'으로 읽으며 뼈와 살을 칼로 갈라낼 때 나는 소리나 모습. '騞然'도 같음.

【桑林】殷나라 湯王의 음악.

【經首】堯임금 때의 음악인 咸池의 악장 이름.

【大郤】근육과 뼈 사이의 간극. 틈.

【大窾】골절 사이의 빈 틈.

【枝經肯綮】枝는 지맥, 經은 경맥, 肯은 골육이 붙어 있는 것, 綮는 서로 맺혀 있는 부분을 가리킴.

【大軱】大骨.

【硎】숫돌. 磨石. 砥石.

【族】서로 모여 있음.

【謋然】'획연'으로 읽으며 분해됨. 해체됨.

【善刀】사용한 칼을 잘 마무리하여 수습함. 정리함.

〈鬪獸圖〉 "인간과 자연" 畵像石(漢)

발이 하나뿐인 사람

공문헌公文軒이 우사右師를 보자 놀라 말하였다.

"아니 무슨 사람이 이런가? 어쩌다 발이 하나만 있는가? 하늘이 그랬는가? 사람이 그랬는가?"

우사가 대답하였다.

"하늘이 그렇게 한 것이지 사람이 그리한 것은 아닙니다. 하늘이 나를 낳아 외발로 만든 것입니다. 사람의 형상이란 누구나 하늘이 낳은 것이지요. 이로써 나의 외발도 하늘이 그렇게 한 것이지 사람 탓이 아님을 알 수 있습니다."

못가에 사는 꿩은 열 발자국을 걸어서야 한 번 쪼을 모이를 만나고, 백 발자국을 걸어야 한 번 마실 물을 만난다. 그러면서도 새장 속에서 길러지기를 바라지는 않는다. 신태神態는 왕성하다고 해도 그것은 자재로운 것이 아니기 때문이다.

노담老聃이 죽자 진일秦失이 문상을 가서 세 번 곡을 하고는 나와 버리자 그의 제자가 물었다.

"그 분은 선생님의 친구가 아니십니까?"

"친구였지."

"그렇다면 이 정도로 문상을 하셔도 가한 것입니까?"

진일이 대답하였다.

"그렇다. 나는 처음에는 그를 지인至人이라 보았지만 지금은 그렇지 않네. 조금 전에 내가 들어가 문상하면서 보니 노인들은 자기 자식을 잃은 듯이 곡을 하고 있고 젊은이는 제 어머니를 잃은 듯이 곡을 하고 있더군. 그들이 그의 죽음에 감동된 까닭은 그가 꼭 그렇게 해달라고 요구하지는 않았더라도 그렇게 하도록 만들고, 곡을 해달라고 부탁하지는 않았다 해도 그렇게 하도록 만들었기 때문일 것이네. 이것은 자연의 도리에서 벗어나 진실을 배반하고 자신이 받은 바를 잊은 것이지. 옛날에는 그러한 것은 하늘을 거스른 죄라 하였다네. 그 사람은 그가 태어날 때를 만났기 때문에 태어난 것이며, 그 사람이 죽은 것도 죽을 운명을 따른 것뿐이야. 그때에 맞추어 편안히 해주고 주어진 운명에 따르면 애락哀樂이라는 것이 끼어 들 수 없지. 옛날에는 이것을 하늘에 매달렸다가 해방된 것이라 하였다네."

장작에 불을 붙이면 그 장작은 결국 다 타 없어지지만 그 불은 어디에 다시 붙여도 연속해서 불이 이어져 끝날 때가 없는 것이다.

公文軒見右師而驚曰:「是何人也? 惡乎介也? 天與, 其人與?」
曰:「天也, 非人也. 天之生是使獨也, 人之貌有與也. 以是知其天也, 非人也.」
澤雉十步一啄, 百步一飮, 不蘄畜乎樊中. 神雖王, 不善也.
老聃死, 秦失弔之, 三號而出.
弟子曰:「非夫子之友邪?」
曰:「然.」
「然則弔焉若此, 可乎?」
曰:「然. 始也吾以爲至人也, 而今非也. 向吾入而弔焉, 有老者哭之, 如哭其子; 少者哭之, 如哭其母. 彼其所以會之, 必有不蘄言而言, 不蘄哭而哭者. 是遁天倍情, 忘其所受, 古者謂之遁天之刑. 適來, 夫子時也; 適去, 夫子順也. 安時而處順, 哀樂不能入也, 古者謂是帝之懸解.」
指窮於爲薪, 火傳也, 不知其盡也.

【公文軒】公文은 성씨, 軒은 이름. 宋나라 사람이라 함.

【右師】 관직 이름.

【介】 한쪽 다리만 있는 모습.

【人之貌有與也】 사람의 모습은 하늘이 내려 준 것임.

【澤雉】 못가의 꿩.

【蘄】 祈와 같음.

【老聃】 老子, 李耳. 楚나라 苦縣 厲鄕 曲仁里 사람으로 道家의 대표적인 인물. 《史記》 老莊申韓列傳 참조.

【秦失】 진일(秦佚)로도 표기하며 노자의 친구. 혹은 장자가 임의로 가설하여 노자의 친구로 내세운 인물로 여김.

【遁天】 자연으로 도피함.

【倍情】 세속의 정이 두 배가 됨. 혹은 '인지상정을 위배하다'의 뜻으로 보기도 함.

【帝之懸解】 사람의 삶의 고통은 마치 거꾸로 매달린 것 같으며 하늘이 이를 풀어 줌을 뜻함.

【指窮於爲薪】 촛불이나 땔감은 결국 다 타고 없어질 날이 있지만 그 불에 다른 땔감을 계속 이어준다면 불은 끝날 날이 없음.

참고 및 관련 자료

1.《韓詩外傳》卷九

戴晉生弊衣冠而往見梁王. 梁王曰:「前日寡人以上大夫之祿要先生, 先生不留; 今過寡人邪?」戴晉生欣然而笑, 仰而永嘆, 曰:「嗟乎! 由此觀之, 君曾不足與游也. 君不見大澤中雉乎? 五步一噣, 終日乃飽; 羽毛悅懌, 光照於日月; 奮翼爭鳴, 聲響於陵澤者何? 彼樂其志也. 援置之困倉中, 常噣粱粟, 不旦時而飽; 然猶羽毛憔悴, 志氣益下, 低頭不鳴. 夫食豈不善哉? 彼不得其志故也. 今臣不遠千里而從君游者, 豈食不足? 竊慕君之道耳. 臣始以君爲好士, 天下無雙, 乃今見君不好士明矣!」辭而去, 終不復往.

4. 인간세人間世

　'인간세人間世'란 그대로 사람이 사는 세상에서 어떻게 처세할 것인가의 문제를 다룬 것이다. 살아 있는 동안 주어진 이 삶을 어떻게 관조할 것이며 어떠한 잣대로 볼 것인가를 다루고 있다.

　"사마귀는 노하면 자신의 앞발을 들고 수레바퀴에 대들면서도 자신이 그를 감당할 수 없다는 것을 모르고 있다. 이러한 행동을 하는 것은 자신의 재능이 훌륭하다는 것만 믿고 있기 때문이다."

014
(4-1) 불로써 불을 끄려고

안회顔回가 중니仲尼를 뵙고 떠나겠다고 청하였다.

공자가 물었다.

"어디로 가려느냐?"

안회가 말하였다.

"장차 위衞나라로 가렵니다."

공자가 물었다.

"무엇하러 가는가?"

안회가 대답하였다.

"제가 듣기로 위나라 임금은 나이가 젊은데다가 제멋대로 행동한다 합니다. 그 나라를 경솔하게 다스리면서도 잘못을 깨닫지 못하고, 백성들의 죽음도 가벼이 여기어 죽은 사람이 이미 연못 속의 이끼와 같이 그 나라에 가득 차 있다고 하더군요. 그로 인하여 그 백성들은 가슴을 태우고 있지만 어찌할 수도 없다고 합니다. 제가 일찍이 선생님으로부터 듣기를 '잘 다스려지는 나라를 떠나 어지러운 나라로 가거라. 그것은 의사의 집에 병자가 많이 모이는 것과 같은 이치이다'라고 말씀하셨습니다. 저는 선생님께서 하신 말씀에 따라 그렇게 실행하고자 합니다. 그렇게 되면 위나라의 병도 고칠 수 있지 않을까요!"

공자가 말하였다.

"아! 너는 갔다가 형벌이나 받게 되리라! 무릇 도라는 것은 뒤섞이기를 원하지 않는다. 뒤섞이면 번다해지고 번다해지면 요란擾亂해지며, 요란해지면 근심이 생기며, 근심이 생기게 되면 구제할 방법이 없어진다. 옛날의 지인至人은 먼저 자기 자신을 안전하게 해 놓은 다음 남을 안전하게 하였다. 자기 자신에게 안정을 확보하지 못하였다면 어찌 어찌 난폭한 이의 행동을 고려할 겨를이 있겠느냐!

너는 역시 덕德이 흔들리게 되는 까닭과 지혜가 어디로부터 나오는 지 그곳을 알고 있느냐? 덕이란 명분 때문에 흔들리고, 지혜란 다툼에서 생겨나는 것이다. 명분이란 서로를 짓누르려는 것이요, 지혜란 다툼의 도구이다. 이 두 가지는 흉기는 끝간 데까지 행사할 수 있는 것이 아니란다.

그리고 한 사람의 덕이 두텁고 신의가 돈독하다 하더라도, 다른 사람의 기분까지 통달할 수는 없으며, 명분이 알려지고 다툼이 없다 해도 남의 마음에까지 통달해 들어갈 수는 없는 것이다. 네가 억지로 난폭한 자 앞에서 인의仁義로써 남을 바르게 고쳐주고자 하겠다고 논의를 펼친다면, 그는 네가 고의로 다른 사람의 잘못을 들추어내어 네 자신의 미덕을 드러내고자 하는 것이라 여길 것이며, 너를 명하여 치인菑人이라 할 것이다. 남에게 해를 끼치는 이 치인이라면 남도 틀림없이 너에게 해를 끼칠 것이니 너는 그 남으로부터 해를 입게 될 것이다!

또 만약에 위의 군주가 어진 이를 즐거이 맞이하고 불초한 자를 싫어한다면 이미 그의 주위에 어진 이가 많을 것이니 어찌 너를 등용하여 그들과 다른 점을 드러내도록 기회를 주겠느냐? 너는 결코 아무 말도 하지 말아라. 말을 하게 되면 임금은 틀림없이 너의 논리의 오류를 파고들 것이다. 그렇게 되면 너의 눈은 빛을 발하며 얼굴빛은 평온히 하고자 애를 쓰게 되고, 입은 네 자신을 변명하기에 바쁘고, 태도 역시 어떤 형태를 지어야 하며, 마음으로도 장차 무언가 성취를 해야겠다고 대들 것이다. 이는 불로써 불을 끄고 물로써 물을 막는 것과 같다. 이를 일러 '갈수록 장애가 많은 상태'라고 한다. 처음부터 그렇게 대응하다보면 끝이 없게 된다. 너는 신임도 얻지 못한 상태에서 직언을 하다가는 결국 틀림없이 포악한 사람 앞에서 죽음을 맞게 될 것이다!

또 옛날 걸桀이 관룡봉關龍逢을 죽이고, 주紂가 왕자 비간比干을 죽였다.

이들은 모두 스스로 덕을 닦고 백성들을 잘 위하기는 하였지만 신하로서
그 임금의 뜻을 어긴 사람들이다. 그 때문에 그들의 임금은 그들의 행동을
근거로 하여 그들을 제거해 버렸던 것이었다. 그들이 바로 명분을 좋아하
였던 사람들이었다. 옛날에 요堯는 총지叢枝와 서胥 오敖 등의 나라를
공격하였고, 우禹는 유호有扈를 공격하였을 때 그로 인해 그들 나라는
폐허가 되고 사람들은 죽음을 당하였었다. 쉴 새 없이 전쟁을 일으켰고
실리를 구하기를 그치지 않았으니 이들은 모두가 명분과 실리를 추구하였던
사람들이었다. 너는 그런 말을 들은 적이 없느냐? 명분과 실리란 성인이라도
그 유혹을 이기기 어려운 것인데 하물며 네가 어찌 하겠느냐! 그러나
너에게도 틀림없이 무슨 까닭이 있을 것이니 나에게 말해보아라!"

안회가 말하였다.

"행동을 단정히 하고 마음을 비우며 부지런히 힘쓰되 한결같이 하면
되겠습니까?"

공자가 말하였다.

"아! 어찌 되겠다는 것이냐! 무릇 위나라 임금은 교만한 기운이 흘러
넘치고 감정의 변화가 무상하니 보통 사람들은 그의 뜻을 어기지 못하느니라.
그는 다른 사람이 자신에게 충고하지 못하도록 억압함으로써 자신의 마음속
즐거움을 찾고 있단다. 그러한 사람은 날마다 작은 덕으로 조금씩 감화시켜도
되지 않은 텐데 하물며 큰 덕이야 더 말할 게 있겠느냐! 자기 입장만 고집하여
남의 감화를 받지 않으려 하며, 겉으로는 타협하지만 속으로는 돌아보지
않을 것이다. 그러니 어찌 가능하리라 말할 수 있겠느냐!"

"그렇다면 제가 마음은 곧게 하되 겉으로는 완곡하게 하고, 제 의견을
말하더라도 옛사람에 빗대어 말하겠습니다. 마음이 곧으면 하늘과 같은
편이 될 것이며, 하늘과 같은 편이 되면, 천자나 자신이 모두 하늘이
자식으로 삼고 있다고 여기게 될 것입니다. 그렇게 되면 내 스스로 한
말에 대하여 어찌 다른 사람이 칭찬해 주기를 바랄 것이며 상대방이
틀렸다고 질책을 하겠습니까? 이와 같은 자를 일러 동자童子라 하오니
이를 일러 하늘과 한편이 된다고 합니다. 그리고 겉으로 완곡하게 드러내면

이는 사람과 같은 편이 되는 것입니다. 손에 홀笏을 들고 무릎을 꿇고 허리를 굽혀 절을 하는 것은 신하로서의 예의입니다. 사람들은 누구나 모두 그렇게 하는데 어찌 저라고 감히 그렇게 하지 않겠습니까! 남이 하는 대로 한다면 다른 사람들 역시 흠을 잡지 않을 것입니다. 이를 일러 사람과 한편이 된다라고 하는 것입니다.

성취하되 이를 옛사람에게 빗대어 말하면 이는 옛사람과 한편이 되는 것입니다. 그 말이 비록 교훈이 되고 꾸짖는 것이라 하더라도, 그것은 이미 옛날부터 있어 온 것으로 내가 지어낸 것은 아닌 것이 되는 것입니다. 그렇게 하면 아무리 직언을 하더라도 화를 입지 않을 것입니다. 이를 일러 옛사람과 한편이 된다라고 하는 것입니다. 이렇게 하면 되겠습니까?"

공자가 말하였다.

"아! 어찌 그런다고 되겠느냐! 남을 바로잡는 말이 너무 많아 마땅치 않느니라. 비록 방법이 고루하기는 하나 죄를 받을 리는 없겠지만 그렇게 하면 그저 그 정도에 그칠 뿐이다. 그래서야 어찌 남을 교화시키겠느냐! 너는 아직도 네 마음을 스승으로 여기는 좁은 생각에 얽매어 있구나."

안회가 말하였다.

"저로서는 더 이상 어찌할 도리가 없습니다. 감히 그 방법을 여쭙습니다."

공자가 말하였다.

"재계齋戒하여라. 내 너에게 일러주마! 사심을 가지고 행동을 하는데 어찌 남을 바꿀 수 있겠느냐? 바꿀 수 있다면 하늘이 마땅치 않게 여길 것이다."

안회가 말하였다.

"저의 집은 가난하여 술이나 매운 것을 먹어보지 못한 지가 여러 달이나 됩니다. 이만하면 재계를 한 것이라 할 수 있지 않습니까?"

공자가 말하였다.

"그것은 제사 지낼 때의 재계이지 마음의 재계는 아니니라."

안회가 말하였다.

"감히 마음의 재계에 대하여 여쭙습니다."

공자가 말하였다.

"너의 마음을 하나로 통일하라. 귀로 듣지 말고 마음으로 듣도록 할 것이며, 마음으로 듣지 말고 기氣로 듣도록 하여라. 귀는 소리를 들을 뿐이며, 마음이란 밖에서 들어온 것에 맞추어 깨달을 뿐이지만 기라는 것은 텅 빈 채로 사물을 맞아들이는 것이다. 도라는 것은 바로 이러한 빈 상태에 모이는 것이다. 바로 이처럼 비우는 것이 곧 마음의 재계란다."

안회가 말하였다.

"제가 애초부터 그렇게 하지 못한 것은 진실로 제 자신에 얽매어 있었기 때문이었습니다. 이렇게 하여 지금부터는 제 자신도 존재하지 않게 되었습니다. 그러면 가히 비운 것이라 말할 수 있습니까?"

공자가 말하였다.

"다 되었다. 내 너에게 일러주마! 너는 이제 그 나라에 들어가서 활동하더라도 명분 따위에 흔들리지 않을 것이다. 들어주면 이야기하고 들어주지 않거든 그만두어라. 자신을 내세우지 말고 자신의 생각을 앞세우지 말 것이며, 시종 여일하게 처신하다가 어쩔 수 없을 때에만 응하거라. 그러면 거의 성공할 것이다. 걷지 않기란 쉽지만 걸을 때 땅을 밟지 않기란 어려운 법이다. 사람에게 부림을 당할 때 그를 속이기는 쉽지만, 하늘에 의해 부림을 당할 때에는 하늘을 속이기가 쉽지 않은 법이다. 날개를 가지고 난다는 이야기는 들었으나 날개 없이 난다는 이야기는 들어보지 못하였다. 지각을 가지고 무엇을 안다는 말은 들었어도 지각도 없이 안다는 것은 들어본 적이 없다. 저 텅 빈 것을 관조하다 보면 텅 빈 마음이 밝아질 것이다. 길상吉祥도 이 호젓하고 텅 빈 마음에 머물 것이다. 무릇 머물지 않는다면 이를 일러 '좌치'坐馳라 한다.

무릇 귀나 눈을 안으로 통하게 하고 밖으로는 마음과 지각을 내보낸다면 귀신도 찾아와 머물 것인데 하물며 사람임에랴! 이야말로 만물의 변화로써 우순禹舜도 법도로 삼았던 것이며, 복희伏羲나 궤거几蘧가 종신토록 실행한 것이었는데 하물며 보통 사람들임에랴!"

顏回見仲尼, 請行.

曰: 「奚之?」

曰: 「將之衛.」

曰: 「奚爲焉?」

曰: 「回聞衛君, 其年壯, 其行獨, 輕用其國, 而不見其過; 輕用民死, 死者以(國)量乎澤, 若蕉, 民其無如矣, 回嘗聞之夫子曰: 『治國去之, 亂國就之, 醫門多疾.』願以所聞, 思其所行, 則庶幾其國有瘳乎!」

仲尼曰: 「譆! 若殆往而刑耳! 夫道不欲雜, 雜則多, 多則擾, 擾則憂, 憂而不救. 古之至人, 先存諸己而後存諸人. 所存於己者未定, 何暇至於暴人之所行!

且若亦知夫德之所蕩而知之所爲出乎哉? 德蕩乎名, 知出乎爭. 名也者, 相軋也; 知者也, 爭之器也. 二者凶器, 非所以盡行也.

且德厚信矼, 未達人氣, 名聞不爭, 未達人心. 而强以仁義繩墨之言衒暴人之前者, 是以人惡育其美也, 命之曰菑人. 菑人者, 人必反菑之, 若殆爲人菑夫! 且苟爲悅賢而惡不肖, 惡用而求有以異? 若唯無詔, 王公必將乘人而鬥其捷. 而目將熒之, 而色將平之, 口將營之, 容將形之, 心且成之. 是以火救火, 以水救水, 名之曰益多. 順始無窮, 若殆以不信厚言, 必死於暴人之前矣!

且昔者桀殺關龍逢, 紂殺王子比干, 是皆修其身以下傴拊人之民, 以下拂其上者也, 故其君因其修以擠之. 是好名者也. 昔者堯攻叢枝·胥·敖, 禹攻有扈, 國爲虛厲, 身爲刑戮, 其用兵不止, 其求實無已. 是皆求名實者也. 而獨不聞之乎? 名實者, 聖人之所不能勝也, 而況若乎! 雖然, 若必有以也, 嘗以語我來!」

顏回曰: 「端而虛, 勉而一, 則可乎?」

曰: 「惡! 惡可! 夫以陽爲充孔揚, 采色不定, 常人之所不違, 因案人之所感, 以求容與其心. 名之曰日漸之德不成, 而況大德乎! 將執而不化,外合而內不訾, 其庸詎可乎!」

「然則我內直而外曲, 成而上比; 內直者, 與天爲徒, 與天爲徒者, 知天子之與己皆天之所子, 而獨以己言蘄乎而人善之, 蘄乎而人不善之邪? 若然者, 人謂之童子, 是之謂與天爲徒. 外曲者, 與人爲徒也. 擎跽曲拳, 人臣之禮也, 人皆爲之, 吾敢不爲邪! 爲人之所爲者, 人亦無疵焉, 是之謂與人爲徒. 成而上比者, 與古爲徒. 其言雖教, 讁之實也, 古之有也, 非吾有也. 若然者, 雖直而不病, 是之謂與古爲徒. 若是則可乎?」

仲尼曰:「惡! 惡可! 大多政法而不諜, 雖固亦無罪. 雖然, 止是耳矣, 夫胡可以及化! 猶師心者也.」

顏回曰:「吾无以進矣, 敢問其方.」

仲尼曰:「齋, 吾將語若! 有心而爲之, 其易邪? 易之者, 皞天不宜.」

顏回曰:「回之家貧, 唯不飲酒不茹葷者數月矣. 如此, 則可以爲齋乎?」

曰:「是祭祀之齋, 非心齋也.」

回曰:「敢問心齋.」

仲尼曰:「若一志, 无聽之以耳而聽之以心, 无聽之以心而聽之以氣! 耳止於聽, 心止於符. 氣也者, 虛而待物者也. 唯道集虛. 虛者, 心齋也.」

顏回曰:「回之未始得使, 實有回也; 得使之也, 未始有回也; 可謂虛乎?」

夫子曰:「盡矣. 吾語若! 若能入遊其樊而无感其名, 入則鳴, 不入則止. 无門无毒, 一宅而寓於不得已, 則幾矣.

絕迹易, 无行地難. 爲人使易以僞, 爲天使難以僞. 聞以有翼飛者矣, 未聞以无翼飛者也; 聞以有知知者矣, 未聞以无知知者也. 瞻彼闋者, 虛室生白, 吉祥止止. 夫且不止, 是之謂坐馳. 夫徇耳目內通而外於心知, 鬼神將來舍, 而況人乎! 是萬物之化也, 禹舜之所紐也, 伏羲几蘧之所行終, 而況散焉者乎!」

【顔回】 공자의 수제자. 顔淵.

【衛君】 위나라 군주. 衛 莊公 蒯瞶를 가리킨다고도 하고 혹 衛 出公 輒이라고도 함.

【行獨】 독선적으로 행동함.

【無如矣】 歸托하여 의지할 바가 없음.

【信砡】 신망이 확실함. '砡'은 '堅'의 뜻.

【以人惡育其美】 남의 악한 면을 들어 자신의 훌륭함을 자랑함.

【菑】 '災'와 같음. 菑人이란 남에게 재앙을 가져다 주는 사람이라는 뜻.

【關龍逢】 夏桀 시대의 賢臣. 성의를 다하다가 죽임을 당함. 關龍逢으로 표기
  하기도 함.

【王者比干】 殷나라 紂王의 숙부로 충간하다가 죽임을 당함.

【叢枝·胥·敖】 당시 小國의 이름들. 혹 叢, 枝, 胥, 敖 등 네 개의 나라로 보기도
  하며 또는 叢枝와 胥敖 두 개의 나라로 보기도 함.

【有扈】 고대 나라 이름. 지금의 陝西省 鄠縣 지역에 있었음.

【孔揚】 매우 양양자득한 모습.

【內不訾】 내심으로 채납하지 않음.

【擎跽曲拳】 '擎'은 笏을 잡고 있음을 뜻하며 '跽'는 꿇어앉음. '曲拳'은 鞠躬으
  다른 말. 신하로서의 예를 다함을 말함.

【師心】 자신의 성취와 견해에 대하여 집착함을 말함.

【一宅】 '宅'은 심령이 차지하고 있는 위치.

【坐馳】 앉은 채 마음으로 내달음.

【紐】 關鍵. 綱紐.

【几蘧】 전설상의 고대 제왕.

【散焉者】 흩어져 사는 보통 사람들. 일반인을 말함.

015
(4-2) 명命과 의義

섭공자고葉公子高가 사신으로 제齊나라에 가면서 중니에게 물었다.

"왕이 저에게 내린 사명은 매우 중대합니다. 제나라에서는 저를 사신으로써 매우 정중하게 대하기는 할 것이나 일을 급히 허락해 주지는 않을 것입니다. 필부 한 사람도 움직이기 쉽지 않을 텐데 하물며 제후임에야 어찌 쉽게 설득시킬 수 있겠습니까! 저는 이를 매우 두려워하고 있습니다. 선생께서는 일찍이 저에게 이런 말씀을 하신 적이 있습니다. '모든 일은 크고 작고를 물론하고 올바른 도를 따르지 않으면 일을 원만히 이루기 어렵다. 만약에 일을 성사시키지 못한다면 틀림없이 형벌을 받게 될 것이다. 그러나 일을 성사시키더라도 그로 인해 신체의 음양의 화를 당할 것이다. 성사의 유무를 떠나 그 뒤에 아무런 해도 입지 않을 수 있는 이는 오직 덕이 있는 사람뿐이다'라고 말입니다. 저는 평소에도 거친 음식을 먹으며 좋은 음식은 바라지 않습니다. 그리고 밥을 지어서는 식혀 가며 먹을 것도 없습니다. 저는 지금 아침에 사신으로 가라는 명령을 받자 이 저녁때쯤에는 찬 얼음물을 마시고 싶을 정도로 가슴속에 열이 끓습니다! 저는 일을 실행하기도 전에 이미 음양의 화를 입은 셈입니다. 만약 일을 성사시키지 못하면 틀림없이 형벌을 받게 될 것입니다. 그렇게 되면 저에게는 두 가지 환난이 닥치는 것이 됩니다. 이는 신하로써 감당하기 어려운 것입니다. 선생께서 저에게 좋은 말씀을 해주시기 바랍니다."

중니가 말하였다.

"천하에 경계해야 할 것이 두 가지 있으니 그 하나는 명命이며 하나는 의義입니다. 자식이 어버이를 사랑하는 것은 명이며 그것은 자식의 마음에서 떠나 있어서는 안 되는 것입니다. 신하가 임금을 섬기는 것은 의입니다. 어디를 가더라도 임금으로 섬기지 않을 수 없으며, 천지 사이에서는 누구도 이러한 의무에서 도망칠 수 없으니 이러한 것을 일러 대계大戒라 합니다. 이 까닭으로 어버이를 섬기는 자는 지위 땅을 가리지 아니하고 편안히 해 드려야 하는 것이니 이것이 효성의 지극함입니다. 그리고 임금을 섬기는 자는 맡겨진 일을 가리지 아니하고 편안히 처리해 드리는 것이니 이것이 충성의 훌륭함입니다. 그리고 자신의 마음을 잘 다스리는 자는 애락哀樂에도 자신이 갈 길을 바꾸지 아니하며 사람의 힘으로는 어쩔 수 없다는 것을 알고 나면 마음을 운명이라 여겨 편안히 가집니다. 이는 덕의 지극함입니다. 한편 신하된 사자라면 진실로 자신으로써는 부득이한 일이 있는 것이니, 일을 행하되 그 실정에 따라 자기 자신은 잊어야 합니다. 어찌 가히 삶을 기뻐하고 죽음을 싫어할 겨를이 있겠습니까! 그대는 그대로 가시면 될 것입니다.

내가 들은 바를 다시 일러드리겠습니다. 무릇 나라 사이의 국교에서는 가까운 나라에게는 믿음으로 서로 얽히게 하고 먼 나라에게는 반드시 충실한 말로 해야 합니다. 그리고 두 나라 사이에는 서로의 의사를 전해 줄 사람이 있어야 하는 것이니 말을 전함에 있어서 두 나라가 모두 기뻐하거나 모두 노여워할 내용을 전한다는 것은 천하에 어려운 일입니다. 두 나라 임금이 모두 기뻐할 일이라면 칭찬하는 말이 지나치게 많아질 것이요, 노여움을 살 말이라면 헐뜯는 말이 많아지게 될 것이기 때문입니다. 그런데 지나친 것은 모두 거짓이나 다름이 없습니다. 거짓이 되면 믿음이 없어지고, 그렇게 되면 말을 전하는 자가 재앙을 입게 됩니다. 그래서 격언에 '말이란 그 평상의 정서에 따라 하되, 지나친 말을 전달하지 않아야 한다. 그렇게 되면 자신을 온전히 할 수 있다'라고 한 것입니다.

또 계교로 싸워 승부를 다투는 자는 처음에는 겉으로 자신감을 보이지만 항상 그 결말은 음모를 꾸미게 되는 법이며 지나친 경우에는 온갖 기괴한 짓을 다 쓰게 됩니다. 예禮에 맞게 술을 마시는 사람도 처음에는 순리에 맞게 마시지만 나중에는 난잡하게 되며, 지나친 경우에는 온갖 기이한 즐거움을 찾고자 합니다. 모든 일은 이와 같아 시작할 때는 올바르나 항상 그 마무리는 비루하게 됩니다. 그 일의 시작은 간단하나 장차 끝낼 때는 거창해지게 마련인 것이지요.

무릇 말이란 풍파와 같은 것이며 이를 실행함에는 득실이 있는 것입니다. 풍파는 쉽게 움직이는 것이며, 득실은 쉽게 위험에 빠지게 하는 것입니다. 그러므로 분노를 일으키게 되는 것도 다른 데 이유가 있는 것이 아니라, 바로 말을 간사하게 하고 그럴듯하게 둘러대려 하기 때문에 생기는 것입니다. 짐승은 죽음에 임박해서는 울음소리를 가리지 않고 지르며 여기에서 사나운 마음이 생기게 되는 것입니다. 각박함이 지나치게 다가오면 틀림없이 좋지 않은 마음으로 그에 응하면서도 왜 그런지는 모르고 있지요. 그렇게 되는 까닭을 모른다면 그 결말이 어떻게 될지 어찌 알겠습니까! 그러므로 격언에 '명령을 남에게 미루려 하지 말고, 성공하기를 억지로 권하지도 말라. 허물만 더욱 커질 뿐이다'라고 한 것입니다. 명령을 남에게 미루면서 성공하기를 권한다면 일이 위태로워집니다. 좋은 일을 성취하기에는 오랜 시간이 걸리지만 나쁜 일은 한번 저지르면 돌이킬 수 없는 법입니다. 그러니 신중하게 처신하지 않을 수 있겠습니까!

장차 사물의 추이에 따라 마음을 그 안에서 노닐게 하고 사람의 힘으로는 어쩔 수 없는 것에 몸을 맡긴 채 중용을 지켜 가는 것이 가장 훌륭한 것입니다. 어찌 제나라의 보답을 고려하려 하십니까! 임금의 명령을 그대로 전하느니만 못할 것입니다. 그러나 그것은 매우 어려운 일일 것입니다."

葉公子高將使於齊, 問於仲尼曰:「王使諸梁也甚重, 齊之待使者, 蓋將甚敬而不急. 匹夫猶未可動, 而况諸侯乎! 吾甚慄之. 子常語諸梁也曰:『凡事若小若大, 寡不道以懽成. 事若不成, 則必有人道之患; 事若成, 則必有陰陽之患. 若成若不成而後無患者, 唯有德者能之.』吾食也執粗而不臧, 爨無欲清之人. 今吾朝受命而夕飲冰, 我其內熱與! 吾未至乎事之情, 而既有陰陽之患矣; 事若不成, 必有人道之患. 是兩也, 爲人臣者不足以任之, 子其有以語我來!」

仲尼曰:「天下有大戒二: 其一, 命也; 其一, 義也. 子之愛親, 命也, 不可解於心; 臣之事君, 義也, 無適而非君也, 無所逃於天地之間.

是之謂大戒, 是以夫事其親者, 不擇地而安之, 孝之至也; 夫事其君者, 不擇事而安之, 忠之盛也; 自事其心者, 哀樂不易施乎前, 知其不可奈何而安之若命, 德之至也. 爲人臣子者, 固有所不得已. 行事之情而忘其身, 何暇至於悅生而惡死! 夫子其行可矣.

丘請復以所聞: 凡交近則必相靡以信, 交遠則必忠之以言, 言必或傳之. 夫傳兩喜兩怒之言, 天下之難者也. 夫兩喜必多溢美之言, 兩怒必多溢惡之言. 凡溢之類妄, 妄則其信之也莫, 莫則傳言者殃. 故法言曰: 『傳其常情, 無傳其溢言, 則幾乎全.』

且以巧鬪力者, 始乎陽, 常卒乎陰, 泰至則多奇巧; 以禮飲酒者, 始乎治, 常卒乎亂, 泰至則多奇樂. 凡事亦然. 始乎諒, 常卒乎鄙; 其作始也簡, 其將畢也必巨.

言者, 風波也; 行者, 實喪也. 夫風波易以動, 實喪易以危. 故忿設無由, 巧言偏辭. 獸死不擇音, 氣息茀然, 於是並生厲心. 剋核太至, 則必有不肖之心應之, 而不知其然也. 苟爲不知其然也, 孰知其所終! 故法言曰: 『無遷令, 無勸成, 過度益也.』遷令勸成殆事, 美成在久, 惡成不及改, 可不愼與!

且夫乘物以遊心, 託不得已以養中, 至矣. 何作爲報也! 莫若爲致命, 此其難者.」

【葉公子高】楚나라의 대부. 葉縣의 현령이었으며 이름은 沈諸梁. 자는 子高. 《論語》에도 그 이름이 보임.
【靡】縻와 같음. 얽어맴.
【信之也莫】'莫'은 '薄'과 같음. 믿음이 돈독하지 못함.
【實喪】實得과 喪失.
【無遷令, 無勸成】받은 사명을 고치지 않으며 일이 성취하기를 강요하지도 않음.
【致命】임금의 명령을 성취시킴.

016
(4-3) 수레에 달려드는 사마귀

안합顏闔이 위衛 영공靈公 태자의 스승이 되자 거백옥蘧伯玉에게 이렇게 물었다.

"여기 한 사람이 있는데 그의 천성이 열악하여 그와 더불어 무모한 짓을 하다가는 나라가 위태로워질 것이며, 그와 더불어 올바른 일을 하고자 하면 내 몸이 위태로워질 것입니다. 그의 지혜는 남의 잘못을 알아내기에 뛰어나고, 자신의 허물을 돌아보기에는 전혀 미치지 못합니다. 이런 사람에 대하여 나는 어떻게 하면 되겠습니까?"

거백옥이 대답하였다.

"훌륭하십니다. 그 질문이여! 경계하고 삼가서 당신이 몸가짐을 올바로 해야 할 것입니다! 겉으로의 모습은 그와 친하고자 하느니만 못하고 속마음으로는 온화하게 하느니만 못합니다. 비록 그렇기는 하나 두 가지 걱정되는 것이 있습니다. 가까이하되 그에게 끌려 들어가서는 안될 것이며, 온화하게 하되 그것이 겉으로 드러나도록 해서는 안될 것입니다. 가까이 대하다가 그에게 이끌려 가면 엎어져 파멸을 맞게 될 것이요, 온화함을 드러내면 논의거리를 만들게 되어 무너지고 엎어질 것입니다. 그 자가 어린 아이라면 그와 함께 어린 아이가 되어야 하며, 그 자가 버릇이 없다면 그를 따라 버릇없이 행동하십시오. 그리고 그가 밑도 끝도 없는 행동을 하면 그와 더불어 역시 밑도 끝도 없는 행동을 하는 겁니다. 이렇게 통달하면 허물이 없는 경지에 들게 될 것입니다.

그대는 사마귀를 알고 있지 않으십니까? 사마귀는 노하면 자신의 앞발을

들고 수레바퀴에 대들면서도 자신이 그를 감당할 수 없다는 것을 모르고
있지요. 이러한 행동을 하는 것은 자신의 재능이 훌륭하다는 것만 믿고
있기 때문입니다. 경계하고 삼가십시오! 자신의 훌륭함을 크게 뽐내면서
상대방의 권위를 범하면 거의 이렇게 됩니다.

그대는 호랑이를 키우는 사람을 모르십니까? 호랑이에게 살아 있는
동물을 먹이로 주지 않는 것은 호랑이가 그것을 죽이는 동안 사나움이
되살아나지 않도록 하기 위함입니다. 그리고 먹이를 통째로 주지 않는
것도 호랑이가 그것을 찢는 동안 야생의 노기가 되살아나지 않도록 하기
위함입니다. 그는 호랑이가 주렸을 때와 배부를 때를 잘 맞추어 그 야생의
사나움에 통달한 것입니다. 호랑이와 사람은 물론 그 유類가 다르기는
하지만 호랑이가 자신을 길러주는 사람을 따르는 것은 그가 호랑이의
본성을 잘 따라주기 때문이며 그 본래의 야생을 드러내어 사람을 물어
죽이는 것은 호랑이의 본성을 거슬렸을 때입니다.

무릇 말을 사랑하는 사람은 바구니에 똥을 받고 조개 같은 좋은 그릇에
오줌을 받을 정도로 말을 아낍니다. 그러나 어쩌다 모기나 등에가 말
등에 앉아 있다고 갑자기 그 것을 내리치면 말은 놀라서 재갈을 물어뜯고
사람의 목과 가슴에 마구 발길질을 하겠지요. 본래 말을 사랑하는 마음에서
나온 행동이지만 그 결과는 반대로 나타나니 이는 바로 삼가지 않아서
생긴 일입니다!"

顔闔將傅衛靈公太子, 而問於蘧伯玉曰:「有人於此, 其德天殺. 與之
爲無方, 則危吾國; 與之爲有方, 則危吾身. 其知適足以知人之過,
而不知其所以過. 若然者, 吾奈之何?」

蘧伯玉曰:「善哉問乎! 戒之, 愼之, 正汝身也哉! 形莫若就, 心莫若和.
雖然, 之二者有患. 就不欲入, 和不欲出. 形就而入, 且爲顚爲滅,
爲崩爲蹶. 心和而出, 且爲聲爲名, 爲妖爲孽. 彼且爲嬰兒; 亦與之爲

嬰兒; 彼且爲無町畦, 亦與之爲無町畦; 彼且爲無崖, 亦與之爲無崖. 達之入於無疵. 汝不知夫螳螂乎? 怒其臂以當車轍, 不知其不勝任也, 是其才之美者也. 戒之, 愼之! 積伐而美者以犯之, 幾矣. 汝不知夫養虎者乎? 不敢以生物與之, 爲其殺之之怒也; 不敢以全物與之, 爲其決之之怒也; 時其飢飽, 達其怒心. 虎之與人異類而媚養己者, 順也; 故其殺之者, 逆也. 夫愛馬者, 以筐盛矢, 以蜃盛溺. 適有蚊虻僕緣, 而拊之不時, 則缺銜毀首碎胸. 意有所至而愛有所亡, 可不愼邪!」

【顔闔】 인명. 魯나라의 현인.
【蘧伯玉】 춘추시대 衛나라의 훌륭한 대부. 蘧瑗, 자는 伯玉.
【天殺】 천성적으로 모자람. 열악함. 혹은 각박함. '殺'는 '쇄'로 읽음.
【町畦】 밭두둑. 경계를 뜻함.
【矢】 屎와 같음. 人糞.

참고 및 관련 자료

1. 《列子》黃帝篇

周宣王之牧正有役人梁鴦者, 能養野禽獸, 委食於園庭之內, 雖虎狼鵰鶚之類, 無不柔馴者, 雄雌在前, 孳尾成羣, 異類雜居, 不相搏噬也. 王慮其術終於其身, 令毛丘園傳之. 梁鴦曰:「鴦, 賤役也, 何術以告爾? 懼王之謂隱於爾也, 且一言我養虎之法. 凡順之則喜, 逆之則怒, 此有血氣者之性也. 然喜怒豈妄發哉? 皆逆之所犯也. 夫食虎者, 不敢以生物與之, 爲其殺之之怒也; 不敢以全物與之, 爲其碎之之怒也. 時其飢飽, 達其怒心, 虎之與人異類, 而媚養己者, 順也: 故其殺之, 逆也. 然則吾豈敢逆之使怒哉? 亦不順之使喜也. 夫喜之復也必怒, 怒之復也常喜, 皆不中也. 今吾心無逆順者也, 則鳥獸之視吾, 猶其儕也. 故游吾園者, 不思高林曠澤; 寢吾庭者, 不願深山幽谷, 理使然也.」

2. 《韓詩外傳》卷八

齊莊公出獵, 有螳螂擧足將搏其輪. 問其御曰:「此何蟲也?」御曰:「此螳螂也. 其爲蟲, 知進而不知退; 不量力而輕就敵.」莊公曰:「以爲人, 必爲天下勇士矣.」於是廻車避之. 而勇士歸之. 詩曰:『湯降不遲.』

3. 《淮南子》人間訓

齊莊公出獵, 有一蟲, 擧足將搏其輪, 問其御曰:「此何蟲也?」對曰:「此所爲螳螂者也. 其爲蟲也, 知進而不知却, 不量力, 而輕敵.」莊公曰:「此爲人而必爲天下勇武矣.」廻車而避之, 勇武聞之, 知所盡死矣.

4. 《藝文類聚》97

韓詩外傳曰: 齊齊莊公出獦, 有螳螂擧足將且轉. 問其御曰:「此何蟲?」對曰:「此螳螂也. 爲蟲, 知進而不量力, 其輕執敵.」公曰:「此爲天下勇蟲矣.」廻車避之. 勇士歸之焉.

5. 기타 참고자료

《列女傳》辨通篇·《韓非子》內儲說上·《吳越春秋》勾踐伐吳外傳·《尸子》·《尹文子》大道上·《類說》38·《太平御覽》436, 946·《北堂書鈔》139·《事文類聚》(續集) 31

〈鬪獸圖〉 "투쟁인가? 조화인가?" 畫像石(漢)

017
(4-4) 쓸모가 없기에 장수를 누리는 것

석石이라는 목공이 제齊나라로 가다가 곡원曲轅에 이르러 그곳의 사묘 社廟에 심어진 상수리나무를 보게 되었다. 그 나무는 수천 마리의 소를 뒤덮을 만큼 컸고, 둘레는 백 아름이나 되었으며, 산꼭대기에 임할 정도였으며, 열 길이나 되는 높은 곳에 가지가 뻗어 있었으며 배를 만들 만한 곁가지도 십여 가지가 나 있었다. 이 나무를 구경하는 자들이 시장에 모인 사람들만큼 많았으나 목공 석은 거들떠보지도 않은 채 멈추지 않고 그대로 지나가는 것이었다.

제자가 싫도록 이를 구경하고는 석을 뒤쫓아와 물었다.

"제가 도끼를 들고 선생님을 따라다닌 이래로 이처럼 훌륭한 재목을 본 적이 없습니다. 선생님은 거들떠보려 하지도 않은 채 그대로 멈추지도 않고 지나쳐 버리시니 어찌된 일입니까?"

그러자 석이 대답하였다.

"그만두어라. 더 이상 말하지 말아라! 그 나무는 아무짝에도 쓸모 없는 나무란다. 그것으로 배를 만들면 가라앉고, 관곽을 짜면 급히 썩어버리고, 그릇을 만들면 쉽게 깨어져버릴 것이며, 문을 만들면 진이 흐를 것이고, 기둥을 만들면 좀이 쓸고 말 것이다. 이는 재목으로 쓸 수 없는 나무란다. 쓸 만한 곳이 없기 때문에 저토록 오래 살아 남을 수 있는 것이란다."

석이 집에 돌아온 뒤 꿈에 사묘의 그 상수리나무가 나타나 말하였다.

"그대는 나를 어디에 견주려 하는가? 그대는 나를 좋은 재목에 견주려는 것인가? 무릇 풀명자나무柤, 배나무梨, 귤橘, 유자柚 등 열매가 열리는 나무는 그 열매가 익으면 잡아뜯기고, 뜯기면 가지가 부러지고 만다. 그러다 보면 큰 가지는 꺾이고 작은 가지는 휘어지게 마련이다. 그 나무들은 자신의 유용함 때문에 자신의 생이 괴로움을 당하게 되는 것이다. 그 까닭으로 타고난 목숨을 끝까지 부지하지 못하고 중간에 일찍 죽게 되고 만다. 스스로 세속으로부터 찢김과 공격을 당하게 되는 것이다. 세상 만물은 이 경우와 같지 않은 것이 없다. 나는 쓸모 없기를 바라 온 지가 오래 되었다. 지금까지 여러 번의 죽을 고비를 넘겨 이제야 나의 쓸모 없음을 큰 쓸모로 삼게 되었다. 만약 내가 쓸모가 있었다면 어찌 이처럼 크도록 그대로 있을 수 있었겠는가? 그리고 그대도 나와 마찬가지로 모두가 하나의 물건에 불과할 뿐이거늘 어찌 나를 다른 물건에 비교하는가? 그대도 거의 죽어 가는 쓸모 없는 인간일 뿐이거늘 어찌 쓸모 없는 나무라고 나를 단정하는가?"

석이 깨어나 그 꿈을 말해주자 그의 제자가 말하였다.

"쓸모 없음을 갈구하였으면서도 그는 어찌 사당의 나무가 되었을까요?"

장석이 말하였다.

"쉬, 너는 말하지 말아라! 그는 단지 사당에 몸을 맡기고 있으면서 그를 이해하지 못하는 사람들로 하여금 자신을 헐뜯도록 하는 일을 담당하고 있을 뿐이란다. 사당의 나무가 되지 않았다면 아마도 베어져 땔나무가 되고 말았을 것이다! 이 또한 저 나무가 자신을 보전하는 방법으로 세상 사람들과 다른 것이란다. 네가 그저 상식적인 논리로 저 나무를 헤아리려 한다면 이 또한 그의 진리와 너무 멀어지는 것이 아니겠느냐!"

匠石之齊, 至於曲轅, 見櫟社樹. 其大蔽數千牛, 絜之百圍, 其高臨山, 十仞而後有枝, 其可以爲舟者旁十數. 觀者如市, 匠伯不顧, 遂行不輟.

弟子厭觀之, 走及匠石, 曰:「自吾執斧斤以隨夫子, 未嘗見材如此其美也. 先生不肯視, 行不輟, 何邪?」

曰:「已矣, 勿言之矣! 散木也, 以爲舟則沈, 以爲棺槨則速腐, 以爲器則速毀, 以爲門戶則液樠, 以爲柱則蠹. 是不材之木也, 無所可用, 故能若是之壽.」

匠石歸, 櫟社見夢曰:「女將惡乎比予哉? 若將比予於文木邪? 夫柤梨橘柚, 果蓏之屬, 實熟則剝, 剝則辱; 大枝折, 小枝泄. 此以其能苦其生者也, 故不終其天年而中道夭, 自掊擊於世俗者也. 物莫不若是. 且予求無所可用久矣, 幾死, 乃今得之, 爲予大用. 使予也而有用, 且得有此大也邪? 且也若與予也皆物也, 奈何哉其相物也? 而幾死之散人, 又惡知散木!」

匠石覺而診其夢. 弟子曰:「趣取無用, 則爲社何邪?」

曰:「密! 若無言! 彼亦直寄焉, 以爲不知己者詬厲也. 不爲社者, 且幾有翦乎! 且也彼其所保與衆異, 而以義喩之, 不亦遠乎!」

【匠石】 장자가 가설로 내세운 인명.
【社樹】 사는 토지신을 모신 社廟. 그 곁에 심은 상수리나무(櫟)를 말함.
【散木】 재질이 성겨 재목으로 쓸 수 없는 나무.
【柤梨橘柚】 사(柤)는 풀명자나무, 혹은 아가위나무, 또는 돌배의 일종이라 함.
【果蓏】 果는 목본식물에 열리는 果實. 蓏는 草本植物에 열리는 열매.
【泄】 抴(끌다)의 뜻으로 봄.
【詬厲】 심하게 욕을 함.

018
(4-5) 제물로 쓸 수 없는 것들

남백자기南伯子綦가 상구商丘를 유람하다가 큰 나무 한 그루를 보았는데 특이하게 생긴 데다가 네 필의 말이 끄는 수레 천 대를 그 밑에 매어 놓아도 그 그늘이 완전히 가릴 정도였다. 자기가 말하였다.

"이건 무슨 나무일까? 필경 특이한 재목이겠지."

그러나 머리를 들어 그 가는 가지들을 보았더니 뒤틀리고 굽어 동량으로는 쓸 수 없었다. 다시 머리를 숙여 그 뿌리를 보았더니 속이 텅 비어 관곽棺槨으로도 짤 수도 없었다. 그 잎을 핥아보았더니 곧 입안이 갈라져 상처가 날 정도로 맛이 독하였으며 그 냄새를 맡아보았더니 몹시 취해서 사흘이나 깨어나지 못할 정도였다. 자기는 이렇게 말하였다.

"이는 과연 정말 재목감이 될 수 없는 나무로구나. 그 때문에 이렇게 자랄 수 있었던 것이다. 아, 신인神人들은 이처럼 재능 없음으로써 자신을 지켜 나가는 것이로다!"

송나라에 형씨荊氏라는 곳은 추자나무, 잣나무, 뽕나무가 잘 자랐다. 그러나 그 둘레가 한두 줌 이상 정도만 자라도 원숭이 매어 놓을 말뚝을 찾는 사람들이 잘라 가고, 서너 아름이 되도록 자라기만 해도 고관의 집을 짓는데 잘려가며, 여덟 아홉 아름이 되면 귀족이나 부잣집 상인들이 통나무 관을 만들겠다고 잘라 가 버리는 것이었다. 그리하여 그 나무들은 타고난 제 명을 다하지 못한 채 중도에 도끼에 찍혀 죽고 마는 것이었으니 이는 그것이 쓸모 있는 재목들이었기에 입는 환난인 것이다.

　　그런데 제사를 지낼 때에는 이마에 흰털이 난 소와 코가 위로 치켜
올라간 돼지, 치질이 있는 사람은 강에 가서 제물로 적당치 않아 강물에
던져지지 않는다. 이런 것들은 무축巫祝이라면 누구나 알고 있어 상서롭지
못한 것으로 여기는 것이지만 신인神人들의 눈으로는 아주 상서로운 것이라
여기는 것들이다.

　　南伯子綦遊乎商之丘, 見大木焉, 有異, 結駟千乘, 將隱芘其所藾.
子綦曰:「此何木也哉? 此必有異材夫?」
　　仰而視其細枝, 則拳曲而不可以爲棟樑; 俯而視其大根, 則軸解而
不可以爲棺槨; 咶其葉, 則口爛而爲傷; 嗅之, 則使人狂酲, 三日而不已.
　　子綦曰:「此果不材之木也, 以至於此其大也. 嗟乎神人, 以此不材!」
　　宋有荊氏者, 宜楸柏桑. 其拱把而上者, 求狙猴之杙者斬之; 三圍
四圍, 求高名之麗者斬之; 七圍八圍, 貴人富商之家求樿傍者斬之.
故未終其天年, 而中道之夭於斧斤, 此材之患也. 故解之以牛之白
顙者與豚之亢鼻者, 與人有痔病者不可以適河. 此皆巫祝以知之矣.
所以爲不祥也. 此乃神人之所以爲大祥也.

【南伯子綦】 앞서 나왔던 南郭子綦. 백을 붙여 존경을 표시한 것임.
【商之丘】 商丘. 지금의 河南省 商丘縣.
【荊氏】 宋나라 경내의 어떤 지명.
【拱把】 拱은 한 아름. 把는 한 줌.
【高名之麗】 고명은 지위가 높고 명성이 있는 고관. '麗'는 '欐'와 같음. 즉 棟樑을
　가리킴.
【樿傍】 棺의 전체 나무. 하나의 나무로 짠 관.
【適河】 동남동녀나 희생물(돼지, 소, 양 등)을 河伯에게 던져 제사를 지냄.
【巫祝】 巫覡과 祝官. 모두 제사나 굿을 담당하는 사람.

장애가 심한 자

　지리소支離疏라는 사람의 턱은 배꼽 아래에 달렸고, 어깨는 머리 정수리보다 높으며, 상투는 하늘로 치솟아 있고, 오장五臟은 위쪽에 붙어 있으며, 두 다리가 옆구리에 붙어 있었다. 그러나 바느질로 옷을 깁거나 빨래를 하여 먹고 살 수가 있었고, 키질을 해서 쌀을 고르며 열 식구를 먹여 살릴 수 있었다. 나라에서 군사를 징집하더라도 지리는 팔을 휘두르며 사람들 사이를 유유히 걸어 다녔고 나라에서 큰 역사役事가 있어 사람들을 모을 때면 지리는 언제나 장애자라 하여 동원되지 않았다. 나라에서 신체 부자유자들에게 곡식을 내릴 때에는 3종種의 곡식과 열 다발의 땔나무를 지급받았다. 이렇듯 그 육체가 뒤틀린 사람이라도 그 수명을 다하여 마칠 수 있거늘 하물며 그 덕이 뒤틀린 자라도 살아갈 수야 있지 않겠는가?

　支離疏者, 頤隱於臍, 肩高於頂, 會撮指天, 五管在上, 兩髀爲脇. 挫鍼治繲足以餬口; 鼓筴播精, 足以食十人. 上徵武士, 則支離攘臂而遊於其間; 上有大役, 則支離以有常疾不受功; 上與病者粟, 則受三鍾與十束薪. 夫支離其形者, 猶足以養其身, 終其天年, 又況支離其德者乎!

【支離疏】 장자가 가설로 내세운 인명. '支離'는 질서 없이 제자리를 잡지 못하여 뒤틀린 상태를 나타내는 첩운연면어이며 '疏'는 '성글다'는 뜻을 담고 있음.

【會撮】 상투.

【五管】 五臟血管.

【鼓筴播精】 키질을 하여 쌀의 쭉정이를 날려보냄.

【鍾】 고대 곡식을 되는 들이의 단위. 흔히 6斛 4斗를 1종이라 함.

020
(4-7)

봉鳳이여! 봉이여

공자가 초楚나라에 이르자 초나라 광인狂人 접여接輿가 공자의 문 앞을 지나며 노래를 불렀다.

"봉鳳이여, 봉이여!
어찌하여 그대 덕이 쇠하였는가!
오는 세상은 기대할 수 없고,
지난 세상은 뒤쫓을 수 없는 것.
천하에 도道가 있으면,
성인은 그것을 이루는 것이며,
천하에 도가 없으면,
성인은 물러갈 뿐이로다.
지금의 이러한 세상이라면
겨우 형벌을 면하면 그만,
복은 새의 깃털보다도 가볍지만
그 누구도 이를 실을 줄 모르고,
화는 땅보다도 무거운데,
아무도 이를 피해 다닐 줄 모르는구나.
그만 그치게, 그만 그치게,
덕을 남 앞에서 내세우는 짓은!
위태롭고, 위태롭구나.
땅을 나누어가며 무언가를 쫓아다니는 짓이여!

밝음을 가리며 미혹함에 빠져,
나의 갈길 손상하지 말지니!
굽은 발길을 물러나고 조심하여,
나의 발에 상처를 입히지 말기를!"
  산의 나무는 더 잘 자랄수록 스스로 베이는 법이며 등불은 자신의
기름을 스스로 태우는 것이다. 계피는 먹을 수 있기 때문에 베이는 것이요,
옻나무는 옻칠이 쓸모가 있기에 베어지는 것이다. 사람들은 모두 쓸모
있음의 쓸모는 알고 있으면서도 아무런 쓸모 없음의 쓸모에 대하여는
모르고 있다.

孔子適楚, 楚狂接輿遊其門曰:
「鳳兮鳳兮, 何如德之衰也!
來世不可待, 往世不可追也.
天下有道, 聖人成焉;
天下無道, 聖人生焉.
方今之時, 僅免刑焉.
福輕乎羽, 莫之知載;
禍重乎地, 莫之知避.
已乎已乎, 臨人以德!
殆乎殆乎, 畫地而趨!
迷陽迷陽, 無傷吾行!
郤曲郤曲, 無傷吾足!」
  山木自寇也, 膏火自煎也. 桂可食, 故伐之; 漆可用, 故割之. 人皆
知有用之用, 而莫知無用之用也.

【楚狂接與】春秋時代 楚나라 사람으로 陸通. 昭王 때에 세상을 그르다 하여
 거짓 미친 체하여 사람들이 그를 楚狂이라 불렀다. 한편 接與는《論語》에서처럼
 ‘수레에 접근하다’의 설명어이지만 이것이 굳어져 별호처럼 불린 것으로 보인다.
《論語》에도 그 이름이 등장한다.
【成】사업을 성취함.
【生】생존을 위하여 목숨을 보전함.
【迷陽】가시밭길을 헤쳐나감.
【卻曲】卻行曲行의 줄인 말. 바르게 걷지 못하고 우왕좌왕함. 그러나 쌍성연면어로
 보아야 할 듯함.
【桂可食】桂皮는 藥用으로 유용함을 말함.

1. "山木自寇也～莫知無用之用也"의 뒤 구절 전체를 앞의 노래 가사가 이어지는
것으로 보는 견해도 있다.

2.《論語》微子篇

楚狂接與歌而過孔子曰:「鳳兮鳳兮! 何德之衰? 往者不可諫, 來者猶可追. 已而, 已而!
今之從政者殆而!」孔子下, 欲與之言. 趨而辟之, 不得與之言.

3.《說苑》: 談叢篇

來事可追也, 往事不可及.

4.《韓詩外傳》卷二

楚狂接與躬耕以食. 其妻之市, 未返. 楚王使使者齎金百鎰, 造門曰:「大王使臣奉金
百鎰, 願請先生治河南.」接與笑而不應, 使者遂不得辭而去. 妻從市而來, 曰:「先生
少而爲義, 豈將老而遺之哉? 門外車軼, 何其深也?」接與曰:「今者, 王使使者齎金
百鎰, 欲使我治河南.」其妻曰:「豈許之乎?」曰:「未也.」妻曰:「君使不從. 非忠也;
從之, 是遺義也. 不如去之.」乃夫負釜甑, 妻戴絍器, 變易姓字, 莫知其所之. 論語
曰:「色斯舉矣, 翔而後集.」接與之妻是也. 詩曰:「逝將去汝, 適彼樂土; 樂土樂土,
爰得我所.」

5. 《列女傳》 賢明篇

楚狂接輿之妻也. 接輿躬耕以爲食. 楚王使使者持金百鎰, 車二駟往聘迎之, 曰:
「王願請先生治淮南.」接輿笑而不應, 使者遂不得與語而去. 妻從市來曰:「先生以
而爲義, 豈將老而遺之哉? 門外車跡何其深也?」接輿曰:「王不知吾不肖也, 欲使我
治淮南, 遣使者持金駟來聘.」其妻曰:「得無許之乎?」接輿曰:「夫富貴者, 人之所
欲也. 子何惡我許之矣.」妻曰:「義士非禮不動: 不爲貧而易操, 不爲賤而改行. 妾事
先生: 躬耕以爲食, 親績以爲衣. 食飽衣暖, 據義而動, 其樂亦自足矣. 若受人重祿,
乘人堅良, 食人肥鮮,而將何以待之?」接輿曰:「吾不許也.」妻曰:「君使不從, 非忠也;
從之又違, 非義也; 不如去之.」夫負釜甑, 妻戴紝器, 變名易姓而遠徙, 莫知所之.
君子謂接輿妻爲樂道而遠害. 夫安貧賤而不怠於道者, 唯至德者能之. 詩曰:「肅肅
兔置, 椓之丁丁.」言不怠於道也. 頌曰:「接輿之妻, 亦安貧賤. 雖欲進仕, 見時暴亂.
楚聘接輿, 妻請避館. 戴紝易姓, 終不遭難.」

6. 《後漢書》〈崔駰傳〉注

楚狂接輿者, 楚人也. 耕而食. 楚王聞其賢, 使使者持金百溢, 車二駟往聘之, 曰:
「願煩先生理江南.」接輿笑而不應, 使者去而遠徙, 莫知所之.

7. 《高士傳》(皇甫謐) 卷上 陸通

陸通字接輿, 楚人也. 好養性, 躬耕以爲食. 楚昭王時, 通見楚政無常, 乃佯狂不仕,
故時人謂之楚狂, 孔子適楚, 楚狂接輿遊其門曰:「鳳兮鳳兮, 何如德之衰也. 來世不
可待, 往世不可追也. 天下有道, 聖人成焉, 天下無道, 聖人生焉, 方今之時, 僅免
刑焉. 福輕乎羽, 莫之知載; 禍莫重乎地,莫之知避. 已乎已乎, 臨人以德; 殆乎殆乎,
畫地而趨, 迷陽迷陽, 無傷吾行. 却曲却曲, 無傷吾足. 山木自寇也, 膏火自煎也.
桂可食, 故伐之; 漆可用, 故割之 人皆知有用之用而不知無用之用也.」孔子下車欲
與之言, 趨而避之, 不得與之言. 楚王聞陸通賢, 遣使者持金百鎰, 車馬二駟往聘通
曰:「王請先生治江南.」通笑而不應, 使者去. 妻從市來曰:「先生少而爲義, 豈老違
之哉? 門外車跡何深也? 妾聞: 義士非禮不動. 妾事先生, 躬耕以自食, 親織以爲衣.
食飽衣暖, 其樂自足矣. 不如去之.」於是夫負釜甑, 妻戴紝器, 變名易姓, 游諸名山,
食桂櫨實, 服黃菁子, 隱蜀峨眉山, 壽數百年, 俗傳以爲仙云.

8. 기타 참고자료

嵇康《高士傳》(太平御覽 509) ·《渚宮舊事》

5. 덕충부德充符

　‘덕충부德充符’란 덕이 충실(充)할 때 그에 따른 증험(符)이 어떻게 나타나는가에 대한 관점이다. 여기서의 덕이란 우리가 보통 일컫는 도덕이나 덕행의 의미가 아니다. 일종의 만물의 본원本源이며 일체 자연에 편재한 도라는 뜻이다. 따라서 그 도를 충실히 한다는 것은 구체적으로 망형忘形, 망정忘情을 통해 호오好惡나 귀천貴賤, 총욕寵辱과 시비是非 등 일체의 대립적 갈등을 초월함을 뜻한다.

　“죽음과 삶이란 한가지이며, 옳고 옳지 않음도 하나로 꿰어져 있다.”

외발의 왕태라는 도인

노魯나라에 다리를 잘린 형벌을 받은 왕태王駘라는 사람이 있었다. 그를 따라 공부하는 사람들의 수는 중니 제자의 수와 같을 정도였다. 상계常季가 중니에게 물었다.

"왕태는 다리를 잘린 형을 받은 사람입니다. 그러나 그를 따라 배우는 자는 선생님의 제자와 더불어 노나라를 양분할 정도입니다. 그는 일어서서 무엇을 가르치지도, 앉아서 무슨 논의를 하는 것도 아닌데 텅 빈 채로 그를 찾아갔던 사람이 배움을 꽉 채워 돌아옵니다. 진실로 말로 하지 않는 가르침이라는 것이 있어서 형체가 없으면서도 마음에 성취가 있는 자입니까? 그는 어떤 인물입니까?"

중니가 말하였다.

"그 분은 성인이다. 나는 이제껏 뒤로 미룬 채 아직 찾아가 뵙지 못하였다. 나도 장차 그 분을 스승으로 모실까 하던 차인데 하물며 나보다도 못한 사람들이야 더 어떠하겠느냐! 어찌 노나라 사람뿐이겠느냐! 나는 온 천하 사람들을 다 이끌고 그를 따르고자 한다."

상계가 말하였다.

"그는 절름발이인데도 선생님보다 뛰어나다고들 합니다. 그러니 보통 사람들보다는 훨씬 뛰어나다고 할 수 있을 것입니다. 이와 같다면 그의 마음 씀은 대체 무엇과 같은 것일까요?"

중니가 말하였다.

"죽음과 삶도 큰 문제이지만 그는 그것 때문에 흐트러지는 법이 없다.

비록 하늘이 무너지고 땅이 꺼진다 해도 그에게는 아무런 변화도 없을 것이다. 그는 아무 것에도 의지하는 바가 없기 때문에 외물에 의해 변화를 받지 않는 것이다. 그는 외물의 변화에 모든 것을 맡겨 도의 근본을 지키고 있는 것이다."

상계가 말하였다.

"무슨 뜻입니까?"

중니가 말하였다.

"다른 각도에서 본다면 한 몸 안에 있는 간과 쓸개도 멀리 떨어진 초楚나라나 월越나라 같고 같은 각도에서 본다면 만물은 모두 하나라고 할 수 있다. 무릇 만약 이와 같다고 한다면 눈과 귀가 탐탁하게 여기는 것에 마음을 두지 않으며, 단지 마음을 덕의 조화 속에 노닐게 할 뿐이다. 그렇게 되면 만물이 하나라는 것만 보이고 그의 변화 따위는 보이지 않게 된다. 그 분은 한쪽 발을 잃고도 이를 마치 몸에 붙은 흙을 털어버린 것처럼 여기고 있을 뿐이다."

상계가 말하였다.

"그는 자신을 수양함에 있어 그의 지혜로써 분별하는 마음을 터득하였으며, 다시 그 마음으로써 어떤 분별도 없는 상심常心을 터득한 것인데 사람들이 어찌하여 그에게 몰려드는 것입니까?"

중니가 말하였다.

"사람들은 흐르는 물을 거울로 삼지 않고 잔잔하게 멈추어 있는 물을 거울로 삼는다. 잔잔하게 멈추어 있을 수 있어야 다른 사물들도 멈추어 있도록 할 수 있다. 땅으로부터 생명을 받고 있는 것 중에 오직 소나무와 잣나무만이 바르게 서서 겨울이고 여름이고 푸른 모습을 할 수 있는 것이다. 그리고 하늘로부터 생명을 받고 있는 것 중에 오직 요순堯舜만이 홀로 바르게 서서 만물의 우두머리가 될 수 있었던 것이다. 다행히도 그 삶을 바르게 하였기에 많은 사람들의 삶을 바르게 잡아 줄 수 있었던 것이다. 무릇 본래의 생명을 보전할 수 있다면 결과에 두려움을 갖지 않아도 된다. 용사가 혼자서 용감하게 많은 군사들 속으로 돌진해 들어가는 경우가 있다. 이것은 오직 용감하다는 명성 하나만을 추구하기 위해서 그렇게 할 수 있는 것일 뿐이다. 그런데 하물며 천지를 주관하고 만물을 포용하며 육해六骸를 잠시 생명이 머물다 가는 객사客舍로 여기고, 귀와 눈을 가상假象으로 여기며, 하늘이 준 지혜로 천하를 모두 밝게 비쳐 볼 수 있고, 정신으로 죽음을 초월해 있는 사람임에랴! 그 분은 날을 택하여 아득한 세상으로 오르고자 하기 때문에 사람들이 그를 따르는 것일 것이다. 그러한 그가 어찌 사람 모으기를 일로 삼아서 그렇게 되었겠는가!"

魯有兀者王駘, 從之遊者, 與仲尼相若, 常季問於仲尼曰:「王駘, 兀者也, 從之遊者, 與夫子中分魯. 立不敎, 坐不議, 虛而往, 實而歸. 固有不言之敎, 無形而心成者邪? 是何人也?」

仲尼曰:「夫子, 聖人也, 丘也直後而未往耳. 丘將以爲師, 而況不若丘者乎! 奚假魯國! 丘將引天下而與從之.」

常季曰:「彼兀者也, 而王先生, 其與庸亦遠矣. 若然者, 其用心也獨若之何?」

仲尼曰:「死生亦大矣, 而不得與之變, 雖天地覆墜, 亦將不與之遺. 審乎無假而不與物遷, 命物之化而守其宗也.」

常季曰:「何謂也?」

仲尼曰:「自其異者視之, 肝膽楚越也; 自其同者視之, 萬物皆一也. 夫若然者, 且不知耳目之所宜而遊心乎德之和; 物視其所一而不見其所喪, 視喪其足猶遺土也.」

常季曰:「彼爲己. 以其知得其心, 以其心得其常心, 物何爲最之哉?」

仲尼曰:「人莫鑑於流水, 而鑑於止水, 唯止能止衆止. 受命於地, 唯松柏獨也正, 在冬夏靑靑; 受命於天, 唯堯舜獨也正, 在萬物之首. 幸能正生, 而正衆生. 夫保始之徵, 不懼之實. 勇士一人, 雄入於九軍.

將求名而能自要者, 而猶若是, 而況官天地, 府萬物, 直寓六骸, 象耳目, 一知之所知, 而心未嘗死者乎! 彼且擇日而登假, 人則從是也. 彼且 何肯以物爲事乎!」

【兀者】 형벌로 발뒤꿈치를 잘린 사람.
【王駘】 인명. 장자가 가설로 내세운 가공 인물.
【常季】 공자의 제자로 여겨짐.
【九軍】 대군을 말함. 천자의 六軍과 제후의 三軍을 더한 것.
【直寓六骸】 六骸를 旅館으로 봄. 六骸는 몸과 머리, 사지를 가리키며 사람의
 육신을 뜻함.
【登假】 登遐와 같음. 세속을 끊고 신선이 되어 사라짐.

겉으로 드러난 형태를 보고

신도가申徒嘉는 다리를 잘리는 형을 받은 사람이었는데 정鄭나라의 자산子産과 함께 백혼무인伯昏无人을 스승으로 모시고 있었다. 자산이 신도가에게 말하였다.

"내가 밖에 나가면 자네는 여기에 가만히 앉아 있게. 자네가 나가면 나는 여기에 그냥 있겠네."

이튿날, 다시 그들은 집안에 같이 앉아 있게 되었는데 자산이 신도가에게 말하였다.

"내가 먼저 나가면 그대는 그대로 있게. 그대가 먼저 나가면 내가 그대로 있겠네. 지금 나는 밖에 나가려네. 그대는 그대로 있겠나, 아니면 그렇게 하지 않겠나? 그리고 자네는 나 같은 재상을 보고도 길을 비키지 않는데 그대는 그대 자신을 재상과 같은 급으로 여기고 있는 것인가?"

신도가가 말하였다.

"선생님의 문하에 진실로 재상이란 것이 있어 이와 같았는가? 그대는 자신이 재상임을 내세워 남을 업신여기고 있는가? 내 듣기로 '거울이 맑으려면 그 위에 먼지가 앉을 틈이 없어야 하고, 먼지가 앉으면 거울이 맑지 못하게 된다. 마찬가지로 오랫동안 현인賢人과 함께 생활하면 잘못이 없어진다'라고 하였네. 지금 자네가 선생님께 와서 취하고 있는 바의 큰 것이란 바로 선생님을 따라 배우는 것일진대 이렇게 말을 하는 것 보니 역시 지나친 것이 아닌가!"

자산이 말하였다.

"그대는 이미 이와 같으면서 오히려 요堯와 선舜을 다투고 있군. 그대의 덕을 헤아려 보건대 스스로 반성하기에도 부족하지 않은가?"

신도가가 말하였다.

"스스로 자신의 허물을 인정하되 자신의 다리를 잃은 것은 부당한 일이었다고 생각하는 사람은 많지만 자기의 허물을 변호하지도 않고 자기의 다리를 그대로 보존하고 있는 것이 부당하다고 생각하는 사람은 적다네. 그것을 어찌할 수 없는 일임을 알고 운명이라 여기며 이에 편안히 따르는 일은 오직 덕 있는 사람만이 할 수 있는 일이지. 예羿가 쓰는 활의 사정거리 안에서 노닐다가는 그 가운데 있는 사람은 화살에 맞고 말 것일세. 그런데도 화살을 맞지 않았다면 그것은 운명이라 하겠지. 사람들 중에는 자기의 다리가 온전하다고 해서 나의 불완전한 다리를 비웃는 사람이 많지. 나도 그에게 울컥하고 화를 내지만, 선생님이 계신 곳에 가면 모두 잊고 원상태로 되돌아오게 된다네. 무르겠네. 이것은 선생님의 훌륭한 덕이 나를 정화시켜 준 것인지? 내가 선생님 문하에서 19년 간을 공부하였지만, 선생님은 아직도 내가 발이 잘린 자임을 알지 못하고 계신다네. 지금 자네와 나는 형체 속의 마음으로 서로 사귀고 있으면서도, 자네는 나의 형체로 밖으로 드러난 것에서 나를 찾으려 하고 있으니, 역시 지나친 것이 아니겠는가?"

자산이 급히 용모를 고치고 얼굴을 바꾸며 말하였다.

"그대는 더 이상 말하지 말게나!"

申徒嘉, 兀者也, 而與鄭子産同師於伯昏无人.

子産謂申徒嘉曰:「我先出則子止, 子先出則我止.」

其明日, 又與合堂同席而坐.

子産謂申徒嘉曰:「我先出則子止, 子先出則我止. 今我將出, 子可以止乎, 其未邪? 且子見執政而不違, 子齊執政乎?」

申徒嘉曰:「先生之門, 固有執政焉如此哉? 子而悅子之執政而後人者也? 聞之曰:『鑑明則塵垢不止, 止則不明也. 久與賢人處則無過.』今子之所取大者, 先生也, 而猶出言若是, 不亦過乎!」

子産曰:「子旣若是矣, 猶與堯爭善, 計子之德, 不足以自反邪?」

申徒嘉曰:「自狀其過, 以不當亡者衆, 不狀其過, 以不當存者寡, 知不可奈何, 而安之若命, 唯有德者能之. 遊於羿之彀中. 中央者, 中地也; 然而不中者, 命也. 人以其全足笑吾不全足者多矣, 我怫然而怒; 而適先生之所, 則廢然而反. 不知先生之洗我以善邪? 吾與夫子遊十九年矣. 而未嘗知吾兀者也, 今子與我遊於形骸之內, 而子索我於形骸之外, 不亦過乎!」

子産蹴然改容更貌曰:「子無乃稱!」

【申徒嘉】 인명. 鄭나라의 현인.
【伯昏无人】 장자가 의탁하여 가설로 내세운 인물.
【執政】 子産이 정나라 재상이어서 자신을 일컬어 한 말.
【羿】 고대 有窮氏의 군주로 활쏘기에 뛰어났던 인물. 姮娥의 남편이었음.

하물며 온전한 사람임에랴

노魯나라에 다리를 잘린 형벌을 받은 숙산무지叔山無趾라는 사람이 있었다. 그가 중니를 찾아오자 중니가 말하였다.

"그대는 애초에 근신하지 않아 죄를 지어 이미 이렇게 되었는데 이제 나에게 온들 내가 어찌하겠소?"

무지가 말하였다.

"저는 오직 내가 마땅히 해야 할 일이 무엇인지도 모르고 경솔하게 처신하다가 이 지경으로 다리를 잃게 되었습니다. 이제 내가 온 것은 아직도 내 다리보다 더 소중한 게 남아 있기 때문입니다. 저는 그것을 온전히 보존하고 싶습니다. 대저 하늘은 모든 것을 덮어 주고, 땅은 모든 것을 실어 줍니다. 저는 선생을 하늘과 땅으로 생각하고 왔는데 선생마저도 이러실 줄은 몰랐습니다."

공자가 말하였다.

"내가 고루하였소. 선생께서는 어찌 들어오지 않소. 내 들은 바를 일러드리겠소!"

무지가 나간 뒤에 공자가 제자들에게 말하였다.

"너희들도 힘써라! 무릇 무지라는 자는 다리 잘린 자이지만 도리어 배움에 힘써 지난날의 악행을 기워보려 하고 있다. 하물며 온전한 사람임에랴!"

무지는 노담老聃에게 이렇게 말하였다.

"공구孔丘는 지인至人의 경지에 아직 이르지 못한 것인가요? 어찌하여 자꾸 선생님께 배우려 하는 것입니까? 그는 또 기이한 명성을 추구하고

유명해지고자 하는데 지인至人은 그것을 자신을 구속하는 질곡으로 여긴
다는 것을 알지 못하고 있는 것인가요?”

노담이 말하였다.

“어찌 그에게 죽음과 삶이 한가지 것이고, 옳고 옳지 않음이 하나로
꿰어져 있다는 것을 곧바로 깨닫게 해 주어 그 질곡을 풀어주는 일이 가능
하다고 해 주지 않았소?”

무지가 말하였다.

“하늘이 그에게 내린 형벌인데 어찌 풀어 줄 수 있겠습니까!”

魯有兀者叔山無趾, 踵見仲尼, 仲尼曰:「子不謹, 前旣犯患若是矣.
雖今來, 何及矣!」

無趾曰:「吾唯不知務而輕用吾身, 吾是以亡足. 今吾來也, 猶有尊
足者存焉, 吾是以務全之也. 夫天無不覆, 地無不載, 吾以夫子爲天地,
安知夫子之猶若是也!」

孔子曰:「丘則陋矣. 夫子胡不入乎, 請講以所聞!」

無趾出. 孔子曰:「弟子勉之! 夫無趾, 兀者也, 猶務學以複補前行
之惡, 而況全德之人乎!」

無趾語老聃曰:「孔丘之於至人, 其未邪? 彼何賓賓以學子爲? 彼且
蘄以諔詭幻怪之名聞, 不知至人之以是爲己桎梏邪?」

老聃曰:「胡不直使彼以死生爲一條, 以可不可爲一貫者, 解其桎梏,
其可乎?」

無趾曰:「天刑之, 安可解!」

【叔山無趾】 다리 잘린 형벌을 받은 자로 장자가 허구로 내세운 가공의 인물.
【諔詭幻怪】 매우 기이하고 괴탄함.
【天刑之】 하늘이 내린 형벌.

형체를 움직이는 생명의 힘

노魯 애공哀公이 중니에게 물었다.

"위衛나라에 추악하게 생긴 사람이 있었는데 이름을 애태타哀駘它라 하였소. 그런데 남자들로써 그와 더불어 함께 있는 자라면 그를 흠모하여 그 곁을 떠나려 하지 않고, 여자들이 그를 보면 부모들에게 '다른 사람의 아내가 되느니 차라리 그 분의 첩이 되겠다'고 간청하는 이가 수십 명이 넘었다 하오. 그러나 그가 자기 주장을 내세우는 것을 아무도 들은 적이 없고, 언제나 남들과 어울려서 화합할 따름이라 하더이다. 그는 사람을 죽음에서 구해줄 만한 지위에 있는 것도 아니고, 사람들의 배를 채워 줄 만한 재산을 모아 둔 것도 아니라 하오. 게다가 그 추한 생김이란 세상을 깜짝 놀라게 할 정도이며, 그저 남에게 화답만 할 뿐 스스로의 주장을 어디에도 내세우지도 않고, 사방에 그 이름이 알려진 것도 아니오. 그런데도 사람들이 그에게로 몰려드는 것은 필시 그에게 남과 다른 바가 있어서일 것입니다. 과인이 그를 불러 직접 보니 과연 그 추한 모습이란 천하를 놀라게 할 정도였소. 그러나 과인이 그와 더불어 지내기를 한 달이 넘지 않아 나는 그의 사람됨에 이끌렸고, 1년도 되지 않아 그를 믿게 되었소이다. 나라 안에 재상직을 맡길 만한 사람이 없었기에 나는 그에게 나라를 맡아 달라 하였더니 그는 고민스러운 듯 하다가 응낙하였으나 범연히 사양하는 듯한 태도를 보였소. 나는 그 때문에 어줍잖아하였으나 마침내 그에게 나라 일을 맡겨주었소. 그러다가 얼마 지나지 않아 그는 과인으로부터 떠나가 버렸는데 과인은 허전하여 무언가 가졌던 것을 잃어버린 듯하였소. 그것은 마치 이 나라를 다스리는 즐거움을 함께 나눌 사람이 없어진 것 같았소. 이러한 사람은 어떤 사람입니까?”

중니가 말하였다.

“제가 일찍이 초楚나라에 사신으로 간 적이 있었습니다. 그때 새끼 돼지들이 죽은 어미의 젖을 빨고 있는 모습을 보게 되었습니다. 조금 뒤 새끼들은 놀라며 어미를 버리고 달아나 버리더이다. 그것은 어미가 더 이상 자기들을 돌보아 줄 수도 없고 게다가 자기들과 다른 꼴이 되어 버렸기 때문이었습니다. 그들이 어미를 사랑하였던 것은 그 형체를 사랑했던 것이 아니라 그 형체를 움직이는 생명의 힘을 사랑하였던 것입니다.

전투에 나가 싸우다가 죽은 자는 그 장례식에 자신의 관에 장식한 수식을 필요로 하지 않으며 다리가 잘린 형벌을 받은 자는 자신이 신고 다니던 신에 대한 애착이 없습니다. 모두가 그것을 필요로 할 근본이 사라졌기 때문입니다.

천자의 후궁이 된 여러 사람은 손톱도 깎지 아니하고 귀도 뚫지 아니합니다. 아내를 얻어 장가를 든 자는 밖에 나가 살게 하며 다시 일을 시키지 않습니다. 겉으로 이처럼 모두 갖추어지고 나면 이렇게 하는데 하물며 덕이 온전히 갖춘 자에게야 어떠하겠습니까! 지금 애태타는 아무 말을 하지 않아도 남에게 믿음을 얻고, 아무런 공적이 없어도 남이 친해 오며, 사람들이 그에게 나라를 맡겨도 오직 그가 맡아주지 않으면 어쩌나 걱정할 정도가 되도록 하였으니 그는 필시 그 재능이 온전하면서도 덕은 겉으로 드러내지 않는 사람일 것입니다.”

애공이 말하였다.

“무엇을 일러 재능이 온전하다는 것입니까?”

중니가 말하였다.

“삶과 죽음, 빈궁과 영달, 현명함과 어리석음, 헐뜯음과 영예, 굶주림과 목마름, 추위와 더위, 이런 것들은 사물의 변화이며 운명의 흐름입니다. 낮과 밤이 우리 앞에서 차례대로 대신하고 있는데도 지혜로는 그 시작을 들여다볼 수 없습니다. 그러므로 이를 안다면 화평을 어지럽힐 수 없고 영부靈府에까지 침투하지 못하게 할 수 있을 것입니다. 마음이 잘 조화되어 있으면 즐거운 마음을 잃지 않을 수 있으며, 밤낮으로 틈이 없도록 하면 만물과 더불어 화기를 누릴 수 있을 것입니다. 이리하여 만물을 접하되 때에 맞추어 마음에 우러나게 하는 것이니 이를 일러 재능이 온전하다고 일컫는 것입니다."

"무엇을 일러 덕이 겉으로 드러나지 않는다는 것입니까?"

중니가 말하였다.

"평平이란 물이 정지하여 담겨져 있는 것을 말합니다. 그것을 우리의 평준의 기준으로 삼을 수 있으며 안으로 이를 지키고 있으면 밖으로 흔들리지 않게 됩니다. 덕이란 사물과 조화를 이루는 수양을 말합니다. 이러한 덕은 겉으로 드러내지 않는 자는 외물이 그로부터 떠날 수 없게 됩니다."

애공은 뒷날 이를 민자閔子에게 이렇게 말해주었다.

"처음에 나는 임금의 지위로서 천하를 다스리고, 백성의 기강을 잡고 그들의 죽음을 걱정하면서 나 스스로 지극히 통달한 경지에 이르렀다고 여겼었소. 그러나 이제 지인至人의 말을 듣고 보니, 내게 그럴 만한 실질도 없으면서 경솔히 내 몸을 사용하여 나라를 망치게 되는 게 아닌가 하는 두려움을 느끼게 되었소. 나와 공자는 군신君臣 관계가 아니라 덕으로 맺어진 벗일 뿐이오."

魯哀公問於仲尼曰:「衛有惡人焉, 曰哀駘它. 丈夫與之處者, 思而不能去也. 婦人見之, 請於父母曰『與爲人妻, 寧爲夫子妾』者, 十數而未止也. 未嘗有聞其唱者也, 常和人而矣. 无君人之位以濟乎人之死, 无聚祿以望人之腹. 又以惡駭天下, 和而不唱, 知不出乎四域, 且而雌雄合乎前. 是必有異乎人者也. 寡人召而觀之, 果以惡駭天下. 與寡人處, 不至以月數, 而寡人有意乎其爲人也; 不至乎期年, 而寡人信之. 國無宰, 寡人傳國焉, 悶然而後應, 氾然而若辭. 寡人醜乎, 卒授之國. 無幾何也, 去寡人而行, 寡人恤焉若有亡也, 若無與樂是國也. 是何人者也?」

仲尼曰:「丘也嘗使於楚矣, 適見独子食於其死母者, 少焉眴若皆棄之而走. 不見己焉爾, 不得類焉爾. 所愛其母者, 非愛其形也, 愛使其形者也.

戰而死者, 其人之葬也不以翣資; 刖者之屨, 無爲愛之; 皆無其本矣. 爲天子之諸御, 不翦爪, 不穿耳; 取妻者止於外, 不得復使. 形全猶足以爲爾, 而況全德之人乎!

今哀駘它未言而信, 無功而親, 使人授己國, 唯恐其不受也, 是必才全而德不形者也.」

哀公曰:「何謂才全?」

仲尼曰:「死生存亡, 窮達貧富, 賢與不肖毀譽, 飢渴寒暑, 是事之變, 命之行也; 日夜相代乎前, 而知不能規乎其始者也. 故不足以滑和, 不可入於靈府. 使之和豫通而不失於兌; 使日夜無郤而與物爲春, 是接而生時於心者也. 是之謂才全.」

「何爲德不形?」

曰:「平者, 水停之盛也. 其可以爲法也, 內保之而外不蕩也. 德者, 成和之修也. 德不形者, 物不能離也.」

哀公異日以告閔子曰:「始也吾以南面而君天下, 執民之紀而憂其死, 吾自以爲至通矣. 今吾聞至人之言, 恐吾無其實, 輕用吾身而亡其國. 吾與孔丘, 非君臣也, 德友而已矣.」

【哀駘它】 허구로 내세운 가공의 인물.
【望】 滿月.
【豚子】 새끼돼지. 㹠은 豚과 같음.
【翣資】 삽(翣)은 고대 관 위에 장식하는 물건. 자는 '이렇게 하여 장례를 치르다'의 뜻.
【諸御】 궁녀를 가리킴.
【滑和】 본성의 화평함을 교란시킴.
【靈府】 心靈.
【閔子】 공자 제자인 閔子騫. 閔損.

인기지리무신闉跂支離無脤이 위衛나라 영공靈公에게 유세를 하였더니 영공은 즐겁게 여겼으며 그로부터 그는 온전한 사람을 보면 그들의 목이 오히려 가냘프게 보였다.

옹앙대영甕瓮大癭이 제齊 환공桓公에게 유세를 하였더니 환공이 즐겁게 여기고 나서는 그로부터 그는 온전한 사람들을 보면 그들의 목이 오히려 가냘프게 보였다.

그러므로 내면의 덕이 뛰어나면 외형 따위는 잊게 되는 것이다. 그러나 사람들은 그들이 잊어야 할 일은 잊지 아니하고 잊어서는 안 될 것은 잊고 있다. 이것이 진실로 망각이라는 것이다.

따라서 성인聖人은 유유자적하는 바가 있어 지식은 화근으로 여기고, 예의 규범은 속박이라 여기며, 덕행은 교제의 수단으로 알고, 기교는 장사 수단으로 여긴다.

성인은 도모하는 바가 없으니 그 지식을 어디에 쓰겠는가? 그리고 끊을 일이 없으니 아교를 어디에 쓰겠는가? 잃을 것이 없는데 덕은 어디에 쓰겠는가? 재물이 필요 없는데 장사를 할 이유가 어디 있겠는가?

이 네 가지는 하늘이 길러주는 것이다. 하늘이 길러준다는 것은 하늘이 먹여 살린다는 뜻이다. 이미 하늘로부터 먹을 것을 받고 있거늘 어찌 또 사람의 것을 쓰겠는가!

성인은 사람의 형체는 갖고 있지만 사람의 정은 갖고 있지 않다. 사람의 형체를 갖고 있기에 사람과 어울리기는 하되 사람의 정을 갖고 있지 않기에 세속의 시비가 그에게 다가갈 수가 없다. 아득하고 지극히 작도다. 그가 사람들과의 관계여! 우뚝하고 크도다. 그의 홀로 천성을 이룸이여!

　闉跂支離無脤說衛靈公, 靈公說之; 而視全人, 其脰肩肩. 甕瓮大癭說齊桓公, 桓公說之; 而視全人, 其脰肩肩.

　故德有所長, 而形有所忘. 人不忘其所忘, 而忘其所不忘, 此謂誠忘.

　故聖人有所遊, 而知爲孼, 約爲膠, 德爲接, 工爲商. 聖人不謀, 惡用知? 不斷, 惡用膠? 無喪, 惡用德? 不貨, 惡用商? 四者, 天鬻也; 天鬻者, 天食也. 旣受食於天, 又惡用人!

　有人之形, 无人之情. 有人之形, 故群於人, 无人之情, 故是非不得於身. 眇乎小哉, 所以屬於人也! 謷乎大哉, 獨成其天!

【闉跂支離無脤】 다리가 굽고 등이 굽었으며 입술이 없는 장애인. 장애의 정도를
　낱낱이 하여 이름을 삼은 것.
【脰】 목 부분.
【甕瓮大癭】 목에 혹이 나서 마치 큰 옹기를 달고 다니는 모습의 사람.
【膠】 아교. 서로 떨어질 수 없도록 하기 위함을 말함.
【天鬻】 하늘이 길러 줌.
【謷乎】 높고 큰 모습.

 ## 026 (5-6) 사람에게 정이라는 것이 없다면

혜자惠子가 장자에게 말하였다.

"사람에게는 본래부터 정情이라는 것이 없습니까?"

장자가 말하였다.

"그렇지요."

혜자가 말하였다.

"사람이면서 정이 없다면, 어떻게 그를 사람이라 합니까?"

장자가 말하였다.

"도가 그에게 용모를 부여하고 하늘이 그에게 형체를 부여하였는데 어찌 그를 사람이라 말할 수 없겠습니까?"

혜자가 말하였다.

"이미 그를 사람이라고 불렀다면 어찌 정이 없을 수 있습니까?"

장자가 말하였다.

"그것은 내가 말하는 정이 아닙니다. 내가 정이 없다라 말한 것은 사람들이 호오好惡의 감정으로 자기의 본성을 해치지 않는 것을 말하며 항상 자연에 근거하며 자신의 삶에 이익을 주려 하지 않음을 두고 한 말입니다."

혜자가 말하였다.

"삶에 이익이 되도록 하지 않는다면 어떻게 그 자신을 보존할 수 있겠습니까?"

장자가 말하였다.

"도가 용모를 부여하였고, 하늘이 그에게 형체를 부여하였으니 호오의 감정으로 그 몸 안에 손상을 입히지 않으려는 것이지요. 지금 그대는 그대의 정신을 밖으로 하여 그대의 정신을 노고롭게 하고 있습니다. 나무에 기대어 서서 중얼거리다가 책상에 기대서는 눈을 감고 졸고 있습니다. 하늘이 그대에게 형체를 부여하였는데도 그대는 견백堅白의 이론으로 세상을 시끄럽게 하려 하오!"

惠子謂莊子曰:「人故无情乎?」

莊子曰:「然.」

惠子曰:「人而无情, 何以謂之人?」

莊子曰:「道與之貌, 天與之形, 惡得不謂之人?」

惠子曰:「旣謂之人, 惡得无情?」

莊子曰:「是非吾所謂情也. 吾所謂无情者, 言人之不以好惡內傷其身, 常因自然而不益生也.」

惠子曰:「不益生, 何以有其身?」

莊子曰:「道與之貌, 天與之形, 无以好惡內傷其身. 今子外乎子之神, 勞乎子之精, 倚樹而吟, 據(槁)梧而瞑. 天選之形, 子以堅白鳴!」

【天選】 하늘이 내려준 것.
【堅白鳴】 惠施는 堅白의 이론을 연구하는데 이름이 났었음을 뜻함. 원래 公孫龍子가 확립한 이론으로 돌의 성질(堅)과 색깔(白)은 전혀 다른 개념이라는 논리를 편 것.《公孫龍子》 참조.

참고 및 관련 자료

1.《公孫龍子》跡府篇

公孫龍爲守白之論, 假物取譬, 以守白辯, 爲白馬爲非馬也.

6. 대종사大宗師

　‘대종사大宗師’란 가장 크게 존경하고 앙모하는 선생님이란 뜻이다. 구체적으로는 ‘도’를 스승으로 삼아 세상을 바르게 볼 것을 주장한 내용이다. 자연은 혼연일체의 하나이며 생사도 구별이 없으니 심신心神을 청정淸淨히 하고 육신과 지혜라는 것도 제거하며 생사를 잊어버리고 자연에 순응하는 것이 바로 도라는 스승을 통해 바르게 배우는 것이라 하였다. 그리고 이를 체득한 자로써 ‘진인眞人’을 설정하고 있다.

　“천하를 천하에 감추어 둔다면 잃어버릴 리가 없을 것이다.”

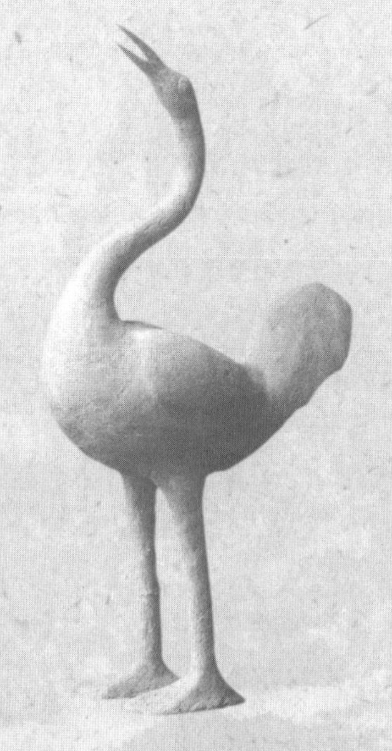

027
(6-1)

지각知覺이란 무엇인가

하늘이 하는 일을 알고 사람이 해야 할 일을 아는 것이야말로 지극한 경지이다. 하늘이 하는 일을 알게 되면 하늘의 자연 그대로 살아가고, 사람이 하는 일을 알게 되면 그의 지각이 아는 것으로 그의 지각이 알지 못하는 것을 키워 나간다. 자기의 천수를 모두 누리면서 중도에 일찍 요절하지 않을 것이니 이것이 곧 지식의 훌륭함이다.

비록 그렇기는 하나 그래도 걱정거리가 있다. 무릇 지식이란 그에 근거하는 표준이 있은 뒤에야 비로소 옳은 것이 된다. 그런데 그 의거하는 바의 기준이라는 것은 아직 결정되지 못한 채 있다. 그러니 그대는 어찌 내가 말하는 천연天然이 인위人爲가 아님을 알 수 있겠는가? 또 소위 인위라는 것이 천연이 아님을 알 수 있겠는가?

또 진인眞人이 있은 연후에 진지眞知라는 것이 있게 된다. 그렇다면 진인이란 어떤 것을 두고 말하는 것인가? 옛날의 진인은 사소한 것이라도 거역함이 없었으며, 그 성공을 자랑하지도 않았고 어떤 일에 모책을 세우지도 않았다. 이러한 사람은 과실이 있어도 후회하지 아니하며, 일이 정당하다고 인정되어도 스스로 자만하지 않는다. 이러한 사람은 높은 곳에 올라가도 겁내지 아니하며 깊은 물에 들어가도 젖지 아니하고, 불에 들어가도 뜨겁게 느끼지 않는다. 이는 그의 앎이 도道까지 승화되어 이렇게 될 수 있는 것이다.

옛날의 진인은 잠을 자더라도 꿈을 꾸지 않았으며, 깨어 있어도 근심이 없었고, 식사를 하되 맛난 것을 찾지 않고, 호흡을 함에는 깊게 들이마시고

내쉬었다. 진인은 발뒤꿈치로 숨을 쉬지만, 범인凡人은 목구멍으로 숨을
쉰다. 남에게 굴복당한 자는 그 말하는 소리가 마치 무엇을 토하는 것
같고 욕심이 많은 자는 그의 타고난 천기天機가 얕다.

옛날의 진인은 삶이라는 것이 즐거운 것인 줄도 몰랐으며 죽음이라는
것이 싫은 것인 줄도 몰랐다. 세상에 태어남을 기뻐하지도 않았고 죽음을
거역하지도 않았다. 자유롭게 삶을 받아 살아갔으며 자유롭게 죽음이
오면 따라 갔을 뿐이었다. 천명의 시작을 잊지도 않았고 자신의 삶의
마지막을 요구하지도 않았다. 즐겁게 주어진 삶을 받았으며, 모든 것을
잊은 채 다시 그 죽어서 가는 곳으로 간다고 여겼다. 이를 일러 마음
때문에 도에 손상을 입히지 않는 것이라 하였으며, 사람의 힘으로 하늘을
돕는 것은 아니라 한다. 이를 일러 진인이라 한다.

이러한 사람은 마음은 모든 것을 잊고, 그 얼굴은 고요하며, 그 이마가
널찍하다. 쓸쓸하기가 마치 가을과 같고 온화하기는 봄과 같다. 그의 기쁨과
노여움은 사시四時와 통하고 만물과 어울려 그 궁극을 알 수 없는 모습이다.

그러므로 성인이 군대를 일으켜 그 나라를 멸망시켜도 그 나라 사람들의
인심을 잃는 법이 없도록 하며, 그 혜택이 만대萬代에 미치더라도 따로
사람을 사랑하는 법도 없다. 그 때문에 외물을 자신의 뜻대로 하고자
하는 자는 성인일 수 없으며, 어디에 친함을 보이는 것은 인仁이 아니다.
시간의 형세를 헤아리는 자는 현자賢者가 아니며, 이해利害가 서로 하나로
통하지 않는 자는 군자가 아니며, 명예를 좇아 행동하다가 자신을 잊어버리는
자는 선비가 아니다. 자신을 망치면서도 참되지 않은 자는 남을 부리지
못한다. 호불해狐不偕, 무광務光, 백이伯夷, 숙제叔齊, 기자箕子, 서여胥餘,
기타紀他, 신도적申徒狄 같은 이들은 남을 부리는 사람들에게 부림을 당하고
남의 즐거움의 대상이 되어 자기 자신은 즐거움을 누리지 못한 사람들이다.

옛날의 진인은 의를 실행하여 무리를 짓는 법이 없었으며, 부족한 것이
있어도 남에게서 도움을 받는 것이 없었다. 행동은 날카로웠지만 그렇다고
고집을 부리지도 않았으며, 자신을 비워 떳떳하면서도 화려하게 꾸미지도

않았다. 정신은 늘 상쾌하여 마치 희열에 젖은 듯하였다! 어떤 일에 재촉을 당하여도 항상 부득이하여 그런 것으로 여겼다! 속마음이 충실하여 그 얼굴빛에 환히 드러났고, 덕행은 돈독하여 사람으로 하여금 자신의 덕에 귀의토록 하였다. 그 정신세계는 아득히 멀어 세계와 같이 드넓었다! 초연하게 세상 누구에게도 제약을 받지 않았으며, 깊이 침묵하지만 입을 열어 말을 하기를 좋아하는 것처럼 보이나 도리어 그 할 말을 잊은 자처럼 보였다. 형벌을 본체로 삼고 예의를 그 날개로 삼았으며, 지식으로 때를 맞추고 덕으로써 이에 순응하였다. 형벌을 본체로 삼은 것은 그 살생에도 관대함을 보인 것이요, 예의로써 날개를 삼은 것은 세상에 그 행동을 드러내기 위함이었으며, 지식으로써 때를 맞춘 것은 일이 부득이 하여 한 것임을 뜻한다. 이는 발을 가진 사람이 언덕을 오르는 것과 같음을 말한 것이다. 그럼에도 그 진인은 사람이 참되려면 힘써 행실을 조심해야 한다고 생각한 것이다.

그러므로 진인에게 있어서는 좋아하는 것도 하나이며, 싫어하는 것도 하나이다. 그에게는 하나인 것도 하나이며 하나가 아닌 것도 하나이다. 이처럼 하나라는 것은 하늘과 하나의 같은 무리가 되는 것이다. 하늘과 사람이 서로 대립된 것이 아니라고 하는 것, 이를 일러 진인이라 한다.

知天之所爲, 知人之所爲者, 至矣. 知天之所爲者, 天而生也; 知人之所爲者, 以其知之所知, 以養其知之所不知, 終其天年而不中道天者, 是知之盛也.

雖然, 有患. 夫知有所待而後當, 其所待者特未定也. 庸詎知吾所謂天之非人乎? 所謂人之非天乎?

且有眞人而後有眞知. 何謂眞人? 古之眞人, 不逆寡, 不雄成, 不謨士. 若然者, 過而弗悔, 當而不自得也; 若然者, 登高不慄, 入水不濡, 入火不熱. 是知之能登假於道者也若此.

古之眞人, 其寢不夢, 其覺無憂, 其食不甘, 其息深深. 眞人之息以踵, 衆人之息以喉. 屈服者, 其嗌言若哇. 其耆欲深者, 其天機淺.

古之眞人, 不知說生, 不知惡死; 其出不訢, 其入不距; 翛然而往, 翛然而來而已矣. 不忘其所始, 不求其所終; 受而喜之, 忘而復之, 是之謂不以心損道, 不以人助天. 是之謂眞人.

若然者, 其心忘, 其容寂, 其顙頯; 凄然似秋, 煖然似春, 喜怒通四時, 與物有宜而莫知其極.

故聖人之用兵也, 亡國而不失人心; 利澤施乎萬世, 不爲愛人, 故樂通物, 非聖人也; 有親, 非仁也; 天時, 非賢也; 利害不通, 非君子也; 行名失己, 非士也; 亡身不眞, 非役人也. 若狐不偕·務光·伯夷·叔齊· 箕子·胥餘·紀他·申徒狄, 是役人之役, 適人之適, 而不自適其適者也.

古之眞人, 其狀義而不朋, 若不足而不承; 與乎其觚而不堅也, 張乎 其虛而不華也; 邴乎其似喜也! 崔乎其不得已也! 滀乎進我色也, 與乎 止我德也; 厲乎其似世也! 警乎其未可制也; 連乎其似好閉也, 悗乎 忘其言也.

以刑爲體, 以禮爲翼, 以知爲時, 以德爲循. 以刑爲體者, 綽乎其殺也; 以禮爲翼者, 所以行於世也; 以知爲時者, 不得已於事也; 以德爲循者, 言其與有足者至於丘也; 而眞人以爲勤行者也.

故其好之也一, 其弗好之也一. 其一也一, 其不一也一. 其一與天 爲徒, 其不一與人爲徒. 天與人不相勝也, 是之謂眞人.

【謷士】'謷事'와 같음. '士'는 '事'와 같으며 음이 같아 그대로 표기한 것임.
【天機】하늘의 기밀. 자연의 生機.
【忘】俗本에는 흔히 '志'자로 되어 있으나 이는 형태가 비슷하여 잘못 전해진 것으로 봄.
【顙頯】이마가 큰 모습.

1. “故聖人之用兵也. ……而人眞以爲勤行者也”의 101 글자는 잘못 삽입된 문장이며 의당 刪去되어야 한다고 보고 있다. 文一多는 “莊子後學之言, 退之外篇可耳”라 하였다.

2. “以刑爲體……而人眞以爲勤行者也” 구절 역시 莊子 사상과 전혀 달라 후인이 잘못 삽입한 것으로 보고 있다.

028
(6-2) 삶과 죽음이란 숙명이다

죽음과 삶은 숙명이다. 밤과 낮이 항상 일정한 것은 하늘의 이치이다. 사람이 어찌할 수 없는 바가 있는 것은 모두가 만물의 실정이다. 저들이 하늘을 아버지로 여겨 종신토록 그를 경애하는데 하물며 홀로 우뚝 자리하고 있는 도임에랴! 사람이 특별히 임금을 자기보다 뛰어나다고 여기기에 그를 위해 자신의 몸을 던지거늘 하물며 진인에게야 있어서랴!

샘이 마르면 물고기들은 서로 땅 위에 모여 물기를 뿜어 물거품으로 서로를 적셔 주지만 강물이나 호수 속에서 서로를 잊고 있던 때만은 못하리라. 마찬가지로 요堯를 칭송하고 걸桀을 비난하는 것은 차라리 두 사람을 모두 잊고 그 도에 동화되느니만 못하다.

무릇 대지는 우리에게 형체를 부여하여 우리로 하여금 삶을 영위하기에 노고롭도록 하고 있다. 늙게 함으로써 우리에게 편안함을 주고 죽음으로써 우리를 쉬게 한다. 그러므로 자기의 삶을 잘 영위한다는 것은 곧 자신의 죽음을 잘 맞이하는 것이다.

무릇 배를 골짜기에 감추어 두고 그물을 연못 속에 감추어 두면 이를 두고 든든하다고 할 수 있다. 그러나 한밤중에 힘있는 자가 그것을 짊어지고 달아날 수도 있는데 어리석은 자들은 그것을 알지 못한다. 작은 것을 큰 곳에 감추는 것은 마땅한 일이기는 하나 그래도 잃어버릴 수는 있다. 만약 천하를 천하에 감추어 둔다면 잃어버릴 리가 없을 것이며 이것이

항시 떳떳한 만물의 커다란 정황이다.

특별히 사람들은 단지 그 형체를 부여받고 태어난 것만으로도 기뻐하지만, 사람의 형체 같은 것은 여러 가지로 변화하여 처음의 그 지극함을 지니고 있을 수는 없다. 그만한 것으로 즐거워한다면 이 세상 즐거움은 이루 헤아릴 수 없을 것이다! 그러므로 성인은 사물이 달리 옮겨갈 수 없는 경지에 유유자적하며 그들과 함께 공존한다. 일찍 죽어야 한다면 일찍 죽고, 늙어야 한다면 늙는 것, 그리고 시작을 잘 하며 끝맺음을 잘하는 것, 이는 사람들이 오히려 본받게 마련이다. 하물며 만물이 모두 그에 매어 있고 모든 변화가 그를 의지하고 있는 도에 대한 것임에랴!

死生, 命也, 其有夜旦之常, 天也. 人之有所不得與, 皆物之情也. 彼特以天爲父, 而身猶愛之, 而況其卓乎! 人特以有君爲愈乎己, 而身猶死之, 而況其眞乎!

泉涸, 魚相與處於陸, 相呴以濕, 相濡以沫, 不如相忘於江湖, 與其譽堯而非桀也, 不如兩忘而化其道.

夫大塊載我以形, 勞我以生, 佚我以老, 息我以死. 故善吾生者, 乃所以善吾死也.

夫藏舟於壑, 藏山於澤, 謂之固矣. 然而夜半有力者負之而走, 昧者不知也. 藏小大有宜, 猶有所遯. 若夫藏天下於天下而不得所遯, 是恒物之大情也. 特犯人之形而猶喜之. 若人之形者, 萬化而未始有極也, 其爲樂可勝計邪! 故聖人將遊於物之所不得遯而皆存. 善夭善老, 善始善終, 人猶效之. 又況萬物之所係, 而一化之所待乎!

【命】 자연 속에서 거역하거나 피할 수 없는 것.

【夫大塊載我以形……乃所以善吾死也】 이 구절은 앞뒤 내용과 맞지 않아 역시
잘못 삽입된 것으로 보고 있다. 馬敍倫은 "此竊疑爲下文錯簡, 校者以未錯者對之,
未敢删除, 遂成羡文"이라 하였다.

【藏山於澤】 여기서의 '山'은 '汕'자가 아닌가 함. '汕'은 어망을 뜻함.

【遯】 잃어버림.

【犯】 範과 같으며 '만나다'의 뜻.

도道는 형체도 작용도 없다

무릇 도道에는 정황과 믿음은 있지만 어떤 작용도 어떤 형체도 없다. 그것을 마음으로 전할 수는 있으나 물건처럼 주고받을 수는 없다. 그것을 체득할 수는 있으나 눈으로 볼 수는 없다. 스스로 모든 존재의 근본이 되기 때문에 천지가 아직 생기기도 전부터 존재하였으며 귀신들을 신령하게 하고 황제를 신성하게 하였고 하늘과 땅을 낳았다. 태극太極의 위에 있으면 서도 높은 듯이 하지 않고, 땅 아래 가장 낮은 곳에 있으면서도 깊은 듯이 하지 않는다. 하늘과 땅보다도 먼저 생겼으나 오래된 듯이 하지 않고 까마득한 옛날보다 더 오래되었으나 늙은 듯이 하지도 않는다.

희위씨狶韋氏는 그 도를 얻어 하늘과 땅을 연결시켰고, 복희씨伏戱氏는 그를 얻어 음양을 화합하였으며, 북두北斗는 이를 얻어 영원히 운행을 쉬지 않았으며, 감배堪坏는 이를 얻어 곤륜산을 다스렸고, 풍이馮夷는 이를 얻어 큰 강물에서 노닐었다. 견오肩吾는 이 도를 얻어 태산泰山을 다스렸고, 황제黃帝는 이를 얻어 구름을 타고 하늘로 올라갔다. 전욱顓頊은 이를 얻어 현궁玄宮에 살게 되었으며, 우강禺强은 이를 얻어 북극北極에 설 수 있었으며, 서왕모西王母는 이 도를 얻어 소광산少廣山에 거처하였으나 아무도 그 처음과 끝을 알 수 없었다. 팽조彭祖는 이를 얻어 위로는 순임금 때부터 아래로 오패五霸때까지 살았다. 부열傳說은 이를 얻어 무정武丁의 재상이 되어 온 천하를 다 덮도록 다스리고 나서 별이 되어 동유東維를 타고 기미箕尾를 몰아 하늘에 올라 뭇 별들과 나란히 하여 자리를 잡았다.

夫道, 有情有信, 無爲無形; 可傳而不可受, 可得而不可見; 自本自根, 未有天地, 自古以固存; 神鬼神帝, 生天生地; 在太極之上而不爲高, 在六極之下而不爲深, 先天地生而不爲久, 長於上古而不爲老.

狶韋氏得之, 以挈天地; 伏戲氏得之, 以襲氣母; 維斗得之, 終古不忒; 日月得之, 終古不息. 堪坏得之, 以襲崑崙; 馮夷得之, 以遊大川; 肩吾得之. 以處大山; 黃帝得之, 以登雲天; 顓頊得之, 以處玄宮; 禺强得之, 立乎北極; 西王母得之, 坐乎少廣, 莫知其始, 莫知其終; 彭祖得之, 上及有虞, 下及五伯; 傅說得之, 以相武丁, 奄有天下, 乘東維, 騎箕尾, 而比於列星.

【神鬼神帝】 이 구절의 '神'자는 '生'의 뜻으로 보고 있음.(章炳麟)
【狶韋氏】 전설상의 고대 제왕.
【堪坏】 곤륜산의 신. 人面獸身이었다 함.
【馮夷】 전설상의 河神.
【肩吾】 泰山神.
【黃帝】 고대 제왕. 軒轅氏. 중국 민족의 시조로 여김. 중앙(토)의 덕으로 제왕이
　되어 황제라 함.
【顓頊】 황제의 손자이며 高陽氏. 북방의 덕(水, 黑, 玄)으로 제왕이 되었으며
　그가 살던 궁궐을 玄宮이라 하였음.
【禺强】 전설상의 北海神.
【西王母】 전설상의 여신으로 巫山에서 놀며 少廣山에 살았음. 중국 고사와 신화에
　널리 보이는 여성으로 漢 武帝가 西王母를 만날 때 그가 가지고 온 蟠桃(신선세계의
　복숭아)를 자신도 심고자 씨를 숨기자 이는 3천 년에 한 번씩 꽃이 피고 복숭아가
　달린다 하였음.《漢武內傳》에 "王母上殿東向坐著, 黃塔襠文采鮮明, 光儀淑穆,
　帶靈飛大綬, 腰佩分景之劍, 頭上太華髻, 戴太眞辰嬰之冠, 履玄璃鳳文之舃, 視之
　可年三十許, 修短得中天姿, 掩藹容顏, 絶世眞靈人也. 下車登牀, 帝跪拜問寒暄畢,
　立因呼帝, 共坐, 帝面南, 王母自設天廚, 眞妙非常豐珍, 上果芳華, 百味紫芝, 菱芬芳
　塡樏, 淸香之酒, 非地上所有. 香氣殊絶, 帝不能名也. 又命侍女, 更索桃果, 須臾以玉

盤盛, 僊桃七顆, 大如鴨卵, 形圓青色, 以呈王母. 母以四顆與帝, 三顆自食, 桃味甘美, 口有盈味, 帝食輒收其核, 王母問帝, 帝曰: '欲種之.' 母曰: '此桃三千年一生實, 中夏之薄, 種之不生'. 帝乃止."라 하였으며 《博物志》(8) 등에도 실려 있음.

【彭祖】 고대 장수로 널리 알려진 도인. 그러나 장수한 인물로 널리 알려져 있음. 이름은 籛鏗이라 하며 중국 전설상 최고 장수를 누린 신선. 767년을 살았다 하며 《神仙傳》卷一에 「彭祖者, 姓籛, 名鏗, 帝顓頊之玄孫, 至殷末世, 年七百六十歲而不衰老. 少好恬靜, 不恤世務, 不營名譽, 不飾車服, 唯以養生治身爲事. 殷王聞之, 拜爲大夫」라 함.

【虞】 순임금 시절을 가리킴. 순임금을 虞舜이라 함.

【五伯】 五霸와 같음. 춘추시대를 가리키며 오패는 흔히 齊桓公, 宋襄公, 晉文公, 楚莊王, 秦穆公을 가리키며 그 외에 吳王 夫差와 越王 勾踐을 넣어 달리 거론하는 경우도 있음.

【傅說】 殷나라 高宗(武丁)의 꿈에 나타나 그를 도와 中興을 일으킨 뛰어난 재상.

【東維】 별 이름. 箕星과 尾星의 중간에 있음.

【箕尾】 둘 모두 별 이름으로 二十八宿의 하나로 星座의 이름이기도 함.

참고 및 관련 자료

1. "狶韋氏得之……而比於列星" 이 구절은 장자와 무관하며 뒷사람이 첨가하여 삽입한 神話로 보고 있다.

030 (6-4) 자신이 홀로임을 알고 나면

남백자규南伯子葵가 여우女偶에게 물었다.
"그대는 춘추가 높으신 데도 얼굴빛이 어린애 같으니 어찌된 일입니까?"
여우가 말하였다.
"나는 도道를 들었기 때문이오"
남백자규가 물었다.
"도란 배워서 얻을 수 있는 것입니까?"
여우가 말하였다.
"아! 어찌 그럴 수 있으리오! 그대는 그럴 만한 사람이 되지 못하오. 복량의卜梁倚는 성인의 재능은 가지고 있으나 성인의 도는 지니지 못하였소. 그에 비해 나는 성인의 도는 가지고 있으나 성인의 재질은 지니지 못하였소. 내 그를 가르치고자 하였는데 과연 그가 성인이 될 수 있을까 하오! 그렇지 않다면 성인의 도로써 성인의 재능을 일러 주기란 쉬운 법이오. 나는 오히려 이를 일러주며 지켜내도록 하였소. 사흘이 지나자 그는 능히 천하를 도외시할 수 있었는데 이미 천하를 잊고 난 뒤에 나는 다시 그에게 이를 잘 지켜내도록 하였더니 이레가 지나자 외물을 잊게 되었소. 이미 외물을 잊고 난 뒤에 다시 나는 그에게 이를 잘 지켜내도록 하자 아흐레가 지난 뒤에는 자신이 살아 있음을 잊게 되었소. 자신의 삶을 잊게 되자 비로소 마음이 아침 햇살처럼 분명하게 밝아졌소. 마음이 아침 햇살처럼 밝아진 뒤에야 능히 자신이 홀로임을 보게 되었고 자신이 홀로라는 것을 알게 된 뒤에는 고금의 시간이라는 것도 없음을 깨닫게 되었소. 고금의 시간도 없음을 알게 된 뒤에는 능히 죽음도 없고 삶도 없음의 경지에 들어가게

되었다오. 모든 살아 있는 것을 죽여도 죽는 것이 아니며, 살아야 할 것을 살리는 것도 살리는 것이 아니라오. 만물이 그 자체가 된다는 것은 그렇게 되지 않는 것이 없고 그러한 만물을 맞아들이지 않음이 없으며 훼멸하지 않는 것이 없고 생성되지 않는 것이 없습니다. 이것을 '영녕攖寧'이라 이름하며, 영녕이란 흔들리고 난 뒤에도 다시 생성함을 말하는 것이라오."

남백자규가 말하였다.

"그대는 홀로 어디에서 그런 이야기를 들으셨소?"

여우가 말하였다.

"부묵副墨의 아들에게서 들었소. 부묵의 아들은 낙송洛誦의 손자에게서 들었고, 낙송의 손자는 첨명瞻明에게서 들었으며, 첨명은 섭허聶許에게서 들었고, 섭허는 수역需役에게서 들었고, 수역은 오구於謳에게서 들었으며, 오구는 현명玄冥에게서 들었고, 현명은 참료參寥에게서 들었으며, 참료는 의시疑始에게서 들었다 하오."

南伯子葵問乎女偊曰:「子之年長矣, 而色若孺子, 何也?」

曰:「吾聞道矣.」

南伯子葵曰:「道可得學邪?」

曰:「惡! 惡可! 子非其人也. 夫卜梁倚有聖人之才而无聖人之道, 我有聖人之道而无聖人之才, 吾欲以敎之, 庶幾其果爲聖人乎! 不然, 以聖人之道告聖人之才, 亦易矣. 吾猶告而守之, 三日而後能外天下; 已外天下矣, 吾又守之, 七日而後能外物; 已外物矣, 吾又守之, 九日而後能外生; 已外生矣, 而後能朝徹; 朝徹, 而後能見獨; 見獨, 而後能无古今; 无古今, 而後能入於不死不生. 殺生者不死, 生生者不生. 其爲物, 無不將也, 無不迎也; 無不毀也, 無不成也. 其名爲攖寧. 攖寧也者, 攖而後成者也.」

南伯子葵曰:「子獨惡乎聞之?」

曰:「聞諸副墨之子, 副墨之子聞諸洛誦之孫, 洛誦之孫聞之瞻明, 瞻明聞之聶許, 聶許聞之需役, 需役聞之於謳, 於謳聞之玄冥, 玄冥聞之參寥, 參寥聞之疑始.」

【南伯子葵】 장자가 가설로 내세운 인물. 南伯子綦의 다른 표기가 아닌가 함.

【女偊】 장자가 가설로 내세운 득도한 인물.

【攖寧】 '혼란한 가운데에서 안녕을 지켜내다'의 뜻.

【副墨, 洛誦, 瞻明, 聶許, 需役, 於謳, 玄冥, 參寥, 疑始】 모두 장자가 가설로 내세운 인명. 副墨은 '기록에 의탁하다'의 뜻. 洛誦은 '낙수가에서 노래하다'의 뜻. 瞻明은 '견해가 通明하다'의 뜻. 聶許는 '귀로 듣고 천지 자연의 섭리를 인정하다'의 뜻. 需役은 '도의 부림을 받고자 태어났음'을 뜻함. 於謳는 '찬탄하여 노래를 부르다'의 뜻. 玄冥은 '심원하고 아득한 도'를 뜻함. 參寥는 '우주의 큼'을 뜻하며, 疑始는 '만물의 시초에 대하여 미망함'을 뜻하는 등 모두가 추상적인 뜻을 내포하고 있음.

031
(6-5) 그대는 죽음이 두려운가?

자사子祀, 자여子輿, 자려子犁, 자래子來 네 사람이 모여 서로 이야기를 나누었다.

"누가 능히 무無를 머리로 삼고, 생生을 등뼈로 삼으며, 사死를 엉덩이로 삼을 수 있겠는가? 누구든 생사존망이 일체라는 것을 사는 자가 있다면 나는 그와 더불어 친구가 될 것이다."

네 사람은 서로 바라보며 웃고는 마음이 통하여 마침내 친구가 되었다.

그런데 갑자기 자여가 병이 나자 자사가 문병을 가서 이렇게 말하였다.

"위대하도다, 조물자여. 장차 나를 이토록 굽고 굽게 만들다니! 등은 불쑥 튀어나오고 오장五臟은 위로 올라가 있으며, 턱은 배꼽에 가려지고, 어깨가 머리꼭대기보다 높고, 머리는 상투 모습을 하여 하늘을 향하고 있도록 하였도다."

그는 몸 속의 음양의 기가 어지러워졌으나 그의 마음은 고요하여 마치 그런 일이 그에게 일어나지 않는 듯하였다. 그는 비틀거리며 우물가로 다가가 자신의 모습을 비추어 보며 말하였다.

"아! 무릇 조물자가 다시 나를 이토록 굽고 굽게 만들었구나!"

그러자 자사가 물었다.

"자네는 그게 싫은가?"

자여가 말하였다.

"아니네. 내가 어찌 싫어하겠나! 가령 내 왼팔이 변하여 닭이 된다면 나는 그것으로 사람들에게 새벽이나 알려 주겠지. 가령 내 오른팔이 변하여 화살이 된다면, 나는 그것으로 산비둘기를 쏘아 구어 먹겠지. 나의 궁둥이가 변하여 수레바퀴가 되고, 정신이 변하여 말이 된다면, 나는 그것을 타고 다닐 것이니 어찌 달리 다른 것을 타고 다니겠는가! 또 삶을 얻었다는 것은 그런 때를 만난 것이며, 생명을 잃는다는 것은 자연에 순응하는 것이지. 때에 맞추고 순리에 처하면 슬픔이나 즐거움이 그 틈을 뚫고 들어올 수 없는 것이지. 이것이 옛날 소위 말하던 대롱대롱 매달렸던 삶에서 풀려난다고 하는 것이야. 그런데 그로부터 스스로를 풀려나지 못하고 있었던 것은 외물이 나의 삶을 꽁꽁 매고 있었기 때문이었지. 게다가 무릇 외물이 자연의 도를 이기지 못한다는 것은 이미 오래 전부터의 진리이니 내가 어찌 그것을 싫다고 하겠나!”

잠시 후 이번에는 자래가 병이 나서 숨을 헐떡거리며 곧 죽음에 이르게 되자 그의 처자들이 그를 둘러싸고 울고 있었다.

자려가 위문을 가서 말하였다.

“에잇! 물러서시오! 자연의 변화를 두고 안달할 것 없소!”

그리고는 방문에 기대어 자래에게 말하였다.

“위대하도다. 하늘의 조화여! 다시 장차 그대를 무엇으로 만들고 장차 그대를 어디로 데려가려는 것일까! 너를 쥐의 간을 만들려는 것일까! 너를 벌레의 팔뚝으로 만들려는 것일까!”

자래가 말하였다.

“부모가 자식에게 동서남북 어느 편으로 가라 하든 그대로 명령을 따를 뿐이지. 음양의 조화가 사람에게 미치는 바는 부모가 자식에게 대하는 정도가 아닐세. 음양의 조화가 나의 죽음에 가까이 와 있는데 내가 듣지 않는다면 나는 곧 표한한 자가 될 것이니 저 음양의 조화에게야 무슨 죄가 있겠나! 무릇 대괴大塊가 나를 형체를 실어 삶이라는 것으로써 나를 수고롭게 하였다가, 늙음이라는 것으로써 나를 편하게 하였으며, 죽음이라는 것으로써 나를 휴식하게 해 주는 것이라네. 그러므로 자기의 삶을 잘 다루는 자만이 곧 자신의 죽음을 잘 맞이하는 것이지. 지금 훌륭한 대장장이가 쇠를 녹여 주물을 만드는데 쇠가 뛰어오르며 ‘나는 반드시

막야鏌鋣 같은 명검이 되어야 합니다'라고 한다면 대장장이는 틀림없이 불길한 쇠붙이라 여길 것이네. 지금 사람의 형체를 하고 있다고 해서 '사람으로만 있겠다. 사람으로만 있겠다'라고 한다면 조물주는 틀림없이 불길한 인간이라고 여길 것이네. 이제 천지를 커다란 용광로라 생각하고 조물주를 훌륭한 대장장이라 생각한다면 어디로 간들 옳지 않음이 있겠는가!"

자래는 깜박 잠이 들었다가 문득 다시 깨어났다.

子祀·子輿·子犁·子來四人相與語曰:「孰能以無爲首, 以生爲脊, 以死爲尻, 孰知死生存亡之一體者, 吾與之友矣.」

四人相視而笑, 莫逆於心, 遂相與爲友.

俄而子輿有病, 子祀往問之. 曰:「偉哉夫造物者, 將以予爲此拘拘也! 曲僂發背, 上有五管, 頤隱於齊, 肩高於頂, 句贅指天.」

陰陽之氣有沴, 其心閒而無事, 跰𨇤而鑑於井, 曰:「嗟乎! 夫造物者又將以予爲此拘拘也!」

子祀曰:「女惡之乎?」

曰:「亡, 予何惡! 浸假而化予之左臂而爲雞, 予因以求時夜; 浸假而化予之右臂以爲彈, 予因以求鴞炙; 浸假而化予之尻以爲輪, 以神爲馬, 予因以乘之, 豈更駕哉! 且夫得者, 時也, 失者, 順也; 安時而處順, 哀樂不能入也. 此古之所謂縣解也. 而不能自解者, 物有結之. 且夫物不勝天久矣, 吾又何惡焉!」

俄而子來有病, 喘喘然將死, 其妻子環而泣之.

子犁往問之, 曰:「叱! 避! 無怛化!」

倚其戶與之語曰:「偉哉造化! 又將奚以汝爲, 將奚以汝適? 以汝爲鼠肝乎? 以汝爲蟲臂乎?」

子來曰:「父母於子, 東西南北, 唯命之從. 陰陽於人, 不翅於父母;

彼近吾死而我不聽, 我則悍矣, 彼何罪焉! 夫大塊載我以形, 勞我以生,
佚我以老, 息我以死. 故善吾生者, 乃所以善吾死也. 今之大冶鑄金,
金踊躍曰『我且必爲鏌鋣』, 大冶必以爲不祥之金. 今一犯人之形,
而曰『人耳人耳』, 夫造化者必以爲不祥之人. 今一以天地爲大鑪,
以造化爲大冶, 惡乎往而不可哉!」

　成然寐, 蘧然覺.

【子祀·子輿·子犁·子來】 모두 寓言을 위해 허구로 내세운 가공의 인물.
【曲僂發背】 허리가 굽고 등이 솟은 모습.
【齊】 臍(배꼽)의 가차자.
【句贅】 머리에 상투 모습을 함. '會撮'과 같음.
【浸假】 假令, 假使와 같음.
【時夜】 닭을 지칭함.
【鴞炙】 鴞는 부엉이. 그러나 여기서는 산비둘기를 뜻함. 이를 잡아 구워먹음.
【不翅】 '不啻'와 같음. '~할 뿐만 아니라'의 뜻.
【大塊】 땅. 지구. 사람과 만물을 싣고 생장소멸하는 대지.
【鏌鋣】 干將과 더불어 고대 이름난 명검.
【成然寐】 아주 편안하고 달콤한 잠을 이룸.

참고 및 관련 자료

1. "成然寐, 蘧然覺"의 구절을 子來의 말이 이어지는 것으로 보아 "잠시 잠을
이루었다가 갑자기 다시 깨어나는 것과 같은 것이 일생이지"라고 해석하는 경우도
있음.

032
(6-6) 장례식에서 부르는 노래

자상호子桑戶·맹자반孟子反·자금장子琴張 세 사람이 서로 이야기를 나누었다.

"누가 서로 사귀면서도 사귀는 것 같지 않고, 서로 위해주면서도 위해주는 것 같지 않을 수 있을까? 과연 누가 하늘로 올라가 안개 속을 노닐며 무궁한 곳에서 돌아다니고 모든 것을 잊고 살면서 다함이 없을 수 있을까?"

세 사람은 서로 쳐다보며 웃고 마음에 거역함이 없어 곧 벗이 되었다.

그 후 별일 없이 지내다가 얼마 뒤 자상호가 죽어 아직 장례를 치르기 전에 공자가 그 소식을 듣고 자공子貢으로 하여금 일을 거들게 하였다.

그가 가보니 맹자반과 자금장 두 사람이 있었는데 한 사람은 누에치는 발을 짜고 한 사람은 거문고를 타면서 서로 소리에 맞춰 이렇게 노래를 하는 것이었다.

"아, 상호여! 아, 상호여! 그대는 이미 참된 세상으로 돌아갔는데 우리는 아직도 이 세상에 남아 있구나!"

자공이 달려나가 말하였다.

"감히 여쭙건대 시신 앞에서 노래를 부르는 것이 예禮입니까?"

두 사람은 마주보고 웃으며 말하였다.

"이 친구가 어찌 예의 뜻을 알리오!"

자공이 돌아와 공자에게 고하여 말하였다.

"저들은 어떤 사람들입니까? 수행하는 것도 없고 그 육신을 도외시하며 시신 앞에서 노래를 부르면서 안색도 변함이 없어 무어라 일러줄 수도 없는 이들입니다. 저들은 어떤 사람들입니까?"

공자가 말하였다.

"저들은 이 세상 밖에서 노니는 사람들이며, 나는 세상 안에서 노니는 사람이다. 이 세상의 안팎은 서로 미칠 수 없는 곳인데 내가 너를 보내어 조문하도록 하였으니 내가 비루하였던 것이다. 그들은 지금 조물자造物者와 벗이 되어 천지의 일기一氣에서 노닐고 있다. 그들은 삶이란 군살이나 혹이라 여기며, 죽음이란 곪은 데를 짜거나 종기를 베어 버리는 것쯤으로 여기고 있다. 그런 사람들이 어찌 사생死生의 선후先後에 대한 소재所在 따위를 알고자 하겠느냐! 다른 물체를 빌려 잠시 이 세상에 존재하고 있기는 해도 사실은 본체에 자신을 기탁한 것이다. 자신의 간이나 쓸개도 잊고, 자신의 귀와 눈도 마음에 두지 않는다. 처음과 끝이 되풀이되고 있지만 끝이 어딘지 알고자 하지도 않는다. 아득히 속세의 밖을 유유히 돌아다니며 무위를 업業으로 하는 곳을 소요하고 있다. 그들이 어찌 번거롭게 세속의 예를 따라 세상 사람들의 이목을 염두에 두겠느냐!"

자공이 말하였다.

"그렇다면 선생님께서는 어떤 세계에 의지하여 사십니까?"

공자가 말하였다.

"나는 하늘의 육민戮民이다. 비록 그렇기는 하나 너희들과 함께 도를 얻었으면 하고 있다."

자공이 말하였다.

"감히 그 방법을 여쭙습니다."

공자가 말하였다.

"물고기는 물에서 살고, 사람은 도에서 산다. 물에 사는 것은 못을 파주면 살 수 있지만, 도에 사는 것은 아무 일이 없도록 해주어야 그 성정이 안정된다. 그러므로 물고기는 강과 호수에서 살되 그 사는 곳을 잊고, 사람들은 도의 세계에서 그 도가 있는 것을 잊는다라고 말한 것이다."

자공이 말하였다.

"감히 기인畸人에 대해 여쭙고자 합니다."

공자가 말하였다.

"기인이란 세속의 인간과는 다르고 천지 자연과 같이 하는 사람이다.
그러므로 하늘의 소인은 사람에게 있어서는 군자요, 하늘의 군자는 인간
에게 있어서는 소인처럼 여겨진다라고 말하는 것이다."

子桑戶・孟子反・子琴張三人相與語曰:「孰能相與於無相與, 相爲
於無相爲? 孰能登天遊霧, 撓挑無極; 相忘以生, 無所終窮?」

三人相視而笑, 莫逆於心, 遂相與爲友.

莫然有間而子桑戶死, 未葬. 孔子聞之, 使子貢往侍事焉.

或編曲, 或鼓琴, 相和而歌曰:「嗟來桑戶乎! 嗟來桑戶乎! 而已反
其眞, 而我猶爲人猗!」

子貢趨而進曰:「敢問臨尸而歌, 禮乎?」

二人相視而笑曰:「是惡知禮意!」

子貢反, 以告孔子, 曰:「彼何人者邪? 修行無有, 而外其形骸, 臨尸
而歌, 顏色不變, 無以命之, 彼何人者邪?」

孔子曰:「彼, 遊方之外者也; 而丘, 遊方之內者也. 外內不相及,
而丘使女往弔之, 丘則陋矣. 彼方且與造物者爲人, 而遊乎天地之
一氣. 彼以生爲附贅縣疣, 以死爲決 疣潰癰, 夫若然者, 又惡知死生
先後之所在! 假於異物, 托於同體; 忘其肝膽, 遺其耳目; 反覆終始,
不知端倪; 芒然彷徨乎塵垢之外, 逍遙乎無爲之業. 彼又惡能憒憒
然爲世俗之禮, 以觀衆人之耳目哉!」

子貢曰:「然則夫子何方之依?」

孔子曰:「丘, 天之戮民也. 雖然, 吾與汝共之.」

子貢曰:「敢問其方.」

孔子曰:「魚相造乎水, 人相造乎道. 相造乎水者, 穿池而養給;
相造乎道者, 無事而生定. 故曰, 魚相忘乎江湖, 人相忘乎道術.」

子貢曰:「敢問畸人.」

曰:「畸人者, 畸於人而侔於天. 故曰, 天之小人, 人之君子; 天之君子, 人之小人也.」

【子桑戶·孟子反·子琴張】모두 장자 寓言 속에 가설로 내세운 허구의 인물.

【子貢】端木賜. 端木은 성, 賜는 이름. 자는 子貢. 孔子의 제자로 돈을 많이 벌었던 인물로 알려짐. 《史記》仲尼弟子列傳에「子貢相衛, 而結駟連騎」라 하였고, 貨殖列傳에는「子貢仕於衛, 廢著鬻財於曹魯之間」이라 함.

【侍事】喪事를 도와 처리함.

【戮民】하늘로부터 버림을 받은 사람. 즉 도를 깨닫지 못한 사람을 뜻함.

【生定】'生'은 '性'으로 보며 성품을 안정시켜 즐거움을 누림.

【畸人】'奇人'과 같음. 세속의 일반 사람과 다른 사람. 도를 터득한 사람.

1. 마지막 구절의 "天之小人, 人之君子; 天之君子, 人之小人也"는 다른 판본에는 "天之小人, 人之君子; 人之君子, 天之小人也"로 되어 있다. 이에 대해 王先謙은 "疑複語無義, 當作'天之君子, 人之小人'"이라 하였으며, 奚侗은 "此文四句義複, 下二句'人'字'天'字互誤"라 하였다. 그리고 王叔岷는 "舊鈔本文選江文通雜體詩注引, 下二句正作'天之君子, 民之小人.' 今本'民'作'人', 唐人避太宗諱改"라 하였다.

〈游方之外〉(篆刻) 河丁 全相摹(현대)

어머니의 죽음에 울지도 않는 자

안회顔回가 중니에게 여쭈었다.

"맹손재孟孫才는 그의 어머니가 죽었을 때, 곡읍哭泣은 하였지만 눈물은 흘리지 않았고, 마음속 깊이 슬퍼하지도 않았으며, 상중에도 애통해하지 않았습니다. 이렇게 해야 할 일을 세 가지나 하지 않았는데도 노魯나라에서 상을 잘 치렀다는 평을 받았습니다. 진실로 실질은 그렇지 않은데도 명성을 얻을 만한 이유가 있었습니까? 저는 한결같이 이에 대하여 미심쩍게 생각합니다."

중니가 말하였다.

"무릇 맹손씨는 지극하게 한 것이며 예를 하는 사람보다 앞서 나갔던 것이다. 사람들은 상을 간단히 치르려 해도 하지 못하는데 그는 이미 간단히 치렀다. 맹손씨는 태어남이 무엇이지, 죽는 것이 무엇인지 알지 않았으며 어느 것이 먼저 해야 하고 어느 것을 뒤로 미루어야 하는지에 대하여도 알지 않았다. 자연의 변화를 따라 사람이 된 것이니 자신은 그 알 수 없는 변화를 기다리고 있을 따름이었다! 또 장차 변하고 나면 변하기 전의 일을 어찌 알겠느냐? 변하기 전이라면 변한 뒤의 일을 어찌 알겠느냐? 나는 특별히 너와 똑같이 아직 꿈에서 깨어나지 못한 자가 아니겠는가! 또 그는 사람에게는 형체의 변화는 있으되 심신이 손상되지는 않으며, 형해의 변화는 있지만 정신이 소모하여 사라지는 일은 없다고 여겼던 것이다. 맹손씨는 독특한 깨달음이 있어 남들이 곡을 하자 자신도 따라서 곡을 하였으니 이는 자신에게 그것이 그렇게 해야 한다고 여겼기 때문이었다. 또 사람들은 모두 지금 자신의 몸을 가리켜 자신이라고 하지만 그들이 어찌 자기들이 생각하는 자신이 진짜 자신이 아님을 알겠느냐? 또 네가 꿈에 새가 되어 하늘에 박차 오르기도 하고 물고기가 되어 연못 속으로 잠긴 적이 있을 것이다. 그렇다면 지금 말하고 있는 것이 꿈에서 깨어난 다음인가, 아니면 지금이 바로 꿈 속인가? 마음이 흡족한 경지에 이르면 굳이 웃으려 할 것도 없고, 내심으로부터 웃음이 나왔다면 그것을 웃지 않겠다고 할 것도 없다. 그저 그런 생각대로 혹은 물리치기도 하면서 변화에 따르면 이것이 바로 저 드넓은 하늘과 일체가 되는 경지로 들게 되는 것이다."

顔回問仲尼曰:「孟孫才, 其母死, 哭泣無涕, 中心不戚, 居喪不哀. 無是三者, 以善處喪蓋魯國. 固有無其實而得其名者乎? 回壹怪之.」

仲尼曰:「夫孟孫氏盡之矣, 進於知矣, 唯簡之而不得, 夫已有所簡矣. 孟孫氏不知所以生, 不知所以死; 不知孰先, 不知孰後; 若化爲物, 以待其所不知之化已乎! 且方將化, 惡知不化哉? 方將不化, 惡知已化哉? 吾特與汝, 其夢未始覺者邪! 且彼有駭形而無損心, 有旦宅而無耗精. 孟孫氏特覺, 人哭亦哭, 是自其所以乃. 且也相與吾之耳矣, 庸詎知吾所謂吾之非吾乎? 且汝夢爲鳥而厲乎天, 夢爲魚而沒於淵. 不識今之言者, 其覺者乎, 其夢者乎? 造適不及笑, 獻笑不及排, 安排而去化, 乃入於寥天一.」

【孟孫才】 성은 孟孫, 이름은 才. 노나라 사람.
【有駭形】 '駭'는 '改'로 읽고 해석하며 형태를 변화시킨 사람.
【旦宅】 '旦'은 변화(嬗)를 뜻하며 '宅'은 '정신을 담고 있는 집'이라는 뜻.
【獻笑不及排】 내심으로 만족할 경우 저절로 얼굴에 화사한 웃음이 나타남.

자유로운 도의 세계

의이자意而子가 허유許由를 만나자 허유가 말하였다.

"요임금은 그대에게 무엇을 가르쳐 주더이까?"

의이자가 말하였다.

"요임금은 '그대는 반드시 힘써 인의仁義를 닦고 시비是非를 분명히 하도록 하라'고 하더이다."

허유가 말하였다.

"그대는 무엇을 하러 왔소? 무릇 요임금은 이미 그대에게 인의仁義라는 묵형墨刑을 가하였고, 시비是非라는 의형劓刑을 가한 것이오. 그런데 그대는 어떻게 거리낌없이 자유로운 도의 세계로 옮겨가 노닐 수 있겠소?"

의이자가 말하였다.

"비록 그렇다고는 하나 나는 그러한 울타리 안에서 노닐고 싶다오."

허유가 말하였다.

"그렇지 않소. 무릇 장님은 이목과 얼굴의 아름다움을 알지 못하고, 게다가 청황靑黃의 보불黼黻을 두고 벌이는 화제에 참여할 수가 없는 법이라오."

의이자가 말하였다.

"무릇 무장无莊이 그의 아름다움을 잃고 거량據梁이 그의 힘을 잃고, 황제黃帝가 그 지혜를 잃게 된 것은 모두가 힘들게 두드리고 노력하는 사이에 그리 된 것이라오. 조물주가 나의 묵형을 지워 주고 의형을 사라지게 도와 주어 나를 완전한 몸으로 만들어 그대를 따르도록 해줄 수 있지 않겠소?"

허유가 말하였다.

"아! 그럴지도 모르는 일이지요. 내 그대를 위하여 대략을 일러주겠소.
나의 스승이시여! 우리 스승이시여! 만물을 이룩해 놓으시고도 의롭다
여기지 않으셨고, 만세萬歲에 그 혜택을 미치게 하면서도 어질다 여기지
않으셨고, 상고보다 더 오래 살아오셨으나 늙었다 여기지 않으셨고,
하늘과 땅을 위아래로 나누고 여러 가지 형체를 빚어 창조해 놓고서도
공교롭다 여기지 않으셨다오. 이것이 바로 노닒의 경지라오."

意而子見許由. 許由曰:「堯何以資汝?」

意而子曰:「堯謂我:『汝必躬服仁義而明言是非.』」

許由曰:「而奚來爲軹? 夫堯旣已黥汝以仁義, 而劓汝以是非矣,
汝將何以遊夫遙蕩恣睢轉徙之塗乎?」

意而子曰:「雖然, 吾願遊於其藩.」

許由曰:「不然. 夫盲者無以與乎眉目顏色之好, 瞽者無以與乎青
黃黼黻之觀.」

意而者曰:「夫无莊之失其美, 據梁之失其力, 黃帝之亡其知, 皆在
鑪捶之間耳. 庸詎知夫造物者之不息我黥而補我劓, 使我乘成以隨
先生邪?」

許由曰:「噫! 未可知也. 我爲汝言其大略. 吾師乎! 吾師乎! 鰲萬物
而不爲義, 澤及萬世而不爲仁, 長於上古而不爲老, 覆載天地刻雕
衆形而不爲巧. 此所遊已.」

【意而子】 허구로 내세운 가공 인물.
【資】 가르쳐 보태줌.
【軹】 '只'와 같음. 의미가 없는 語助辭임.

【黥】 고대 형벌의 하나로 墨刑을 뜻함.
【劓】 코를 베는 형벌. 의형(劓刑).
【黼黻】 고대 예복. 쌍성연면어.
【无莊】 고대 미인 이름. 아무런 장식을 하지 않아도 예뻤다는 뜻.
【據梁】 고대의 역사. 힘센 장사.

모든 것을 잊고 자연과의 합일

안회顔回가 말하였다.
"저는 날로 나아가고 있습니다."
공자가 말하였다.
"무엇을 말하느냐?"
안회가 대답하였다.
"저는 예악禮樂이라는 것을 잊었습니다."
공자가 말하였다.
"됐다. 하지만 아직은 아니다."
뒷날 다시 안회가 공자를 만나 뵙자 이렇게 말하였다.
"저도 나아진 것이 있습니다."
공자가 말하였다.
"무엇을 말하느냐?"
안회가 대답하였다.
"저는 인의仁義라는 것을 잊었습니다."
공자가 말하였다.
"됐다. 그러나 아직은 아니다."
뒷날 다시 만나자 안회가 말하였다.
"저는 나아진 것이 있습니다."
공자가 물었다.
"무엇을 말하느냐?"

안회가 대답하였다.

"저는 좌망坐忘을 하게 되었습니다."

공자가 놀란 듯이 되물었다.

"좌망이란 무엇을 말하는 것이냐?"

안회가 대답하였다.

"지체가 다 없어진 듯이 잊어버리고, 귀밝음이나 눈에 보이는 것도 모두 사라졌으며 형체가 있는 육체를 떠나 지각知覺도 제거하고 모든 차별을 넘어 대통大通에 동화되는 것, 이를 일러 좌망이라 합니다."

공자가 말하였다.

"도와 하나가 되었다면 좋고 싫은 마음이 없어지고, 만물의 변화와 함께 하면 무상無常의 상태가 되는 것이지. 너는 과연 훌륭하구나! 나도 너의 뒤를 따라가고 싶구나."

顔回曰:「回益矣.」

仲尼曰:「何謂也?」

曰:「回忘禮樂矣.」

曰:「可矣, 猶未也.」

他日, 復見, 曰:「回益矣.」

曰:「何謂也?」

曰:「回忘仁義矣.」

曰:「可矣, 猶未也.」

他日, 復見, 曰:「回益矣.」

曰:「何謂也?」

曰:「回坐忘矣.」

仲尼蹴然曰:「何謂坐忘?」

顔回曰:「墮肢體, 黜聰明, 離形去知, 同於大通, 此謂坐忘.」
仲尼曰:「同則無好也, 化則無常也. 而果其賢乎! 丘也請從而
後也.」

【坐忘】 앉아서 아무런 생각이 없이 만물을 모두 잊음. 어떤 의식이나 욕구도
 없어짐.
【大通】 아무것도 걸리거나 장애를 받을 것이 없음.

나의 궁함은 누가 시킨 것일까?

자여子輿와 자상子桑은 친구 사이였다. 마침 장마가 열흘이나 계속되었다. 이에 자여가 이렇게 생각하였다.

"자상이 병이 났을지도 모르겠다!"

그리고는 밥을 싸 가지고 그에게 가서 먹여줄 생각이었다.

자상의 집 문 앞에 이르자 노래 소리 같기도 하고 곡하는 소리 같기도 한 목소리로 거문고를 타면서 말하는 소리가 들려 왔다.

"아버지인가! 어머니인가! 하늘인가! 사람인가!"

그의 노래 소리는 미약하였고 읊는 시는 촉박하여 절조를 이루지 못할 정도였다.

자여가 들어가서 말하였다.

"자네 노래와 가사가 무슨 연고로 이와 같은가?"

자상이 말하였다.

"나는 나를 이런 지극한 궁지에 몰아넣은 것이 누군인지 생각해 보았으나 알 수가 없었다네. 부모라면 어찌 내가 가난하기를 바라겠는가? 하늘이라면 공평하게 만물을 덮어주고, 땅도 공평하게 만물을 실어 주니 하늘이나 땅이라고 해서 어찌 사사롭게 나를 이렇게 가난하도록 하였겠는가? 나를 이렇게 만든 이를 찾아보았지만 찾지 못하였다네. 그런데도 이렇게 극한에 다다랐으니 운명이라는 것이겠지!"

子輿與子桑友, 而霖雨十日.

子輿曰:「子桑殆病矣!」

裹飯而往食之. 至子桑之門, 則若歌若哭, 鼓琴曰:「父邪! 母邪! 天乎! 人乎!」

有不任其聲而趨擧其詩焉.

子輿入, 曰:「子之歌詩, 何故若是?」

曰:「吾思夫使我至此極者而弗得也. 父母豈欲吾貧哉? 天無私覆, 地無私載, 天地豈私貧我哉? 求其爲之者而不得也. 然而至此極者, 命也夫!」

【霖雨】장마. 흔히 사흘 이상 연달아 내리는 비를 가리킴.
【趨擧其詩】詩句가 너무 급박하여 절조를 이루지 못함

〈鬪牛圖〉 "소싸움, 그 자연스러움" 畵像石(漢)

7. 응제왕應帝王

　'응제왕應帝王'이란 제왕이 되기에 마땅(응당)한 사람이라는 뜻이다. 장자의 위정사상을 잘 나타낸 것으로 우주 만물은 혼연일체의 도라는 것으로 인식을 삼고 자연에 합일하여 '다스리지 않음을 다스림으로 삼는'(以不治爲治) 자를 가정한 것이다. 따라서 응당 제왕이 되어야 하는 자는 자연에 순응하며 민정을 따라 불언지교不言之敎를 행하는 자여야 한다는 것이다.

　"거울은 변화에 반응하되 감추는 것이 없다. 그러므로 사물을 그대로 비춰 주면서도 능히 손상을 입지 않는 것이다."

037
(7-1) 외물이 끼어들지 않도록

　　설결齧缺이 왕예王倪에게 네 가지를 질문을 하였더니 그 네 가지를 모두 모른다고 하는 것이었다. 그러자 설결은 껑충 뛰며 크게 신이 나서 포의자浦衣子에게 가서 그 이야기를 하였다. 이에 포의자가 말하였다.

　　"자네는 이제야 그것을 알았소? 유우씨有虞氏는 태씨泰氏에게는 미치지 못하였었소. 유우씨는 그래도 인仁을 지니고서 사람들을 구하여 사람들을 얻기는 하였으나 애당초부터 사람 아닌 외물로부터 벗어나지는 못하였었소. 태씨는 잠을 잘 때는 평화스러웠고 깨어나서는 유유자적하였소. 어떤 때는 자기를 말이라고 하였고 어떤 때는 자기를 소라고 여겼소. 그러나 그의 지혜는 진실로 믿음이 있었고 그의 덕은 참되었으며 애초부터 사람이 아닌 외물이 끼어들지 않았소이다."

　　齧缺問於王倪, 四問而四不知. 齧缺因躍而大喜, 行以告蒲衣子.
蒲衣子曰:「而乃今知之乎? 有虞氏不及泰氏. 有虞氏, 其猶藏仁
以要人; 亦得人矣, 而未始出於非人. 泰氏, 其臥徐徐, 其覺于于;
一以己爲馬, 一以己爲牛; 其知情信, 其德甚眞, 而未始入於非人.」

【蒲衣子】역시 장자가 허구로 내세운 가공 인물.
【有虞氏不及泰氏】有虞氏는 舜임금을 뜻하며 泰氏는 장자가 임의로 순임금에
 대적할 만한 새로운 고대 제왕을 가설하여 儒家의 자랑을 뒤엎고자 한 것임.
【非人】사람 이외의 하늘이나 만물.

038
(7-2)

생쥐가 신단 밑에 굴을 파고 살면

견오肩吾가 광접여狂接輿를 만나자 광접여가 말하였다.

"일중시日中始가 그대에게 무슨 말을 하였소?"

견오가 말하였다.

"나에게 임금 된 이가 자신의 생각대로 법을 만들어낸들 누가 감히 그를 따라 교화되지 않겠느냐고라고 말하더군요."

광접여가 말하였다.

"이는 덕을 속이는 것입니다. 그렇게 하여 천하를 다스리는 것은 바다를 걸어서 건너거나 큰 강물을 손으로 파서 만들고 모기에게 산을 짊어지도록 하는 것처럼 어려운 일이지요. 무릇 성인의 천하를 다스림은 그 밖을 다스리는 것입니까! 자신을 바르게 한 뒤여야 하며 능히 그 맡은 일을 확고하게 할 뿐이지요. 그리고 새는 높이 날아 화살을 피하는 것이요, 생쥐는 신단神壇 밑에 깊이 굴을 파서 연기에 그을리거나 집이 파헤쳐지는 환난을 피하고 있습니다. 이들 두 짐승들만도 못합니다!"

肩吾見狂接輿, 狂接輿曰:「日中始何以語女?」

肩吾曰:「告我君人者以己出經式義度, 人孰敢不聽而化諸!」

狂接輿曰:「是欺德也. 其於治天下也, 猶涉海鑿河, 而使蚊負山也. 夫聖人之治也, 治外乎! 正而後行, 確乎能其事者而已矣. 且鳥

高飛以避矰弋之害, 鼷鼠深穴乎神丘之下, 以避熏鑿之患, 而曾二
蟲之無如!」

【日中始】 장자가 허구로 내세운 가공 인물.
【經式義度】 經式과 義度는 모두 '법'을 뜻하는 말. '義度'는 '儀度'와 같음.
【矰弋】 고대 화살에 줄을 매어 새를 잡는 것을 말함.

039
(7-3) 나는 조물주와 벗이 되었소

천근天根이 은양殷陽 땅을 유람하면서 요수蓼水라는 물가에 이르러 문득 무명인無名人을 만나자 이렇게 물었다.

"청컨대 천하를 다스리는 방법을 묻습니다."

그러자 무명인이 말하였다.

"저리 물러가시오! 당신은 비루한 인간이오. 어찌 그렇게 불쾌한 것을 질문하시오! 나는 지금 조물주와 벗이 되어 있소. 싫증이 나면 곧 가물가물 날아다니는 나는 새를 타고 육극六極 밖으로 나아가 아무 것도 없는 곳에서 노닐며 한없이 너른 들에서 처하려 하던 중이었소. 그대는 무슨 겨를에 천하를 다스리는 일 따위로 내 마음을 감화시키려 하오?"

그래도 다시 질문을 하자 무명인은 이렇게 말하였다.

"그대는 마음을 담담하게 가지고 기를 막막한 곳에 모아, 만물의 이치를 자연에 따르게 하여 사사로운 욕심이 들어앉지 못하도록 하시오. 그러면 천하가 다스려질 것이오."

天根遊於殷陽, 至蓼水之上, 適遭無名人而問焉, 曰:「請問爲天下.」

無名人曰:「去! 汝鄙人也, 何問之不豫也! 予方將與造物者爲人, 厭, 則又乘夫莽眇之鳥, 以出六極之外, 而遊無何有之鄉, 以處壙垠之野. 汝又何帠以治天下感予之心爲?」

　　又復問. 無名人曰:「汝遊心於淡, 合氣於漠, 順物自然而無容
私焉, 而天下治矣.」

【天根】寓言에 허구로 내세운 가공 인물. 하늘(대자연, 도)의 근원이라는 뜻을
　　담고 있음. 아래의 無名人도 같은 가공 인물로 이름 없이 살고자 하는 도인을
　　뜻함.
【殷陽】장자가 임의로 만든 지명. 殷山의 남쪽이라는 뜻.
【蓼水】장자가 임의로 만든 물 이름.
【不豫】‘豫’는 ‘悅’과 같음. 불쾌함을 뜻함.
【爲人】‘人’은 ‘友’와 같음.
【六極】이 세상의 상하와 동서남북의 끝. 세상을 뜻함.
【何帠】‘하예’로 읽으며 何假(何叚, 何暇)가 아닌가 함.

040
(7-4) 천하에 공을 세우고 자신은 물러나야

양자거陽子居가 노담老聃을 만나 말하였다.

"여기에 한 사람이 있는데, 동작이 빠르고 몸이 튼튼하며 사물의 도리에 밝고 도를 배우는 일을 게을리 하지 않습니다. 이와 같은 사람이라면 명석한 임금에 비할 수 있겠습니까?"

노담이 말하였다.

"그런 사람은 성인의 입장에서 보면 너무 지혜만 앞서고 재주에 얽매어 몸을 수고롭게 하고 마음을 불안하게 하는 사람이오. 또 호랑이나 표범의 가죽은 사람들을 끌어들여 스스로 사냥감이 되고, 원숭이의 날램이나 삵을 잡는 개의 재주는 사람들에게 좋은 도구 역할을 하게 되지요. 이런 사람을 명석한 임금에 비교할 수 있겠소?"

양자거는 축연蹴然히 말하였다.

"감히 명석한 임금의 다스림에 대해 여쭙습니다."

노담이 말하였다.

"명석한 임금의 다스림이란 그 공이 천하를 뒤덮을지라도 자신이 한 것이 아닌 양 보이고, 그 교화가 만물에 베풀어지되 그것을 백성으로서는 그에게 기대는 것이 아닌 것으로 하며, 그 이름을 거론하지도 아니하며 만물로 하여금 스스로 즐거움을 누리도록 하며 헤아릴 길 없는 경지에 서서 아무런 아무 것도 가지지 않은 곳에서 노니는 것이라오."

陽子居見老聃, 曰:「有人於此, 嚮疾强梁, 物徹疏明, 學道不勧.
如是者, 可比明王乎?」

老聃曰:「是於聖人也, 胥易技係, 勞形怵心者也. 且也虎豹之文
來田, 猨狙之便來藉. 如是者, 可比明王乎?」

陽子居蹴然曰:「敢問明王之治.」

老聃曰:「明王之治: 功蓋天下而似不自己, 化貸萬物而民弗恃;
有莫擧名, 使物自喜; 立乎不測, 而遊於無有者也.」

【陽子居】《莊子》에서의 陽子는 양주를 가리키는 것이 아닌가 한다. 혹은 장자가
  임의로 내세운 허구의 가공 인물.
【强梁】강하고 튼튼함을 말함. 첩운연면어.

041
(7-5) 신통한 무당

정鄭나라에 계함季咸이라는 신통한 무당이 있어 사람들의 생사존망生死存亡이나 길흉화복, 수명의 장단에 대하여 연, 월, 일까지 귀신같이 알아맞히는 것이었다. 정나라 사람들은 그를 자신의 운명에 대하여 말할까 두려워 모두 피하여 도망칠 정도였다.

열자列子가 그를 만나보고서 심취하여 돌아와 호자壺子에게 이렇게 말하였다.

"처음 저는 선생님이 가장 으뜸이라고 여겼었는데 더 지극한 사람이 있더군요."

호자가 말하였다.

"내 그대에게 도의 형식은 가르쳤지만 그 실질에 대해서는 가르치지 않았었네. 그대는 본래부터 도를 터득하였다고 여기는가? 아무리 많은 암컷이라도 수컷이 없으면 어찌 알을 가질 수 있겠는가! 그대가 도를 가지고 세상 사람들과 다투는 것은 자기를 드러내려는 자신감 때문이야. 그 때문에 남이 그대의 관상을 보고 쉽게 알아낼 수 있는 것이야. 시험삼아 그를 나에게 데리고 와서 내 관상을 봐보도록 하게."

다음날 열자는 그를 데리고 와서 호자에게 보였다. 무당이 나와 열자에게 말하였다.

"아! 당신의 선생님은 곧 죽을 것이오! 살지 못할 것입니다! 열흘을 넘기기 어렵겠구려! 나는 괴상한 상을 보았소. 축축한 재의 모습을 보았소."

열자가 들어가 눈물로 옷깃을 적시며 호자에게 그 말을 전해 주었다. 그러자 호자는 이렇게 말하였다.

"조금 전에 나는 그에게 지문地文의 상을 보여주었네. 그것은 멍하니 떨지도 않고 멎어 있지도 않는 모습이었지. 그는 아마 나의 두덕기杜德機를 보았을 것이네. 시험삼아 다시 오도록 불러보게."

이튿날 다시 무당을 데려와 호자를 보였더니 무당이 살펴보고 나와서 열자에게 이렇게 말하였다.

"다행이오. 당신의 선생님이 나를 만난 것은! 모두 나았소. 온전히 살아났소이다! 나는 그의 생명이 돋아나는 두권杜權을 보았소."

열자가 들어가 호자에게 일러주자 호자가 말하였다.

"조금 전 나는 그에게 천양天壤의 상을 보여주었지. 그것은 이름도 형태도 없는 상태에서 생기가 발뒤꿈치로부터 생겨나는 것이지. 그는 아마 선자기善者機를 보았을 것일세. 시험삼아 다시 데려와 보게."

이튿날 열자가 다시 그를 데려고 와서 함께 호자를 뵙자 계함이 보고 나와 열자에게 이렇게 말하였다.

"당신의 선생님은 상이 일정치 않아 나는 그의 상을 볼 수가 없습니다. 일정해지거든 다시 보겠소이다."

열자가 들어가 호자에게 그의 말을 고하자 호자가 말하였다.

"나는 방금 태충막승太冲莫勝의 상을 보여주었지. 그는 아마 나의 형기기衡氣機를 보았을 것이네. 물이 모여 못이 되며, 연못이 되며, 괴어 있는 물도 못이 되며, 흐르는 물도 연못이 되는 경지라네. 연못에는 아홉 가지가 있지만 나는 그 중에서 세 가지 경지만 보여주었다네. 시험삼아 다시 데려와 보게."

이튿날 열자가 그와 함께 호자를 뵙자 계함은 자리를 정할 사이도 없이 실색하고 달아나 버렸다.

그러자 호자가 말하였다.

"그를 쫓아가게!"

열자가 그를 뒤쫓았으나 미치지 못하고 되돌아와서 호자에게 말하였다.

"이미 없어졌습니다. 이미 놓치고 말았습니다. 따라갈 수가 없었습니다."

호자가 말하였다.

"방금 나는 그에게 미시출오종未始出吾宗의 상을 보여 주었다네. 이것은 자신을 비우고 오직 사물의 움직임에 따를 뿐이어서 자신이 무엇인지도 모르며 이로써 순진한 그대로 따르는 것으로 삼고, 이를 통하여 물결의 흐름에 맡기는 경지를 말하지. 그는 이 때문에 도망친 것일세."

그런 뒤로 열자는 자신의 학문이 아직 부족하다고 여겨 집으로 돌아와 3년 동안 문밖에 나오지 않고 그의 아내 대신 밥을 짓기도 하고 돼지를 사람 키우듯 먹여 기르기도 하였다. 그는 사물에 대한 치우친 편견을 버리고 조탁을 소박한 원래 모습으로 되돌려 괴연塊然히 그 모습을 홀로 우뚝 세웠다. 그는 뒤얽힌 현세에서도 자신을 잃지 아니하며 종신토록 이를 한결같이 지켰다.

鄭有神巫曰季咸, 知人之死生存亡, 禍福壽夭, 期以歲月旬日, 若神. 鄭人見之, 皆棄而走.

列子見之而心醉, 歸, 以告壺子, 曰:「始吾以夫子之道爲至矣, 則又有至焉者矣.」

壺子曰:「吾與汝旣其文, 未旣其實, 而固得道與? 衆雌而无雄, 而又奚卵焉! 而以道與世亢, 必信, 夫故使人得而相汝. 嘗試與來, 以予示之.」

明日, 列子與之見壺子.

出而謂列子曰:「嘻! 子之先生死矣! 弗活矣! 不以旬數矣! 吾見怪焉, 見濕灰焉.」

列子入, 泣涕沾襟以告壺子.

壺子曰:「鄉吾示之以地文, 萌乎不震不止. 是殆見吾杜德機也. 嘗又與來.」

明日, 又與之見壺子.

出而謂列子曰:「幸矣, 子之先生遇我也! 有瘳矣, 全然有生矣! 吾見其杜權矣.」

列子入, 以告壺子.

壺子曰: 「鄉吾示之而天壤, 名實不入, 而機發於踵. 是殆見吾善者機也. 嘗又與來.」

明日, 又與之見壺子.

出而謂列子曰: 「子之先生不齊, 吾无得而相焉. 試齊, 且復相之.」

列子入, 以告壺子.

壺子曰: 「鄉吾示之以太沖莫勝. 是殆見吾衡氣機也. 鯢桓之審爲淵, 止水之審爲淵, 流水之審爲淵. 淵有九名, 此處三焉. 嘗又與來.」

明日, 又與之見壺子. 立未定, 自失而走.

壺子曰: 「追之!」

列子追之不及. 反, 以報壺子曰: 「已滅矣, 已失矣, 吾弗及已.」

壺子曰: 「鄉吾示之以未始出吾宗. 吾與之虛而委蛇, 不知其誰何, 因以爲弟靡, 因以爲波流, 故逃也.」

然後列子自以爲未始學而歸, 三年不出. 爲其妻爨, 食豕如食人. 於事无與親, 雕琢復朴, 塊然獨以其形立. 紛而封哉, 一以是終.

【神巫季咸】'神巫'는 신통한 무당을 말함. 이 고사는 《列子》 黃帝篇에도 실려 있음. 고대 무당은 미래를 예견하기도 하며 병을 고치기도 하였음. 흔히 남자 무당을 격(覡)이라 하며 여자 무당은 巫라 함.

【壺子】鄭나라 사람으로 이름은 林. 호는 壺子. 列子의 스승이었음.

【地文】 땅의 모습.

【杜德機】 덕의 모습이 겉으로 드러나지 않도록 막아버리는 형상을 띨 수 있는 기능. 그러한 모습.

【杜權】 막혀 있는 속에 작은 생명이 살아나는 權機.

【善者機】 천지 사이에 선한 생기가 점차 생겨나는 모습의 기능.

【太沖莫勝】'太沖(太冲)'은 陰陽 二氣가 균형을 이루어 虛靜한 상태를 말하며, '莫勝'은 어느 쪽으로도 편중되지 아니함을 뜻함.

【衡氣機】생기를 평평하게 하여 일체가 조화된 모습의 기능.

【鯢桓之審】고래가 마음놓고 움직일 수 있을 정도의 깊은 곳. '審'은 '潘'의 가차자.

【未始出吾宗】내가 가지고 있는 대도를 아직 드러내지도 않은 상태. 천진무구한
본래대로의 상태를 말함.

【委蛇】'위이'로 읽으며 수시로 상황이나 자연에 맡김을 뜻하는 쌍성연면어.

【弟靡】순진하게 자연에 따르는 모습.

【紛】뒤얽혀 번거로운 현실 생활.

1. 《列子》黃帝篇

有神巫自齊來處於鄭, 命曰季咸, 知人死生·禍福·壽夭, 期以歲·月·旬·日, 如神.
鄭人見之, 皆避而走. 列子見之而心醉, 而歸以告壺丘子, 曰:「始吾以夫子之道爲
至矣, 則又有至焉者矣.」壺子曰:「吾與汝無其文, 未旣其實, 而固得道與? 衆雌而
無雄, 而又奚卵焉? 而以道與世抗, 必信矣. 夫故使人得而相汝. 嘗試與來, 以予
示之.」明日, 列子與之見壺子. 出而謂列子曰:「譆! 子之先生死矣, 弗活矣, 不可以
旬數矣. 吾見怪焉, 見濕灰焉.」列子入, 涕泣沾衿, 以告壺子. 壺子曰:「向吾示之以
地文, 罪乎不誫不止, 是殆見吾杜德幾也. 嘗又與來!」明日, 又與之見壺子. 出而謂
列子曰:「幸矣, 子之先生遇我也, 有瘳矣. 灰然有生矣, 吾見杜權矣.」列子入告
壺子. 壺子曰:「向吾示之以天壤, 名實不入, 而機發於踵, 此爲杜權. 是殆見吾善者
幾也. 嘗又與來!」明日, 又與之見壺子. 出而謂列子曰:「子之先生坐不齋, 吾無得而
相焉. 試齋, 將且復相之.」列子入告壺子. 壺子曰:「向吾示之以太冲莫朕, 是殆見吾
衡氣幾也. 鯢旋之潘爲淵, 止水之潘爲淵, 流水之潘爲淵, 濫水之潘爲淵, 沃水之潘
爲淵, 汎水之潘爲淵, 雍水之潘爲淵, 汧水之潘爲淵, 肥水之潘爲淵, 是爲九淵焉.
嘗又與來!」明日, 又與之見壺子. 入未定, 自失而走. 壺子曰:「追之!」列子追之而
不及. 反以報壺子, 曰:「已滅矣, 已失矣, 吾不及也.」壺子曰:「向吾示之以未始出
吾宗. 吾與之虛而猗移, 不知其誰何, 因以爲茅靡, 因以爲波流, 故逃也.」然後列子
自以爲未始學而歸, 三年不出, 爲其妻爨, 食豕如食人, 於事無親, 雕琢復朴, 塊然獨
以其形立; 忿然而封戎, 壹以是終.

042
(7-6) 지혜의 주인이 되지 말라

명예를 추구하는 거짓 주인이 되지 말 것이며 모사를 일삼는 창고가 되지 말라. 일의 책임자가 되지도 말 것이요 지혜의 주인이 되지 말라. 무궁한 도를 체득하여 고요한 경지에서 노닐며 하늘로부터 받은 본성을 온전하게 하여 무엇을 얻고자 하지도 말고 역시 언제나 마음을 텅 비울 따름이다.

지인至人의 마음 씀은 거울과 같다. 가는 것은 가는 대로 오는 것은 오는 대로 맡긴다. 그리하여 거울은 변화에 반응하되 감추는 것이 없다. 그러므로 사물을 그대로 비춰주면서도 능히 손상을 입지 않는 것이다.

남해南海의 제왕을 숙鯈이라 하고, 북해北海의 제왕을 홀忽이라 하며, 중앙의 제왕을 혼돈渾沌이라 한다.

숙과 홀이 때때로 혼돈의 땅에서 만나게 되면 혼돈이 이들을 잘 대접하여 숙과 홀은 혼돈의 덕에 보답할 방법을 의논하여 이렇게 말하였다.

"사람들은 모두 일곱 개의 구멍을 가지고 있어 보고, 듣고, 먹고, 숨을 쉰다. 그런데 혼돈만이 그것을 가지고 있지 않으니 그에게도 구멍을 뚫어 주자."

그리고는 혼돈의 몸에 하루에 하나씩 구멍을 뚫어나가자 이렛만에 혼돈은 그만 죽고 말았다.

无爲名尸, 无爲謀府; 无爲事任, 无爲知主. 體盡无窮, 而遊无朕; 盡其所受乎天, 而无見得, 亦虛而已. 至人之用心若鏡, 不將不迎,

應而不藏, 故能勝物而不傷.

南海之帝爲儵, 北海之帝爲忽, 中央之帝爲渾沌. 儵與忽時相與遇
於渾沌之地, 渾沌待之甚善.

儵與忽謀報渾沌之德, 曰:「人皆有七竅以視聽食息, 此獨無有,
嘗試鑿之.」

日鑿一竅, 七日而渾沌死.

【无爲名尸】 '이름(명분)의 주인이 되지 말라'의 뜻. '尸'는 '主'와 같음.
【儵·忽】 숙(儵)은 남해의 제왕, 忽은 북해의 제왕으로 장자가 임의로 명명한 것.
【渾沌】 混沌, 溷囤 등 여러 가지 표기가 있으며 이는 첩운연면어임. 천지 미분화
 상태를 일컫는 말. Chaos 상태를 말함.
【七竅】 사람의 입, 두 개의 귀, 두 개의 눈, 두 개의 콧구멍을 지칭함.

외편外篇

　앞서 설명한 대로 「외편」은 주로 사적事迹을 위주로 하여 도의 근원을 밝힌 것이다. 즉 일화나 인물들의 활동, 언론 등을 중심으로 하고 있다. 그러나 이 또한 명확한 구분은 아니며 「내편」이나 「잡편」의 내용과 같아 묘리妙理와 심원深遠한 주제를 다루고 있다.

　본 「외편」은 〈병무騈拇〉, 〈마제馬蹄〉, 〈거협胠篋〉, 〈재유在宥〉, 〈천지天地〉, 〈천도天道〉, 〈천운天運〉, 〈각의刻意〉, 〈선성繕性〉, 〈추수秋水〉, 〈지락至樂〉, 〈달생達生〉, 〈산수山水〉, 〈전자방田子方〉, 〈지북유知北遊〉 등 모두 15편으로 구성되어 있으며 내편과는 달리 이 편명들은 전체 장의 내용을 포괄하거나 압축한 것이 아니라 첫 장의 두세 글자를 취하여 이름을 삼은 것이다.

장
자

8. 병무駢拇

 ‘병무駢拇’란 엄지발가락이나 엄지손가락이 검지와 붙은 것을 말한다. 이는 보통 정상인의 모습과는 다르다. 그렇다면 사물의 고유한 원형에 덧붙은 것은 이것뿐인가? 바로 인간 본연의 삶이 고유한 것인데 여기에 인의仁義라는 것을 덧붙여 사람들로 하여금 자연대로 살지 못하게 하는 것이다.

 “인의란 자연스러운 참모습이 아니다! 삼대三代 이후로 천하가 어찌하여 이토록 시끄러워졌겠는가?”

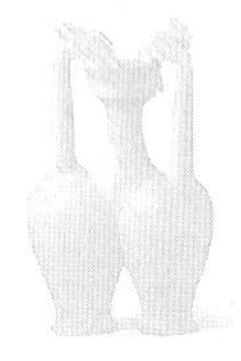

043
(8-1) 엄지와 검지가 붙어버린 모습

엄지와 검지가 붙어버린 변무騈拇나 손가락이 여섯인 육손이는 자연 상태의 본성에서 나온 것인가! 그러나 도리어 군더더기 살이 더 있는 셈이다. 사마귀나 늘어진 혹은 사람의 몸에서 더 자란 것인가! 그러나 이는 자연 본성을 초과한 것이다. 인의仁義를 다방면으로 응용하여 확충하는 자는 이를 오장五臟의 기능에 비유하고 있도다! 이는 도덕의 올바른 모습이 아니다. 이 까닭으로 발가락이 붙은 사람은 쓸데없는 살로 인해 붙은 것이며, 육손이는 쓸모 없는 손가락이 한 개 더 붙어 있는 것이다. 곧 오장의 참모습에 이러한 붙은 발가락이나 육손이를 덧붙이는 것은 인의의 행위에 마구 이론을 붙여 총명함을 사용함에 여러 방법으로 내닫게 하는 것이 된다.

그러므로 눈이 밝은 자는 오색에 혼란을 겪어 아름다운 무늬에 현혹되는 것이니 청황색의 보불黼黻 무늬 수놓인 옷에 유혹됨이 바로 이러한 경우가 아니겠는가? 이주離朱가 바로 그런 사람이었다.

귀가 지나치게 밝은 자는 오성五聲에 혼란을 겪어 육률六律에 빠지기 쉬우니 금金, 석石, 사絲, 죽竹, 황종黃鐘, 대려大呂 등의 아름다운 음조에 빠지는 것이 바로 이러한 경우가 아니겠는가? 사광師曠이 바로 그런 사람이었다.

지나치게 인仁을 내세우는 자는 덕을 뽑아 들고 천성을 막음으로써 명예를 얻고자 하니 세상 사람들로 하여금 생황을 울리고 북을 치며 받들어 따를 수 없는 법도를 따르라 하는 것이 바로 이 때문이 아니겠는가? 증삼曾參과 사어史魚가 바로 그런 사람이었다.

변론에 뛰어난 자는 기와를 쌓고 새끼를 꼬듯 말을 쌓고 늘어놓아 견백堅白이니 동이同異니 하는 것을 유희로 삼으니 눈앞의 명예 때문에 정신을 피폐하게 하는 쓸데없는 말이 바로 이러한 경우가 아니겠는가? 양주楊朱와 묵적墨翟이 바로 그런 사람이었다.

그러므로 이들은 모두 쓸데없이 엄지와 검지가 덧붙은 것이나 손가락이 더 자란 것과 같은 도로써 천하의 정도正道는 아니다.

저 지극히 올바른 도에 다다른 자는 자연 그대로의 성명性命을 잃지 않는다. 그리하여 발가락이 붙었어도 네 발가락이라 여기지 아니하며 손가락이 더 있어도 육손이라고 여기지 않는다. 길어도 길다고 여기지 아니하며 짧아도 짧다고 여기지 아니한다. 이 까닭으로 물오리의 다리가 짧다고 이를 길게 해주면 고통스러워 할 것이며, 학의 다리가 길다고 이를 짧게 해주면 슬퍼하게 될 것이다. 그러므로 본성이 긴 것을 잘라서는 안 되며, 본래 짧은 것을 길게 해주어서도 안 되며 이에 대해 겁내거나 근심할 필요도 없다.

생각건대 인의는 사람의 본성에 맞지 않도다! 저 수많은 어진 이들은 어찌 그리 근심이 많은가?

또 무릇 저 발가락이 붙어 있는 자의 그것을 떼어놓아도 울 것이며, 군더더기인 손가락을 가진 자의 그것을 잘라내어도 울 것이다. 이 두 가지는 하나는 수가 남고 하나는 수가 모자라는 것이지만 그 근심하는 바는 마찬가지이다. 지금 세상의 어진 이들은 눈을 반쯤 뜨고 세상의 환난을 걱정하고 있으며, 어질지 않은 이들은 타고난 성명의 실체를 버린 채 부귀를 탐하고 있다. 그 때문에 인의란 자연스러운 참모습이 아니라고 생각하도다! 삼대三代 이후로 천하가 어찌하여 이토록 시끄러워졌겠는가?

駢拇枝指, 出乎性哉! 而侈於德. 附贅縣疣, 出乎形哉! 而侈於性. 多方乎仁義而用之者, 列於五藏哉! 而非道德之正也. 是故駢於足者,

連無用之肉也; 枝於手者, 樹無用之指也; 駢枝於五藏之情者, 淫僻
於仁義之行, 而多方於聰明之用也.

是故駢於明者, 亂五色, 淫文章, 青黃黼黻之煌煌非乎? 而離朱是已.
多於聰者, 亂五聲, 淫六律, 金石絲竹黃鐘大呂之聲非乎? 而師曠是已.
枝於仁者, 擢德塞性以收名聲, 使天下簧鼓以奉不及之法非乎? 而曾
史是已. 駢於辯者, 纍瓦結繩竄句梏辭, 遊心於堅白同異之間, 而敝
跬譽無用之言非乎? 而楊墨是已. 故此皆多駢旁枝之道, 非天下之
至正也.

彼至正者, 不失其性命之情. 故合者不爲駢, 而枝者不爲岐; 長者
不爲有餘, 短者不爲不足. 是故鳧脛雖短, 續之則憂; 鶴脛雖長, 斷之
則悲. 故性長非所斷, 性短非所續, 無所去憂也. 意仁義其非人情乎!
彼仁人何其多憂也?

且夫駢於拇者, 決之則泣; 枝於手者, 齕之則啼. 二者, 或有餘於數,
或不足於數, 其於憂一也. 今世之仁人, 蒿目而憂世之患; 不仁之人,
決性命之情而饕貴富. 故曰仁義其非人情乎! 自三代以下者, 天下
何其囂囂也?

【駢拇】 발가락이나 손가락의 엄지와 검지가 붙은 상태.
【枝指】 덧 손가락. 엄지와 검지 사이에 작은 손가락이 하나 더 생긴 육손. 곁에
　　하나 더 있는 손가락.
【侈於德】 侈는 多, 德은 得의 뜻.
【五色】 青, 黃, 赤, 白, 黑.
【文章】 여기서는 청색과 적색을 '文'이라 하고 적색과 백색을 '章'이라 함.
【黼黻】 여기서는 백색과 흑색을 '黼'라 하고 흑색과 청색을 '黻'이라 한다 함.
【離朱】 고대 눈이 매우 밝았던 사람.《孟子》에는 '離婁'로 되어 있으며《淮南子》
　　原道訓에는 "離朱之明, 察箴末於百步之外"라 하였음.

【五聲】宮, 商, 角, 徵, 羽의 다섯 가지 음.

【六律】黃鐘, 大呂, 姑洗, 蕤賓, 無射, 夾鐘의 고대 여섯 가지 음계(음조).

【師曠】晉 平公 때의 악사로 음의 판별에 뛰어났던 인물.

【簧鼓】笙簧에서 나는 음악 소리.

【曾史】曾參과 史魚(史鰌)를 가리킴. 사추는 孔子가 곧다고 칭찬했던 인물로 衛 靈公을 섬겼음.

【纍瓦結繩】기와를 맨 끈이나 새끼줄의 매듭. 여기서는 교묘히 뒤꼬는 말의 재주나 쓸데없는 말이라는 뜻으로 쓰였음.

【遊心】遊蕩하고 싶어하는 마음.

【跬譽】일시적인 명예.

【去憂】'去'는 '怯'으로 보기도 함.

【蒿目】蒿는 眊의 가차자로 봄. 눈을 반쯤 뜨고 보는 것.

【囂囂】시끄러움.

참고 및 관련 자료

1. 《幼學瓊林》 580

頓殊於衆, 鬚號于思; 迥異乎人, 指生駢拇.

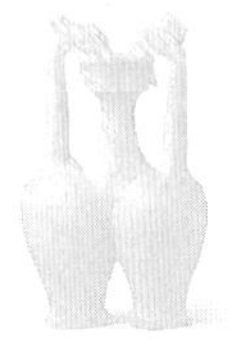

044
(8-2) 본성은 애초부터 그러한 것

  또 무릇 갈고리, 먹줄, 자, 곡척曲尺 등으로 다듬어 바로잡는 것은 사물의 본성을 손상시키는 것이며, 새끼, 끈, 아교 등으로 단단히 옭아매는 것은 사물 본연의 형태를 침해하는 것이다. 예악禮樂에 몸을 굽히고 인의仁義에 순종하면서 천하의 사람들의 마음을 어루만지는 것 역시 그 본연의 모습을 잃는 것이다. 천하에는 변할 수 없는 본성이라는 것이 있으며, 이 불변의 본성이라는 것은 굽은 것은 곡척으로 그렇게 한 것이 아니며, 곧은 것은 먹줄로 그렇게 만든 것이 아니며, 둥근 것은 그림쇠로 그렇게 한 것이 아니고, 모가 난 것도 자를 가지고 그렇게 만든 것이 아니며, 붙은 것은 아교나 옻칠로 그렇게 만든 것이 아니며, 묶인 것도 줄이나 새끼로써 그렇게 한 것이 아니다. 그러므로 천하의 모든 것은 자연스럽게 생겨났지만 어떻게 생겨난 것인지에 대하여는 알 수 없고, 모두가 자신의 모습을 가지고 있지만 그가 그러한 자신의 모습을 갖게 된 까닭은 알 수가 없다. 따라서 예나 지금이나 본래의 모습을 훼손할 수는 없는 것이다.

  그러한즉 어찌 연결의 고리를 끝없이 하여 인의를 아교나 노끈으로 삼아 사람을 묶어 놓고 도덕의 세계에서 노닐도록 하는가. 천하 사람들의 마음으로 하여금 미혹하게 하는가!

  무릇 작게 미혹되면 방향을 바꾸지만 크게 미혹되면 그 본성을 바꾸게 되는 것이다. 어떻게 그렇게 됨을 알 수 있는가? 유우씨(有虞氏, 舜)가 인의를 내세워 천하를 어지럽힌 뒤로 세상 사람들은 인의로 인해 분주해졌으니 이야말로 인의로써 본성을 바꾸어 놓은 것이 아니겠는가? 따라서 이에 대하여 시험삼아 논의해 보기로 하겠다.

삼대 이후로 외물로 인해 본성을 그르치지 않은 적이 없으니 소인은 자신을 희생해가면서까지 이익을 좇았고, 선비들은 몸을 바쳐 명예를 좇았으며, 대부는 몸을 바쳐 나라를 지켰고, 성인은 몸을 바쳐 천하를 위하였다. 그러므로 이들 몇몇은 각기 그 행위의 내용이 다르고 그것으로 얻은 명성도 달랐으나 본성을 해치고 자기 몸을 희생하였다는 점에서는 같다고 할 수 있다.

사내종과 계집이 두 사람이 함께 양을 치다가 두 사람 모두 양을 잃었다. 사내종에게 잃어버린 까닭을 물었더니 책을 옆구리에 끼고 읽다가 잃어버렸다고 하고, 계집종에게 물었더니 놀이에 정신을 빠뜨렸다가 양을 잃어버렸다고 하였다. 두 사람이 한 일은 다르지만 양을 잃어버린 것은 마찬가지이다.

백이伯夷는 명예를 위한다고 수양산首陽山 아래에서 죽었고, 도척盜跖은 이익을 위하다가 동릉산東陵山 위에서 죽었다. 두 사람이 죽은 까닭은 다르지만 본성을 잃고 목숨을 해친 것은 마찬가지이다. 그런데 어찌 백이는 옳고 도척은 그르다 하는가? 세상 사람들은 모두 죽는 법인데 어떤 사람이 인의를 위해 죽으면 세상에서는 그를 군자라 하고, 재물을 위하다가 죽으면 세상에서는 그를 소인이라고 부른다. 죽는 것은 마찬가지인데 어떤 이는 군자가 되고 어떤 이는 소인이 되기도 한다. 그러나 목숨을 잃고 본성을 해치기는 도적이나 백이가 모두 마찬가지이니 어찌 군자니 소인이니 하는 구별이 사이가 있을 수 있겠는가!

또 무릇 천성을 인의에 귀속시킨다면 비록 증삼曾參이나 사어史魚처럼 인의에 통달한 자라 할지라도 내가 말하고자 하는 훌륭한 것은 되지 못한다. 그 천성을 갖가지 맛에 귀속시킨다면, 비록 유아俞兒처럼 맛에 통달한 자라 할지라도 내가 말하는 훌륭한 것은 되지 못한다. 그 천성을 오성五聲에 귀속시킨다면 비록 사광師曠처럼 음률에 정통한 자라 할지라도 내가 말하는 귀밝음이 되지 못한다. 그 천성을 오색五色에 귀속시킨다면 비록 이주離朱처럼 색에 통달하였다 할지라도 내가 말하는 눈밝음이 되지는 못한다.

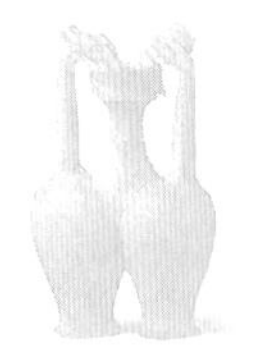

　내가 말하는 훌륭함이란 인의가 아니라 본성의 덕에 맡기는 것일 따름이다. 내가 말하는 훌륭함이란 이른바 인의 같은 것이 아니라 천성의 진실함에 자신을 맡기는 것이다. 내가 말하는 귀밝음이란 다른 사람의 소리를 듣는 것이 아니라 자신의 소리를 듣는 것일 따름이다. 내가 말하는 눈밝음이란 다른 사람을 보는 것이 아니라 자신을 돌이켜 보는 것이다.

　무릇 스스로를 보지 못하면서 남의 것만 보거나, 스스로에게서 얻지 못하고 남의 것만 얻는다면, 이는 남의 것만을 얻고 스스로에 만족하지 못하면서 남의 만족을 두고 자신이 만족하는 것이며, 남의 즐거움은 즐거워 하면서 스스로 즐거워할 것에 대해서는 즐거워하지 못하는 것이 된다. 또한 무릇 남의 즐거움만을 즐거워하고 스스로의 즐거움은 즐거워하지 못하는 것이 된다. 이처럼 남의 즐거움만을 즐거워하고 스스로의 즐거움은 즐거워하지 못한다면 도척과 백이가 다 같이 미혹 속에서 그 본성을 잃은 것이 된다. 나는 이에 도덕에 부끄러움을 느껴 이런 까닭으로 위로는 감히 인의의 지조를 지키려 하지 아니하고, 아래로는 감히 음벽淫僻된 행동을 할 수 없는 것이다.

　且夫待鉤繩規矩而正者, 是削其性者也; 待繩索膠漆而固者, 是侵其德者也; 屈折禮樂, 呴俞仁義, 以慰天下之心者, 此失其常然也. 天下有常然. 常然者, 曲者不以鉤, 直者不以繩, 圓者不以規, 方者不以矩, 附離不以膠漆, 約束不以繩索. 故天下誘然皆生而不知其所以生, 同焉皆得而不知其所以得. 故古今不二, 不可虧也. 則仁義又奚連連如膠漆繩索而遊乎道德之間爲哉, 使天下惑也!

　夫小惑易方, 大惑易性. 何以知其然邪? 有虞氏招仁義以撓天下也, 天下莫不奔命於仁義, 是非以仁義易其性與? 故嘗試論之, 自三代以下者, 天下莫不以物易其性矣. 小人則以身殉利, 士則以身殉名,

大夫則以身殉家, 聖人則以身殉天下. 故此數子者, 事業不同, 名聲
異號, 其於傷性以身爲殉, 一也. 臧與穀二人相與牧羊而俱亡其羊.
問臧奚事, 則挾筴讀書; 問穀奚事, 則博塞以遊. 二人者, 事業不同,
其於亡羊均也.

　伯夷死名於首陽之下, 盜跖死利於東陵之上, 二人者, 所死不同,
其於殘生傷性均也. 奚必伯夷之是而盜跖之非乎! 天下盡殉也, 彼其
所殉仁義也, 則俗謂之君子; 其所殉貨財也, 則俗謂之小人. 其殉一也,
則有君子焉, 有小人焉; 若其殘生損性, 則盜跖亦伯夷已, 又惡取君子
小人於其間哉!

　且夫屬其性乎仁義者, 雖通如曾史, 非吾所謂臧也; 屬其性於五味,
雖通如俞兒, 非吾所謂臧也; 屬其性乎五聲, 雖通如師曠, 非吾所謂
聰也; 屬其性乎五色, 雖通如離朱, 非吾所謂明也. 吾所謂臧者, 非仁
義之謂也, 臧於其德而已矣; 吾所謂臧者, 非所謂仁義之謂也, 任其
性命之情而已矣; 吾所謂聰者, 非謂其聞彼也, 自聞而已矣; 吾所謂
明者, 非謂其見彼也, 自見而已矣.

　夫不自見而見彼, 不自得而得彼者, 是得人之得而不自得其得者也,
適人之適而不自適其適者也. 夫適人之適而不自適其適, 雖盜跖與
伯夷, 是同爲淫僻也. 余愧乎道德, 是以上不敢爲仁義之操, 而下不
敢爲淫僻之行也.

【附離】 '離'는 '依'로 해석함.
【有虞氏】 장자 전체에 유우씨가 등장하나 이가 곧 虞舜을 가리키는 것인지는
　논란이 많았음. 혹《列子》說符篇에 등장하는 梁나라 부자 虞氏가 아닌가
　하기도 함.
【臧】 고대 북방의 풍속으로 시집간 婢女의 남편을 '臧'이라 불렀다고 함.

【穀】童僕.

【首陽】산 이름.

【盜跖】춘추시대 대도. 柳下季의 아우로 이름이 도척이었다 하였으나 이는 寓言에 등장시키기 위한 것으로 보임.

【東陵】濟南 경내에 있는 능 이름.

【兪兒】고대 음식 맛을 감별에 뛰어났던 사람.

〈고대 수레 모형〉

9. 마제馬蹄

‘마제馬蹄’는 말의 발굽이다. 말은 자연에 맞추어 살 수 있도록 모든 조건을 갖추고 있다. 그런데 백락伯樂이 나타나 말을 사람의 용도에 맞추고자 자연 상태의 조건들을 바꾸어 놓았다. 천지 만물을 본성대로 두는 것이 가장 아름다우며 완벽한 것이다.

“자연 그대로의 박목樸木을 훼손하여 그릇을 만든 것은 목수의 죄요, 도덕을 훼손하여 인의를 만들어낸 것은 성인聖人이 저지른 과오이다.”

045
(9-1) 말은 발굽이 있어

　　말은 발굽이 있어 서리와 눈을 밟은 수 있고, 털이 있어 바람과 추위를 막을 수 있으며, 풀을 뜯고 물을 마시며 발을 들어 뛰어오르기도 한다. 이것이 말의 진정한 본성이다. 그러한 말에게 비록 예를 치르는 누각의 건물이나 임금의 정침 따위의 화려한 것이 있다 해도 이는 말에게는 아무런 필요가 없는 것이다. 그런데 백락伯樂이 이가 나와 "나는 말을 잘 다룬다"라고 하면서 말에 낙인을 찍느라 태우고, 털을 다듬어 깎고, 발굽을 깎아 손질해 주며, 굴레를 씌우고, 고삐와 띠를 매고는 차례대로 마구간에 몰아 넣었다. 그러자 말들 가운데 열에 둘 셋은 죽어 버렸다. 그리고 훈련시킨다고 주리게 하기도 하고 목마르게 하기도 하며 달음박질도 시키고 갑자기 달리게도 하며, 모으기도 하고, 바로 세우기도 하며, 함께 줄을 서도록 하기도 하였다. 그들은 앞에는 재갈과 목줄이 자신을 괴롭히며 뒤에는 채찍과 회초리의 두려움이 도사리게 되었다. 그러자 말들은 그만 반이 넘게 죽고 말았다.

　　또 옹기장이는 "나는 흙을 잘 다룬다. 둥근 것이라면 원척規에 맞춘 듯이 만들 수 있고, 모난 것이라면 곡척矩에 맞춘 듯이 할 수 있다"라 하고 목수는 "나는 나무를 잘 다룬다. 굽은 것은 갈고리처럼 정확하게 만들 수 있고, 곧은 것이라면 먹줄에 맞춘 듯이 만들어 낼 수 있다"라 한다.

　　그러나 진흙이나 나무의 본성이야 어찌 원척이나 곡척, 먹줄에 들어맞기를 바라겠는가! 그런데 세상 사람들은 대대로 "백락은 말을 잘 다루었고, 옹기장이나 목수는 진흙과 나무를 잘 다룬다"라고 칭찬의 말을 전하고 있으니 이 역시 천하를 다스리는 자의 잘못인 것이다.

내가 생각건대 천하를 잘 다스리는 자는 이렇게 하지 않는다. 저 백성들에게는 변하지 않는 본성이 있으니 옷감을 짜 옷을 해 입고 밭을 갈아 식량을 얻는 것으로 이를 일러 동덕同德이라 하며 한결같아 치우침이라는 것이 없으니 이를 일러 천방天放이라 한다. 그러므로 지극한 덕으로 훌륭하게 다스려지는 세상에서는 백성들의 행동이 안정되어 있었고, 그들이 보는 세상은 순박하여 사심이 없었다.

그러한 시대에는 산 속에 길도 나지 않았고, 못에는 배나 다리도 없었으며, 만물은 무리 지어 살았으며 마을은 서로 이어져 있었다. 그리고 새와 짐승은 떼를 이루어 살았으며, 초목은 자라고 싶은 대로 무성하게 자랐다. 이 까닭으로 짐승들이라 해도 끌고 다니며 노닐 수가 있었고, 새나 까치의 둥지에도 기어올라가 들여다볼 수 있었다.

무릇 덕이 충만한 세상일 때는 새나 짐승들과 함께 살았고 만물과 어울려 살았으니 어찌 군자와 소인의 구별이 있었겠는가! 모두가 앎이라는 것이 없어 그 덕을 잃지 않았으니 이를 일러 소박素樸이라 하였으며 소박하였으니 백성들은 그 본성을 지켜낼 수 있었던 것이다.

그런데 성인이란 자가 나타나자 서둘러 인仁이라는 것을 행하고, 힘을 다해 의義라는 것을 행하게 되어 천하는 그만 의심과 미혹함이 나타나기 시작하였다. 그들은 제멋대로 악樂을 만들고 번잡한 예禮라는 것을 만들어 천하가 그만 분열되기 시작하였던 것이다. 그러므로 순박한 나무를 훼손함이 없이 어찌 술 단지를 만들 수 있었겠는가! 백옥白玉을 훼손함이 없이 누가 옥기玉器를 만들 수 있었겠는가! 도덕이 무너지지 않았다면 어찌 인의를 주장하겠는가? 진정한 본성이 버려지지 않았다면 어찌 예악이라는 것을 취할 필요가 있겠는가! 오색五色이 어지럽혀지지 않았다면 누가 아름다운 채색과 무늬를 만들었겠는가! 오성五聲이 혼란을 일으키지 않았다면 누가 육률六律을 맞추고자 하였겠는가! 무릇 자연 그대로의 박목樸木을 훼손하여 그릇을 만든 것은 목수의 죄요, 도덕을 훼손하여 인의를 만들어낸 것은 성인聖人의 과오이다.

馬, 蹄可以踐霜雪, 毛可以禦風寒, 齕草飲水, 翹足而陸, 此馬之眞性也. 雖有義臺路寢, 無所用之. 及至伯樂, 曰:「我善治馬.」燒之, 剔之, 刻之, 雒之, 連之以羈馽, 編之以皁棧, 馬之死者十二三矣; 飢之, 渴之, 馳之, 驟之, 整之, 齊之, 前有橛飾之患, 而後有鞭筴之威, 而馬之死者已過半矣.

陶者曰:「我善治埴, 圓者中規, 方者中矩.」

匠人曰:「我善治木, 曲者中鉤, 直者應繩.」

夫埴木之性, 豈欲中規矩鉤繩哉? 然且世世稱之曰「伯樂善治馬, 而陶匠善治埴木」, 此亦治天下者之過也.

吾意善治天下者不然. 彼民有常性, 織而衣, 耕而食, 是謂同德; 一而不黨, 命曰天放.

故至德之世, 其行塡塡, 其視顚顚. 當是時也, 山无蹊隧, 澤无舟梁; 萬物群生, 連屬其鄉; 禽獸成群, 草木遂長. 是故禽獸可係羈而遊, 鳥鵲之巢可攀援而闚.

夫至德之世, 同與禽獸居, 族與萬物並, 惡乎知君子小人哉! 同乎无知, 其德不離; 同乎无欲, 是謂素樸; 素樸而民性得矣.

及至聖人, 蹩躠爲仁, 踶跂爲義, 而天下始疑矣; 澶漫爲樂, 摘僻爲禮, 而天下始分矣. 故純樸不殘, 孰爲犧樽! 白玉不毀, 孰爲珪璋! 道德不廢, 安取仁義! 性情不離, 安用禮樂! 五色不亂, 孰爲文采! 五聲不亂, 孰應六律! 夫殘樸以爲器, 工匠之罪也; 毀道德以爲仁義, 聖人之過也.

【義臺路寢】義는 巍의 뜻이며 路는 大의 뜻. 따라서 高臺大殿의 의미로 '높은 누대와 큰 궁전'을 뜻함.
【伯樂】孫陽. 秦 穆公 때의 사람이라 하며 말의 감별에 뛰어났었음.
【雒】'烙'과 같으며 불 도장을 찍음.

【羈縶】머리를 묶는 것을 羈라 하고 발을 묶는 것을 칩(縶)이라 함.

【皂棧】조(皂)는 마구간(廄), 棧은 마구간의 아래 습기를 막기 위해 깔아놓은 판자.

【鞭筴】鞭策과 같음. 가죽으로 만든 채찍을 鞭이라 하며 대나무로 만든 것을 책(筴)이라 함.

【埴】粘土. 찰흙.

【蹊隧】좁은 길이나 굴로 된 길.

【蹩躠·踶跂】'별설'(蹩躠)과 '제기'(踶跂) 모두 '억지로라도 힘써 하다'의 뜻을 가진 疊韻連綿語임.

【澶漫·摘僻】'단만'(澶漫)과 '적벽'(摘僻) 역시 '제멋대로, 번잡스럽게, 성의 없이' 등의 뜻을 가진 疊韻連綿語임.

【犧樽】술 동이. 술을 담는 酒器.

【珪璋】玉器의 일종.

046
(9-2)

말에게 멍에를 씌우니

무릇 말이란 뭍에 살면서 풀을 뜯고 물을 마시며 즐거울 때면 서로 목을 맞대어 비비고, 성이 나면 등을 돌려 서로 걷어찬다. 말의 지혜란 이 정도일 뿐이다. 그런데 말에게 멍에를 메우고 굴레로 씌우면 말이 노하여 끌채를 벗어버리고자 하며, 멍에를 부수고, 장막을 찢고, 재갈을 부수고, 고삐를 물어뜯을 줄 안다. 따라서 말의 지혜를 도둑같이 교활하게 만든 것은 백락伯樂의 죄이다.

무릇 혁서씨赫胥氏의 시대에는 백성들이 편히 살면서 무엇을 한다는 것에 대하여 알지 못하였고 어디로 다닌다는 것을 몰랐으며 다만 음식을 입에 가득 머금고 기뻐하며 배를 두드리고 놀았다. 백성들이 할 수 있는 일은 이 정도였다. 그러다가 성인이 나타나 예악에 따라 몸을 굽히게 하였으며 이로써 백성들의 겉모습을 바로잡았고 인의를 내 걸어 천하의 백성들을 위로하였다. 이로부터 백성들은 분주하게 지혜를 구하기를 즐겨하였고, 앞을 다투어 이득을 취하려 하였으나 이를 금할 길이 없었다. 이것이 성인들의 과실이다.

夫馬, 陸居則食草飮水, 喜則交頸相靡, 怒則分背相踶. 馬知已此矣.
夫加之以衡扼, 齊之以月題, 而馬知介倪·闉扼·鷙曼·詭銜·竊轡.
故馬之知而態至盜者, 伯樂之罪也.

夫赫胥氏之時, 民居不知所爲, 行不知所之, 含哺而熙, 鼓腹而遊,
民能以此矣. 及至聖人, 屈折禮樂以匡天下之形, 縣跂仁義以慰天下
之心, 而民乃始踶跂好知, 爭歸於利, 不可止也. 此亦聖人過也.

【靡】 친히 잘 따름. 혹은 '맞대고 비비다'의 뜻.
【衡扼】 橫軛과 같음. 횡목에 매는 軛(멍에의 일종).
【月題】 말의 이마에 다는 장식. 그 모습이 달과 같다 함.
【介倪】 '말이 홀로 노하여 바라보다'의 뜻으로도 보며, 혹 '말 위에 갑옷을 덮어
  무장하다'의 뜻으로도 풀이하며 혹은 '말이 輗(끌채)를 벗어버리고자 하다'의
  뜻으로도 봄.
【闉扼】 굽은 멍에. '闉'은 '曲'의 뜻, '扼'은 '軛'과 같음. 이에 목을 굽혀 멍에를
  벗어버리고자 함.
【鷙曼】 수레에 덮는 지붕을 흔들어 벗고자 함.
【詭銜】 입에 물린 재갈을 뱉어버림.
【竊轡】 '竊'을 '齧'로 보아 '고삐를 물어뜯다'로 풀이 함.
【赫胥氏】 고대 태평시대의 군주. 《열자》의 華胥氏가 아닌가 함.
【縣跂】 縣은 懸과 같음. 높이 달아 사람들로 하여금 발뒤꿈치를 들고 이를
  쳐다보게 함. '높이 들어 널리 알리다'의 뜻.
【踶跂】 서로 경쟁하여 높아짐. 사사로운 지혜를 드러냄을 뜻함.

10. 거협胠篋

　'거협胠篋'이란 상자를 옆구리에서 따서 열고 그 속에 감추어둔 보물을 훔쳐낸다는 뜻이다. 그렇게 지혜를 소중히 여긴다는 뜻을 가지고 있으며 이러한 인위적인 갈무리가 결국 본성을 훼손하고 성인의 인의라는 것이 사람들로 하여금 원시의 질박함으로 되돌아갈 수 없도록 하였다는 것이다.

　"허리띠 고리 하나쯤 훔친 자는 죽임을 당하지만 나라를 훔친 자는 제후가 된다. 이 제후의 가문에는 인의라는 것이 있는 것으로 여겨준다."

047

(10-1)

상자를 단단히 매는 것은 도둑을 막기 위한 것

상자를 열고 주머니를 뒤지며 궤짝을 뜯는 도둑을 방비하기 위해서는 반드시 끈으로 꽁꽁 묶고 자물쇠를 단단히 잠근다. 이것이 소위 세상에서 말하는 지혜이다. 그러나 큰 도둑이 들면 궤짝을 짊어지고 상자를 둘러메고 주머니째 들고 달아나는데도 끈과 자물쇠와 고리가 단단하지 않을까 봐 염려한다. 그렇다면 세상의 소위 지혜라는 것은 큰 도둑을 위해 재물을 모아두는 것이 아니겠는가?

그러므로 이에 대하여 시험삼아 논의해 보기로 하겠다. 세상의 지혜라는 것이 큰 도둑을 위해 재물을 쌓아 두는 것이 아닌 것이 있는가! 소위 성인이란 큰 도둑을 위해 지켜 주는 사람이 아니겠는가! 어떻게 이를 아는가? 옛날 제齊나라에서는 이웃 고을이 서로 바라다보이고 닭과 개소리가 서로 들리도록 인가가 많았고, 그물을 치는 곳과 쟁기와 괭이로 일구어놓은 땅이 사방 2천 여 리에 이르렀다. 그래서 나라 안 곳곳마다 종묘 사직을 세우고 읍邑, 옥屋, 주州, 여閭, 향곡鄕曲 등의 행정 구역을 두어 다스렸으니 성인의 법도를 따르지 않은 것이 어디 있었겠는가! 그런데 전성자田成子가 하루아침에 제나라 임금을 죽이고 나라를 훔쳤다. 훔친 것이 어찌 나라뿐이었겠는가! 나라와 함께 성인과 지혜로운 사람들의 법도까지 모두 훔친 것이다. 그러므로 전성자는 비록 도적이라는 명칭은 붙여졌지만 몸은 요순堯舜같이 편안히 살았다. 조그만 나라는 감히 그를 비방하지 못하였으며 대국도 감히 그를 주벌하겠다고 나서지 못하였다. 그는 제나라를 이렇게 독차지하였던 것이다. 그렇다면 이는 바로 제나라를 훔치고 아울러 성인과 지혜로운 사람들의 법도까지 훔침으로써 그 도적의 몸을 지켜낼 수 있었던 것이 아니겠는가?

　다시 의논해 보기로 하겠다. 세속에서 소위 지극히 지혜로운 자란 큰 도둑을 위해 물건을 쌓아 두는 자가 아니겠는가? 그리고 소위 지극한 성인이란 큰 도둑을 위해 물건을 지켜 주는 자가 아니겠는가? 어떻게 이를 아는가? 옛날 관룡봉關龍逢은 참수되었고, 비간比干은 가슴을 찢겼으며, 장홍張弘은 배를 찢겼고, 오자서伍子胥는 시신이 강물에 던져졌다. 이렇듯 현명하였다는 네 사람도 죽임을 면치 못하였다.
　그래서 도척盜跖의 무리가 도척에게 물었다.
　"도적질에도 도가 있습니까?"
　도척이 대답하였다.
　"어디엔들 도가 없겠느냐? 무릇 남의 집안에 무엇이 숨겨져 있는지 마음대로 알아내는 것이 성聖이며, 남보다 앞장서서 들어가는 것은 용勇이요, 나올 때는 남보다 나중에 나오는 것이 의義이다. 그리고 가부를 판단하여 훔칠 물건인지 알아내는 것이 지知이며, 고루 나누어 갖는 것이 인仁이다. 이 다섯 가지를 갖추지 못하고서 큰 도둑이 된 자는 천하에 없었느니라."
　이로 말미암아 보건대 착한 사람이라도 성인의 도를 얻지 못하면 홀로 설 수 없고, 도척이라도 성인의 도를 얻지 못하면 행세하지 못함을 알 수 있다. 천하에는 착한 사람은 적고 착하지 않은 사람이 많은 것처럼 성인이 천하를 이롭게 하는 일은 적고 해롭게 하는 일은 많다. 그러므로 입술이 없으면 이가 시리고 노魯나라의 술이 싱거워 그 일로 한단邯鄲이 포위되었으며, 성인이 나타나기에 큰 도둑이 일어난다고 말한 것이다. 성인을 배격하고 도둑들을 풀어 줄 때 비로소 천하가 다스려진다. 무릇 냇물이 마르면 골짜기가 생겨나고, 언덕이 평탄해지면 연못이 메워지는 법이다. 성인이 죽으면 큰 도둑이 일어나지 않아 천하가 평안해지고 아무 탈도 없게 될 것이다.
　성인이 죽지 않으면 큰 도둑이 없어지지 않을 것이니 비록 성인을 존중해 천하를 다스린다 하더라도 이는 곧 도척 같은 이의 이득만 증대시키는 것이 된다.

말이나 곡斛이라는 도구를 만들어 물건을 되자 그 말과 곡 때문에 물건을 속여 훔치게 된다. 저울추와 저울대를 만들어 물건을 달면 곧 그 저울에 따라 물건을 속여 훔친다. 부신符信이나 도장을 만들어 그것을 믿게 하면, 부신이나 인장을 이용하여 훔쳐간다. 인의仁義로써 그릇됨을 바로잡으면, 그 인의를 이용하여 남의 것을 훔친다. 어떻게 이를 아는가? 허리띠 고리 하나쯤 훔친 자는 죽임을 당하지만 나라를 훔친 자는 제후가 된다. 이 제후의 가문에는 인의라는 것이 있는 것으로 여겨준다. 그렇다면 이것이 어찌 인의와 성인의 지혜라는 것으로 훔친 것이 아니겠는가? 그러므로 큰 도적의 방법을 따라 제후가 일어나게 되는 것이다. 인의와 말, 곡, 저울, 부신이나 도장으로 이득을 훔치는 것은 아무리 높은 벼슬로 상賞을 삼아도 그것을 막을 수가 없고, 도끼의 위협으로도 그것을 금지시킬 수 없다. 이처럼 도척 같은 이에게 거듭 이득을 주면서도 이를 막을 수 없게 된 것이 바로 성인의 잘못이다.

그러므로 "물고기는 연못을 벗어나면 살 수 없고, 나라의 이기利器는 남에게 보여주어서는 안 된다"라고 말한 것이다. 성인이란 천하의 이기이니 천하에 밝게 드러낼 것이 못된다. 그러므로 성인을 없애고 지혜를 버리면 큰 도둑이 없어질 것이다. 옥을 내던지고 구슬을 부숴버리면 좀도둑이 생기지 않을 것이다. 부신을 태워 버리고 도장을 불질러버리면 백성들은 순박해질 것이다. 말을 부수고, 저울을 부러뜨리면 백성들은 다투지 않을 것이며, 천하의 성스러운 법도를 없애버리면 백성들은 서로 통하는 이야기를 나눌 수 있게 될 것이다.

육률六律을 어지럽히고, 피리와 거문고를 태워 없애며, 사광師曠의 귀를 막아 버려야 세상 사람들이 비로소 진실하게 듣는 힘을 가지게 될 수 있다. 화려한 무늬를 없애고, 오채五彩를 흩어버리며, 이주離朱의 눈을 아교로 붙여 놓아야 세상 사람들이 비로소 눈밝음을 가지게 될 것이다.

구승鉤繩을 끊어버리고 규구規矩를 내던져 버리며 공수工倕의 손가락을 부러뜨려야 천하가 비로소 그러한 재주를 함께 가질 수 있을 것이다. 증삼曾參이나 사어史魚의 선행을 삭제하고, 양주楊朱나 묵적墨翟의 입에 재갈을 물리며, 인의라는 것을 물리쳐야만 비로소 천하의 덕이 현묘한 자연의 도와 함께 하게 될 것이다.

세상 사람들의 눈이 밝으면 천하는 어지러워지지 않을 것이며, 세상 사람들의 귀가 밝으면 천하에 우환이 없을 것이며, 세상 사람들이 지혜롭게 된다면 세상에는 미혹되는 일이 없을 것이며, 세상 사람들이 덕을 지니게 되면 세상에는 편벽되는 일이 없을 것이다. 증삼, 사어, 양주, 묵적, 사광, 공수, 이주 등은 모두 밖으로 그 덕을 내세워 천하를 어지럽힌 자들로써 법도에는 아무런 소용도 없는 것들이다.

將爲胠篋探囊發匱之盜而爲守備, 則必攝緘縢固扃鐍, 此世俗之所謂知也. 然而巨盜至, 則負匱揭篋擔囊而趨, 唯恐緘縢扃鐍之不固也. 然則鄕之所謂知者, 不乃爲大盜積者也?

故嘗試論之, 世俗之所謂知者, 有不爲大盜積者乎? 所謂聖者, 有不爲大盜守者乎? 何以知其然邪? 昔者齊國鄰邑相望, 雞狗之音相聞, 罔罟之所布, 耒耨之所刺, 方二千餘里. 闔四竟之內, 所以立宗廟社稷, 治邑屋州閭鄕曲者, 曷嘗不法聖人哉! 然而田成子一旦殺齊君而盜其國. 所盜者豈獨其國邪? 並與其聖知之法而盜之. 故田成子有乎盜賊之名, 而身處堯舜之安, 小國不敢非, 大國不敢誅, 專有齊國. 則是不乃竊齊國, 並與其聖知之法以守其盜賊之身乎?

嘗試論之, 世俗之所謂至知者, 有不爲大盜積者乎? 所謂至聖者, 有不爲大盜守者乎? 何以知其然邪? 昔者龍逢斬, 比干剖, 萇弘胣, 子胥靡, 故四子之賢而身不免乎戮.

故跖之徒問於跖曰:「盜亦有道乎?」

跖曰:「何適而无有道邪! 夫妄意室中之藏, 聖也; 入先, 勇也; 出後, 義也; 知可否, 知也; 分均, 仁也. 五者不備而能成大盜者, 天下未之有也.」

由是觀之, 善人不得聖人之道不立, 跖不得聖人之道不行; 天下之善人少而不善人多, 則聖人之利天下也少而害天下也多. 故曰, 脣竭則齒寒, 魯酒薄而邯鄲圍, 聖人生而大盜起. 掊擊聖人, 縱舍盜賊, 而天下始治矣. 夫谷虛而川竭, 丘夷而淵實. 聖人已死, 則大盜不起, 天下平而无故矣.

聖人不死, 大盜不止. 雖重聖人而治天下, 則是重利盜跖也. 爲之斗斛以量之, 則並與斗斛而竊之; 爲之權衡以稱之, 則並與權衡而竊之; 爲之符璽以信之, 則並與符璽而竊之; 爲之仁義以矯之, 則並與仁義而竊之. 何以知其然邪? 彼竊鉤者誅, 竊國者爲諸侯, 諸侯之門而仁義存焉, 則是非竊仁義聖知邪? 故逐於大盜, 揭諸侯, 竊仁義並斗斛權衡符璽之利者, 雖有軒冕之賞弗能勸, 斧鉞之威弗能禁. 此重利盜跖而使不可禁者, 是乃聖人過也.

故曰:「魚不可脫於淵, 國之利器不可以示人.」彼聖人者, 天下之利器也, 非所以明天下也. 故絕聖棄知大盜乃止; 摘玉毀珠, 小盜不起; 焚符破璽, 而民朴鄙; 掊斗折衡, 而民不爭; 殫殘天下之聖法, 而民始可與論議. 擢亂六律鑠絕竽瑟, 塞師曠之耳, 而天下始人含其聰矣; 滅文章, 散五采, 膠離朱之目, 而天下始人含其明矣; 毀絕鉤繩而棄規矩, 攦工倕之指, 而天下始人含其巧矣. 削曾史之行, 鉗楊墨之口, 攘棄仁義, 天下之德始玄同矣. 彼人含其明, 則天下不鑠矣; 人含其聰, 則天下不累矣; 人含其知, 則天下不惑矣; 人含其德, 則天下不僻矣. 彼曾·史·楊·墨·師曠·工倕·離朱, 皆外立其德而以爚亂天下者也, 法之所无用也.

【胠篋】‘상자를 곁으로부터 열다’의 뜻으로 성인이 감추어둔 상자 속의 물건을
 열어 도둑이 되도록 함은 쓸모 없는 지혜를 담아두었기 때문이라는 내용임.

【緘縢】끈을 뜻함.

【扃鐍】扃은 빗장. 鐍은 자물쇠.

【鄰邑相望】이웃 읍들이 서로 마주 보고 있음. 태평시대를 말함.《老子》80장의
 구절.

【罔罟】網罟와 같음. 그물.

【耒耜】보습과 쟁기 등 농기구를 가리킴.

【田成子】춘추시대 제나라의 대부 田恒. 원래 陳氏였으나 뒤에 田氏으로 바꾸었음.
 陳常이라고도 부르며 魯 哀公 14년 齊나라 簡公을 죽이고 제나라를 탈취하여
 田氏齊를 세움.

【萇弘】춘추 말기 周나라 靈王 때의 현신. 임금에게 간언하다가 죽임을 당하였음.
 (《左傳》哀公 3년 참조)

【魯酒薄而邯鄲圍】춘추시대 楚 宣王이 제후를 불러모았을 때 노나라 恭公이
 늦었을뿐더러 바치는 술조차 매우 저질이었다. 이에 초 선왕이 꾸짖자 노 공공은
 자신은 周公 旦의 후손으로 천자의 예를 대신 행한다고 하면서 떠나 버렸다.
 이에 초나라는 군대를 일으켜 노나라를 쳐버렸다. 한편 梁(魏) 惠王이 마침
 趙나라 邯鄲을 공격하고자 하였으나 초나라가 조나라를 도울까 망설이던 참에
 초나라와 노나라가 싸움을 벌이자 그 틈을 이용하여 조나라 수도 한단을 포위하여
 버렸다. 이 사건을 두고 한 말인 것으로 보고 있다. 그러나 다른 한편으로는
 초나라가 제후를 불러 회동할 때 노나라 술은 담박하였고 조나라 술은 진한
 것이었다. 술을 관리하던 초나라 대신이 조나라에게 사사롭게 술을 더 줄 것을
 요구하였지만 조나라에서 이에 응하지 않자 대신은 노나라 술과 조나라 술을
 바꾸어 초왕에게 바쳤고 초왕은 조나라 술이 담박하다고 여겨 조나라를 공격하여
 수도 한단을 포위하였다는 것이다.

【竊鉤者誅】작은 물건을 훔친 자는 주벌을 당하지만 큰 것을 훔친 자는 칭찬을
 받는다는 뜻으로 〈盜跖篇〉에는 “小盜者拘, 大盜者爲諸侯, 諸侯之門, 義士存焉”
 이라 하였고,《史記》遊俠列傳에는 “竊鉤者誅, 竊國者侯, 侯之門, 仁義存”이라
 하였다. 鉤는 고대 허리띠의 고리부분으로 금은으로 장식하여 이를 훔치다의
 뜻이다.

【軒冕】軒은 수레의 지붕부분. 冕은 관. 벼슬하는 관리의 수레와 복장으로
고관대작을 일컫는 말로 대신 쓰임.
【斧鉞】도끼류의 형구. 엄한 형벌을 뜻하는 말.
【魚不可脫於淵】《老子》36장의 구절.
【絶聖棄智】《老子》19장의 구절.
【工倕】고대 제작에 뛰어났던 匠人.
【玄同】《老子》56장의 구절.

참고 및 관련 자료

1.《老子》80장

小國寡民, 使有什伯之器而不用, 使民重死而不遠徙. 雖有舟輿, 無所乘之; 雖有
甲兵, 無所陳之. 使民復結繩而用之. 甘其食, 美其服, 安其居, 樂其俗. 鄰國相望,
雞犬之聲相聞, 民至老死不相往來.

2.《老子》36장

將欲歙之, 必固張之. 將欲弱之, 必固强之. 將欲廢之, 必固擧之. 將欲奪之, 必固
與之. 是謂微明. 柔弱勝剛强. 魚不可脫於淵, 國之利器不可以示人.

3.《老子》19장

絶聖棄智, 民利百倍; 絶仁棄義, 民復孝慈; 絶巧棄利, 盜賊無有. 此三者以爲文不足.
故令有所屬. 見素抱樸, 少私寡欲.

4.《老子》56장

知者不言, 言者不知. 塞其兌, 閉其門, 挫其銳, 解其紛, 和其光, 同其塵. 是謂玄同.
故不可得而親, 不可得而疏; 不可得而利, 不可得而害; 不可得而貴, 不可得而賤.
故爲天下貴.

5.《幼學瓊林》760

魯酒·茅柴, 皆爲薄酒; 龍團·雀舌, 盡是香茗.

옛 성인들이 다스리던 시대

그대만이 홀로 지극한 덕이 베풀어졌던 세상을 모르고 있는가? 옛날에 용성씨容成氏, 대정씨大庭氏, 백황씨伯皇氏, 중앙씨中央氏, 율륙씨栗陸氏, 여축씨麗畜氏, 헌원씨軒轅氏, 혁서씨赫胥氏, 존로씨尊盧氏, 축융씨祝融氏, 복희씨伏犧氏, 신농씨神農氏 등이 다스리던 시대가 있었다.

그 때의 백성들은 새끼의 매듭으로 글을 대신하였고, 음식을 달게 여겼으며, 옷을 아름답게 여겼고, 그들의 풍속을 즐겼으며, 그들의 거처를 편안하게 여겼다. 이웃 나라가 서로 보이고, 개나 닭의 울음소리가 서로 들릴 정도로 가까웠지만 백성들은 늙어 죽을 때까지 서로 오가지 않아도 되었다. 이러한 시대야말로 지극히 잘 다스려지던 시대였던 것이다.

지금에 이르러서는 백성들로 하여금 목을 빼고 발돋움하여 "현자가 어디에 있다"는 말만 들으면 양식을 짊어지고 그에게 달려가도록 되었다. 그리하여 안으로는 자신의 부모를 저버리고 밖으로는 자신의 임금 섬기는 일을 저버리게 되었다. 그들의 발자취는 제후들의 국경에 이어졌고, 수레바퀴 자국은 천리 밖에까지 연결되었으니 이는 윗사람이 지혜를 좋아한 데서 생긴 과실이다.

윗사람이 지혜를 좋아하면서도 무도하다면 천하는 대란에 빠지고 말 것이다. 어떻게 그것을 알 수 있는가? 무릇 활, 쇠뇌, 새그물, 주살 따위의 기구를 쓰는 지혜가 많아지자 하늘 위에서는 새들이 어지러이 날게 되었고, 낚시, 미끼, 그물, 어항, 통발 따위를 사용하는 지혜가 늘어나자 물 속에는 물고기들이 어지러이 헤엄치게 되었으며, 틀, 덫, 그물 등을 사용하는 지혜가 늘어나자 못 가의 짐승들은 어지러이 뛰어다니게 되었다. 지혜, 거짓, 속임수, 원한, 위선, 교활함, 궤변, 논쟁 등이 늘어나자 세상 속인들은 그러한 변론에 미혹되었다.

그러므로 천하는 매번 혼란에 빠지고 말았으며 그 죄는 지혜를 좋아한 데에 있는 것이다. 따라서 천하는 모두가 자신이 알지 못하는 바를 추구하면서 자신이 이미 알고 있는 것에 대하여는 추구할 줄 모르고 있으며, 모두가 자신이 좋지 않다고 생각하는 것은 비난할 줄 알면서도 자신이 이미 좋다고 여겼던 것에 대해서는 그르다 할 줄 모르고 있다. 이 까닭으로 큰 혼란이 일어나게 된 것이다.

그러므로 위로는 해와 달의 밝음을 흐리게 하고, 아래로는 산천의 정기를 녹아 없어지게 하며, 가운데로는 사계절의 운행을 파괴하여, 꿈틀거리는 벌레로부터 날아다니는 새에 이르기까지 그 본성을 잃지 않은 것이 없도록 하였다. 심하도다. 무릇 지혜를 좋아함으로써 천하가 이토록 어지러워지도록 하였으니!

삼대 이후로 이러하였으니 순박하게 살아온 백성들을 버리고 교활하고 말 잘하는 자들을 좋아하며, 염담히 무위無爲함을 버리고 시끄럽게 떠드는 자의 의견을 즐겁게 여기고 있다. 그 시끄러운 이론들이 천하를 이미 이렇게 혼란스럽게 휘저어 놓은 것이다.

子獨不知至德之世乎? 昔者容成氏・大庭氏・伯皇氏・中央氏・栗陸氏・驪畜氏・軒轅氏・赫胥氏・尊盧氏・祝融氏・伏犧氏・神農氏.

當是時也, 民結繩而用之, 甘其食, 美其服, 樂其俗, 安其居, 鄰國相望, 雞狗之音相聞, 民至老死而不相往來. 若此之時, 則至治已.

今遂至使民延頸擧踵曰,「某所有賢者」, 贏糧而趣之, 則內棄其親而外去其主之事, 足跡接乎諸侯之境, 車軌結乎千里之外. 則是上好知之過也.

上誠好知而無道, 則天下大亂矣. 何以知其然邪? 夫弓弩畢弋機辟之知多, 則鳥亂於上矣; 鉤餌罔罟罾笱之知多. 則魚亂於水矣; 削格羅落罝罘之知多, 則獸亂於澤矣; 知詐漸毒頡滑堅白解垢同異之變多, 則俗惑於辯矣.

故天下每每大亂, 罪在於好知. 故天下皆知求其所不知而莫知求其所已知者, 皆知非其所不善而莫知非其所已善者, 是以大亂.

故上悖日月之明, 不爍山川之精, 中墮四時之施; 惴耎之蟲, 肖翹之物, 莫不失其性. 甚矣, 夫好知之亂天下也!

自三代以下者是已, 舍夫種種之民而悅夫役役之佞, 釋夫恬淡无爲而悅夫喑喑之意, 喑喑已亂天下矣.

【容成氏……神農氏】 이상 12명은 고대 전설상의 帝王임.
【民結繩而用之……民至老死而不相往來】 이는《老子》80장과《周易》등에
  보이는 구절임.
【羸】 '묶다'(裹)의 뜻.
【弓弩畢弋】 궁노는 활, 필은 새 잡는 그물, 익은 화살.
【罾笱】 물고기를 잡는 그물과 통발, 대바구니 등.
【削格·羅落·罝罘】 모두 짐승을 잡는 덫이나 틀, 그물 등 도구 이름.
【漸毒】 속임수.
【惴耎】 꿈틀거리는 운동. 굼벵이처럼 꿈틀거리는 운동.
【肖翹】 지극히 작은 蜉蝣類의 날아다니는 곤충.
【種種】 淳厚함.
【吨吨】 말이 많음을 뜻함. 온갖 이론으로 세상을 혼란하게 함.

1. 《老子》 80장

小國寡民, 使有什伯之器而不用, 使民重死而不遠徙. 雖有舟輿, 無所乘之; 雖有
甲兵, 無所陳之. 使民復結繩而用之. 甘其食, 美其服, 安其居, 樂其俗. 鄰國相望,
雞犬之聲相聞, 民至老死不相往來.

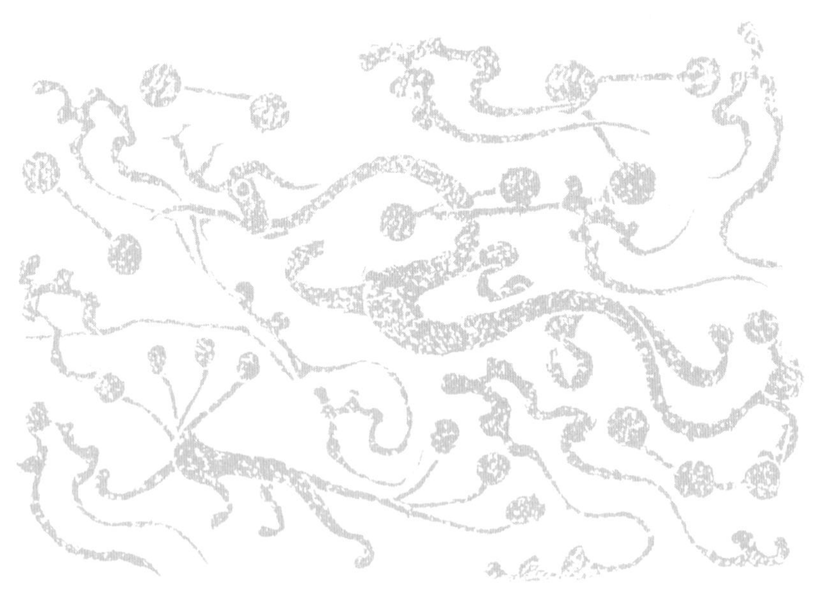

11. 재유在宥

　‘재유在宥’에서 ‘재在’는 자재자유自在自遊의 의미이며, ‘유宥’는 관용의 뜻이다. 어떠한 경우에도 인위적인 작위를 더하지 말고 모든 것을 자연에 맡겨 존재하는 사물의 그 자체를 관용으로 인정할 것을 주장한 것이다. 바로 노자老子의 ‘절성기지絕聖棄智’를 내세워 ‘무위이치無爲而治’로 돌아갈 것을 달리 표현한 말이기도 하다.

　“성스러움과 지혜라는 것은 사람을 얽어매는 형틀이며, 인의라고 하는 것은 사람의 손발을 얽매는 형구이다.”

천하는 있는 대로 두어야

천하는 있는 그대로 내버려두어야지 천하를 다스리고자 해서는 안된다고 들었다. 있는 그대로 내버려둔다는 것은 천하가 그 본성을 잃게 될까 두려워 그렇게 하는 것이며 천하가 그 덕을 바꾸게 될까 염려스러워 그렇게 하는 것이다. 천하가 그 본성이 어지럽혀지지 않고 그 덕을 바꾸지 않는다면 천하를 다스릴 필요가 있겠는가!

옛날에 요堯임금은 천하를 다스리되 세상 사람들로 하여금 그 본성을 즐기게 하였으나 이는 사람들을 안정되게 한 것이 아니었다. 걸桀이 천하를 다스릴 때에는 세상 사람들로 하여금 그 몸을 지치게 하고, 그 본성을 피폐하게 하였는데 이는 즐기도록 한 것이 아니었다.

무릇 안정되지 않고 즐기도록 내버려두지 않은 것은 모두가 덕이 아니며, 덕이 아닌 것으로 오래 지속된 것은 이 세상에 없다. 사람이 지나치게 즐거워하면 양기에 손상이 오고, 지나치게 노하면 음기에 손상이 온다. 음양이 다 함께 손상되면 사시四時의 운행이 순조롭지 않게 되고, 한서寒暑의 조화가 깨어져 도리어 사람의 몸을 상하게 한다. 그렇게 되면 사람으로 하여금 기쁨과 노여움의 도를 잃게 하고, 사는 거처가 일정하지 않게 하며, 생각이나 사고가 제대로 되지 않게 하고, 중도에서 그쳐 일을 마무리 짓지 못하게 한다. 이에 온 세상 사람들의 뜻이 고르지 않게 되어, 뒤에 도척, 증삼, 사어 같은 자들의 행동이 나타나게 되는 것이다. 그래서 온 천하가 선한 이에게 상을 주려 해도 그 상이 부족하고, 악한 이에게

벌을 주려고 해도 그 벌이 부족하게 되고 만다. 그러므로 이 세상이 크다고는 하나 상벌로 다스리기에는 부족한 것이다.

삼대 이후로 떠들썩하게 상벌을 일삼았으니 그들이 어찌 본성의 실체를 안정시킬 겨를이 있었겠는가!

또한 눈 밝은 것을 좋아하랴? 그렇게 되면 색에 빠지게 되고, 귀 밝은 것을 좋아하랴? 그렇게 되면 소리에 빠지게 되며, 인仁을 좋아하랴? 그러면 덕德을 어지럽히게 되고, 의義를 좋아하랴? 그렇게 되면 이치에 어긋나게 되며, 예禮를 좋아하랴? 그렇게 되면 기技를 돕게 되고, 악樂을 좋아하랴? 그렇게 되면 음탕하게 되며, 성聖을 세우랴? 그렇게 되면 예藝를 돕게 되고, 지知를 좋아하랴? 그렇게 되면 흠을 찾게 된다. 천하가 본성의 실체에 안주하면 이상의 여덟 가지는 있어도 되고 없어도 되는 것이다. 천하가 본성의 실체에 안주하지 못하면 이 여덟 가지가 이내 얽히고 설켜 천하를 어지럽히게 되고 만다. 그런데도 세상 사람들은 도리어 그것을 존중하고 아쉬워하기 시작하였다. 심하도다! 천하의 미혹됨이여! 그저 지나쳐 버리면 그만인 것을 목욕 재계하고 그것을 거론하며, 무릎을 꿇고 앉아 그것을 전하고, 북 치고 노래하며 그것을 떠받드니 내 이를 어찌하겠는가!

그러므로 군자가 어쩔 수 없어 천하를 다스리게 된다면, 아무런 작위도 가하지 않는 무위無爲보다 더 좋은 것이 없다. 자연 상태에 맡기는 무위야말로 사람의 본성을 안주하도록 할 수 있다. 그러므로 자신의 몸을 천하보다 더 아끼는 자라야 그에게 천하를 맡길 수 있고, 자신의 몸을 천하보다 더 사랑하는 자라야 그로부터 천하를 넘겨받을 수 있다. 그러므로 군자는 진실로 자신의 감정을 있는 그대로 겉으로 드러내지 아니하며, 그 총명함을 나타내지도 않으며, 시체처럼 가만히 있어도 용처럼 보이고, 깊은 연못처럼 잠잠해도 우레 소리가 나며, 정신의 활동이 자연의 변화에 맞고, 조용히 아무 하는 일이 없어도 티끌이 바람에 날리듯 만물이 저절로 움직이는 것이다. 그러니 다시 어찌 천하를 다스릴 겨를이 있겠는가!

聞在宥天下, 不聞治天下也. 在之也者, 恐天下之淫其性也; 宥之也者, 恐天下之遷其德也. 天下不淫其性, 不遷其德, 有治天下者哉! 昔堯之治天下也, 使天下欣欣焉人樂其性, 是不恬也; 桀之治天下也, 使天下瘁瘁焉人苦其性, 是不愉也. 夫不恬不愉, 非德也. 非德也而可長久者, 天下無之.

人大喜邪? 毗於陽; 大怒邪? 毗於陰. 陰陽並毗, 四時不至, 寒暑之和不成, 其反傷人之形乎! 使人喜怒失位, 居處無常, 思慮不自得, 中道不成章, 於是乎天下始喬詰卓鷙, 而後有盜跖·曾·史之行. 故擧天下以賞其善者不足, 擧天下以罰其惡者不給, 故天下之大, 不足以賞罰. 自三代以下者, 匈匈焉終以賞罰爲事, 彼何暇安其性命之情哉!

而且說明邪? 是淫於色也; 說聰邪? 是淫於聲也; 說仁邪? 是亂於德也; 說義邪? 是悖於理也; 說禮邪? 是相於技也; 說樂邪? 是相於淫也; 說聖邪? 是相於禮也; 說知邪? 是相於疵也. 天下將安其性命之情, 之八者, 存可也, 亡可也; 天下將不安其性命之情, 之八者, 乃始臠卷獊囊而亂天下也. 而天下乃始尊之惜之, 甚矣天下之惑也! 豈直過也而去之邪? 乃齋戒以言之, 跪坐以進之, 鼓歌以儛之, 吾若是何哉!

故君子不得已而臨莅天下, 莫若无爲. 无爲也而後安其性命之情.

故曰:「貴以身爲天下, 則可以託天下; 愛以身爲天下, 則可以寄天下.」

故君子苟能无解其五藏, 无擢其聰明; 尸居而龍見, 淵黙而雷聲, 神動而天隨, 從容无爲而萬物炊累焉. 吾又何暇治天下哉!

【在宥】自在寬宥의 줄인 말로 매우 너그럽고 宥和함을 뜻함.
【毗】'상하다, 깨어지다'의 뜻.
【喬詰卓鷙】뜻이 안정되어 있지 않음을 '喬詰'이라 하며, 행동이 평탄하지 못함을 '卓鷙'라 한다 함. 모두가 고대 雙聲連綿語로 여겨짐.

【孿卷】 제대로 퍼지지 못한 상태. 첩운연면어.
【故曰……則可以寄天下】《노자》13장의 구절.
【尸居而龍見】 모습이 안정되어 있으며 神彩가 혁혁함을 표현한 말.
【炊累】 불이 모여 올라가듯 만물의 번식이 대단함을 말함.

참고 및 관련 자료

1.《老子》13장

「寵辱若驚, 貴大患若身」. 何謂寵辱若驚? 寵爲上, 辱爲下, 得之若驚, 失之若驚, 謂寵辱若驚. 何謂貴大若身? 吾所以有大患者, 爲吾有身, 及吾無身, 吾有何患? 故貴以身爲天下, 若可寄天下; 愛以身爲天下, 若可託天下.

050
(11-2)
인의라는 것은
사람을 악하게 하는 것

최구崔瞿가 노담老聃에게 물었다.

"천하를 다스리지 않는다면 어떻게 사람의 마음을 착하게 할 수 있겠습니까?"

노담이 말하였다.

"그대는 삼가 사람의 마음을 어지럽히지 않도록 하라. 사람의 마음이란 억누르면 가라앉고 치켜올리면 올라가는데 오르락내리락하는 사이는 마치 감금당하기도 하고 살해당하기도 하는 것과 같다. 그것의 부드러움이란 억세고 강한 것을 유하게 만들기도 하고, 모가 나고 날카로울 때는 모난 것을 깎고 다듬기도 한다. 뜨겁게 달아오르면 불길같이 타오르나 차갑게 식히면 얼어버린 얼음과도 같게 된다. 그 빠르기란 순식간에 이 사해四海 밖을 두 번이나 갔다 올 정도이다. 그러나 그대로 있을 때에는 연못처럼 고요하지만, 움직이기 시작하면 하늘로 오를 듯하고 미친 듯이 치달아 잡아매어 둘 수 없다. 오직 사람의 마음만이 이러한 것이다!

옛날에 황제黃帝가 처음으로 인의仁義라는 것으로 사람의 마음을 어지럽혔다. 그 뒤로 요순堯舜은 넓적다리 살이 빠지고 정강이의 털이 붙어 있지 않을 정도로 천하 사람들의 몸을 보양해 주기에 힘썼으며, 자신의 몸을 괴롭히면서 인의를 행하였고, 온 혈기를 다하여 법규를 제정하였다. 그러나 사람의 마음을 이겨내지 못함이 있었으니 요임금은 이에 환두讙兜를 숭산崇山으로 추방하고, 삼묘三苗를 삼위산三峗山으로 내몰았으며, 공공共工을 유도幽都로 귀양을 보냈다. 이는 천하를 이겨내지 못하였기 때문이었다.

무릇 삼왕三王에 이르도록 이렇게 하자 세상 사람들은 더욱 크게 어지러워
졌다. 아래로는 걸桀과 도척盜跖이 나타났고, 위로는 증삼曾參과 사어史魚
같은 이가 나타났으며, 유가儒家와 묵가墨家 역시 모두 일어났다. 이에 사람들
은 희로喜怒의 감정을 서로 의심하고, 우지愚知가 서로 속이며, 착한 자와
착하지 않은 자가 서로를 비난하고, 거짓이니 참이니 하면서 서로를 기롱하
여 천하가 그만 쇠락하고 말았다. 그리하여 각기 타고난 대덕大德이 서로
달라졌으며 성명性命이 엉망이 되고 말았다. 천하 사람들은 지혜를 좋아하게
되어 백성들 사이에서는 이를 목마른 듯이 추구하였다. 이에 도끼와 톱으로
자르고 먹줄로 바로잡고, 망치나 끌로 쪼개는 일을 창조하게 되었다. 온
천하는 더욱 어지러워지고 말았는데 그 죄는 바로 사람들의 마음을 어지럽
힌 데 있는 것이다. 그러므로 똑똑한 이는 높은 산과 험한 바위 밑에
은거하게 되었고, 만승의 임금은 묘당廟堂에 앉아 두려움에 떨게 되었다.

지금 세상에는 엉뚱한 일로 처형된 사람의 시체가 서로 엇갈려 누워 있고,
형틀에 매인 자가 줄을 이으며, 형벌을 받은 자들이 서로 마주보고 있을
정도이다. 그러자 유가와 묵가들이 자신들의 이론을 들고 형틀 사이를 팔을
휘저으며 마구 다니고 있다. 아, 심하도다! 그들은 부끄러움도 느끼지 않으며
수치심도 모르는 정도여! 우리는 성스러움과 지혜라는 것이 사람을 얽어매는
형틀이 되지 않을 것이라고, 그리고 인의라는 것이 사람의 손발을 얽매는
형구가 되지는 않을 것이라고 미처 알아채지 못하고 있었던 것이다. 그러니
증삼과 사어가 걸과 도척의 효시가 됨을 어찌 알았겠는가! 그 때문에 '성스러움을
끊고 지혜라는 것을 포기해야 천하가 잘 다스려진다'라고 한 것이다."

崔瞿問於老聃曰: 「不治天下, 安臧人心?」

老聃曰: 「女愼無攖人心. 人心排下而進上, 上下囚殺, 淖約柔乎剛彊.
廉劌彫琢, 其熱焦火, 其寒凝冰. 其疾俛仰之間而再撫四海之外, 其居
也淵而靜, 其動也懸而天. 僨驕而不可係者, 其唯人心乎!

昔者黃帝始以仁義攖人之心, 堯舜於是乎股無胈, 脛無毛, 以養天下之形, 愁其五藏以爲仁義, 矜其血氣以規法度. 然猶有不勝也, 堯於是放讙兜於崇山, 投三苗於三峗, 流共工於幽都, 此不勝天下也.

夫施及三王而天下大駭矣. 下有桀跖, 上有曾史, 而儒墨畢起. 於是乎喜怒相疑, 愚知相欺, 善否相非, 誕信相譏, 而天下衰矣; 大德不同, 而性命爛漫矣; 天下好知, 而百姓求竭矣. 於是乎釿鋸制焉, 繩墨殺焉, 椎鑿決焉. 天下脊脊大亂, 罪在攖人心. 故賢者伏處大山嵁巖之下, 而萬乘之君憂慄乎廟堂之上.

今世殊死者相枕也, 桁楊者相推也, 刑戮者相望也, 而儒墨乃始離跂攘臂乎桎梏之間. 噫, 甚矣哉! 其無愧而不知恥也甚矣! 吾未知聖知之不爲桁楊接槢也, 仁義之不爲桎梏鑿枘也, 焉知曾史之不爲桀跖嚆矢也! 故曰『絶聖棄知而天下大治.』」

【崔瞿】 장자가 허구로 내세운 인물.
【臧】 '잘하다, 뛰어나다'의 뜻.
【淖約】 뛰어남. 아름다움.
【廉劌】 《노자》 58장에 "廉而不劌"라 함. 廉은 마름모의 稜角. 劌는 '긁혀 상처를 내다'의 뜻.
【儋驕】 금지시킬 수 없는 형세.
【讙兜】 堯임금 때의 인물로 요에게 崇山(湖南 大庸)으로 추방을 당하였음.
【三苗】 고대 중국 서남쪽의 이민족 제후. 이름은 饕餮이며 요임금과 대립하다가 三峗山(甘肅 敦煌)으로 쫓겨났다 함.
【共工】 요임금 때의 治水官으로 이름은 窮奇였으며 요임금에게 幽都(幽州, 지금의 河北 密雲)로 쫓겨남. 이상은 모두 《尙書》 堯典 및 《史記》 五帝本紀 등을 참조할 것.
【釿鋸·繩墨·椎鑿】 모두 여러 종류의 형구.

【殊死】 死刑. 엉뚱한 형벌로 죽임을 당함.

【桁楊】 목에 씌우고 주리를 트는 형구.

【接槢】 형구에 박는 쐐기의 일종.

【鑿枘】 질곡을 고정시키는 공예(孔枘). 즉 구멍을 뚫은 쐐기.

【嚆矢】 響箭이라고도 하며 전투의 시작 등을 알리는 신호로 쓰는 소리나는
화살. 시작을 말함.

1. 《老子》 58장

其政悶悶, 其民醇醇; 其政察察, 其民缺缺. 禍兮福之所倚, 福兮禍之所伏. 孰知其極?
其無正. 正復爲奇, 善復爲妖. 人之迷, 其日固久. 是以聖人方而不割, 廉而不劌,
直而不肆, 光而不耀.

051
(11-3) 다스림이란 최후의 조치

황제黃帝가 천자가 된 지 19년이 지나 그의 명령이 천하에 행하여지자 광성자廣成子가 공동산空同山 위에 살고 있다는 말을 듣고 그를 찾아가 만나 이렇게 말하였다.

"내 듣기로 그대는 지도至道에 통달하셨다 하니 감히 지도의 정수에 대하여 묻습니다. 나는 천지의 정수를 얻어 오곡이 잘 자라도록 돕고, 백성들을 잘 기르고자 합니다. 나는 또 음양을 관장하여 만물이 이에 순응하도록 하고자 하는데 어떻게 하면 되는 것입니까?"

광성자가 말하였다.

"그대가 묻고자 하는 것은 사물의 바탕이며, 그대가 다스리고자 하는 것은 사물의 나머지입니다. 스스로 나서서 천하를 다스린 뒤로는 구름의 기운이 다 모이기도 전에 비가 내리고, 풀과 나무가 누렇게 변하지도 않았는데 낙엽이 졌으며, 해와 달의 빛이 더욱 황폐해지고 말았소. 그대는 사람의 마음에 잘 영합하는 자이니 어찌 그대와 더불어 지도를 이야기할 수 있겠소!"

황제는 물러나 천하를 버리고 외따로 집을 짓고는 흰 띠로 자리를 깔고 석 달을 조용히 지내다가 다시 그를 찾아가 만나고자 하였다.

광성자는 남쪽으로 머리를 두고 누워 있었다. 황제는 아래쪽으로부터 무릎으로 기어가 두 번 절하고 머리를 조아린 채 물었다.

"듣기로 선생은 지도에 통달하셨다는데 감히 여쭙습니다. 몸을 어떻게 다스려야 오래 살 수 있습니까?"

광성자가 벌떡 일어나 말하였다.

"훌륭하도다. 그 질문이여! 이리 오시오! 내 그대에게 지도를 일러 주겠소. 지도의 정수는 어둡고 고요하여 보려고도 하지도 말고 들으려고도 하지도 말고 그 정신을 간직한 채 고요히 있으면 그 형체가 자연히 올바르게 될 것이외다. 반드시 고요하고 청정하게 하여 그대의 몸에 노고로움을 끼치지 말고 그대의 정기를 흔들리지 않게 하면, 오래도록 살 수 있을 것이오. 눈으로는 보는 것이 없고 귀로는 듣는 것이 없으며, 마음에 아는 바가 없이 그대의 정신이 자신의 몸만을 지키면 형체를 오래도록 보전할 수 있소. 그대의 정신을 자제하고 외물에 대한 마음을 닫아야 하오. 아는 것이 많으면 재난이 될 것이오. 내 그대를 저 지극히 밝은 태양 위에 이르도록 하여 저 지극한 양기陽氣의 근원에 이르게 하며, 그대를 깊고 아득한 문에 이르게 하여 저 지극한 음기陰氣의 근원에 이르게 해 주겠소. 천지에는 각기 맡은 직분이 있고, 음양에는 각기 그 처소가 있으니, 그대가 그대의 몸을 삼가 보살핀다면 만물이 저절로 왕성해질 것이외다. 나는 이 하나의 도를 지키며 그 조화 속에 살고 있기에 내 몸을 닦은 지 1천 2백 년이 되도록 몸이 쇠한 적이 없었던 것이오."

황제는 두 번 절하고 머리를 조아리며 말하였다.

"선생 광성자야말로 하늘이라 이르겠소이다!"

광성자가 말하였다.

"이리 오시오! 내 그대에게 말해주리라. 저 도는 무궁한데, 사람들은 모두 끝이 있다고 여기고, 저 도는 측량할 수 없는 것인데도 사람들은 모두가 다함이 있다고 여기고 있소. 내 도를 터득한 사람은 위로는 황제가

될 것이며, 아래로는 왕이 될 수 있지만, 내 도를 터득하지 못한 사람은 위로는 해와 달을 볼 것이고 아래로는 죽어 흙이 될 것이오. 지금 세상의 만물은 모두 흙에서 나와 흙으로 돌아가는 것이니 나는 이제 그대와 헤어져 무궁의 문으로 들어가 끝없는 들판에서 노닐고자 하오. 나는 해와 달과 더불어 빛을 발하고, 천지와 더불어 항상 영원할 것이오. 나는 누가 내게 다가와도 어쩌지 않으리다! 내게서 멀어져도 어쩌지 않으리다! 사람들은 모두 죽는 것이지만 나만은 홀로 존재할 것이외다!"

黃帝立爲天子十九年, 令行天下, 聞廣成子在於空同之山, 故往見之, 曰:「我聞吾子達於至道, 敢問至道之精. 吾欲取天地之精, 以佐五穀, 以養民人, 吾又欲官陰陽, 以遂群生, 爲之奈何?」

廣成子曰:「而所欲問者, 物之質也; 而所欲官者, 物之殘也. 自而治天下, 雲氣不待族而雨, 草木不待黃而落, 日月之光益以荒矣. 而佞人之心翦翦者, 又奚足以語至道哉!」

黃帝退, 損天下, 築特室, 席白茅, 閒居三月, 復往邀之.

廣成子南首而臥, 黃帝順下風膝行而進, 再拜稽首而問曰:「聞吾子達於至道, 敢問, 治身奈何而可以長久?」

廣成子蹶然而起, 曰:「善哉問乎! 來! 吾語汝至道. 至道之精, 窈窈冥冥; 至道之極, 昏昏默默. 无視无聽, 拘神以靜, 形將自正. 必靜必淸, 无勞汝形, 无搖汝精, 乃可以長生. 目无所見, 耳无所聞, 心无所知, 汝神將守形, 形乃長生. 愼汝內, 閉汝外, 多知爲敗. 我爲汝遂於大明之上矣, 至彼至陽之原也; 爲汝入於窈冥之門矣, 至彼至陰之原也. 天地有官, 陰陽有藏, 愼守汝身, 物將自壯. 我守其一以處其和, 故我修身千二百歲矣, 吾形未常衰.」

黃帝再拜稽首曰:「廣成子之謂天矣!」

廣成子曰:「來! 余語汝. 彼其物无窮, 而人皆以爲有終; 彼其物无測, 而人皆以爲有極. 得吾道者, 上爲皇而下爲王; 失吾道者, 上見光而下爲土. 今夫百昌皆生於土而反於土, 故余將去汝, 入无窮之門, 以遊無極之野. 吾與日月參光, 吾與天地爲常. 當我, 緡乎! 遠我, 昏乎! 人其盡死, 而我獨存乎!」

【廣成子】 장자가 가설로 내세운 도인이며 도 자체를 뜻하기도 함. 容城子, 容成子, 廣城子로도 쓰며 일설에는 老子의 별호라 함.
【空同山】 崆峒山으로도 쓰며 임의로 설정한 산 이름.
【百昌】 온갖 만물이 창성함.
【緡】 아무런 의식이 없음을 뜻함. 아무런 대응이 없음.

참고 및 관련 자료

1. 《列仙傳》卷上

容成公者, 自稱皇帝師. 見於周穆王, 能善補導之事, 取精於玄牝. 其要谷神不死, 守生養氣者也. 髮白更生, 齒落更生. 事與老子同, 亦云老子師也.

2. 《神仙傳》

廣成子者, 古之仙人也, 居崆峒山石室之中. 黃帝聞而造焉, 曰:「敢問至道之要.」 廣成子曰:「爾治天下, 雲不待簇而飛, 草木不待黃而落, 奚足以語至道哉!」 黃帝退而閒居, 三月, 復往見之. 廣成子方北首而臥, 黃帝膝行而前, 再拜, 請問治身之道. 廣成子蹶然而起, 曰:「至哉, 子之問也! 至道之精, 窈窈冥冥; 至道之極, 昏昏默默. 無視無聽, 抱神以靜, 形將自正. 必靜必清, 無勞爾形, 無搖爾精, 乃可長生. 愼內閉外, 多知爲敗. 我守其一, 以處其和. 故千二百歲, 而形未嘗衰. 得吾道者, 上爲皇; 失吾道者, 下爲土. 吾將去汝, 適無何之向, 入無窮之門, 遊無極之野, 與日月齊光, 與天地爲常. 人其盡死, 我獨存焉!」

052
(11-4) 무위無爲가 곧 화육化育

운장雲將이 동쪽으로 유람하던 중, 부요扶搖의 나뭇가지 아래를 지나다가 우연히 홍몽鴻蒙을 만났다. 홍몽은 마침 자기의 다리를 두드리며 새처럼 깡충깡충 뛰면서 놀고 있었다. 운장이 이를 보고 놀라 멈추어 서서 말하였다.

"노인께서는 어떤 사람입니까? 어찌하여 이런 행동을 하십니까?"

홍몽은 여전히 자기의 다리를 두드리며 깡충깡충 뛰는 것을 멈추지 않은 채 운장에게 말하였다.

"놀고 있소!"

운장이 말하였다.

"제가 여쭈어 보고 싶은 것이 있습니다."

홍몽은 고개를 들어 운장을 바라보며 말하였다.

"그렇게 하시오!"

운장이 말하였다.

"지금 천기天氣가 기운 조화를 잃었고, 지기地氣는 막혀서 뭉쳐 있으며, 육기六氣는 순조롭지 못하고, 사시는 절도를 지키지 못하고 있습니다. 나는 지금 육기의 정수를 모아 만물을 생육시키기를 원하고 있습니다. 어찌하면 좋겠습니까?"

홍몽은 자신의 다리를 두드리며 새처럼 깡충깡충 뛰면서, 머리를 내저으며 말하였다.

"나는 모르오! 나는 모르오!"

운장은 더 물어 볼 수가 없었다.

그리고 다시 3년이 지나 동쪽으로 유람하면서 송宋나라의 들판을 지나다가 우연히 홍몽을 다시 만났다.

운장은 크게 기뻐하며 앞으로 달려가 말하였다.

"홍몽께서는 저를 잊으셨습니까? 저를 잊으셨습니까?"

그리고 두 번 절하고 머리를 조아린 채 그에게 가르침을 듣고자 하였다.

홍몽이 말하였다.

"나는 자유로이 떠돌지만 요구할 줄도 모르고, 미친 듯이 날뛰나 갈 곳을 모르고 있소. 떠도는 자는 어디 자질구레한 것이 있어도 아무 것도 바라지 않는 경지를 구경할 뿐이라오. 내가 아는 것이 무엇이 있겠소!"

운장이 말하였다.

"저도 스스로는 마음이 내키는 대로 산다고 여기고 있기는 하지만 백성들은 제가 가는 곳이면 어디나 따라옵니다. 저는 차마 그들을 저버릴 수 없었으나 지금은 백성들이 나를 놓아준 상태입니다. 한 말씀 듣기를 원합니다."

홍몽이 말하였다.

"하늘의 법도를 어지럽히고, 만물의 본성을 거스르면 하늘의 오묘한 조화는 성취할 수 없소. 짐승은 무리를 떠나고, 새들이 모두 밤에도 울 것이며, 재앙은 풀과 나무에 미치고, 재앙은 벌레에게도 미칠 것입니다. 아, 남을 다스리는 자의 작위 때문에 생기는 과실이여!"

운장이 말하였다.

"그렇다면 저는 어찌해야 합니까?"

홍몽이 말하였다.

"아, 지독하도다! 서둘러 돌아가시오."

운장이 말하였다.

"저는 하늘의 재난을 만난 것입니다. 한 말씀 듣기를 원합니다."

홍몽이 말하였다.

"아! 마음을 닦으시오. 그대가 다만 무위無爲에 살기만 하면 만물은 저절로 화육化育하게 될 것이오. 그대의 형체를 잊고 그대의 총명함을 버리며, 외물外物과 함께 모든 것을 잊는다면 자연과 대동大同을 이룰

것입니다. 그리고 마음과 정신을 풀어 버리면 아득히 혼백도 없게 될 것이고, 만물은 번성하여 각기 그 근원으로 돌아가되 모두가 그 근원으로 돌아가면서도 이를 알지 못한 채, 혼돈의 상태에서 종신토록 그 도에서 분리되지 않게 될 것이오. 만약 그들이 이를 알게 되면 곧 그로부터 멀어지게 될 것이니 그 이름도 묻지 말고 그 실정도 보려 하지 않아야 만물은 그대로 생장할 것이오.”

운장이 말하였다.

“선생께서는 저에게 참된 덕을 내려주시고, 저에게 묵언으로 보여주셨습니다. 이제까지 제가 찾던 것을 이제야 얻었습니다.”

그리고는 두 번 절하고 머리를 조아리며 일어나 작별을 하고 떠났다.

雲將東遊, 過扶搖之枝而適遭鴻蒙. 鴻蒙方將拊脾雀躍而遊.

雲將見之, 倘然止, 贄然立, 曰:「叟何人邪? 叟何爲此?」

鴻蒙拊脾雀躍不輟, 對雲將曰:「遊!」

雲將曰:「朕願有問也.」

鴻蒙仰而視雲將曰:「吁!」

雲將曰:「天氣不和, 地氣鬱結, 六氣不調, 四時不節. 今我願合六氣之精以育群生, 爲之奈何?」

鴻蒙拊脾雀躍掉頭曰:「吾弗知! 吾弗知!」

雲將不得問.

又三年, 東遊, 過有宋之野而適遭鴻蒙.

雲將大喜, 行趨而進曰:「天忘朕邪? 天忘朕邪?」

再拜稽首, 願聞於鴻蒙.

鴻蒙曰:「浮遊, 不知所求; 猖狂, 不知所往; 遊者鞅掌, 以觀无妄. 朕又何知!」

雲將曰:「朕也自以爲猖狂, 而民隨予所往; 朕也不得已於民, 今則民之放也. 願聞一言.」

鴻蒙曰:「亂天下之經, 逆物之情, 玄天弗成; 解獸之群, 而鳥皆夜鳴;
災及草木, 禍及止蟲. 噫, 治人之過也!」

雲將曰:「然則吾奈何?」

鴻蒙曰:「噫, 毒哉! 僊僊乎歸矣.」

雲將曰:「吾遇天難, 願聞一言.」

鴻蒙曰:「噫! 心養. 汝徒處无爲, 而物自化. 墮爾形體, 黜爾聰明,
倫與物忘; 大同乎涬溟, 解心釋神, 莫然无魂. 萬物云云, 各復其根,
各復其根而不知; 渾渾沌沌, 終身不離; 若彼知之, 乃是離之. 无問其名,
无闚其情, 物固自生.」

雲將曰:「天降朕以德, 示朕以默; 躬身求之, 乃今也得.」

再拜稽首, 起辭而行.

【雲將】 구름을 주재하는 자. 가설로 내세운 신, 인명.
【扶搖】 神木. 혹 扶桑이 아닌가 하며 이는 동해 멀리 있는 신화 속의 巨木.
【鴻蒙】 인명으로 내세웠으나 원래는 자연의 원기를 뜻하는 첩운어. 본문에서는
'天'이라 부르기도 하였음.
【雀躍】 참새가 뛰듯 즐거워하는 모습을 표현한 것.
【猖狂】 자유분방함을 뜻하는 첩운어.
【鞅掌】 작은 것들이 매우 다양하게 많음을 나타내는 첩운어.
【止蟲】 昆蟲.
【倫與物忘】 與物相忘의 경지에 몰입함. 倫은 淪고 같음.

참고 및 관련 자료

1.《幼學瓊林》1233

心惑似狐疑, 人喜如雀躍.

053
(11-5)
나라를 다스리는 자의 무지無知함

　　세속의 사람들은 모두 남들이 자기와 의견이 같은 것을 좋아하고 자신과 다를 경우 이를 싫어한다. 자기와 같기를 바라고 자기와 다른 것을 바라지 않는 것은 여러 사람보다 뛰어나기를 바라기 때문이다. 그러나 다른 사람보다 앞서려는 마음을 지녔다고 해서 어찌 다른 사람보다 뛰어날 수 있겠는가! 여러 사람을 따라 편히 지내는 것이 편안하며 혼자 들은 것은 여러 사람의 기예를 합친 것만 못하다. 그럼에도 나라를 다스리기를 바라는 자는 삼왕三王 시대의 이로움만 보았지 그 폐해는 보지 못하고 있다. 그러니 이러한 사람으로 인해 다스려지는 나라는 요행으로 그렇게 된 것이다. 어찌 요행을 바라다가 나라를 잃지 않은 자가 있을 수 있겠는가! 그런 방법으로 나라를 그대로 보전한 사람은 만에 한 사람도 안될 것이다. 한 가지를 성취하지 못하는 사이에 만 사람 넘도록 그 나머지는 잃는 것이 있다. 안타깝도다. 나라를 가진 자들의 무지함이여!

　　무릇 나라를 가진다는 것은 큰 물건을 소유하는 것이고, 큰 물건을 소유한 자는 그 물건으로써 해서는 안 된다. 사물을 다스리면서도 사물에 구애받지 않으면 모든 사물이 제대로 보전되게 된다. 사물을 사물로 다스리는 자가 사물을 사물로 대하지 않음이 명백하다면 어찌 천하의 백성을 다스리는 것만이 그렇지 않다고 하겠는가! 육합六合을 드나들고 구주九州에서 놀면서 홀로 가고 홀로 오는 것을 일러 '독유獨有'라 한다. 독유의 경지에 이르는 자를 일러 '지귀至貴'라 한다.

대인大人의 교화는 그림자가 형체를 따르듯, 메아리가 소리를 따르듯 하는 것과 같아, 질문이 있으면 이에 응답하여 생각하는 바를 다 털어놓아 온 세상 사람들의 짝이 되어준다. 아무 소리도 없는 곳에 거하면서 일정한 방향도 없이 아무 곳이나 다니며, 허둥지둥 왔다갔다하는 그대들을 이끌어 무한한 경지에서 노닐게 할 것이다. 그는 드나듦에 의지하는 곳이 없고, 태양처럼 시작도 끝도 없다. 그 모습과 형체는 만물에 어우러지는 '대동大同'의 경지에 합치되고, 대동의 경지에 합치되니 자신에 대한 집착이 없다. 자신에 대한 집착이 없는데 어찌 사물의 있음에 대하여 얻고자 하겠는가! 존재하는 것을 본 것은 옛날의 군자이고, 무無의 경지를 바라보고 있는 사람은 천지의 벗이다.

천賤하면서도 맡기지 않을 수밖에 없는 것이 사물이고, 낮은 신분이지만 따를 수밖에 없는 것이 백성이며, 숨기고 싶지만 하지 않을 수 없는 것이 일이고, 조악하지만 널리 진술하지 않을 수 없는 것이 법이며, 본성과 멀지만 거기에 처하지 아니 하면 안 되는 것이 의義이고, 친하지만 널리 펴 나가지 않으면 안 되는 것이 인仁이며, 마디가 있으나 쌓지 않을 수 없는 것이 예禮이고, 세속에 잘 들어맞아 높이 여기지 아니할 수밖에 없는 것이 덕德이며, 한결같아도 바꾸지 않을 수 없는 것이 도道이고, 신묘하나 실제로 그렇다고 여겨 실천할 수밖에 없는 것이 하늘이다.

그러므로 성인은 하늘을 잘 살피되 돕지 않으며 덕에서 성취하되 거기에 얽매이지 않으며, 도에서 출발하되 계교를 쓰지 아니하며, 인을 근거로 모아들이되 그것에 의지하지 않으며, 의에 다가가되 이를 쌓아 올리지 않으며, 예에 순응하되 이를 꺼리지 않으며, 일에 임해서는 사양하지 않으며, 법으로 가지런히 하여 혼란을 일으키지 아니하며, 백성들에게 의지하되 이들을 가볍게 여기지 아니하며 사물을 근거로 하여 버리지 않는다.

물건이란 간여할 것이 되지 못하나 그렇다고 하지 않을 수도 없는 것이다. 이에 하늘에 밝지 못한 사람은 덕에 있어 순수하지 못하고, 도에 통달하지 못한 사람은 스스로 잘 하여 되도록 하는 일이 없으니 도에 밝지 못한 사람은 안타깝도다!

무엇을 도道라 하는가? 천도天道가 있고 인도人道가 있다. 무위無爲하되 존귀함을 받는 것이 천도이며, 유위有爲하되 얽매이는 것이 인도이다. 임금은 천도로 하고 신하는 인도로 하는 것이다. 천도와 인도는 서로 멀리 떨어져 있는 것이니 잘 살펴보지 아니하면 안 된다.

世俗之人, 皆喜人之同乎己而惡人之異於己也. 同於己而欲之. 異於己而不欲者, 以出乎衆爲心也. 夫以出乎衆爲心者, 曷常出乎衆哉! 因衆以寧所聞, 不如衆技衆矣. 而欲爲人之國者, 此攬乎三王之利而不見其患者也. 此以人之國僥倖也, 幾何僥倖而不喪人之國乎! 其存人之國也, 無萬分之一; 而喪人之國也, 一不成而萬有餘喪矣. 悲夫, 有土者之不知也!

夫有土者, 有大物也. 有大物者, 不可以物; 物而不物, 故能物物. 明乎物物者之非物也, 豈獨治天下百姓而已哉! 出入六合, 遊乎九州, 獨往獨來, 是謂獨有. 獨有之人, 是謂至貴.

大人之敎, 若形之於影, 聲之於響. 有問而應之, 盡其所懷, 爲天下配. 處乎无響, 行乎无方. 挈汝適復之撓撓, 以遊无端; 出入无旁, 與日无始; 頌論形軀, 合乎大同, 大同而无己. 无己, 惡乎得有有! 覩有者, 昔之君子; 覩无者, 天地之友.

賤而不可不任者, 物也; 卑而不可不因者, 民也; 匿而不可不爲者, 事也. 麤而不可不陳者, 法也; 遠而不可不居者, 義也; 親而不可不廣者, 仁也; 節而不可不積者, 禮也; 中而不可不高者, 德也; 一而不可不易者, 道也; 神而不可不爲者, 天也.

故聖人觀於天而不助, 成於德而不累, 出於道而不謀, 會於仁而不恃, 薄於義而不積, 應於禮而不諱, 接於事而不辭, 齊於法而不亂, 恃於民而不輕, 因於物而不去.

物者莫足爲也, 而不可不爲. 不明於天者, 不純於德; 不通於道者, 無自而可; 不明於道者, 悲夫!

何謂道? 有天道, 有人道. 无爲而尊者, 天道也; 有爲而累者, 人道也. 主者, 天道也; 臣者, 人道也. 天道之與人道也, 相去遠矣, 不可不察也.

【六合】 천지 사방. 온 세상을 말함.
【九州】 고대 중국을 아홉 개의 주로 나누어 행정 구역을 삼았음. 冀州, 兗州, 靑州, 徐州, 揚州, 荊州, 豫州, 梁州, 雍州였음.(《尙書》禹貢) 그러나 전국시대 鄒衍은 세상 전체를 아홉 개의 주로 구분하여 중국을 神州라 하고 그 외에 次州, 戎州, 弇州, 冀州, 台州, 泲州, 薄州, 陽州로 하였음.(《淮南子》墜形訓)
【大人】 至人, 眞人. 獨有之人.

1. "賤而不可不任者, 物也~相去遠矣, 不可不察也"의 뒤 긴 문장은 장자의 주지에 맞지 않을 뿐 아니라 내용도 전혀 달라 후세 잘못 삽입된 것으로 보고 있다. 즉 宣穎은 "此一段意膚文雜, 與本篇之義不類, 全不似莊子之筆"이라 하였고, 劉鳳苞는 "上段已不類南華筆意, ……若以'覩有'·'覩無'二句作結, 屹然而止. 至此段則意淺 詞膚, 畫蛇添足"이라 하였다. 그리고 胡文英은 "自'賤不可不任'以下, 無甚精義"이라 하였고, 馬叙倫은 "自世俗之人至此, 疑非在宥篇文"이라 하였으며, 馮友蘭은 "這段話 在本篇的末尾, 跟本篇前一部份的精神不合. 可能前一部份比較早, 後一部份是後 來加上去的"이라 하였다. 그리고 李勉은 "此下一段文意俗雜, 尤多矛盾之句, 疑爲俗 儒所竄. 上文旣云'無心因任, 與物俱忘', 此段又云'物不可不任, 民不可不因, 事不 可不爲, 法不可不陳……', 是皆不能忘心無爲, 擧上文矛盾者也, 豈莊子之道乎? 且尊禮崇法, 居仁由義, 是孔孟之道也, 莊子焉能爲之? 足見此段乃是後人有意於 功名而欲掊擊莊子之道者所竄"이라 하였다. 한편 陳鼓應의 《莊子今註今譯》에는 역주를 하지 않았다.

12. 천지天地

'천지天地'에서 천天과 지地는 장자에게 있어서 만물이 존재하는 시간이며 동시에 공간이다. 아울러 이 천지는 시작도 끝도 없으며 삶도 죽음도 없고 높낮이나 장단도 없다. 그러한 속에 갇혀 있는 인간도 역시 외물과의 상대적 우월이나 사고思考의 고등高等함을 가지고 있는 것이 아니다. 따라서 절대적 자연의 도에 맞추어 작위作爲를 없애고 무위無爲로써 천하를 바라보며 터득할 것을 주장한 것이다.

"태초에는 무無만 있고 유有는 없어 그 명칭도 없었다. 무에서 하나(一)가 생겨났는데 하나만 있고 그 형체는 아직 이루어지지 않았었다."

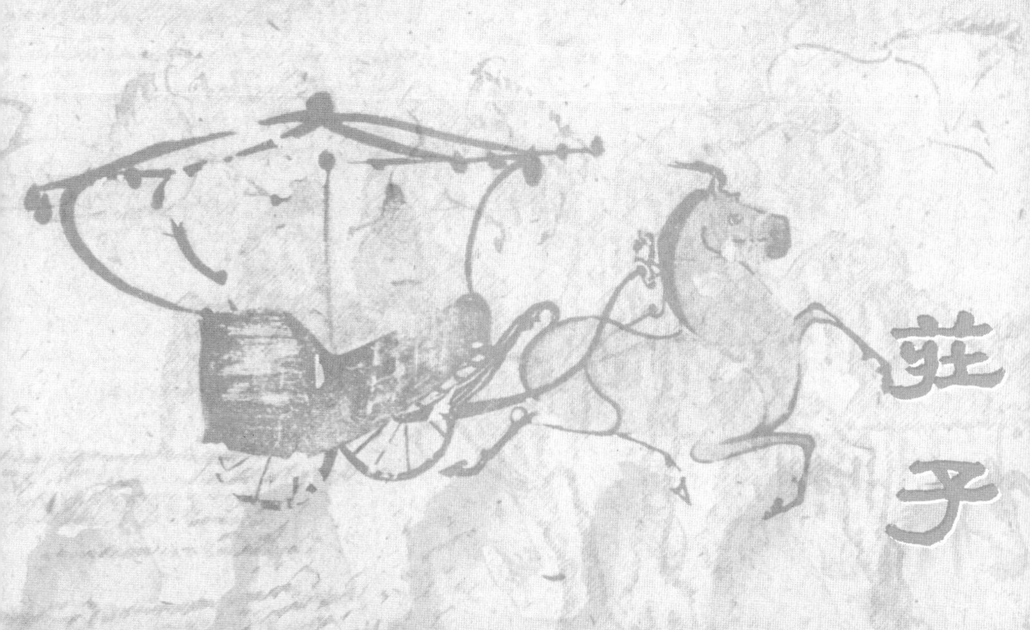

054
(12-1) 만물에 도는 오직 하나

하늘과 땅이 비록 크다고는 하나 그 조화는 균등하고, 만물이 비록 많다고는 하나 그 다스림은 하나이며, 사람이 비록 많다 하나 그 주인은 임금이다. 임금은 덕을 근거로 하늘에 의해 사업을 성취시킨다. 그러므로 태고 시대 임금은 천하를 다스림에 무위無爲로 하였고 하늘의 덕을 따랐을 뿐이었다고 말하는 것이다.

도道로써 말을 살피면 천하의 명분이 바르게 되고 도로써 직분을 살피면 군신의 도의가 분명해지며, 도로써 능력을 살피면 천하의 관직이 잘 다스려지며, 도로써 널리 살피면 만물의 응함이 모두 갖추어질 것이다. 그러므로 하늘과 통하는 것이 도道요, 땅에 순응하는 것이 덕德이며, 만물에 행하여지는 것이 의義요, 위에서 사람을 다스리는 것이 사事이며, 잘하는 바를 능히 해낼 수 있도록 하는 것이 기技이다.

기技는 사事를 겸하게 되고 사事는 의義를 겸하게 되며, 의義는 덕德과 겸하게 되고, 덕德은 도道와 겸하게 되며, 도道는 천天과 겸하게 된다.

그러므로 옛날에 천하를 양육하던 자는 아무런 욕심을 부리지 않았기 때문에 천하가 만족하였고, 무위無爲로 하였기 때문에 만물이 절로 화육化育하였으며, 고요히 있었기 때문에 백성들이 안정되었다고 말하는 것이다.

옛 기록에는 이렇게 말하였다.

"하나에 통함으로써 만사가 모두 이루어지고, 무엇을 얻고자 하는 마음도 없음으로써 귀신이 굴복하는 것이다."

天地雖大, 其化均也; 萬物雖多, 其治一也; 人卒雖衆, 其主君也.
君原於德而成於天, 故曰, 玄古之君天下, 无爲也, 天德而已矣.

以道觀言, 而天下之名正; 以道觀分, 而君臣之義明; 以道觀能,
而天下之官治; 以道汎觀, 而萬物之應備. 故通於天者, 道也; 順於地者,
德也; 行於萬物者, 義也; 上治人者, 事也; 能有所藝者, 技也. 技兼於事,
事兼於義, 義兼於德, 德兼於道, 道兼於天, 故曰: 古之畜天下者,
无欲而天下足, 无爲而萬物化, 淵靜而百姓定. 記曰:「通於一而萬事畢.
无心得而鬼神服.」

【人卒】 많은 무리의 人衆.
【天德】 천지 자연의 법칙을 체득하여 자신의 존재를 확인하는 방식.
【无欲而天下足……淵靜而百姓定】《노자》 57장의 기록과 관련이 있음.
【記曰】 고대의 기록. 구체적으로 어떤 책을 지칭하는 것은 아님.

참고 및 관련 자료

1.《老子》57장

以正治國, 以奇用兵, 以無事取天下. 吾何以知其然哉? 以此: 天下多忌諱, 而民
彌貧; 朝多利器, 國家滋昏; 人多伎巧, 奇物滋起; 法令滋彰, 盜賊多有. 故聖人云:
「我無爲而民自化, 我好靜而民自正, 我無事而民自富, 我無欲而民自樸.」

만물을 수용하면 부자가 된다

선생님께서 말씀하셨다.

"무릇 도라는 것은 만물을 덮어 주고 실어 주는 것이다. 넓고 넓어 크도다! 군자들도 마음을 비우지 않으면 받아들여지지 않는다.

무위로써 일하는 것을 하늘이라 하며, 무위로써 말하는 것을 덕이라 한다. 남을 사랑하고 사물을 이롭게 하는 것을 인仁이라 하며, 같지 않은 것들을 같게 하는 것을 대大라 한다. 행동이 남달리 어긋나지 않는 것을 관寬이라 하고, 온갖 같지 않은 것을 수용하는 것을 부富라 한다.

그러므로 굳게 자신의 덕을 지키는 것을 기紀라 하고, 덕이 이루어지는 것을 입立이라 하며, 도에 따르는 것을 비備라 하고, 사물로 인해 뜻이 꺾이지 않는 것을 완完이라 한다.

군자가 이 열 가지에 밝으면 곧 그 마음이 만물을 포용할 만큼 넓어질 것이요, 만물은 널리 그를 따를 것이다. 이런 사람이라면 금 따위는 깊은 산 속에 묻어 버리고, 구슬을 연못 속에 감추어 두며, 재물을 이익이라 생각하지 않고, 부귀에 허리를 꺾지 아니하며 오래 사는 것조차도 좋아하지도 않으며, 요절할지라도 슬퍼하지도 않으며, 통달함을 영예롭다 생각지도 않으며, 궁함을 추하다 여기지 않으며, 일세의 이익을 위해 자신의 사사로움을 추구하지 아니하며, 천하의 제왕이 되어도 자신이 현달한 지위에 있다고 여기지 않으며, 현달하면 세상을 밝게 하고 만물과 일체가 되며 죽음과 삶도 같은 모습으로 여긴다."

夫子曰:「夫道, 覆載萬物者也, 洋洋乎大哉! 君子不可以不刳心焉.
无爲爲之之謂天, 无爲言之之謂德, 愛人利物之謂仁, 不同同之之
謂大, 行不崖異之謂寬, 有萬不同之謂富. 故執德之謂紀, 德成之謂立,
循於道之謂備, 不以物挫志之謂完. 君子明於此十者, 則韜乎其事心
之大也, 沛乎其爲萬物逝也. 若然者, 藏金於山, 沈珠於淵, 不利貨財,
不折貴富; 不樂壽, 不哀夭; 不榮通, 不醜窮; 不拘一世之利以爲己私分,
不以王天下爲己處顯. 顯則明, 萬物一府, 死生同狀.」

【夫子】 여기에서는 莊子를 가리킴. 장자의 문인이 기록하면서 장자를 지칭한 것.
【刳心】 사사로운 지혜를 제거한 마음.
【私分】 사사로운 명분이나 소유, 직분.

056
(12-3)

보아도 아득하고 들어도 소리가 없는 도

선생님께서 말씀하셨다.

"무릇 도라는 것은 그 모습이 깊은 연못처럼 고요하고, 깊은 물처럼 맑은 것이다. 쇠나 돌도 이 도라는 것을 얻지 못하면 소리가 나지 않고, 소리가 나더라도 두드리지 않으면 나지 않는 법이다. 만물의 이러한 성능을 누가 정한 것일까!

무릇 풍성한 덕을 지닌 사람은 소박하게 행동하면서 속세의 일에 통달한 것을 부끄럽게 여긴다. 그는 도의 근원에 서 있어서 그 지혜가 신령스러운 경지와 통하기에 그 덕이 넓다. 그의 마음의 움직임은 사물에 의하여 채택한다. 그러므로 모든 형체는 도가 아니면 생겨날 수 없고, 모든 생성은 도가 아니면 밝혀낼 수가 없는 것이다. 형체를 보존하면서 생성을 다하고, 덕을 세워 도를 밝히는 것이 큰 덕을 지닌 자가 아니겠는가! 넓고 넓도다! 홀연히 나타나 발연히 움직이면 만물이 이를 따르도다! 이를 일러 큰 덕을 지닌 사람이라 한다.

보아도 아득하고 들어도 소리가 없다. 막막하고 아득한 속에 홀로 밝음을 보고, 막막한 가운데 홀로 조화로운 소리를 듣는다.

그러므로 깊고 깊어 만물을 능히 살펴낼 수 있고, 신묘하고도 신묘하여 만물의 정묘精妙함을 알아낼 수 있다. 따라서 그가 만물과 접할 때에는 무의 경지에 이르러 만물의 요구에 맞추어주고, 때에 맞추어 움직이면서 그 머물 곳을 요구한다." (크기와 장단, 원근을 두고 한 말이다.)

夫子曰:「夫道, 淵乎其居也, 漻乎其清也. 金石不得, 無以鳴. 故金石有聲, 不考不鳴. 萬物孰能定之!

夫王德之人, 素逝而恥通於事, 立之本原而知通於神. 故其德廣, 其心之出, 有物採之. 故形非道不生, 生非德不明. 存形窮生, 立德明道, 非王德者邪! 蕩蕩乎! 忽然出, 勃然動, 而萬物從之乎! 此謂王德之人.

視乎冥冥! 聽乎無聲. 冥冥之中, 獨見曉焉; 無聲之中, 獨聞和焉. 故深之又深而能物焉, 神之又神而能精焉; 故其與萬物接也, 至無而供其求, 時騁而要其宿. 大小, 長短, 修遠.」

【金石】쇠붙이나 돌로 만든 악기. 鐘磬.
【不考不鳴】考는 擊과 같음. 叩의 뜻. 두드리지 않으면 소리를 내지 않음.
【王德】旺德을 뜻함. 덕이 풍성함.
【大小, 長短, 修遠】이는 郭象의 注가 잘못 삽입된 것으로 보고 있다.

057
(12-4)

상망이라는 도인

황제黃帝가 적수赤水의 북쪽에서 노닐면서 곤륜산崑崙山 언덕에 올라 남쪽을 바라보다 돌아오는 길에 그의 현주玄珠를 잃어버렸다. 지知를 시켜 이를 찾아보도록 하였으나 찾지 못하였고 이주離朱로 하여금 찾아보도록 하였으나 역시 찾지 못하였으며 끽후喫詬로 하여금 찾아보도록 하였으나 역시 찾지 못하였다. 이에 상망象罔으로 하여금 찾아보도록 하였더니 곧 찾아내는 것이었다. 이에 황제가 말하였다.

"기이하도다! 상망만이 찾아낼 수 있었다니!"

黃帝遊乎赤水之北, 登乎崑崙之丘而南望, 還歸遺其玄珠. 使知索之而不得, 使離朱索之而不得, 使喫詬索之而不得也. 乃使象罔, 象罔得之. 黃帝曰:「異哉! 象罔乃可以得之乎?」

【赤水】 장자가 임의로 설정한 지명.

【喫詬】 말 솜씨에 뛰어난 사람을 가설하여 내세운 인명.

【象罔】 역시 장자가 가설로 내세운 인명으로 아무런 생각이 없는 도인이라는 뜻. 첩운연면어.

지혜가 뛰어날수록 위험한 자

요堯의 스승은 허유許由였고, 허유의 스승은 설결齧缺이었으며, 설결의 스승은 왕예王倪였고, 왕예의 스승은 피의被衣라 하였다.

요임금이 허유에게 여쭈었다.

"설결은 하늘과 짝을 이룰 만합니까? 저는 왕예를 통하여 그 분을 모시고자 합니다."

허유가 말하였다.

"위태로운 일이오. 천하에 그 위험한 일을! 설결의 사람됨은 총명하고 지혜가 밝으며 재빠르고 민첩하오. 그 성품은 남보다 뛰어나며 게다가 사람의 일로 하늘의 뜻을 받아들이려 하고 있소. 그는 과실을 금지하는 일은 잘 알고 있지만 그러한 잘못이 생기게 된 근본 이유에 대해서는 잘 모르오. 그러니 어떻게 하늘과 짝을 이룰 만하다는 것이오? 그는 또 사람의 일을 타고 나서며 하늘의 뜻은 없는 것으로 여기고 있으며, 또한 자신의 몸을 근본으로 하여 다른 것을 차별하고 있소. 그런가 하면 지혜를 존중하여 불같이 내닫는 성격이며 게다가 일에 쫓기고 사물에 구속을 받고 있으며, 사방을 돌아보면서 사물에 대처하기에 바쁜 자라오. 또 여러 사람이 마땅하다고 하면 이에 따르며 만물의 변화를 인정하며 처음부터 일정한 항심은 가지고 있지 못하오. 무릇 어찌 족히 하늘과 짝을 이루겠소? 비록 그렇기는 하나 가족이 있으면 그 선조가 있는 법이니 그는 한 집안의 아버지는 될지언정 한 집안의 선조는 될 수 없소. 그의 다스림은 혼란의 인솔자가 될 것이니, 신하로서는 재앙이 될 것이며 임금에게는 적해를 끼칠 것이오."

堯之師曰許由, 許由之師曰齧缺, 齧缺之師曰王倪, 王倪之師曰被衣.

堯問於許由曰:「齧缺可以配天乎? 吾藉王倪以要之.」

許由曰:「殆哉圾乎天下! 齧缺之爲人也, 聰明叡知, 給數以敏, 其性過人, 而又乃以人受天. 彼審乎禁過, 而不知過之所由生. 與之配天乎? 彼且乘人而無天, 方且本身而異形, 方且尊知而火馳, 方且爲緒使, 方且爲物絯, 方且四顧而物應, 方且應衆宜, 方且與物化而未始有恆. 夫何足以配天乎? 雖然, 有族, 有祖, 可以爲衆父, 而不可以爲衆父父. 治, 亂之率也, 北面之禍也, 南面之賊也.」

【齧缺·王倪·被衣】 장자가 임의로 설정한 도인들. 왕예는 설결의 스승이며 被衣는 蒲衣이며 〈應帝王篇〉의 蒲衣子. '부들로 옷을 해 입은 자'라는 뜻.

【藉】 '그를 통하여, 부탁하여' 등의 뜻이다.

【要】 '邀'와 같음. 맞이하여 스승으로 모심.

【圾】 다른 본에는 '岌'으로 되어 있으며 '危'와 같은 뜻임.

【給數】 '給'은 '捷'의 뜻이며 '삭(數)'은 '速'의 뜻. '민첩하다'의 의미.

【緒使】 세세한 일에 사역을 당함.

【物絯】 사물에 구속을 당함. '絯'는 '礙'와 같은 뜻임.

【衆父】 여럿이 함께 아버지로 받드는 자. 백성의 지도자를 뜻함.

【衆父父】 천자, 임금을 가리킴.

【北面·南面】 北面은 신하의 지위를 뜻하며 南面은 왕(지도자)를 가리킴.

059
(12-6) 부귀영화란 무엇인가

요堯임금이 화華 땅을 유람할 때 화 땅의 봉인封人이 말하였다.

"오, 성인이시여. 청컨대 성인께 축복을 내리고자 합니다. 성인으로 하여금 장수하시기를 축원합니다."

요임금이 말하였다.

"사양하겠소."

"그렇다면 성인의 부귀 영화를 축원합니다."

요임금이 말하였다.

"그것도 사양하겠소."

"그렇다면 성인께서 아들을 많이 두기를 축원합니다."

요임금이 말하였다.

"그것도 사양하겠소."

그러자 그 봉인이 말하였다.

"장수와 부귀 영화, 아들 많음은 누구나 바라는 바입니다. 그런데 당신께서는 유독 그런 것을 바라지 않으시니 어찌 된 것입니까?"

요임금이 말하였다.

"아들이 많으면 근심이 많아지고, 부귀하면 일이 많으며, 장수하면 욕된 일이 많아지는 법이오. 이 세 가지는 덕을 키우는 일이 아니오. 그 때문에 사양하는 것이오."

봉인이 말하였다.

"처음에 나는 당신이 성인인 줄 알았는데 이제 보니 군자 정도이시군요. 하늘이 만민을 낳을 때는 반드시 그에게 직무를 내리는 법이오. 아들이 많더라도 반드시 그에게 직무를 내릴 것인데 무슨 걱정이십니까? 또 부자가 되더라도 사람들로 하여금 나누어 갖게 하면 될 터인데 무슨 걱정이십니까? 무릇 성인이란 메추리처럼 자유로워 거처를 정하지 않고, 새 새끼처럼 주는 대로 먹으며, 새처럼 날아다니며 아무런 행적도 남기지 않습니다. 천하에 도가 행하여지면 사물과 함께 번창하고, 천하에 도가 없으면 덕이나 닦으며 한가롭게 지낼 뿐입니다. 천년을 살다가 세상에 싫증이 나면 훌쩍 떠나 신선 세계로 올라가 저 흰 구름을 타고 제향帝鄕으로 가는 것이오. 그리하면 앞서의 세 가지 근심도 찾아들지 않아 몸에는 재앙이라는 것이 항상 없을 것이오. 그런데 무슨 욕될 것이 있겠습니까?"

그 봉인이 떠나자 요임금이 그를 따라가며 말하였다.

"청컨대 여쭈어보겠소."

그러자 봉인은 이렇게 한 마디 하였다.

"물러가시오!"

堯觀乎華. 華封人曰：「嘻, 聖人, 請祝聖人. 使聖人壽.」

堯曰：「辭.」

　　　「使聖人富.」

堯曰：「辭.」

　　　「使聖人多男子.」

堯曰：「辭.」

封人曰：「壽·富·多男子, 人之所欲也, 女獨不欲, 何邪？」

堯曰：「多男子則多懼, 富則多事, 壽則多辱. 是三者, 非所以養德也, 故辭.」

封人曰:「始也我以女爲聖人邪, 今然君子也. 天生萬民, 必授之職,
多男子而授之職, 則何懼之有? 富而使人分之, 則何事之有? 夫聖人,
鶉居而鷇食, 鳥行而无彰, 天下有道, 則與物皆昌; 天下无道, 則修德
就閒; 千歲厭世, 去而上僊; 乘彼白雲, 至於帝鄉; 三患莫至, 身常无殃;
則何辱之有?」

封人去之. 堯隨之, 曰:「請問?」

封人曰:「退已!」

【華】 지명, 지금의 陝西 華縣.
【封人】 어떠한 지역에 봉해져서 다스림을 위임받은 사람.
【鶉居】 메추라기가 정해진 둥지가 없듯이 정처가 없음을 뜻함.
【鷇食】 어린 새가 아무런 생각이 없이 그저 먹을 것만 요구함을 뜻함.

참고 및 관련 자료

1. 《十八史略》 卷一

觀于華, 華封人曰:「嘻! 請祝聖人. 使聖人壽富多男子!」堯曰:「辭, 多男子則多懼;
富則多事; 壽則多辱.」封人曰:「天生萬民, 必授之職. 多男子而授之職, 何懼之有?
富而使人分之, 何事之有? 天下有道, 與物皆昌; 天下無道, 修德就閒; 千歲厭世,
去而上僊, 乘彼白雲, 至于帝鄉, 何辱之有?」

060
(12-7) 천하를 물려주겠소

요^堯임금이 천하를 다스릴 때 백성자고^{伯成子高}를 제후로 삼았다. 그 뒤 요임금이 순임금에게 자리를 물려주고 순임금이 우임금에게 자리를 물려주자 백성자고는 제후에서 물러나 농사를 지었다. 우임금이 그를 찾아갔더니 그는 들에서 밭을 갈고 있었다. 우임금이 아래쪽으로 달려가 말하였다.

"옛날에 요임금이 천하를 다스릴 때 선생께서는 제후의 자리에 있었지요. 요임금이 순임금에게 자리를 물려주고, 순임금이 나에게 왕위를 물려주자 선생께서는 제후의 자리에서 물러나 농사를 짓고 계십니다. 감히 그 까닭을 여쭙건대 어찌된 일입니까?"

백성자고가 말하였다.

"옛날에 요임금이 천하를 다스릴 때에는 상을 내리지 않아도 백성들이 힘써 일하였고 벌을 내리지 않아도 백성들은 두려워하였습니다. 지금은 그대가 상벌을 내리는데도 백성들이 어질지 못합니다. 이리하여 덕이 쇠하고 형벌이 들어서게 되었으니 후세의 혼란도 여기에서 비롯될 것입니다. 그대는 빨리 돌아가시오. 내 일에 방해하지 마시오!"

그리고는 고개를 숙이고 밭을 갈며 돌아보지도 않았다.

堯治天下, 伯成子高立爲諸侯. 堯授舜, 舜授禹, 伯成子高辭爲諸侯而耕, 禹往見之. 則耕在野. 禹趨就下風, 立而問焉, 曰:「昔堯治天下, 吾子立爲諸侯. 堯授舜, 舜授予, 而吾子辭爲諸侯而耕, 敢問, 其故何也?」

子高曰:「昔堯治天下, 不賞而民勸, 不罰而民畏. 今子賞罰而民且不仁, 德自此衰, 刑自此立, 後世之亂自此始矣. 夫子闔行邪? 无落吾事!」挹挹乎耕而不顧.

【三患】 병, 늙음, 죽음에 대한 근심과 禍患.
【伯成子高】 고대의 은자. 혹 장자가 가설한 인물.
【趨就下風】 '風'은 '方'과 같음. 급히 아래쪽으로 내려감. 스스로 겸양을 내세움을 말함.
【挹挹】 머리를 숙이고 밭을 가는 모습을 형용한 것.

참고 및 관련 자료

1. 《列子》 楊朱篇

楊朱曰:「伯成子高不以一毫利物, 舍國而隱耕. 大禹不以一身自利, 一體偏枯. 古之人損一毫利天下不與也, 悉天下奉一身不取也. 人人不損一毫, 人人不利天下, 天下治矣.」禽子問楊朱曰:「去子體之一毛以濟一世, 汝爲之乎?」楊子曰:「世固非一毛之所濟.」禽子曰:「假濟, 爲之乎?」楊子弗應. 禽子出語孟孫陽. 孟孫陽曰:「子不達夫子之心, 吾請言之. 有侵若肌膚獲萬金者, 若爲之乎?」曰:「爲之.」孟孫陽曰:「有斷若一節得一國, 子爲之乎?」禽子默然有閒. 孟孫陽曰:「一毛微於肌膚, 肌膚微於一節, 省矣. 然則積一毛以成肌膚, 積肌膚以成一節. 一毛固一體萬分中之一物, 奈何輕之乎?」禽子曰:「吾不能所以答子. 然則以子之言問老聃關尹, 則子言當矣; 以吾言問大禹墨翟, 則吾言當矣.」孟孫陽因顧與其徒說他事.

2. 《新序》節士篇

堯治天下, 伯成子高爲諸侯焉. 堯授舜, 舜授禹, 伯成子高辭爲諸侯而耕. 禹往見之,
則耕在野, 禹趨就下位而問焉, 曰:「昔者, 堯治天下, 吾子立爲諸侯焉, 堯授舜,
吾子猶存焉. 及吾在位, 子辭諸侯而耕, 何故?」伯成子高曰:「昔堯之治天下, 擧天
下而傳之他人, 至無欲也, 擇賢而與之其位, 至公也. 以至無欲至公之行示天下, 故
不賞而民勸, 不罰而民畏. 舜亦猶然. 今君賞罰而民欲且多私, 是君之所懷者私也.
百姓知之, 貪爭之端, 自此始矣. 德自此衰, 刑自此繁矣. 吾不忍見, 以是處野也.
今君又何求而見我? 君行矣, 無留吾事.」耕而不顧. 書曰:「旁施象刑維明.」及禹
不能. 春秋曰:「五帝不告誓.」信厚也.

3. 《呂氏春秋》長利

堯治天下, 伯成子高立爲諸侯. 堯授舜, 舜授禹, 伯成子高辭諸侯而耕. 禹往見之, 則耕
在野. 禹趨就下風而問曰:「堯理天下, 吾子立爲諸侯, 今至於我而辭之, 故何也?」伯成子
高曰:「當堯之時, 未賞而民勸, 未罰而民畏, 民不知怨, 不知說, 愉愉其如赤子.
今賞罰甚數, 而民爭利且不服, 德自此衰, 利自此作, 後世之亂自此始. 夫子盍行乎?
無慮吾農事.」協而耰, 遂不顧. 夫爲諸侯, 名顯榮, 實佚樂, 繼嗣皆得其澤, 伯成子高不
待問而知之, 然而辭爲諸侯者, 以禁後世之亂也.

태초에 무無만 있고 유有는 없었다

태초에는 무無만 있고 유有는 없어 그 명칭도 없었다. 무에서 하나一가 생겨났는데 하나만 있고 그 형체는 아직 이루어지지 않았었다.

만물이 하나로 말미암아 생겨났을 때 그 작용을 일러 덕德이라 한다. 아직 형체도 갖추지 못하였던 것이 잠시도 끊이지 않고 나뉘었는데 이를 일러 명命이라 한다. 하나에 움직임이 있어 만물이 생겨났으며 만물이 생겨나서 이치가 갖추어진 것을 일러 형形이라 한다. 형체가 정신을 보존하되 이에는 각기 법칙이 있으니 이를 일러 성性이라 한다.

본성을 잘 닦으면 덕으로 돌아가고, 덕이 지극해지면 태초와 같아지며, 태초와 같아지면 허虛의 상태가 되고, 허의 상태가 되면 곧 커지게 된다.

새가 부리를 놀리듯 무심한 말을 하게 되고 무심한 말을 하게 되면 천지와 합치하는데 천지와 합치되면 아무런 흔적도 없어 희미하며 어리석고 무지한 듯이 보인다. 이를 일러 현덕玄德이라 하며 천지에 크게 순응하는 것이다.

泰初有无无有无名; 一之所起, 有一而未形. 物得以生, 謂之德. 未形者有分, 且然无間, 謂之命; 留動而生物, 物成生理, 謂之形; 形體保神, 各有儀則, 謂之性. 性修反德, 德至同於初. 同乃虛, 虛乃大. 合喙鳴; 喙鳴合, 與天地爲合. 其合緡緡, 若愚若昏, 是謂玄德, 同乎大順.

【泰初】太初와 같음. 우주가 생기기 이전.
【无有无名】'무'(无, 無)라는 명칭도 있지 않았음.
【一】道를 뜻함.
【緡緡】'泯泯'과 같음. 아무런 흔적이 없음.
【大順】자연을 가리킴.《노자》65장 참조.

1.《老子》65장

古之善爲道者, 非以明民, 將以愚之. 民之難治, 以其智多. 故以智治國, 國之賊; 不以智
治國, 國之福. 知此兩者亦稽式. 常知稽式, 是謂玄德. 玄德深矣遠矣; 與物反矣!
然後乃至大順.

재주는 몸을 노고롭게 하는 것

공자가 노담老聃에게 말하였다.

"어떤 사람이 도를 닦되 그 도를 본받는다면 불가한 것을 가하다 하고 그렇지 않은 것을 그렇다고 할 것입니다. 변론가들이 '하나의 돌에서 굳다는 뜻과 희다는 뜻을 분리시켜 놓으면 마치 허공에 매달아 놓은 것처럼 분명해 진다'라고 말하는데 이런 사람을 성인이라 할 수 있겠습니까?"

노담이 말하였다.

"그것은 지혜로 일을 처리하고 재주에 얽매여 몸을 노고롭게 하며 마음을 어지럽히는 자요. 사냥을 잘 하는 개는 사냥터에 불려 나오게 되고, 원숭이는 날래기 때문에 산에서 잡혀 오게 되는 것이지요. 구됴여! 내 그대에게 듣지도 보지도 못한 것을 이야기해 주겠소. 무릇 머리나 발은 있으나 마음이나 귀가 없는 자가 많으며 형체를 가지고 있는 것이 형체도 없으며 모양도 없는 것과 함께 있을 수는 없소. 그리고 그것들이 움직이고 멈추는 것과 죽고 사는 것, 흥하고 망하는 것 모두가 그 작용으로 인하여 그리 되는 것이 아니오. 다스린다는 것은 사람에게 달려 있소. 사물을 잊고 하늘을 잊으면 이를 일러 자신을 잊었다라 하는 것이오. 자신을 잊은 사람이야말로 이를 일러 자연에 몰입한 사람이라고 하는 것이오."

夫子問於老聃曰:「有人治道若相放, 可不可, 然不然. 辯者有言曰,
『離堅白若縣宇.』若是則可謂聖人乎?」

老聃曰:「是胥易技係, 勞形怵心者也. 執狸之狗來田, 猿狙之便來藉.
丘, 予告若, 而所不能聞與而所不能言, 凡有首有趾无心无耳者衆,
有形者與无形无狀而皆存者盡无. 其動止也, 其死生也, 其廢起也,
此又非其所以也. 有治在人, 忘乎物, 忘乎天, 其名爲忘己, 忘己之人,
是之謂入於天.」

【夫子】 여기에서는 孔子(孔丘, 仲尼)를 가리킴.

【無心無耳】 마음으로 아는 것도 없고 귀로 들은 것도 없음.

【動止】 行動擧止. 일상생활을 뜻함.

【此又非其所以也】 이 여섯 가지는 자연의 도리로서 그렇게 되는 所以然을 알
 수 없음.

063
(12-10)
성인이 천하를 다스림에

장려면蔣閭葂이 계철季徹을 만나서 말하였다.

"노魯나라 임금이 저에게 '가르침을 청합니다'라고 하기에 사양하고 명을 들어주지 않았고 이미 그 사실도 고하였습니다. 그런데 그렇게 한 것이 옳았는지 모르겠습니다. 그래도 제가 말씀드려 볼 테니 한번 들어보십시오. 제가 노나라 임금에게 '반드시 공손함과 검소함을 실행하고, 공정하고 충실한 사람들을 발탁해 쓰시되, 사사롭게 하는 일이 없다면 백성들 중에 그 누가 따르지 않겠습니까?'라고 말하였습니다."

계철이 크게 껄껄 웃으며 이렇게 말하는 것이었다.

"선생의 말과 같다면 제왕의 덕에 비추어 볼 때 마치 사마귀가 화를 내며 앞발을 세우고 수레바퀴에 맞서는 것과 같아 그렇게 되면 당해낼 수 없을 것이오. 또 그렇게 한다면 선생 자신도 위험에 처하게 될 것입니다. 높은 지위에는 올라 재물도 많이 얻겠지만 일이 많아질 것이고 장차 그에게로 몰려드는 사람만 많아지게 될 것입니다."

장려면이 놀라며 말하였다.

"저는 선생께서 하신 말씀에 망연하기만 합니다. 비록 그렇기는 하나 선생님의 말씀하는 그 대강의 뜻이라도 듣고 싶습니다."

계철이 말하였다.

"대성大聖이 천하를 다스림에 백성들의 마음을 신나게 해 주며 그들로 하여금 가르침에 따라 교화를 이루어 풍속을 바꾸지요. 그리하여 그들의 악한 마음을 모두 없애도록 하고 모두가 한 가지씩의 뜻에 따라 나아가게 합니다. 이는 마치 사람의 본성이 저절로 그렇게 되는 것과 같아서 백성들은 그렇게 되는 이유도 알지 못합니다. 이와 같이 되는 것이 어찌 요순^{堯舜}이 백성을 형으로 여겨 그런 백성이어야만 할 수 있는 것이겠으며, 무조건 그들만 흉내내어 아우처럼 따른다고 될 일이겠습니까? 모든 사람이 같은 덕을 지니고 마음에 안정을 얻으면 될 뿐이지요!"

蔣閭葂見季徹曰:「魯君謂葂也曰:『請受教.』辭不獲命, 旣已告矣. 未知中否, 請嘗薦之. 吾謂魯君曰:『必服恭儉, 拔出公忠之屬而无阿私, 民孰敢不輯!』」

季徹局局然笑曰:「若夫子之言, 於帝王之德, 猶螳蜋之怒臂以當車軼, 則必不勝任矣. 且若是, 則其自爲處危, 其觀臺多物, 將往投迹者衆.」

蔣閭葂覰覰然驚曰:「葂也汒若於夫子之所言矣. 雖然, 願先生之言其風也.」

季徹曰:「大聖之治天下也, 搖蕩民心, 使之成教易俗, 擧滅其賊心而皆進其獨志, 若性之自爲, 而民不知其所由然. 若然者, 豈兄堯舜之教民, 溟涬然弟之哉? 欲同乎德而心居矣!」

【蔣閭葂·季徹】 인명. 장자가 임의로 설정한 인물.

【輯】 '和'의 뜻.

【螳蜋】 螳螂과 같으며 사마귀. 螳螂拒轍의 뜻. 〈人間世〉을 참조할 것.

【觀臺多物】 조정에 일이 많음을 말함.

【覰覰然】 놀라는 모습.

【風】 '凡'과 같으며 대략의 일반적인 내용을 뜻함.

【心居】 마음이 안정을 얻음을 뜻함.

기계를 사용하면 효과가 크겠지만

자공子貢이 남쪽의 초楚나라를 유람하고 진晉나라로 돌아오려고 한수漢水의 남쪽을 지나다가 한 노인이 채마밭을 일구느라 땅에 굴을 파고 우물에 들어가 항아리에 물을 퍼 들고 나와서는 밭에 물을 주는 모습을 보게 되었다. 그는 낑낑대며 힘을 심히 들였으나 그 효과는 적은 것이었다.

자공이 말하였다.

"이곳에 기계를 사용하면 하루에 백 이랑씩 물을 댈 수 있을 것입니다. 힘도 적게 들뿐더러 그 효과가 큽니다. 그대는 어찌 기계를 사용하지 않으려고 하십니까?"

밭일을 하던 노인이 고개를 쳐들어 그를 보며 이렇게 말하였다.

"무슨 뜻이오?"

자공이 말하였다.

"나무를 뚫어 만든 기계로써 뒤는 무겁고 앞은 가벼워 물을 퍼 올리는데 그 빠르기가 물이 끓어 넘치듯 합니다. 그 이름을 두레박槹이라 합니다."

밭일을 하던 노인은 분연히 얼굴빛을 짓다가 다시 웃으며 이렇게 말하였다.

"내 우리 스승에게 듣기로 기계가 있으면 틀림없이 그 기계를 쓸 일이 있고, 기계를 쓸 일이 있으면 틀림없이 기계를 사용하려는 마음이 생긴다 하였소. 그런 마음이 가슴속에 차 있으면, 순진하고 결백한 마음이 없어지며, 순진하고 결백한 마음이 없어지면 정신과 성정이 안정을 얻지 못하여 도가 깃들지 않게 된다고 하였습니다. 내가 쓸 줄을 몰라서 이렇게 하는 것이 아니라 부끄럽게 여겨 그러한 짓은 아니하는 것입니다."

자공은 얼굴을 붉히며 부끄러워 고개를 숙인 채 대답을 못하였다.

잠시 뒤 밭일하던 노인이 물었다.

"그대는 무엇을 하는 사람이오?"

자공이 말하였다.

"공구의 제자입니다."

밭가는 노인이 말하였다.

"그대는 박학함을 가지고 성인의 흉내를 내며, 과장된 짓으로 사람들의 눈을 가리고, 홀로 거문고를 뜯으며 슬픈 노래를 함으로써 천하에 명성을 팔아먹는 자가 아니오? 그대는 장차 그대의 정신을 잊은 채 그대의 형체를 버린다면 거의 도에 가까워질 수 있을 것이오! 그대는 자신의 몸 하나도 다스리지 못하면서 어느 겨를에 천하를 다스릴 수 있겠소? 돌아가시오. 내 일을 방해하지 마시오!"

자공은 부끄러움에 얼굴빛을 잃은 채 스스로 어쩔 줄 모르다가 30리를 가고 나서야 정신이 들었다.

그의 제자가 말하였다.

"방금 그 사람은 어떤 사람입니까? 선생님께서는 무엇 때문에 그를 만나고 나서 얼굴 색이 변하고 실색한 채 종일 정신을 되돌리지 못하셨습니까?"

자공이 말하였다.

"처음 나는 우리 선생님 공자가 천하에 제 일인자인 줄로 여겼는데 그런 사람이 또 있을 줄은 몰랐다. 내 듣기로 우리 선생님 가르침은 일이란 가可한 것을 추구하고, 공功은 이루어지기를 바라며, 힘은 적게 들여 드러나는 공이 많도록 하는 것이 성인의 도라 하셨다. 지금 보니 그렇지가 않다. 도를 확고하게 지키는 자는 덕이 온전하고, 덕이 온전한 자는 형체가 온전하며, 형체가 온전하면 정신이 온전한데, 정신이 온전한 것이 바로 성인의 도라는 것이다. 그는 삶을 타고나 백성들과 함께 살아가지만 그 가는 곳을 알지 못한 채 망연히 순박함이 갖추어졌도다! 공리功利와 기계의 교묘함 같은 것이 사람의 마음 속에서 완전히 잊혀져야 한다. 그러한 사람은 자신의 뜻이 아니면 가지 않고, 마음에 내키지 않으면 행하지 않으며, 비록 천하가 그를 칭찬하고 그가 말하는 대로 된다 하더라도 초연한 모습으로 돌아보지도 않으며, 천하가 그를 비난하고 그가 말하는 대로 되지 않는다 해도 태연함을 지키며 결코 받아들이지 않는다. 천하의 그에 대한 칭찬과 비난은 그를 손상시킬 것도 없으며 이롭게 할 것도 없으니 이런 사람을 가리켜 온전한 덕을 가진 사람이라 하는 것이로다! 나 같은 사람은 일러 바람에 출렁이는 물결과 같은 사람이라고 하는 것이란다.”

노魯나라로 돌아와 공자에게 고하자 공자는 이렇게 말하였다.

“그는 혼돈씨渾沌氏의 방술을 빌려 수양하고 있는 사람이다. 하나의 도道만 알 뿐, 그 밖의 둘이 있다는 것은 알고자 하지도 않으며, 자신의 속을 다스리되 외물은 다스리지 않는다. 무릇 태소太素를 명확히 알고 있어 무위無爲로써 질박함으로 되돌아가며 참된 본성을 체득하여 순수한 정신을 지닌 채 속세에서 노니는 사람인데 너는 무엇을 그리 놀랐느냐? 또 혼돈씨의 술법을 나와 네가 어찌 족히 알 수 있겠느냐!”

子貢南遊於楚, 反於晉, 過漢陰見一丈人方將爲圃畦, 鑿隧而入井, 抱甕而出灌, 滑滑然用力甚多而見功寡.

子貢曰:「有械於此, 一日浸百畦, 用力甚寡而見功多, 夫子不欲乎?」

爲圃者仰而視之曰:「奈何?」

曰:「鑿木爲機, 後重前輕, 挈水若抽; 數如泆湯, 其名爲槔.」

爲圃者忿然作色而笑曰:「吾聞之吾師, 有機械者必有機事, 有機事者必有機心. 機心存於胸中, 則純白不備; 純白不備, 則神生不定; 神生不定者, 道之所不載也. 吾非不知, 羞而不爲也.」

子貢瞞然慙, 俯而不對.

有閒, 爲圃者曰:「子奚爲者邪?」

曰:「孔丘之徒也.」

爲圃者曰:「子非夫博學以擬聖, 於于以蓋衆, 獨弦哀歌以賣名聲於天下者乎? 汝方將妄汝神氣, 墮汝形骸, 而庶幾乎! 汝身之不能治, 而何暇治天下乎? 子往矣. 無乏吾事!」

子貢卑陬失色, 頊頊然不自得, 行三十里而後愈.

其弟子曰:「向之人何爲者邪? 夫子何故見之變容失色, 終日不自反邪?」

曰:「始吾以夫子爲天下一人耳, 不知復有夫人也. 吾聞之夫子, 事求可, 功求成. 用力少, 見功多者, 聖人之道. 今徒不然. 執道者德全, 德全者形全, 形全者神全. 神全者, 聖人之道也. 託生與民並行而不知其所之, 汒乎淳備哉! 功利機巧必忘夫人之心. 若夫人者. 非其志不之, 非其心不爲. 雖以天下譽之, 得其所謂, 謷然不顧; 以天下非之, 失其所謂, 儻然不受. 天下之非譽, 无益損焉, 是謂全德之人哉! 我之謂風波之民.」

反於魯, 以告孔子, 孔子曰:「彼假脩渾沌氏之術者也, 識其一, 不知其二; 治其內, 而不治其外. 夫明白太素, 无爲復朴, 體性抱神, 以遊世俗之間者, 汝將固驚邪? 且渾沌氏之術, 予與汝何足以識之哉!」

【子貢】端木賜. 端木은 성, 賜는 이름. 자는 子貢. 孔子의 제자로 돈을 많이 벌었던 인물로 알려짐.《史記》仲尼弟子列傳에「子貢相衛, 而結駟連騎」라 하였고, 貨殖列傳에는「子貢仕於衛, 廢著鬻財於曹魯之間」이라 함.
【丈人】노인, 어른을 뜻함.
【圃畦】圃는 채마밭, 휴(畦)는 곡식(벼)을 심은 논.
【槹】수차의 두레박.
【於于】과장하는 모습을 표현한 쌍성연면어.
【卑陬】두려워하고 부끄럽게 여기는 모습.

【風波之民】세속에 浮華하여 안정을 얻지 못하는 부류들.
【渾沌氏】창세 시대의 사람들. 가설로 상상하여 내세운 자연합일의 인물.
【太素】우주 만물의 원초적인 바탕. 元素.

1. 《說苑》反質篇

衛有五丈夫, 俱負缶而入井, 灌韭, 終日一區. 鄧析過, 下車爲敎之曰:「爲機, 重其
後, 輕其前, 命曰橋. 終日漑韭, 百區不倦.」五丈夫曰:「吾師言曰: 有機知之巧,
必有機知之敗; 我非不知也, 不欲爲也. 子其往矣, 我一心漑之, 不知改已!」鄧析去,
行數十里, 顔色不悅, 懌自病. 弟子曰:「是何人也? 而恨我君, 請爲君殺之.」鄧析曰:
「釋之, 是所謂眞人者也. 可令守國.」

065
(12-12) 큰 골짜기에서 노닐고자 하오

순망諄芒이 동쪽의 큰 골짜기로 가다가 동해 바닷가에서 마침 완풍苑風을 만났다.

완풍이 말하였다.

"그대는 어디로 가시는 길이시오?"

순망이 말하였다.

"동해로 가는 길이오."

완풍이 다시 물었다.

"무엇하러 가는 길이오?"

순망이 말하였다.

"무릇 그 큰 골짜기의 생긴 형태란 부어도 차지 않고 퍼내도 마르지 않으니 내 거기서 노닐고자 하오."

완풍이 말하였다.

"선생께서는 일반 백성들에게는 뜻이 없으시오? 원컨대 성인의 다스림에 대해 듣고 싶소."

순망이 말하였다.

"성인의 다스림 말이오? 관에서 정치를 시행함에 있어 그 마땅함을 잃어서는 안되고, 사람을 등용하되 능력 있는 사람은 빠뜨려서는 안 될 것이오. 또 모든 일을 다 살피어 그 행할 바를 행하고 언행을 자연스럽게 하면, 천하가 교화될 것이며, 손짓, 발짓만 하여도 사방의 백성들이 따르지 않는 자가 없을 것이니 이것이 성인의 다스림이오."

"덕 있는 사람에 대해서 듣고싶습니다."

순망이 말하였다.

"덕 있는 사람이란 평소에는 아무 생각이 없고, 행동을 해도 아무 생각이 없습니다. 옳고 그르니, 좋고 나쁘니 하는 마음도 가지고 있지 아니하며, 온 세상 사람들과 함께 이利를 얻음을 기쁘게 여기고, 온 세상을 충족시켜 주는 것을 편안하다 여기지요. 그 모습은 의지할 바 없는 듯 마치 어린아이가 제 어머니를 잃은 듯하고, 멍하니 길을 가다 길을 잃은 듯하오. 재물을 쓰되 여유가 있으나 그것이 어디에서 생기는지 알지 못하고, 음식을 배불리 먹되 그것이 어디서 온 것인지를 알지 못하니 이것이 덕 있는 사람의 모습이라오."

"신인神人에 대해 듣고싶습니다."

순망이 말하였다.

"훌륭한 신인은 빛을 타고 다니지요. 그 형체는 없는 것과 같은데 이를 조광照曠이라 일컫지요. 천명에 따르고 자연의 본성을 다해 천지와 더불어 즐겨 모든 것이 녹아 없어져 만물이 본성으로 돌아가게 되는데 이를 일러 혼명混冥이라 한답니다."

諄芒裝東之大壑, 適遇苑風於東海之濱.

苑風曰:「子將奚之?」

曰:「將之大壑.」

曰:「奚爲焉?」

曰:「夫大壑之爲物也, 注焉而不滿, 酌焉而不竭, 吾將遊焉.」

苑風曰:「夫子无意於橫目之民乎? 願聞聖治.」

諄芒曰:「聖治乎? 官施而不失其宜, 拔擧而不失其能, 畢見情事而行其所爲, 行言自爲而天下化, 手撓顧指, 四方之民莫不俱至, 此之謂聖治.」

「願聞德人.」

曰:「德人者, 居无思, 行无慮, 不藏是非美惡. 四海之內共利之之謂悅, 共給之之謂安; 怊乎若嬰兒之失其母也, 儻乎若行而失其道也. 財用有餘而不知其所自來, 飲食取足而不知其所從, 此謂德人之容.」

「願聞神人.」

曰:「上神乘光, 與形滅亡, 此謂照曠. 致命盡情, 天地樂而萬事銷亡, 萬物復情, 此之謂混冥.」

【諄亡】 가설로 내세운 인물.
【大壑】 세상에 가장 큰 골짜기, 즉 바다를 가리킴.
【苑風】 작은 바람 이름. 가설로 이름을 붙인 것.
【上神乘光】 신인은 빛을 타고 다님.
【照曠】 우주 공간의 허무한 곳을 비추어 사라짐.

066
(12-13)

혜택인 줄 느끼지도 못하게

문무귀門無鬼와 적장만계赤張滿稽가 무왕武王의 군사를 보러 갔다가 적장만계가 이렇게 말하였다.

"유우씨有虞氏에 미치지 못하는구려! 그 때문에 이런 환난을 만난 것이겠지요."

문무귀가 말하였다.

"천하가 고르게 다스려졌던 것을 순임금이 다스렸던 것입니까? 아니면 어지러웠던 것을 나중에 그가 다스린 것이오?"

적장만계가 말하였다.

"천하가 잘 다스려지기를 원하였다면 무엇 때문에 순임금에게 다스리게 하였겠습니까! 순임금의 정치는 머리 부스럼에 약을 쓴 뒤, 머리를 모두 깎고 가발을 씌워 놓은 격이니 병이 난 뒤에 의사를 찾는 셈입니다. 효자가 약을 들고 아버지에게 드릴 때 그 얼굴빛에 근심스러움을 띠지만 성인은 그처럼 병이 나도록 한 그 자체를 부끄러워하오.

지극한 덕이 행해지는 세상에서는 현자도 숭상하지 않고 능력 있는 사람도 쓰지 않으며, 윗사람은 나뭇가지처럼 위에 걸려 있을 뿐이고, 백성들은 들의 사슴처럼 마음대로 뛰어다닐 뿐이지요. 행동이 단정하되 그것이 의義인 줄 모르고 서로 사랑하되 그것이 인仁인 줄도 모르며 진실하되 그것이 충忠인 줄을 모르며, 언행이 일치하되 그것이 신信인 줄을 모르고, 열심히 움직여 일을 하되 그것이 혜택인 줄도 모른다오. 그러므로 무엇을 행하여도 자취가 없고, 일을 하여도 전해지는 게 없었지요."

門無鬼與赤張滿稽觀於武王之師. 赤張滿稽曰:「不及有虞氏乎! 故離此患也.」

門無鬼曰:「天下均治而有虞氏治之邪? 其亂而後治之與?」

赤張滿稽曰:「天下均治之爲願, 而何計以有虞氏爲! 有虞氏之藥瘍也, 禿而施髢, 病而求醫. 孝子操藥以修慈父, 其色燋然, 聖人羞之. 至德之世, 不尙賢, 不使能; 上如標枝, 民如野鹿, 端正而不知以爲義, 相愛而不知以爲仁, 實而不知以爲忠, 當而不知以爲信, 蠢動而相使, 不以爲賜. 是故行而無迹, 事而無傳.」

【門無鬼·赤張滿稽】장자가 임의로 설정한 가공 인물의 이름.

【有虞氏】순(舜)임금을 말함.

【離】'罹'와 같음. '걸리다'의 뜻.

【藥瘍】'藥'은 '치료하다'(療)의 동사이며 양(瘍)은 두통.

【不尙賢】《老子》3장의 내용을 원용한 것.

【蠢動】동작이 매우 단순함을 뜻함.

【相使】서로 친구가 되어 도와줌.

> 참고 및 관련 자료

1.《老子》3장

不尙賢, 使民不爭; 不貴難得之貨, 使民不爲盜; 不見可欲, 使民心不亂. 是以聖人之治, 虛其心, 實其腹, 弱其志, 强其骨. 常使民無知無欲. 使夫智者不敢爲也. 爲無爲, 則無不治.

067
(12-14) 효자는 부모에게 아첨하지 않는 법

효자는 그 부모에게 아첨하지 아니하고 충신은 그 임금에게 아부하지 않음이 신하와 자식으로써 훌륭한 태도이다. 부모의 말이라면 모두 그렇다 여기고, 부모의 행동이라면 모두 훌륭하다 여긴다면 세상에서는 그를 불초한 자식이라 부른다. 마찬가지로 임금이 말하는 것은 모두 그렇다 여기고, 임금의 행동이라면 모두 좋다고 여긴다면 세상에서는 그를 불초한 신하라고 부른다. 그러나 반드시 그렇다고는 여길 수 있는지는 아직 알 수 없다. 세상에서 그렇다고 하는 것을 그렇다 여기고, 세상에서 좋다고 하는 것을 좋다고 한다면 아첨하는 사람이라는 평을 듣지 않을 것이다.

그렇다면 세상이 부모보다도 엄하고 임금보다도 존귀하다는 것인가? 자신을 두고 언제나 그렇다고 하는 사람이라 일컬으면 성난 듯 얼굴빛을 바꾸고, 자신을 두고 아첨하는 사람이라 일컬으면 얼굴을 붉히며 화를 낸다. 그러면서도 평생 긍정만 하는 사람으로 살며 평생을 아첨하면서 사는 사람이 되어 그럴듯한 비유나 수식으로 군중을 끌어 모으고 있어도 이는 시종 근원과 결과에 있어서 죄에 걸려들지는 않는다.

옷깃을 늘어뜨리고 채색의 무늬를 아름답게 놓고 아름다운 의태를 뽐내어 한 때 세상에 아름다움을 과시하면서도 그것이 자신이 세상에 아첨하는 것이 아니라고 말하거나, 세속 사람들과 같은 무리가 되어 시비를 같이하면서도 스스로 속인이 아니라고 한다면 이야말로 어리석음의 극치이다.

　자신의 어리석음을 아는 자는 크게 어리석은 것이 아니며, 자신의 미혹됨을 아는 자는 크게 미혹된 것이 아니다. 크게 어리석은 자는 평생토록 자신이 어리석은 줄을 알지 못하고, 크게 미혹된 자는 종신토록 자신을 깨닫지 못한다. 세 사람이 길을 가는데 한 사람이 미혹에 빠져 있다면, 그나마 목적지에 이를 수 있으니 이는 미혹에 빠진 자가 수적으로 적기 때문이다. 그런데 두 사람이 미혹에 빠져 있다면 노고롭기만 할 뿐 목적지에는 이르지 못하게 된다. 이는 미혹에 빠진 자가 더 많기 때문이다. 그런데 지금은 온 천하가 미혹에 빠져 있으니 내가 비록 인도해 방향을 잡고 간다 해도 도달할 수가 없으니 이 얼마나 안타까운 일인가!

　고상한 음악은 속인俗人의 귀에는 들리지 않지만, 절양折楊이니 황과皇荂와 같은 속된 음악을 들으면 좋아서 웃으며 즐거워한다. 이 까닭으로 고상한 언론도 역시 세상 사람들의 마음에는 받아들여지지 않는다. 이에 지극한 말이 나타날 수 없는 것은 속된 말들이 성하기 때문이다. 두 갈래로 모두가 미혹되어 있어 가고자 하는 바에 도달하지 못하는 것이다. 그처럼 지금 천하가 미혹함에 빠져 있으니 내가 비록 방향을 잡아 이끌어준다 해도 어찌 도달할 수 있겠는가? 도달할 수 없음을 알면서도 억지로 행하는 것은 또 하나의 미혹함이다. 그러므로 그대로 내버려둔 채 추진하지 아니함만 못하다. 밀고 가지 않는다면 누가 함께 걱정할 필요가 있겠는가? 몹쓸 병이 든 자가 한밤중에 자식을 낳으면 급히 불을 켜고 아이를 살펴보면서 오직 그 자식이 자신과 같은 병을 닮지 않았을까 두려워하게 되는 것이다.

　孝子不諛其親, 忠臣不諂其君, 臣子之盛也. 親之所言而然, 所行而善, 則世俗謂之不肖子; 君之所言而然, 所行而善, 則世俗謂之不肖臣. 而未知此其必然邪?

　世俗之所謂然而然之, 所謂善而善之, 則不謂之道諛之人也. 然則俗故嚴於親而尊於君邪? 謂己道人, 則勃然作色, 謂己諛人, 則怫然作色. 而終身道人也, 終身諛人也, 合譬飾辭聚衆也, 是終始本末不相罪坐.

垂衣裳, 設采色, 動容貌, 以媚一世, 而不自謂道諛; 與夫人之爲徒, 通是非, 而不自謂衆人, 愚之至也. 知其愚者, 非大愚也; 知其惑者, 非大惑也. 大惑者, 終身不解; 大愚者, 終身不靈. 三人行而一人惑, 所適者猶可致也, 惑者少也; 二人惑則勞而不至, 惑者勝也. 而今也以天下惑, 予雖有祈嚮, 不可得也. 不亦悲乎!

大聲不入於里耳, 折楊皇荂, 則嗑然而笑. 是故高言不止於衆人之心, 至言不出, 俗言勝也. 以二垂踵惑, 而所適不得矣. 而今也以天下惑, 予雖有祈嚮, 其庸可得邪! 知其不可得而强之, 又一惑也, 故莫若釋之而不推. 不推, 誰其比憂? 厲之人夜半生其子, 遽取火而視之, 汲汲然唯恐其似己也.

【道諛】 아첨함. 諂諛와 같음. 도는 무엇이든지 옳다고만 하며 비위를 맞추는 것을 뜻함.
【道人】 諂人.
【祈嚮】 嚮導. 앞서 이끌어 나가는 것.
【折楊皇荂】 고대 민간 속악의 곡조 이름. 황과(皇荂)는 道藏本과 기타 여러 본에는 '皇華'로 되어 있음.
【厲之人】 '厲'는 '癩'와 같으며 병이 든 사람을 가리킴.

068
(12-15)

나무를 깎아 제사 그릇을 만들고

백년 묵은 나무를 쪼개어 제사 때 쓰는 술그릇 만들고, 청황색으로 이에 무늬를 넣고는 그 남은 조각은 도랑에 버린다. 술그릇을 도랑에 버린 조각과 비교해 보면 그 아름답고 추함에는 차이가 있을지언정 그 본성을 잃기는 마찬가지이다. 걸桀과 도척盜跖, 그리고 증삼曾參과 사어史魚는 의로움을 행한 데 있어서는 차이가 있으나 그 본성을 잃기는 마찬가지이다.

본성을 잃음에는 다섯 가지가 있다.
첫째는 오색五色이 눈을 어지럽혀 눈을 밝지 못하게 하는 것이고, 둘째는 오성五聲이 귀를 어지럽혀 귀가 잘 들리지 않게 하는 것이며, 셋째는 오취五臭가 코를 찔러 이마까지 닿도록 하는 것이고, 넷째는 오미五味가 입을 혼탁하게 하여 입맛을 알 수 없게 하는 것이며, 다섯째는 취사趣舍에 의해 마음이 혼란하여 본성을 들뜨게 하는 것이다. 이 다섯 가지는 모두 삶을 해치는 것이다.

그런데 양주楊朱나 묵적墨翟은 자기의 주장을 드러내어 놓고 남보다 뛰어나고자 하여 스스로 본성을 얻은 것이라 여기고 있으나 이는 내가 말하는 본성을 얻은 것이 아니다. 무릇 본성을 얻었다는 자가 고통을 받고 있으니 이를 두고 본성을 얻었다고 할 수 있겠는가? 그렇게 말한다면 비둘기나 올빼미가 새장에 갇혀 있는 것 역시 그 본성을 얻은 것이라 할 수 있을 것이다.

또 무릇 취사趣舍나 성색聲色이 그 마음을 막아버리는 것이고, 가죽
관이나 비취 새의 깃으로 만든 관을 쓰고, 홀笏을 꽂고, 큰 띠와 긴 바지를
입는 것은 그 외모를 제약하는 것이다. 마음은 울타리 안에 가두어 놓고
외모는 겹겹이 끈으로 묶어놓아, 눈은 감긴 듯, 몸은 줄로 묶여진 듯한데도
이것이 본성을 얻은 것이라고 한다면 죄인이 팔을 뒤로 돌려 손에 깍지를
끼고 묶여 있거나 호랑이나 표범이 우리 속에 갇히어 있는 것 역시 본성을
얻은 것이라고 할 수 있을 것이다.

百年之木, 破爲犧樽, 靑黃而文之, 其斷在溝中. 比犧樽於溝中之斷,
則美惡有間矣, 其於失性一也. 桀跖與曾史, 行義有間矣, 然其失性
均也. 且夫失性有五: 一曰五色亂目, 使目不明; 二曰五聲亂耳, 使耳
不聰; 三曰五臭薰鼻, 困惾中顙; 四曰五味濁口, 使口厲爽; 五曰趣舍
滑心, 使性飛揚. 此五者, 皆生之害也.

而楊墨乃始離跂自以爲得, 非吾所謂得也. 夫得者困, 可以爲得乎?
則鳩鴞之在於籠也, 亦可以爲得矣. 且夫趣舍聲色以柴其內, 皮弁
鷸冠縉笏紳修以約其外, 內支盈於柴柵外重纆繳, 睆睆然在纆繳之
中而自以爲得, 則是罪人交臂歷指而虎豹在於囊檻, 亦可以爲得矣.

【犧樽】 제사용으로 쓰이는 酒器.
【桀跖】 夏나라 말왕 桀과 대도로 이름난 盜跖. 둘 모두 악인을 상징함.
【曾史】 효성으로 이름난 曾參(曾子)와 충성으로 이름난 衛 靈公의 신하 史魚(史鰌).
【五臭】 羶, 薰, 香, 腥, 腐의 다섯 가지 냄새.
【困惾】 코를 찌르는 냄새.
【厲爽】 병으로 상해를 입음. 病傷.
【離跂】 힘을 써서 남의 위에 오르고자 하는 모습이나 상태.

【滑心】 안정되지 못하여 혼란을 느끼는 심리 상태.

【趣舍】 취향에 맞아 좋아하는 것과 싫어하여 버리는 것. 호오(好惡)와 같음.

【楊墨】 楊朱는 자신만을 위해서 살아야 한다고 여긴 爲我派의 학설을 내세웠고, 墨翟은 兼愛(博愛)를 내세운 사상가임.

【鳩鴞】 비둘기와 부엉이. 그러나 효를 비둘기 새끼를 뜻하는 말로 보고 있음.

【柴其內】 '柴'는 '塞'과 같은 뜻으로 자신의 내부를 막음.

【皮弁鷸冠】 고대의 고깔이나 모자.

【內支盈於柴柵】 안으로 울타리를 치고 모든 것을 막고 있음. 마음을 열지 않음.

【囊檻】 짐승 따위를 가두어두는 우리.

'천도天道'는 자연의 절대적 규율이며 법칙으로 항거할 수도 없고 변혁시킬 수도 없는 것이다. 따라서 무위로써 이 법칙을 따르며 본성으로써 만물을 대해야 하며, 그 근본을 지키고(守其本), 그 박실한 원상태로 돌아가야(反其樸) 한다.

"박실한 본래의 바탕대로만 하면 천하에 그 무엇도 그와 아름다움을 다툴 수 없다."(樸素而天下莫能與之爭美)

069
(13-1)

도는 그침이 없다

천도天道는 계속 운행되면서 막힘이 없다. 그 때문에 만물이 생성되는 것이다. 제왕의 도道도 역시 계속 운행되면서 그침이 없다. 그 때문에 천하가 그에 귀의하는 것이다. 성인의 도도 역시 계속 운행되면서 정지함이 없다. 그 때문에 해내海內가 복종하는 것이다.

하늘의 도에 밝고, 성인의 도에 통달하고, 제왕의 덕을 육합에 통하고 사시에 순응하는 자는 그 처신함이 아득하여 고요하지 않음이 없다.

성인이 고요한 것은 고요함을 좋게 여기는 것이 아니기 때문에 고요한 것이며 만물이 족히 그를 어지럽히지 않기 때문에 고요히 하는 것이다.

물이 고요하면 물에 수염과 눈썹이 비칠 정도로 맑고, 그 잔잔함이 기준에 맞아 장인匠人이 그를 법으로 삼는 것이다. 물이 고요하면 이처럼 맑은데, 하물며 정신임에랴! 하물며 성인의 마음의 고요함에랴! 그것은 하늘과 땅의 거울이요, 만물의 거울이다.

무릇 허정虛靜, 염담恬淡, 적막寂寞과 무위無爲라는 것은 천지의 기본이요 도덕의 지극함이다. 그러므로 제왕이나 성인은 그러한 경지에 머문다. 머물면 비게 되고, 비면 모두 차게 되며, 차면 도리가 갖추어지게 된다. 또 비우면 고요해지고, 고요하고 나면 움직이게 되며, 움직이면 얻게 된다. 또 마음이 고요하면 무위가 되고 무위가 되면 제각기 일을 맡아 그 책임을 지게 된다. 또 무위에 이르면 편안해지고, 편안을 느끼는 자는 우환이 찾아들 수 없어 장수하게 된다.

무릇 허정, 염담, 적막, 무위라는 것은 만물의 근본이다. 이를 밝히 알고 임금이 된 것이 바로 요堯임금이 천하를 다스린 경우이고, 이를 잘 알고 임금을 섬긴 것이 순舜이 신하 노릇을 한 경우이다. 이로써 윗자리에 처하는 것이 제왕과 천자의 덕이요, 이러한 방법으로 아랫자리에서 처하는 것이 현덕玄德과 소왕素王의 도리이다. 이러한 방법으로 물러나 살면서 한가롭게 노닐면 강과 바다나 산림에서 지내는 은사隱士들이 따르고, 이런 방법으로 나아가 세상을 다스리면 그 공로가 커지고 명예를 떨쳐 천하가 통일될 것이다.

고요히 있으면 성인이 되고, 움직이면 제왕이 되며, 작위가 없어도 존귀해지는 것이니 박실한 본래의 바탕대로만 하면 천하에 그 무엇도 그와 아름다움을 다툴 수 없게 되는 것이다.

天道運而无所積, 故萬物成; 帝道運而无所積, 故天下歸; 聖道運而无所積, 故海內服. 明於天, 通於聖, 六通四辟於帝王之德者, 其自爲也, 昧然无不靜者矣.

聖人之靜也, 非曰靜也善, 故靜也; 萬物无足以鐃心者, 故靜也.

水靜則明燭鬚眉, 平中準, 大匠取法焉. 水靜猶明, 而況精神! 聖人之心靜乎! 天地之鑑也, 萬物之鏡也.

夫虛靜恬淡寂漠无爲者, 天地之本, 而道德之至, 故帝王聖人休焉. 休則虛, 虛則實, 實者備矣. 虛則靜, 靜則動, 動則得矣. 靜則无爲, 无爲也則任事者責矣. 无爲則愉愉, 愉愉者憂患不能處, 年壽長矣.

夫虛靜恬淡寂漠无爲者, 萬物之本也. 明此以南鄉, 堯之爲君也; 明此以北面, 舜之爲臣也. 以此處上, 帝王天子之德也; 以此處下, 玄聖素王之道也. 以此退居而閒游, 則江海山林之士服; 以此進爲而撫世, 則功大名顯而天下一也.

靜而聖, 動而王, 无爲也而尊, 樸素而天下莫能與之爭美.

【六通四辟】 六合이 통하고 四時가 순응함. 시간과 공간으로 모든 것이 형통함을
 뜻함.
【道德之至】 지는 질과 같음. 도덕의 실질.
【南鄕】 南向, 南面과 같음. 제왕의 자리임을 뜻함.
【素王】 실제 왕위는 아니어도 제왕과 같은 자.

070
(13-2)

인락人樂과 천락天樂

무릇 천지의 덕에 밝은 것, 이를 일러 대본大本, 대종大宗이라 하며 하늘과 더불어 조화를 이루는 것이다. 그것이 천하를 고르게 조화함으로써 사람과 조화를 이루는 것이다.

사람과 조화를 이루는 것을 인락人樂이라 하고, 하늘과 조화를 이루는 것을 천락天樂이라 한다.

장자가 말하였다.

"나의 스승이시여! 나의 스승이시여! 만물을 조화시키면서도 의롭다 여기지 아니하시고, 그 은택이 만세에 미치면서도 어질다 여기지 아니하며, 상고 시대부터 길이 존재하였건만 장수長壽라 여기지 아니하시고 형상을 조각하여 그 많은 물체를 하늘에 덮어주고 땅에 실어주고 있으면서도 공교하다 여기지 아니하니 이것이 바로 천락이십니다. 그러므로 '천락을 아는 자는 그 태어나 살아감도 하늘의 운행을 따르는 것이요, 죽어서도 그것이 만물에 맞추어 변화하는 것이다. 고요히 있는 것은 음과 동덕同德이요, 움직이고 있는 것은 양과 동파同波이다'라고 한 것입니다. 그러므로 천락을 아는 자는 하늘을 원망하지 아니하고 사람을 그르다 하지 아니하며 외물에 얽매임이 없으며 귀신의 책함도 받지 아니하는 것입니다. 따라서 '그 움직임 곧 하늘이요 그 고요함이 곧 땅이다. 한 마음으로 고정되면 천지가 바르게 되고 그 혼백도 가탈을 부리지 아니하며 그 혼도 피로하게 하지 아니하니 한 마음이 고정되면 만물이 복종한다'라고 한 것입니다. 이는 허정虛靜으로써 천지의 현상을 미루어 보고 만물에 통달하라는 말이니 이를 일러 '천락'이라 하는 것입니다. 천락이란 성인의 마음으로써 천하를 길러주는 것입니다."

무릇 제왕의 덕은 천지를 근본으로 삼고, 도덕을 위주로 하며, 무위无爲를 상常으로 삼는다. 무위하면 천하를 다스려도 여유가 있으나, 유위有爲하면 천하를 위해 사용하기에 부족하다. 그 때문에 옛사람들은 무위를 귀히 여겼던 것이다. 윗사람이 무위하고 아랫사람도 무위하면, 아랫사람과 윗사람의 덕이 같아지고, 아랫사람들이 윗사람과 같은 덕을 지니면 신하될 자가 없게 된다. 아랫사람이 유위하고 윗사람 역시 유위하면 아랫사람과 윗사람의 도가 같아지고 아랫사람과 윗사람의 도가 같아지면 군주가 될 자가 있을 수 없게 된다. 그러므로 윗사람은 반드시 무위로써 천하를 다스리고, 아랫사람은 유위로써 천하를 위하여 쓰여야 한다. 이것이 바꿀 수 없는 도이다.

그러므로 옛날에 천하를 다스리던 임금은 비록 지혜가 천지를 떨어뜨릴 정도라 해도 스스로 그것을 쓰겠다고 염려하지 않았으며, 그 변론이 만물을 모두 조각해낼 수 있다 해도 스스로 즐거워하지 않았으며, 능력이 비록 사해四海를 끝까지 해낼 수 있다 해도 스스로 그렇게 하지 않았던 것이다.

하늘이 생산하지 않아도 만물은 화육하고, 땅이 생장시키지 않아도 만물은 자라며, 제왕이 아무 일을 하지 않아도 천하에 성취가 있게 마련이다. 그 때문에 하늘보다 신묘한 것은 없고, 땅보다 풍요로운 것은 없으며, 제왕보다 위대한 것은 없다고 말한 것이다. 그러므로 제왕의 덕은 천지와 짝을 이룬다고 말한 것이니 이것이 천지를 타고, 만물을 부리며 사람들을 쓰는 도이다.

근본은 위에 있고 말단은 아래에 있어야 한다. 요체는 임금에게 있고 상세함은 신하에게 있어야 한다. 삼군三軍과 오병五兵을 사용하는 것은 덕의 말단이며, 상벌과 이해, 오형五刑의 법은 교화의 말단이다. 예법을 정하고, 제도를 세우며, 실제와 명목을 비교하여 따지는 것은 다스림의 말단이다. 종고鐘鼓의 음악과 새의 깃털과 소의 꼬리로 장식하여 추는 춤은 음악의 말단이다. 곡읍哭泣과 최질衰絰, 그리고 융쇄隆殺의 상복 제도는 애상哀傷의 말단이다. 이 다섯 가지의 말단은 모름지기 정신의 작용이나 마음과 지혜의 움직임이 있은 다음에야 사용해야 하는 것들이다.

말단을 배우는 것은 옛사람들에게도 있었지만 이를 앞세우지는 않았다.

임금이 앞서면 신하가 따르고, 아버지가 앞서면 자식이 따르며, 형이 앞서면 아우가 따르고, 어른이 앞서면 젊은이가 따르며, 남자가 앞서면 여자가 따르고, 남편이 앞서면 아내가 따르니 존귀하고 천한 것과 앞서고 뒤서는 것은 천지의 운행에 의한 것이다. 그러므로 성인들이 이를 상징하여 취한 것이다.

하늘은 높고 땅이 낮은 것은 천지 신명의 위치가 그런 것이며, 봄과 여름이 앞서고 가을과 겨울이 뒤따르는 것은 사시四時의 차례가 그런 것이다. 만물이 변화 생성함에 있어 초목이 싹틈에도 여러 형상이 있고, 무성하고 쇠해지는 데에도 차등이 있으니 이는 변화의 흐름이다.

무릇 천지는 지극히 신령하여 존비와 선후의 차례가 있는데 하물며 사람의 도에 있어서랴! 종묘에서는 가까운 친척을 숭상하고, 조정에서는 존귀한 자를 숭상하고, 향당鄕黨에서는 연장자를 숭상하며, 행사行事에는 똑똑한 자를 숭상하는 것은 대도의 질서이다.

도를 말하면서도 그 질서를 세우지 못한다면, 참된 도가 아닐 것이요, 도를 말하면서도 참된 도가 되지 못한다면 어디에서 참된 도를 취하겠는가!

이 까닭으로 옛날에 대도를 명확히 하는 자는 먼저 하늘을 밝히고, 도덕이 그 뒤를 따랐다. 도덕이 이미 밝혀지고 나야 인의가 그 다음이 되었고, 인의가 이미 밝혀지고 나야 분수分守가 그 뒤가 되었으며, 분수가 이미 밝혀지고 나야 형명形名이 뒤가 되었고, 형명이 이미 밝혀지고 나야 그에 맞는 책임이 뒤가 되었으며 그 책임이 밝혀지고 나야 원생原省이 뒤를 따랐으며 원생이 이미 밝혀지고 나야 시비是非가 그 다음 차례가 되었으며 시비가 밝혀지고 나야 상벌賞罰이 그 뒤를 따랐다. 상벌이 이미 밝혀지게 되면 우지愚知가 각기 마땅한 자리에 처하며 귀천이 자신의 위치를 지키게 된다. 어질고 현명한 자와 불초한 자라도 각기 자신의 실정에 맞게 살아가고, 반드시 그 능력에 따라 할 일을 나누어 가지며,

반드시 그 명분에 따르게 되었던 것이다. 이로써 윗사람을 섬기고, 이로써 아랫사람들을 길러주며, 이로써 사물을 다스리고, 이로써 수신을 하였던 것이니 지모知謀를 쓰지 않아도 반드시 자연스러움에 귀의하였다. 이를 일러 태평太平이라 하며 정치의 지극함이었던 것이다.

그러므로 기록에 "형체가 있으면 명칭이 있게 마련이다"라고 한 것이다.

형체와 명칭은 옛 사람들에게도 있었지만 이를 앞세우지는 않았다. 옛날에 대도를 말한 자는 다섯 번 변화를 거치고 나서야 형체와 명칭을 거론하였으며, 아홉 번 변화를 거친 다음에야 상벌이 무엇인지를 말해주었다. 갑자기 형명形名을 말하면 그 근본을 알지 못하기 때문이었으며, 갑자기 상벌을 거론하면 그 시작을 알지 못하기 때문이었다. 도를 거꾸로 이야기하고 도에 어긋나게 말하는 사람은 남에게 다스림을 받을 뿐 어찌 남을 다스릴 수 있겠는가! 갑작스럽게 형명이니 상벌이니 하고 말을 꺼낸다면 이는 정치의 수단만 아는 것이요, 정치의 도에 대해서는 알지 못하고 있는 것으로 족히 천하에 써볼 수는 있다 해도 그가 족히 천하를 다스리지는 못한다. 이런 사람을 일러 변사辯士라 하며 한 가지 재주만 가진 사람이다. 예법과 제도를 세우고, 형명에 대하여 자세히 따지는 것은 옛 사람에게도 있었지만 이는 아랫사람이 윗사람을 섬기는 도리일 뿐 윗사람이 아랫사람을 기르는 방법은 아니었다.

夫明白於天地之德者, 此之謂大本大宗, 與天和者也; 所以均調天下, 與人和者也. 與人和者, 謂之人樂; 與天和者, 謂之天樂.

莊子曰:「吾師乎! 吾師乎! 䪠萬物而不爲義, 澤及萬世而不爲仁, 長於上古而不爲壽, 覆載天地刻雕衆形而不爲巧, 此之爲天樂. 故曰: 『知天樂者, 其生也天行, 其死也物化. 靜而與陰同德, 動而與陽同波.』 故知天樂者, 无天怨, 无人非, 无物累, 无鬼責. 故曰:『其動也天, 其靜也地, 一心定而天地正; 其魄不祟, 其魂不疲, 一心定而萬物服.』

言以虛靜推於天地, 通於萬物, 此之謂天樂. 天樂者, 聖人之心, 以畜天下也.」

夫帝王之德, 以天地爲宗, 以道德爲主, 以无爲爲常. 无爲也, 則用天下而有餘; 有爲也, 則爲天下用而不足. 故古之人貴夫无爲也. 上无爲也, 下亦无爲也, 是下與上同德, 下與上同德則不臣; 下有爲也, 上亦有爲也, 是上與下同道, 上與下同道則不主. 上必无爲而用天下, 下必有爲爲天下用, 此不易之道也.

故古之王天下者, 知雖落天地, 不自慮也; 辯雖彫萬物, 不自說也; 能雖窮海內, 不自爲也.

天不産而萬物化, 地不長而萬物育, 帝王无爲而天下功. 故曰莫神於天, 莫富於地, 莫大於帝王. 故曰帝王之德配天地. 此乘天地, 馳萬物, 而用人羣之道也.

本在於上, 末在於下; 要在於主, 詳在於臣. 三軍五兵之運, 德之末也; 賞罰利害, 五刑之辟, 敎之末也; 禮法度數, 形名比詳, 治之末也; 鐘鼓之音, 羽旄之容, 樂之末也; 哭泣衰絰, 隆殺之服, 哀之末也. 此五末者, 須精神之運, 心術之動, 然後從之者也.

末學者, 古人有之, 而非所以先也. 君先而臣從, 父先而子從, 兄先而弟從, 長先而少從, 男先而女從, 夫先而婦從. 夫尊卑先後, 天地之行也, 故聖人取象焉.

天尊, 地卑, 神明之位也; 春夏先, 秋冬後, 四時之序也. 萬物化作, 萌區有狀; 盛衰之殺, 變化之流也.

夫天地至神, 而有尊卑先後之序, 而況人道乎! 宗廟尚親, 朝廷尚尊, 鄉黨尚齒, 行事尚賢, 大道之序也. 語道而非其序者, 非其道也; 語道而非其道者, 安取道!

是故古之明大道者, 先明天而道德次之, 道德已明而仁義次之, 仁義已明而分守次之, 分守已明而形名次之, 形名已明而因任次之, 因任

已明而原省次之, 原省已明而是非次之, 是非已明而賞罰次之, 賞罰
已明而愚知處宜, 貴賤履位; 仁賢不肖襲情, 必分其能, 必由其名.
以此事上, 以此畜下, 以此治物, 以此修身, 知謀不用, 必歸其天,
此之謂大平, 治之至也.

　故書曰:「有形有名.」形名者, 古人有之, 而非所以先也. 古之語大
道者, 五變而形名可擧, 九變而賞罰可言也. 驟而語形名, 不知其本也;
驟而語賞罰, 不知其始也. 倒道而言, 迕道而說者, 人之所治也, 安能
治人! 驟而語形名賞罰, 此有知治之具, 非知治之道; 可用於天下,
不足以用天下; 此之謂辯士, 一曲之人也. 禮法數度, 形名比詳, 古人
有之, 此下之所以事上, 非上之所以畜下也.

【吾師】 여기서는 장자가 大宗師, 즉 천지 자연의 도를 일컬은 것임. 한편 〈吾師
　乎……而不爲巧〉의 구절은 〈大宗師篇〉에도 실려 있음.
【天行】 자연 법칙에 따라 순행함.
【祟】 병이나 환난의 빌미. 가탈을 일으키거나 화의 근원이 됨을 뜻함.
【无爲】 無爲와 같으며 아무런 작위를 하지 않음. 인위적인 작용을 보태지 않음을
　말함. 有爲에 상대되는 개념.
【有爲】 무위에 상대 개념으로 인위적인 작용을 가함을 뜻함.
【三軍五兵】 삼군은 많은 군사를 비유하며 오병은 고대의 뛰어난 다섯 종류의
　무기를 뜻함.
【五刑】 고대의 다섯 가지 극형.
【哭泣衰絰】 곡읍은 상례에서 우는 것. '衰絰'은 '縗絰'로도 쓰며 상례의 규정에
　따라 각기 다르게 입는 喪服.
【隆殺】 상례에 따라 복잡하고 융성하게 차려야 하는 상복과, 덜어서 간략하게
　지내는 데에 입는 상복 등의 제도.
【萌區】 싹이 나서 서로 구별이 되어감.
【齒】 연장자를 뜻함. 鄕黨에서는 나이 순서대로 모시고 받들어 질서를 유지함.

【分守】자신의 직분을 지켜냄.

【形名】形은 실질, 名은 명분. 즉 실질과 명분을 뜻함.

【任因】그 재능과 능력에 따라 맡겨진 직분.

【原省】원은 원래대로 존속시킴을 뜻하며 생은 덜어서 폐기시킴을 말함.

【愚知】'愚智'와 같음. 어리석음과 지혜로움의 구분.

1. 본장에서 "夫帝王之德, 以天地爲宗～非上之所以畜下也"의 긴 문장은 전혀 莊子의 뜻과 다르며 오히려 다른 유가나 법가 학파의 내용과 유사한 점으로 보아 역대 이래로 위작이거나 잘못 삽입된 것으로 보고 있다. 이에 歐陽修는 "此以下, 俱不似莊子"라 하였고, 王夫之는 "此篇之說, 有與莊子之旨迥不相侔者. 蓋秦漢間學黃老之術以干人主者之所作也. ……以無爲爲君道, 有爲爲臣道, 則剖道爲二. 且旣以有爲臣道矣, 又曰'以此南鄉, 堯之爲君也, 以此北面, 舜之爲臣也.' 則自相刺謬. ……定非莊子之書, 且非善學莊子者之所擬作, 讀者所宜辨也"라 하였다. 그리고 胡文英은 "議論頗似韓非愼到根底"라 하였고, 錢穆은 "此皆晚世儒生語耳, 豈誠莊生之言哉!"라 하였다. 그 외에도 많은 학자들은 이를 장자의 원문이 아닌 것으로 여겼으며 陳鼓應의 《莊子今註今譯》에서는 刪去해야 한다고 여겨 譯註를 하지 않고 있다.

071

하늘에 합치되는 덕

옛날 순舜이 요堯에게 물었다.

"천자는 마음을 어떻게 써야 합니까?"

요가 말하였다.

"나는 의지할 곳 없는 백성들에게 오만하게 굴지 않았고, 궁한 백성을 버리지 않았으며 죽은 자를 슬퍼해 주었고, 어린 고아들을 돌보아 주었으며, 과부들을 불쌍히 여겼소. 이것이 내가 마음을 쓴 일들이오."

순이 말하였다.

"아름답다면 아름다운 일입니다. 그러나 아직 위대하지는 못합니다."

요가 말하였다.

"그렇다면 어떻게 해야 하오?"

순이 말하였다.

"하늘이 덕스러우면 땅이 평안해지고 해와 달이 제대로 비치면 사시가 제대로 운행되어 마치 낮과 밤에 일정한 법도가 있고 구름이 지나가면 비가 오듯 햐야 합니다."

요가 말하였다.

"나는 사물에 얽매어 바쁘게 굴기만 하였구려! 그대는 하늘과 합치된 덕을 가지고 있고, 나는 사람에게 합치된 덕을 가지고 있구려."

무릇 하늘과 땅은 예로부터 위대한 것이어서 황제黃帝와 요·순이 함께 모두 찬미하여 왔다. 그러므로 옛날에 천하에 왕 노릇한 자들은 무엇을 위한 것이 있었겠는가? 하늘과 땅의 도리를 따랐을 뿐이었다.

昔者舜問於堯曰:「天王之用心何如?」

堯曰:「吾不敖無告, 不廢窮民, 苦死者, 嘉孺子而哀婦人. 此吾所以用心已.」

舜曰:「美則美矣, 而未大也.」

堯曰:「然則何如?」

舜曰:「天德而土寧日月照而四時行; 若晝夜之有經; 雲行而雨施矣.」

堯曰:「膠膠擾擾乎! 子, 天之合也; 我, 人之合也.」

夫天地者, 古之所大也, 而黃帝堯舜之所共美也. 故古之王天下者, 奚爲哉? 天地而已矣.

【天王】 천자를 뜻함.

【無告】 하소연할 데 없는 사람. 의지할 곳이 없는 사람.

【膠膠】 擾亂. 뒤섞임.

072
(13-4)
잃어버린 자식을 찾듯

공자가 서쪽 주周나라 왕실의 서고에 자신의 책을 소장하려 하자 자로 子路가 모책을 일러드렸다.

"제가 듣건대 주나라의 서고를 관리하는 이로 노담老聃이 있었는데 그만두고 돌아가 집에서 살고 있다고 하니 선생님께서 책을 소장하시고자 하면 그를 찾아가서 부탁해 보시지요."

공자가 말하였다.

"그게 좋겠구나."

그리하여 노담을 찾아갔으나 노담은 허락하지 않았다. 이에 육경六經을 펼쳐 놓고 설명하자 노담이 그 반쯤에 이르러 말을 가로막았다.

"너무 번잡스럽소. 그 요체만 들려주시오."

공자가 말하였다.

"요체는 인의仁義에 있습니다."

노담이 말하였다.

"묻건대 인의라는 것이 사람의 본성입니까?"

공자가 말하였다.

"그렇습니다. 군자가 어질지 못하면 이룰 수 없고, 의롭지 않으면 살 수 없으니 인의야말로 진정 사람의 본성입니다. 그밖에 또 무엇이 있겠습니까?"

노담이 말하였다.

"묻건대 무엇을 인의라 하오?"

공자가 말하였다.

"마음속으로 사물과 함께 즐기고, 두루 사랑하여 사사로움이 없는 것, 이것이 인의의 실정입니다."

노담이 말하였다.

"아, 나중에 한 말은 위험하군요! 무릇 두루 사랑한다 함은 또한 너무 잘못된 것이 아니오! 사사로움이 없다는 것이 곧 사사로움이라오. 선생은 온 천하의 사람들로 하여금 그들의 생육生育을 잃지 않도록 하고자 하오? 천지에는 본래부터 상도常道가 있고, 해와 달은 고유한 광명이 있으며, 별은 고유한 질서가 있고, 금수도 그들대로 무리가 있으며, 나무는 본래부터 서서 자라게 되어 있소. 선생도 그러한 자연의 덕을 본받아 행하시고, 자연의 도를 따라 나아간다면 그것으로 이미 지극한 것이외다. 그런데 굳이 인의를 애써 들고 나와 북을 치고 다녀 마치 잃어버린 자식을 찾듯 하시오? 아, 선생은 사람들의 천성을 어지럽히고 있소이다!"

孔子西藏書於周室.

子路謀曰:「由聞周之徵藏史有老聃者, 免而歸居, 夫子欲藏書, 則試往因焉.」

孔子曰:「善.」

往見老聃, 而老聃不許, 於是繙六經以說.

老聃中其說, 曰:「大謾; 願聞其要.」

孔子曰:「要在仁義.」

老聃曰:「請問, 仁義, 人之性邪?」

孔子曰:「然. 君子不仁則不成, 不義則不生. 仁義, 眞人之性也, 又將奚爲矣?」

老聃曰:「請問, 何謂仁義?」

孔子曰:「中心物愷, 兼愛无私, 此仁義之情也.」

老聃曰:「意, 幾乎後言! 夫兼愛, 不亦迂乎! 无私焉, 乃私也. 夫子若欲使天下无失其牧乎? 則天地固有常矣, 日月固有明矣, 星辰固有列矣, 禽獸固有群矣, 樹木固有立矣. 夫子亦放德而行, 循道而趨, 已至矣; 又何偈偈乎揭仁義, 若擊鼓而求亡子焉? 意, 夫子亂人之性也!」

【徵藏史】藏書庫를 담당한 관리. 《史記》에 老子가 周나라 장서고를 담당하였다 하였음.

【六經】儒家의 여섯 가지 경전. 易, 詩, 書, 禮, 樂, 春秋를 지칭함.

【大謾】너무 많고 번잡함.

【偈偈】힘써 일하는 모습.

참고 및 관련 자료

1. 본문의 '六經'은 원래 '十二經'으로 되어 있으나 嚴靈峰은 "釋文引說者云: '詩, 書, 樂, 易, 春秋六經, 又加六緯, 合十二經也.' 一說云: '易上下經並十翼爲十二.' 又一云: '春秋十二公也.' 諸說並傅會也. 按: 孔子之時無緯書, 十翼亦未成. 天運篇云: '丘治詩書禮樂易春秋六經.' 又云: '夫六經先王之陳跡也.' 天下篇云: '詩以道志, 書以道事, 禮以道行, 樂以道和, 易以道陰陽, 春秋以道名分.' 皆擧六經, 未及六緯, 則'十二經'之說, 在先秦無有. 又天運篇: '不與化爲人.' 郭注: '若播六經則疏也.' 是郭注莊時亦以六經爲說. '十二'字疑係'六'字缺壞, 折而爲二; 核者不察, 改爲'十二'耳. 玆據天運篇文改."라 하여 이를 따름.

노자의 그림자를 밟지 않으려고

사성기士成綺가 노자를 만나 물었다.

"제가 선생님이 성인이라는 말을 듣고 먼길을 마다 않고 만나 뵈러 왔습니다. 백 여 일의 여정으로 발이 물러 터져도 감히 쉬지 않고 온 것입니다. 그런데 지금 선생을 만나 뵈니 성인이 아니시군요. 쥐구멍 앞에 남은 곡식이 널려 있건만 이를 아까워할 줄 모르고 있으니 이는 불인不仁입니다. 날 음식과 익힌 음식이 앞에 그득히 쌓여 있건만 그래도 거두어 쌓기를 그만두지 않고 있군요."

노자는 멍하니 아무 대답도 하지 않았다.

사성기가 다음날 다시 와 만나 말하였다.

"어제 저는 선생님을 비난하였었는데 오늘 와서는 제 마음이 달라졌으니 어찌하여 이러한 마음이 생기는 것일까요?"

노자가 말하였다.

"무릇 교묘한 지혜를 지닌 신령스러운 사람 따위는 나는 그로부터 벗어나 있다고 스스로 생각하고 있소. 어제 그대가 나를 소라고 불렀다면 나는 소라고 여길 것이며, 나를 말이라고 불렀다면 나는 말이라고 생각하였을 것이오. 진실로 그러한 실질이 있어 남들이 나를 그러한 명칭으로 부르는데 내가 받아들이지 않는다면 그 때문에 나는 다시 재앙을 받을 것이기 때문이오. 나의 복종함은 변함 없는 복종이요, 복종한다고 해서 그것을 의식하면서 복종하는 것도 아니라오."

사성기는 옆으로 비켜서서 노자의 그림자를 밟지 않으려고 피하였다. 그리고 신을 신고 드디어 다가서며 물었다.

"몸을 수양함은 어떠해야 합니까?"

노자가 말하였다.

"그대의 얼굴은 돋보이고, 눈은 튀어나왔으며, 이마는 넓고, 입은 크며, 그 모습은 오만하여 말을 묶어 꼼짝 못하게 해놓은 듯하오. 행동은 느려 거만하고, 움직일 때는 발사해 놓은 쇠뇌 같으며, 살핌에는 자세하고, 지혜와 꾀가 있어 오만한 얼굴빛이군요. 무릇 이런 것들은 믿음이 가지 않는다는 것입니다. 변방에 어떤 사람이 살고 있으니 이를 이름하여 도둑질이라 한다오."

士成綺見老子而問曰:「吾聞夫子聖人也, 吾固不辭遠道而來願見, 百舍重趼而不敢息. 今吾觀子, 非聖人也. 鼠壤有餘蔬, 而棄妹之者, 不仁也, 生熟不盡於前, 而積斂无崖.」

老子漠然不應.

士成綺明日復見, 曰:「昔者, 吾有刺於子, 今吾心正却矣, 何故也?」

老子曰:「夫巧知神聖之人, 吾自以爲脫焉. 昔者子呼我牛也而謂之牛, 呼我馬也而謂之馬. 苟有其實, 人與之名而弗受, 再受其殃. 吾服也恆服, 吾非以服有服.」

士成綺鴈行避影, 履行遂進而問:「修身若何?」

老子曰:「而容崖然, 而目衝然, 而顙頯然, 而口闞然, 而狀義然, 似繫馬而止也. 動而持, 發也機, 察而審, 知巧而覩於泰, 凡以爲不信. 邊竟有人焉, 其名爲竊.」

【士成綺】인명. 노자를 찾아가서 제자가 되고 싶어했던 인물. 장자가 허구로
 내세운 인물.
【百舍】백일이나 걸린 여정.
【重趼】 '趼'은 '繭'과 같음. 너무 많이 걸어 발이 부르터 누에고치 같은 종기가
 생김.
【鼠壤有餘蔬】쥐구멍에 남은 곡식이 있음.
【棄妹】妹는 昧와 같음. 물건에 집착하지 않음을 뜻함.
【頯然】광대한 모습.
【闞然】큰 소리로 말을 함.
【巧智而覩於泰】교묘함과 지혜로써 교만한 얼굴빛을 드러냄.
【其名爲竊】진리의 가운데 있지 아니하고 변방에 처하여 거만하게 위선을 부리는
 자를 일러 도둑질하는 자라 한다는 뜻.

# 지인至人이 세상을 다스린다면

(13-6)

선생님이 말하였다.

"무릇 도라는 것은 크기로는 다함이 없고, 작다 해도 어디 빠져나가지 못한다. 그러므로 만물에 다 갖추어져 있는 것이다. 넓고 넓어 포용하지 않는 것이 없고 깊고 깊어 헤아릴 수가 없다. 덕을 인의로 나타냄은 정신의 끝에 해당할 뿐이다. 그러니 지인至人이 아니고서 누가 그것을 결정할 수 있겠는가? 지인이 세상을 다스린다면 그 역시 위대한 일이 아니겠는가? 그러나 그렇다고 그에 얽매이지는 않는다. 온 천하가 권력을 다투어도 함께 하지 않고, 도라는 것이 어디에 의지하는 게 없는 것임을 잘 알고 있기에 이익을 따라 뒤쫓지 아니한다. 만물의 진실을 규명하여 그 근본을 지킨다. 그러므로 하늘과 땅을 벗어나 만물을 버리니 그의 정신은 아무런 고통도 받지 않고 도와 통하며, 덕에 합쳐져 인의를 물리치고 예악을 멀리한다. 그러므로 지인의 마음에는 정해진 바가 있는 것이다."

夫子曰:「夫道, 於大不終, 於小不遺, 故萬物備, 廣廣乎其无不容也, 淵淵乎其不可測也. 形德仁義, 神之末也, 非至人孰能定之! 夫至人有世, 不亦大乎! 而不足以爲之累. 天下奮棟而不與之偕, 審乎無假而不與利遷, 極物之眞, 能守其本, 故外天地, 遺萬物, 而神未嘗有所困也. 通乎道, 合乎德, 退仁義, 賓禮樂, 至人之心有所定矣.」

【夫子】 여기서는 장자의 후학이 장자의 일을 추기한 것으로 장자를 가리키는
것으로 봄.
【形德】 '形'은 '刑'과 같으며 刑德은 賞罰을 뜻함.
【奮棅】 서로 그 병권(棅權, 柄權)을 쥐고자 다툼.
【賓】 '擯'과 같음.

075
(13-7) 책에 실려 있는 도

　세상에서 귀하게 여기는 도는 책에 실려 있지만 책이란 말에 불과하다. 그러므로 말이 귀중한 것이 된다. 말이 귀중한 까닭은 뜻이 있기 때문이다. 뜻이란 추구함이 있는 것이다.

　그러나 뜻이 추구하는 것을 말로는 전할 수가 없다. 그런데도 세상 사람들은 말을 귀중하게 여겨 책을 전한다. 세상에서는 비록 그것들을 귀중하게 여기고 있지만 귀하게 여길 것은 못 된다. 세상 사람들이 귀하게 여기는 것은 귀한 것이 되지 못하기 때문이다. 그런데 눈으로 보아 볼 수 있는 것은 모양과 색이고, 귀로 들어 들을 수 있는 것은 이름과 소리이다. 슬프도다! 세상 사람들이 모양, 색, 이름, 소리로써 어찌 도의 실체를 알 수 있겠는가! 무릇 모양, 색, 이름, 소리를 가지고는 결코 그것의 진실을 알아낼 수 없는 것이다.

　그러니 아는 사람은 말하지 않고 말하는 자는 알지 못하는 것이다. 세상 사람들이 어찌 그것을 알겠는가!

世之所貴道者書也, 書不過語, 語有貴也. 語之所貴者意也, 意有所隨. 意之所隨者, 不可以言傳也, 而世因貴言傳書. 世雖貴之, 我猶不足貴也, 爲其貴非其貴也. 故視而可見者, 形與色也; 聽而可聞者, 名與聲也. 悲夫, 世人以形色名聲爲足以得彼之情! 夫形色名聲果不足以得彼之情, 則知者不言, 言者不知, 而世豈識之哉!

【知者不言】《노자》 56장의 구절.

1.《老子》 56장

知者不言, 言者不知. 塞其兌, 閉其門, 挫其銳, 解其紛, 和其光, 同其塵. 是謂玄同.
故不可得而親, 不可得而疏; 不可得而利, 不可得而害; 不可得而貴, 不可得而賤.
故爲天下貴.

076
(13-8) 윤편작륜輪扁作輪

환공桓公은 당堂 위에서 글을 읽고, 윤편輪扁은 뜰 아래에서 수레바퀴를 깎고 있었다. 그가 망치와 끌을 놓고 올라와서 환공에게 물었다.

"감히 여쭙건대 공께서 읽으시는 책에는 무슨 말이 쓰여 있습니까?"

환공이 말하였다.

"성인의 말씀이 들어 있지."

윤편이 여쭈었다.

"성인은 살아 계십니까?"

환공이 말하였다.

"이미 죽고 없다."

윤편이 말하였다.

"그렇다면 공께서 읽으시는 것은 옛사람의 찌꺼기에 불과하겠군요!"

환공이 말하였다.

"과인이 책을 읽고 있는데 수레바퀴나 깎는 자가 어찌 논의를 벌이고자 하는가! 논리가 맞으면 두려니와 논리가 없다면 죽음에 처하리라."

윤편이 말하였다.

"신은 신이 하고 있는 일로 미루어 그렇게 보았던 것입니다. 수레바퀴를 깎는데 천천히 아무렇게나 깎으면 엉성하여 끼우기는 쉬워도 견고하지 못하고, 서둘러 꼼꼼하게 깎으면 끼워 넣기가 힘들어 들어가지 않습니다. 엉성하지도 꼼꼼하지도 않게 깎는 기술은 손에서 이를 터득하여 마음에 응하는 것으로 입으로는 이를 표현할 수가 없습니다. 기술이 그 사이에

존재하기는 하나 제 자식에게 가르쳐 줄 수 없고, 제 자식 역시 제게
가르침을 받을 수가 없습니다. 이 까닭으로 나이 칠십이 되도록 수레바퀴를
깎고 있는 것입니다. 옛 사람도 깨달은 바를 전하지 못한 채 죽었을 것입니다.
그렇다면 임금께서 읽고 계신 것은 옛 사람의 찌꺼기에 지나지 않는
것이지요!"

　　桓公讀書於堂上, 輪扁斲輪於堂下, 釋椎鑿而上, 問桓公曰:「敢問,
公之所讀者何言邪?」
　　公曰:「聖人之言也.」
　　曰:「聖人在乎?」
　　公曰:「已死矣.」
　　曰:「然則君之所讀者, 故人之糟魄已夫!」
　　桓公曰:「寡人讀書, 輪人安得議乎! 有說則可, 无說則死.」
　　輪扁曰:「臣也以臣之事觀之. 斲輪, 徐則甘而不固, 疾則苦而
不入. 不徐不疾, 得之於手而應於心, 口不能言, 有數存焉於其間.
臣不能以喻臣之子, 臣之子亦不能受之於臣, 是以行年七十而老斲輪.
古之人與其不可傳也死矣, 然則君之所讀者, 故人之糟魄已夫!」

【桓公】 제나라 군주. 춘추오패의 수장. 《韓詩外傳》에는 楚 成王으로 되어
　　있으며, 楚 成王은 春秋時代 楚나라의 군주. 文王의 아들로 이름은 熊惲.
　　재위 46년(B.C.671~626).
【輪扁】 수레 바퀴 제작에 뛰어났던 인물. 이름이 扁임. 수레를 만드는 工人이며
　　〈四部叢刊〉本에는 '倫扁'으로 되어 있다.
【糟魄】 '魄'은 '粕'의 가차자. 糟粕은 '거칠다'의 뜻.
【斲】 '斫'과 같음.

1. 《韓詩外傳》 卷五

楚成王讀書於殿上, 而輪扁在下, 作而問曰:「不審主君所讀何書也?」成王曰:「先聖之書.」輪扁曰:「此眞先聖王之糟粕耳. 非美者也.」成王曰:「子何以言之?」輪扁曰:「以臣輪言之. 夫以規爲圓, 矩爲方. 此其可付乎子孫者也. 若夫合三木而爲一, 應乎心, 動乎體, 其不可得而傳者也. 以爲所傳, 眞糟粕耳. 故唐虞之法, 可得而考也, 其喩人心, 不可及矣.」詩曰:『上天之載, 無聲無臭.』其孰能及之?

2. 《淮南子》 道應訓

桓公讀書於堂, 輪人斲輪於堂下, 釋其椎鑿, 而問桓公曰:「君之所讀書者, 何書也?」桓公曰:「聖人之書.」輪扁曰:「其人焉在?」桓公曰:「已死矣.」輪扁曰:「是直聖人之糟粕耳.」桓公悖然作色而怒曰:「寡人讀書, 工人焉得而譏之哉? 有說則可, 無說則死.」輪扁曰:「然, 有說. 臣試以臣之斲輪於之, 大疾則苦而不入, 大徐則甘而不固, 不甘不苦, 應於手, 厭於心, 而可以至妙者. 臣不能以敎臣之子, 而臣之子, 亦不能得之於臣, 是以行年六十, 老而爲輪. 今聖人之所言者, 亦以懷其實, 窮而死, 獨其糟粕在耳. 故老子曰:『道可道, 非常道; 名可名, 非常名.』」

3. 기타 참고자료

《困學紀聞》 卷十·《七修類稿》 23

14. 천운天運

'천운天運'은 천지 만물은 아무런 마음도 가지고 있지 아니하되 스스로 운행하고 있음을 뜻한다. 따라서 그에게 어떤 인위적인 작위를 가하는 것은 도리어 그에게 해를 끼치며 본래의 진실한 도에서 멀어질 뿐이다.

"원숭이를 잡아 주공周公의 옷을 입히면 이빨로 물어뜯고 찢어서 벗어버리려 날뛸 것이다."

077
(14-1) 천지는 누가 주재하는가

"하늘은 운행하고 있는 것인가? 땅은 제자리에 그대로 있는 것인가? 해와 달은 서로 장소를 놓고 다투고 있는 것인가? 누가 이를 주재하고 누가 이를 유지하며 누가 아무 일도 하지 않으면서 이를 움직이도록 밀고 있는가? 생각건대 무슨 조화가 있어 움직임을 멈출 수 없는 것인가? 생각건대 그 운행을 스스로 멈출 수 없는 것인가? 구름이 비가 되는가, 비가 구름이 되는가? 누가 비와 구름을 만들어내며 누가 자신은 아무 일도 하지 않고 그저 즐기면서 이를 권하고 있는가? 바람은 북쪽에서 일어나 서쪽으로 가기도 하고 동쪽으로 가기도 하며 위로 올라가 이리저리 불기도 한다. 누군가가 이를 내뿜었다가 들이키는 것일까? 누가 자신은 아무 일도 하지 않으면서 바람을 일어나게 하는가? 감히 묻노니 어찌하여 그런가?"

무함소巫咸袑가 말하였다.

"자! 그대에게 말해 주리라. 하늘에는 육극六極과 오상五常이 있다. 제왕이 이를 따르면 잘 다스려지고, 이를 거스르면 흉하게 되는 것이다. 구락九洛의 규범에 따르면 정치가 이루어지고 덕이 갖추어져, 천하를 두루 비추고 세상 사람들이 그를 추대하게 되는 것이니 이를 일러 상황上皇이라 한다."

「天其運乎? 地其處乎? 日月其爭於所乎? 孰主張是? 孰維綱是? 孰居无事而推行是? 意者其有機緘而不得已邪? 意者其運轉而不能自止邪? 雲者爲雨乎? 雨者爲雲乎? 孰隆施是? 孰居无事淫樂而勸是? 風起北方, 一西一東, 在上彷徨, 孰噓吸是? 孰居无事而披拂是? 敢問何故?」

巫咸祒曰:「來! 吾語女. 天有六極五常, 帝王順之則治, 逆之則凶. 九洛之事, 治成德備, 監照下土, 天下戴之, 此謂上皇.」

【主張】 主宰하여 널리 펼침.
【淫樂】 지나치게 즐거움을 찾아 즐김.
【噓吸】 呼吸과 같음.
【巫咸祒】 가설하여 내세운 허구의 인물.
【六極】 六合과 같음. 동서남북과 상하.
【五常】 五行과 같음. 金, 木, 水, 火, 土.
【九洛】 九州의 聚落之事로 보아 인간 세계의 모든 일이라고 풀이하기도 하며, 혹《洛書》의 九疇之事인 大法, 五行, 五事, 八政, 五紀, 皇極, 三德, 稽疑, 庶徵, 五福六極(《尙書》 洪範)을 가리키는 것이라고 보기도 함.

호랑이나 이리가 인仁이오

송宋나라 태재大宰 탕蕩이 장자에게 인仁에 대하여 묻자 장자가 말하였다.

"호랑이나 이리가 인이오."

태재가 물었다.

"무슨 뜻입니까?"

장자가 말하였다.

"아비와 새끼가 서로 친하니 어찌 인이 아니겠소?"

태재가 말하였다.

"지극한 인에 대해 여쭙습니다."

장자가 말하였다.

"지극한 인에는 친함이 없는 것이오."

태재가 말하였다.

"제가 듣기로 친함이 없으면 사랑하지 않는 것이요, 사랑하지 않음은 불효라 하였습니다. 지극한 인이 불효해도 되는 것입니까?"

장자가 말하였다.

"그렇지 않소. 무릇 지극한 인은 숭고한 것이어서 효로써 이를 말하기에는 족하지 않소. 그대가 말하는 효는 효를 넘어서지도 못하고 효에 미치지도 못하는 것이오. 무릇 남쪽으로 가는 자가 초나라의 수도 영郢에 가서 북쪽을 바라보면 명산冥山은 보이지 않소. 어찌 그렇겠소? 너무 멀리 왔기 때문이오. 그러므로 '공경으로 효도하기는 쉬우나 사랑으로 효도하기는 어렵고, 사랑으로 효도하기는 쉬우나 어버이를 잊기는 어렵다. 어버이를 잊기는 쉬워도

어버이로 하여금 나를 잊도록 하기는 어렵다. 천하를 두루 잊기는 쉬워도
천하로 하여금 나를 겸하여 잊어버리도록 하기는 어렵다'라고 하였다오.
　무릇 요순堯舜이 남긴 덕은 행해지지 않았고, 그 혜택이 만세에 베풀어
졌으나 천하는 그를 알지 못하였으니 어찌 굳이 탄식하며 인이니 효니
하는 것을 거론할 수 있으리오! 무릇 효도와 형제간의 우애, 인의, 충절,
믿음, 정절, 청렴 따위는 모두가 애써 그 덕을 부리는 것이니 존중할
바가 되지 못하오. 그 때문에 '지극히 고귀한 사람은 나라에서 주는
벼슬도 물리치고, 지극히 부귀한 사람은 나라의 재물도 물리치며, 지극한
소망을 얻은 사람은 명예도 물리친다'라 한 것이오. 이 까닭으로 도는
변할 수 없는 것이라오."

商大宰蕩問仁於莊子. 莊子曰:「虎狼, 仁也.」
曰:「何謂也?」
莊子曰:「父子相親, 何爲不仁?」
曰:「請問至仁.」
莊子曰:「至仁無親.」
大宰曰:「蕩聞之, 無親則不愛, 不愛則不孝. 謂至仁不孝, 可乎?」
莊子曰:「不然. 夫至仁尙矣, 孝固不足以言之. 此非過孝之言也,
不及孝之言也. 夫南行者至於郢, 北面而不見冥山, 是何也? 則去之
遠也. 故曰: 以敬孝易, 以愛孝難; 以愛孝易, 以忘親難; 忘親易, 使親忘
我難; 使親忘我易, 兼忘天下難; 兼忘天下易, 使天下兼忘我難. 夫德
遺堯舜而不爲也, 利澤施於萬世, 天下莫知也, 豈直太息而言仁孝乎哉!
夫孝悌仁義, 忠信貞廉, 此皆自勉以役其德者也, 不足多也. 故曰, 至貴,
國爵幷焉; 至富, 國財幷焉; 至顯, 名譽幷焉. 是以道不渝.」

【商大宰蕩】 商은 宋나라를 가리킴. 송나라는 商(殷)의 후손 微子 啓를 세워
　제후국으로 봉한 것임. 大宰는 太宰와 같으며, 관직이름. 그의 이름이 蕩이었음.
【郢】 춘추시대 楚나라의 도읍. 지금의 湖北省 江陵縣.
【冥山】 가설로 내세운 허구의 산 이름.
【役其德】 '德'은 眞性.
【道不渝】 '渝'는 '變'의 뜻.

079
(14-3)
음악 연주와 자연

북문성北門成이 황제黃帝에게 물었다.

"임금께서 함지咸池라는 음악을 동정洞庭의 들판에서 연주하셨을 때, 제가 처음 듣고는 두려움을 느꼈고, 다시 듣고는 마음이 권태로워졌으며, 마지막으로 들었을 때는 그것이 무엇인지를 몰라 정신이 아득해져서 아무 말도 하지 못하고 어쩔 줄을 몰랐었습니다."

황제가 말하였다.

"그대는 아마 그랬었구려! 나는 음악을 연주함에 인사로써 하고, 지휘는 천리로서 하며, 인의로써 진행해 나가고, 태청太淸으로 이를 세웠다오. 무릇 지극한 음악이라는 것은 먼저 인사로써 호응하고, 천리로써 따르며, 오덕五德으로써 진행시키고, 자연自然으로써 응하게 한 연후에야 사시를 고르게 다스리고, 만물을 크게 조화시킬 수 있는 것이오. 사시가 순서대로 오가고 만물이 차례로 생겨나듯이, 한번 성하면 한번 쇠하고 문무文武가 조리 있게 다스려지고 맑고 탁함이 한번씩 번갈아 음양으로 조화시켜 그 소리가 널리 퍼지면, 칩거하던 벌레들이 꿈틀거리기 시작할 때 나는 우레가 그들을 놀라게 하듯 하였소. 그 마침에는 꼬리가 없고, 시작함에는 머리가 없으며, 죽었다가 살아나고 엎드렸다가 다시 일어나, 그 변화가 무궁하여 하나로는 예측할 수가 없다오. 그대는 그 때문에 두려움을 느꼈던 것이오.

내가 다시 음양의 조화로 연주하고, 일월의 빛으로 이를 밝혀, 그 소리는 짧기도 하고 길기도 하며, 부드럽기도 하고 억세기도 하나, 그 변화는

가지런하여 옛 법도만을 위주로 하고 억세기도 하나, 그 변화는 하나로 가지런하여 옛 법도만을 주장하지는 않았소. 골짜기를 만나면 골짜기를 가득 채우고, 구덩이에 있게 되면 구덩이를 채우며, 마음의 빈틈을 막고 정신을 지켜 사물에 따라 양을 맞추기에 그 소리는 널리 진동하고 그 이름은 높이 빛나는 것이외다. 이 까닭으로 귀신은 그윽한 세계를 지키고, 일월과 성신星辰은 각기 그 법도를 따라 운행하는 것이지요. 나는 이를 궁극에 머물러 있도록 해주고 정지하지 않는 세계로 흐르게 한 것입니다. 그대는 생각해 보아도 알 수 없었고 바라보아도 볼 수 없었으며, 쫓아가도 미칠 수 없었던 것입니다. 사방이 빈 길에 서서 마른 나무에 기댄 채 읊어보시오. 눈과 지혜는 보고자 하는 곳에서 막히게 될 것이며, 힘은 쫓아가고자 하는 데에서 그곳에서 꺾이고 말 것이니 나도 이미 미치지 못하였던 곳이라오. 몸이 허공을 가득 채운 듯하여 마침내 그대의 마음이 무심히 따르게 된 것이며 무심히 따랐기에 권태롭게 느꼈던 것이오.

　내가 다시 권태로움이 없는 소리로 연주하고 자연의 명령대로 이를 조화시켰던 것이오. 그 때문에 뒤엉켜 한꺼번에 생겨나듯, 많은 악기로 합주하여도 형체가 없고, 널리 진동하여도 여운을 남기지 않으며, 그윽하고 아득하되 소리가 없는 듯이 하였소. 방향도 없이 움직여 고요하고 아득한 곳에 자리잡고는, 혹 죽은 듯이, 혹 살아 있는 듯이 하였으며 혹 열매가 맺힌 듯이, 혹 꽃이 핀 듯도 하며, 움직이다가 흐르고 흩어져 일정한 가락에 주장을 두지 않았소. 세상 사람들은 이를 의심하고 성인들에게 알아보기도 하였다오. 성인이란 만물의 진실에 통달하고 하늘의 천명에 순종하는 사람으로 하늘의 천기天機에 작용하지 않아도 오관五官이 모두 갖추어져 있어 말을 하지 않아도 마음에 기쁨을 느끼게 되는 것으로 이를 일러 천악天樂이라 하오. 그 때문에 유염씨有焱氏는 이를 위해 이렇게 송頌을 읊었다오. '들어도 그 소리를 들을 수 없고, 보아도 그 형체를 볼 수 없다. 그러나 천지에 가득 차 있고 육극六極을 모두 감싸고 있도다.' 그대는 그것을 들으려 해도 들리지 않았기에 그 때문에 미혹되었던 것이라오.

음악이란 두려움에서 시작되는 것이니 두려움 때문에 불길한 빌미나 되지 않을까 두려워하게 되는 것입니다. 내가 다시 그 다음 차례로 권태롭게 하는 음악을 하였었으니 권태롭기에 도피하고 싶었을 것이며, 마지막으로 미혹함에 빠지게 하였으니 미혹함에 빠졌기 때문에 어리석은 듯이 하고 싶었던 것이며 어리석은 듯이 하였기에 도를 알게 된 것입니다. 도는 가히 모든 것을 거기에 싣고 만물과 더불어 영원히 함께 할 수 있는 것이라오.”

北門成問於黃帝曰:「帝張咸池之樂於洞庭之野, 吾始聞之懼, 復聞之怠, 卒聞之而惑; 蕩蕩默默, 乃不自得.」

帝曰:「汝殆其然哉! 吾奏之以人, 徵之以天, 行之以禮義, 建之以太淸. 夫至樂者, 先應之以人事, 順之以天理, 行之以五德, 應之以自然, 然後調理四時, 太和萬物. 四時迭起, 萬物循生; 一盛一衰, 文武倫經; 一淸一濁, 陰陽調和, 流光其聲; 蟄蟲始作, 吾驚之以雷霆; 其卒无尾, 其始无首; 一死一生, 一僨一起; 所常无窮, 而一不可待. 汝故懼也.

吾又奏之以陰陽之和, 燭之以日月之明; 其聲能短能長, 能柔能剛, 變化齊一, 不主故常; 在谷滿谷, 在阬滿阬; 塗郤守神, 以物爲量. 其聲揮綽, 其名高明. 是故鬼神守其幽, 日月星辰行其紀. 吾止之於有窮, 流之於无止. 子欲慮之而不能知也, 望之而不能見也, 逐之而不能及也; 儻然立於四虛之道, 倚於槁梧而吟. 心窮乎所欲知, 目窮乎所欲見, 力屈乎所欲逐, 吾旣不及已夫! 形充空虛, 乃至委蛇. 汝委蛇, 故怠.

吾又奏之以无怠之聲, 調之以自然之命, 故若混逐叢生, 林樂而无形; 布揮而不曳, 幽昏而无聲. 動於无方居於窈冥; 或謂之死, 或謂之生; 或謂之實, 或謂之榮; 行流散徙, 不主常聲. 世疑之, 稽於聖人, 聖也者, 達於情而遂於命也. 天機不張而五官皆備, 无言而心說, 此之謂天樂.

故有焱氏爲之頌曰:『聽之不聞其聲, 視之不見其形, 充滿天地, 苞裹六極.』汝欲聽之而無接焉, 而故惑也.

樂也者, 始於懼, 懼故祟. 吾又次之以怠, 怠故遁; 卒之於惑, 惑故愚; 愚故道, 道可載而與之俱也.」

【北門成】黃帝의 신하. 그러나 장자가 임의로 내세운 가공인물임.

【咸池】堯임금 때의 음악.

【洞庭】지금의 洞庭湖를 일컫는 것이 아니며 '天地'를 뜻하는 말임.

【徽之以天】'徽'자는 다른 본에는 '徵'으로 되어 있으나 '徽'는 '揮'의 뜻으로 보아 '徽'가 맞는 것으로 여김.

【太淸】天道를 뜻하는 말.

【不主故常】고정관념에 얽매이지 않음.

【塗郤】塗는 杜(塞)의 가차자이며 郤은 틈(隙), 즉 七竅를 가리킴. 사람의 눈, 귀, 코, 입을 막음.

【四虛之道】사방으로 뻗어나가도 끝이 없는 대도.

【委蛇】'위이'로 읽으며 변화에 순응하여 꿈틀거리며 살아감을 뜻함. 쌍성연면어.

【混逐叢生】서로 뒤섞여 쫓아가며 함께 어울려 무리를 지어 살아감.

【林樂】여러 음악이 함께 일제히 연주됨.

【布揮】음악소리가 널리 울려퍼짐.

【窈冥】《노자》21장의 구절.

【有焱氏】神農氏를 말함. 烈山氏라고도 하며 산에 불을 놓아 태워 없앤 다음 농토를 개간하였다 하여 이름이 붙여진 것. 焱氏로 표기하기도 함.(123 참조)

【祟】빌미. 어떤 일에 불길함을 예시하는 징조.

1. 본문의 "夫至樂者, 先應之以人事, 順之以天理, 行之以五德, 應之以自然, 然後調理四時, 太和萬物" 35자는 郭象의 注文이 잘못 삽입된 것으로 보고 있음. 蘇輿는

"'夫至樂者'以下三十五字是注文"이라 하였고, 馬叙倫은 "蘇說是也. 當時郭象注. 宜在下文'流光其聲'下注文'自然律呂'云云之上"이라 하였으며, 于省吾는 "蘇轍云:'夫至樂者以下三十五字是注文', 按蘇說是也. 郭慶藩集釋竟未採此說, 疏矣. 玆別五證以明之: 敦煌古鈔本無此三十五字, 其證一也. '先應之以人事, 順之以天理', 與上'奏之以人, 徵之以天'詞複, 其證二也. '調理四時, 太和萬物', 與下'四時迭起, 萬物循生', 詞義俱複, 其證三也. 上言'行之以禮義, 建之以太淸', '淸'字與下文'生''經'爲韻, 有此三十五字, 則'淸'字失韻, 其證四也. 郭於三十五字之以無注, 其證五也"라 하였다. 한편 王叔岷은 "案唐寫本, 趙諫議本, 道藏成玄英本, 王元澤本, 林希逸口義本, 並無此三十五字, 乃疏文竄入正文也"라 하였다.

2.《老子》21장

孔德之容, 惟道是從. 道之爲物, 惟恍惟惚. 惚兮恍兮, 其中有象; 恍兮惚兮, 其中有物. 窈兮冥兮, 其中有精. 其精甚眞, 其中有信. 自古及今, 其名不去, 以閱衆甫. 吾何以知衆甫之狀哉? 以此.

080
(14-4) 그대 선생은 궁지에 빠질 것이오

공자가 서쪽 위衛나라를 유람할 때 안연顔淵이 사금師金에게 물었다.
"선생님의 이번 여행을 어떻게 생각하십니까?"
사금이 말하였다.
"안타깝습니다. 그대 선생님은 궁지에 빠질 일이여!"
안연이 물었다.
"무슨 말입니까?"
사금이 말하였다.
"무릇 짚으로 만든 강아지 허수아비는 제사상에 오르기 전에는 상자에
올려지고 아름다운 비단에 싸여 있다가 제주祭主가 목욕재계한 뒤 그것을
바치지만 제사가 끝난 뒤에는 길가는 사람들이 그 머리나 등을 밟고,
풀을 베러 다니는 사람이 그것을 가져다 모아 불에 태워 버리지요. 그것을
다시 주워 대나무 상자에 넣고 아름다운 비단을 덮어씌우고 나서 그
밑에 있거나 누워 자다가는 좋지 않은 꿈을 꾸고 틀림없이 자주 가위에
눌리게 된답니다. 지금 당신의 선생 역시 옛날의 성왕들이 이미 사용하였던
강아지 허수아비를 가져다가 제자들을 모아놓고는 함께 그 곁에서 노닐면서
자고 눕고 하고 있소이다.

그러니 송宋나라에서는 나무를 베어 넘기는 위협을 당하였고, 위衛나라에
서는 발자국까지 지우며 도망을 쳐야 할 정도였으며 상商, 주周에서는 궁지에
몰렸었소. 이야말로 그러한 꿈이 아니겠소? 진陳, 채蔡 국경 사이에서는

포위를 당하여 이레 동안이나 익힌 음식을 먹어보지 못하였고, 생사生死를 이웃으로 데리고 있어야 하였으니 이야말로 가위에 눌린 것이 아니겠소?

무릇 물길을 가는 데에는 배를 이용하는 것보다 편한 것이 없고, 뭍을 다니기에는 수레를 이용하는 것보다 편한 것이 없습니다. 배는 물 위에서는 쉽게 나아가지만 뭍에서도 그렇게 밀고 나가고자 한다면 일생을 밀어도 얼마 가지 못할 것입니다. 고금古今의 차이가 바로 수륙水陸의 차이가 아니겠소? 또 주나라와 노나라의 차이도 배와 수레와 같은 것이 아니겠소? 지금 주나라에서 실행되던 것을 노나라에서 행하려 한다는 것은 마치 육지에서 배를 밀고 나가는 것과 같습니다. 노고롭기만 하였지 성과도 없이 자신에게는 틀림없이 재앙이 돌아오게 될 것이외다. 그는 수시로 변화에 순응하여 끝없이 외계의 정세에 대응해야 한다는 것을 알지 못하고 있소.

또 그대는 두레박을 보지 못하였소? 잡아당기면 내려가고 줄을 놓으면 올라오니 사람이 끌어당길 뿐 사람을 당기지는 못하오. 그러므로 올라가거나 내려가거나 사람으로부터 죄를 뒤집어쓰지는 않지요. 따라서 저 삼황오제 三皇五帝의 예의와 법도는 모두 공통된 것을 숭상하지 아니하고 세상을 다스리는 것을 숭상하였소. 그러니 삼황오제의 예의와 법도는 비유하자면 마치 돌배나 배와 귤, 유자나무와 같은 것이라 할 수 있소. 그 맛은 모두 다르지만 입에 넣으면 맛이 있다고 여겨지지요.

그러므로 예의와 법도는 시대에 따라 변해야 하는 것입니다. 지금 원숭이를 잡아 주공周公의 옷을 입히면 이빨로 물어뜯어 찢어 다 벗어 버려야만 만족할 것입니다. 고금의 차이를 살펴보면 마치 주공과 원숭이가 서로 다른 것과 같습니다. 그 때문에 서시西施가 가슴이 아파 그 동네에서 눈을 찌푸리자 그 동네의 못생긴 여자가 이를 보고는 아름답다고 여겨 자기도 가슴을 부여잡고 눈을 찌푸렸소이다. 그러자 그 마을 부자는 그 모습을 보고는 문을 굳게 닫고 나오지 않았고, 가난한 이는 그를 보고 처자를 이끌고 다른 마을로 떠났다 하오. 못생긴 여자는 눈을 찌푸리는 것이 아름다운 줄만 알았지 눈을 찌푸리는 것이 어찌하여 아름다웠는지 그 까닭은 알지 못하였던 것이지요. 안타깝구려! 그대 선생도 그러한 궁지에 빠지게 될 것이오!"

孔子西遊於衛. 顏淵問師金曰:「以夫子之行爲奚如?」

師金曰:「惜乎, 而夫子其窮哉!」

顏淵曰:「何也?」

師金曰:「夫芻狗之未陳也, 盛以篋衍, 巾以文繡, 尸祝齊戒以將之. 及其已陳也, 行者踐其首脊, 蘇者取而爨之而已. 將復取而盛以篋衍, 巾以文繡, 遊居寢臥其下, 彼不得夢, 必且數眯焉. 今而夫子, 亦取先王已陳芻狗, 聚弟子游居寢臥其下. 故伐樹於宋, 削迹於衛, 窮於商周, 是非其夢邪? 圍於陳蔡之間, 七日不火食, 死生相與鄰, 是非其眯邪?

夫水行莫如用舟, 而陸行莫如用車. 以舟之可行於水也而求推之於陸, 則沒世不行尋常. 古今非水陸與? 周魯非舟車與? 今蘄行周於魯, 是猶推舟於陸也, 勞而无功, 身必有殃. 彼未知夫无方之傳, 應物而不窮者也.

且子獨不見夫桔橰者乎? 引之則俯, 舍之則仰. 彼, 人之所引, 非引人也, 故俯仰而不得罪於人. 故夫三皇五帝之禮義法度, 不矜於同而矜於治, 故譬三皇五帝之禮義法度, 其猶柤梨橘柚邪! 其味相反而皆可於口.

故禮義法度者, 應時而變者也. 今取猨狙而衣以周公之服, 彼必齕齧挽裂, 盡去而後慊. 觀古今之異, 猶猨狙之異乎周公也. 故西施病心而矉其里, 其里之醜人見之而美之, 歸亦捧心而矉其里. 其里之富人見之, 堅閉門而不出, 貧人見之, 挈妻子而去走. 彼知矉美, 而不知矉之所以美. 惜乎, 而夫子其窮哉!」

【師金】魯나라 太師. 이름은 金.

【芻狗】풀로 만든 개로 제사에 사용하였다 함.《노자》5장 참조.

【篋衍】대나무로 만든 바구니. 상자. '衍'은 '笥'와 같음.

【蘇者】나무꾼(樵人).

【眯】'꿈속을 헤매다' 혹은 '가위에 눌리다'의 뜻.

【伐樹於宋】공자가 宋나라에 이르러 제자들과 큰 나무 아래에서 쉬면서 제자들에게 예절을 가르치고 있었다. 이 때 송나라 司馬魋(向魋, 桓魋)가 무리를 이끌고

와서 나무를 베어 공자를 죽이려 하였다. 공자가 그 자리를 피하였다. 환퇴는
매우 사치를 부리던 인물로 일찍이 그는 자신이 죽어 들어갈 관을 만들었는데
3년이 걸리도록 이를 완성하지 못하였다. 이에 공자가 이를 심히 비판한 적이
있어 원수가 되었었다.

【削迹於衛】 공자가 魯나라를 떠나 衛나라에 이르렀을 때 衛 靈公이 公孫余假를
보내어 공자의 무리를 감시하도록 하였다. 공자가 할 수 없이 길을 나서서
광(匡, 公孫戌이 다스리던 곳) 땅에 이르자 그곳 사람들이 자신들에게 포악하게
굴었던 陽虎(陽貨)가 공자와 비슷하게 생겨 이에 그들 무리인 줄로 알고 5일
동안 공자 일행을 포위하였다가 풀어주었다. 한편 공자 일행이 그 광 땅을
벗어날 때 공손술은 그들에게 다시는 衛나라에 들어오지 말 것을 경고하였다.

【窮於商周】 공자가 상(송)과 주나라를 지나면서 많은 고생을 한 것으로 보이나
구체적인 사적은 찾을 수 없다.

【圍於陳蔡之間】 공자가 송나라 桓魋에게 축출을 당하고 진(陳)나라로 가고자
하였으나 당시 그곳이 혼란스러워 다시 楚나라로 가면서 진나라 채나라 사이
負函(지금의 河南 新陽縣)에 이르렀을 때 마침 吳楚의 교전이 벌어져 그곳에
갇힌 채 먹을 것이 없어 지극한 고통을 겪었으며 子貢이 초군과 교섭하여 겨우
살아날 수 있었다. 이는 《論語》, 《史記》, 《說苑》 등 많은 기록에 나타나며
본 《장자》 山水篇, 讓王篇, 漁父篇 등에도 실려 있다.

【桔槹】 두레박. 우물의 물을 긷는 기구로 쌍성연면어의 物名.

【三皇】 흔히 천황씨, 지황씨, 인황씨를 말하기도 하고(《河圖》 三五曆), 또는
燧人氏, 伏羲氏, 神農氏를 들기도 한다.(《尙書大傳》)

【五帝】 《史記》 五帝本紀에는 黃帝, 顓頊, 帝嚳, 帝堯, 虞舜을 들고 있으며,
孔安國의 〈尙書序〉에는 少昊, 顓頊, 高辛, 堯, 舜을 들고 있으며 그 외에도
여러 설이 있다.

【猨狙】 원숭이.

【矉】 '顰'과 같음. 가슴이 아파 눈을 찌푸림을 말함. '西施效顰'의 고사임.

1. 《老子》 5장

天地不仁, 以萬物爲芻狗; 聖人不仁, 以百姓爲芻狗. 天地之間, 其猶橐籥乎! 虛而
不屈, 動而愈出. 多言數窮, 不如守中.

 공자는 도를 듣지 못하였다

공자는 나이가 쉰한 살이 되도록 도를 듣지 못하여 이에 남쪽의 패沛 땅으로 가서 노담을 만났다. 노담이 말하였다.

"그대 오셨소? 내 그대에 대하여 듣자하니 그대는 북방의 현자賢者라 하던데 그대 역시 도를 터득하셨소?"

공자가 말하였다.

"아직 터득치 못하였습니다."

노자가 말하였다.

"그대는 어디에서 도를 찾고 있소?"

공자가 말하였다.

"저는 도를 법도法度에서 이를 구하고 있으나 5년이 지나도록 아직 찾지 못하였습니다."

노자가 말하였다.

"선생께서는 또 어디에서 도를 찾고 있소?"

공자가 말하였다.

"저는 또 음양陰陽에서 찾아보았으나 12년이 되도록 찾지 못하였습니다."

노자가 말하였다.

"그랬군요. 도라는 것이 가히 바칠 수 있는 것이라면 사람들은 누구나 그것을 임금에게 바쳤을 것이며, 도라는 것을 진상할 수 있는 것이라면 누구나 그것을 자신의 부모에게 가져다 드렸을 것이며, 도라는 것이 남들에게 일러줄 수 있는 것이라면 사람들은 누구나 자신의 형제에게 일러주었을 것이며, 도라는 것이 전할 수 있는 것이라면 누구나 그것을 자손들에게 전해 주었을 것이외다. 그러나 그렇게 할 수 없는 것은 다름이 아니라 자신의 마음을 주관할 만한 것이 없으면 도는 그 사람에게 머물지 아니하고, 밖이 올바르지 않으면 그것을 행할 수 없는 것이기 때문이오. 마음속으로부터 나오는 것이 밖에서 받아들여지지 않으면 성인聖人은 그것을 내놓지 않고, 밖으로부터 들어오는 것에 대하여 주관할 만한 것이 없으면 성인은 그것에 의거하지 않는다오.

명칭이란 여러 사람들의 것이므로 많이 가져서는 안되며, 인의란 옛 성왕들이 여관의 잠자리 같은 것이라 여긴 것으로 하루쯤 묵는 것은 괜찮으나 오래 머물 만한 곳은 되지 못하오. 머물러 있으면 책망이나 많이 받게 되지요.

옛날의 지인至人은 인仁을 가는 길로 빌려 썼으며, 의義를 잠시 묵을 여관으로 삼아 몸을 기탁함으로써 소요하고 노니는 고장으로 삼았으며, 자신이 먹을 만큼만 생산되는 밭을 갈고, 먹고 남지 않을 정도의 채소밭만 일구었다오. 소요한다는 것은 아무 작위도 하지 않는다는 뜻이며, 자신이 먹을 만큼만 생산한다는 것은 몸을 보양하기 쉽도록 한다는 것이며, 먹고 남을 게 없을 정도란 남에게 내놓지 않는다는 것을 말합니다. 옛날에는 이를 일러 참됨을 캐는 놀이라고 불렀다오.

부富를 옳은 것이라 여기는 자는 남에게 봉록을 양보하지 못하며, 현달을 좋은 것이라 여기는 사람은 남에게 명예를 양보하지 못하며, 권력을 친히 하는 사람은 남에게 그 권병權柄을 내놓지 못하는 것이외다. 그것들은 가지고 있을 때는 두려워하면서 잃으면 비통해 하지요. 도에 대해서는 전혀 살피지 아니하고 언제나 쉬지 않는 것들만 들여다보고 있으니, 이들이 바로 하늘로부터 형벌을 받은 육민戮民이라 하는 것이오. 원한과 은혜, 취하는 것과 베푸는 것, 간諫하는 것과 가르치는 것, 살리는 것과 죽이는 것 이 여덟 가지는 그것을 바로잡는 도구인데 오직 위대한 자연의 변화에 따라 막히는 것이 없는 자만이 그것을 제대로 쓸 수 있소. 그러므로 올바르게 하려면 자신이 올바르게 되어야 한다고 말한 것이외다. 그 마음으로 그렇지 않다고 여기는 자에게는 하늘의 문이 열리지 않습니다."

孔子行年五十有一而不聞道, 乃南之沛見老耼.

老耼曰:「子來乎? 吾聞子, 北方之賢者也, 子亦得道乎?」

孔子曰:「未得也.」

老子曰:「子惡乎求之哉?」

曰:「吾求之於度數, 五年而未得也.」

老子曰:「子又惡乎求之哉?」

曰:「吾求之於陰陽, 十有二年而未得.」

老子曰:「然. 使道而可獻, 則人莫不獻之於其君; 使道而可進, 則人莫不進之於其親; 使道而可以告人, 則人莫不告其兄弟; 使道而可以與人, 則人莫不與其子孫. 然而不可者, 无它也, 中无主而不止, 外无正而不行. 由中出者, 不受於外, 聖人不出; 由外入者, 無主於中, 聖人不隱. 名, 公器也, 不可多取. 仁義, 先王之蘧廬也, 止可以一宿而不可久處, 覯而多責.

古之至人, 假道於仁, 託宿於義, 以遊逍遙之墟, 食於苟簡之田, 立於不貸之圃. 逍遙, 无爲也; 苟簡, 易養也; 不貸, 无出也. 古者謂是采眞之遊.

以富爲是者, 不能讓祿; 以顯爲是者, 不能讓名; 親權者, 不能與人柄. 操之則慄, 舍之則悲, 而一無所鑒, 以闚其所不休者, 是天之戮民也. 怨恩取與諫敎生殺, 八者, 正之器也, 唯循大變无所湮者爲能用之. 故曰, 正者, 正也. 其心以爲不然者, 天門弗開矣.」

【沛】지금의 江蘇省 沛縣.

【蘧廬】여인숙. 여관. 旅舍.

【采眞】내부의 진실함을 탐구함. 캐냄. '采'는 '探'와 같음.

【天門】'靈府'라고도 하며 '마음'(心)의 다른 표현.《노자》10장 참조.

1.《老子》10장

載營魄抱一, 能無離乎? 專氣致柔, 能嬰兒乎? 滌除玄覽, 能無疵乎? 愛國治民, 能無爲乎? 天門開闔, 能爲雌乎? 明白四達, 能無知乎? 生之畜之. 生而不有, 爲而不恃, 長而不宰, 是謂玄德.

082
(14-6) 눈에 쌀겨가 들어가면

공자가 노담을 만나 인의仁義에 대해 이야기를 나누었다.

노담이 말하였다.

"쌀겨가 날려 눈에 들어가면 천지 사방의 위치를 혼동하게 되고, 모기가 등을 물면 밤새도록 잠을 이루지 못하지요. 인의라는 것 역시 우리의 마음을 어지럽히는 것 중에 이보다 더 혼란하게 하는 것은 없소. 선생께서는 천하로 하여금 그 소박함을 잃지 않게 하고, 선생 역시 바람 따라 움직여 가면서 덕을 지킬 것이지 다시 어찌하여 거추장스럽게 인의라는 것을 기치로 내걸고 마치 큰북을 두드리고 다니면서 잃어버린 자식을 찾듯 그런 짓을 하시오? 고니는 매일 목욕을 하지 않아도 희고, 까마귀는 매일 검은 물을 들이지 않아도 검은 법이오. 흑백의 본바탕은 거론할 만한 것이 아니며, 명예라는 것도 드러내어 널리 뽐낼 것이 못되오. 샘물이 말라 물고기가 맨땅 위에 놓이게 되면 서로 물을 뿜어 주고 침으로 적셔 주지만 이들이 강이나 호수에서 서로 자신들의 존재를 잊고 지내는 것만은 못한 것이오."

공자가 노담을 만나고 돌아와서 사흘 동안 말이 없자 제자들이 물었다.

"선생님께서는 노담을 만나 무슨 가르침을 주셨는지요?"

공자가 말하였다.

"나는 이제야 비로소 용을 보았다. 용은 합쳐지면 훌륭한 몸을 이루고, 흩어지면 아름다운 무늬를 이루며, 구름을 타고 음양의 사이를 훨훨 날아다니는 것이다. 나는 입이 벌어져 다물 수가 없었다. 내가 노담에게 무엇을 가르쳐 줄 수 있었겠느냐!"

자공子貢이 말하였다.

"그렇다면 사람 가운데에는 시신처럼 가만히 있다가 용처럼 나타나고, 깊은 연못처럼 조용하면서도 우레 소리를 내며, 그 활동이 천지와 같은 자가 있다는 것입니까? 저도 그 분을 뵐 수 있습니까?"

드디어 자공이 공자의 주선으로 노담을 만났다.

노담은 마침 대청에 앉아 있다가 맞아들이며 나지막한 소리로 말하였다.

"나는 나이가 많아 이제 갈 데가 되었다네. 그대는 나에게 어떤 가르침을 주려는가?"

자공이 말하였다.

"무릇 삼황오제의 다스림은 각기 달랐지만 그분들이 명성을 얻은 것은 모두가 같습니다. 그런데 선생님께서만 유독 그들을 성인이라 하지 않으시니 무슨 이유입니까?"

노자가 말하였다.

"젊은이, 좀더 가까이 다가앉게! 자네는 어찌하여 그들의 다스림이 같지 않다는 것인가?"

자공이 대답하였다.

"요임금이 순임금에게 천하를 물려주고, 순임금은 우임금에게 천하를 물려주자, 우임금은 힘을 사용하였고, 탕임금은 군사를 사용하였습니다. 문왕은 주왕에게 순종하여 감히 거역하지 않았으나 무왕은 주왕을 거역하여 순종하지 않았습니다. 그래서 다르다고 한 것입니다."

노담이 말하였다.

"젊은이, 좀더 다가앉게! 내 그대에게 삼황오제가 천하를 다스렸던 방법을 이야기해 주겠네. 황제黃帝가 천하를 다스릴 때에는 백성들의 마음을 하나로 만들었지. 백성들 중에는 자신의 부모가 죽어 곡을 하지 않는 자가 있어도 그를 비난하지 않았지.

요임금이 천하를 다스릴 때에는 백성들을 서로 친하도록 하여 백성들이 그 친소親疎로 인해 차등을 두어 그 상복喪服을 입어도 이를 비난하는 사람이 없었다네.

순임금이 천하를 다스릴 때에는 백성들을 서로 다투게 하여 백성들 중에 여자가 아이를 가져 열 달 만에 자식을 낳고, 아이가 태어나서는

다섯 달 만에 말을 하고, 아직 웃지도 못하면서 사람을 알아보게 되어 드디어 사람들이 어려서 죽는 일이 생기게 되었지.

우임금이 천하를 다스릴 때에는 백성들의 마음을 변하게 만들어 이로 인해 사람들은 각기 다른 마음을 갖게 되었고, 무력을 사용하는 것을 순리인 줄로 알게 되어 도적을 죽이는 것은 살인이 아니라 하면서, 자신만을 소중히 알고 천하를 마음대로 하였으니 이에 천하에 난이 일어나게 되었던 것이라네. 그리하여 유가儒家와 묵가墨家가 한꺼번에 일어났던 것이지. 그 처음 시작에는 어느 정도 법도가 있었으나 지금에 이르러서는 이렇게 된 것이라네. 그런데 그대는 무슨 말을 하는 것인가?

내 그대에게 일러주겠네. 삼황오제가 천하를 다스렸던 방법을 두고 각기 그들은 이름하여 천하를 다스렸다고 하나 사실은 이보다 더 혼란함은 없었다네. 삼황의 지혜는 위로는 해와 달의 밝음을 가리고, 아래로는 산천의 정기를 없앴으며 가운데로는 사시의 순환을 파괴하였으니 그들의 지혜에는 전갈의 꼬리보다도 더 독한 독이 들어 있었다네. 작은 짐승들조차도 그 자연의 본성과 성명性命을 따라 편히 지내고 있는데 도리어 자신들을 스스로 성인이라 여기고 있으니 부끄럽지 않겠는가. 그들은 수치가 없는 것일까?"

자공은 놀라움에 그대로 서서 불안해하였다.

孔子見老聃而語仁義.

老聃曰:「夫播穅眯目, 則天地四方易位矣; 蚊虻噆膚, 則通昔不寐矣. 夫仁義憯然乃憤吾心, 亂莫大焉. 吾子使天下无失其朴, 吾子亦放風而動, 總德而立矣, 又奚傑傑然揭仁義, 若負建鼓而求亡子者邪? 夫鵠不日浴而白, 烏不日黔而黑. 黑白之朴, 不足以爲辯; 名譽之觀, 不足以爲廣. 泉涸, 魚相與處於陸, 相呴以溼, 相濡以沫, 不若相忘於江湖!」

孔子見老聃歸, 三日不談, 弟子問曰:「夫子見老聃, 亦將何規哉?」

孔子曰:「吾乃今於是乎見龍! 龍, 合而成體, 散而成章, 乘雲氣而養乎陰陽. 予口張而不能嗋, 予又何規老聃哉!」

子貢曰:「然則人固有尸居而龍見, 淵默而雷聲, 發動如天地者乎? 賜亦可得而觀乎?」

遂以孔子聲見老聃.

老聃方將倨堂而應, 微曰:「予年運而往矣, 子將何以戒我乎?」

子貢曰:「夫三皇五帝之治天下不同, 其係聲名一也. 而先生獨以爲非聖人, 如何哉?」

老聃曰:「小子少進! 子何以謂不同?」

對曰:「堯授舜, 舜授禹, 禹用力而湯用兵, 文王順紂而不敢逆, 武王逆紂而不肯順, 故曰不同.」

老聃曰:「小子少進! 余語汝三皇五帝之治天下. 黃帝之治天下, 使民心一, 民有其親死不哭而民不非也. 堯之治天下, 使民心親, 民有爲其親殺其殺而民不非也. 舜之治天下, 使民心競, 孕婦十月而生子, 子生五月而能言, 不至乎孩而始誰, 則人始有夭矣. 禹之治天下, 使民心變, 人有心而兵有順, 殺盜非殺人, 自爲種而天下耳, 是以天下大駭, 儒墨皆起. 其作始有倫, 而今乎歸, 女何言哉! 余語汝, 三皇五帝之治天下, 各曰治之, 而亂莫甚焉. 三皇之知, 上悖日月之明, 下睽山川之精, 中墮四時之施, 其知憯於蠣蠆之尾, 鮮規之獸, 莫得安其性命之情者, 而猶自以爲聖人, 不亦可恥乎, 其无恥也?」

子貢蹴蹴然立不安.

【播穅】 '播'는 '簸'와 같으며 '穅'은 '糠'과 같음. '키로 까불어 알곡을 골라내다'의 뜻.
【通昔】 '通夕'과 같음. '夕'은 고대 '昔'으로 썼었음.
【放風而動】 '放'은 '依'와 같음. 바람을 타고 움직임.
【負建鼓】 '負'는 '掊'의 가차자이며 '치다'의 뜻. 큰북을 두드림.
【養】 '翔'의 가차자. 疊韻互訓.
【嗋】 '合'과 같음. 쌍성호훈.
【蠣蠆】 전갈(蠍)류의 독충.

 육경이란 선왕의 묵은 쓰레기

공자가 노자에게 말하였다.

"저는 시詩, 서書, 예禮, 악樂, 역易, 춘추春秋의 육경六經을 공부하여 스스로 오래도록 익혀왔으며 그 연고에 대하여 익숙하게 알고 있다고 여기고 있습니다. 이에 이를 들고 72명의 군주를 찾아가 만나 선왕의 도를 강설하였으며 주공周公과 소공召公의 업적을 밝혔습니다. 그런데도 어느 한 임금도 저를 써 주지 않았습니다. 심합니다! 남을 설득한다는 것이 어려운 것인지요! 도를 밝히기가 이토록 어려운 것입니까?"

노자가 말하였다.

"다행이오. 그대가 치세의 임금을 만나지 못한 것이. 무릇 육경六經이란 선왕의 묵은 자취일 뿐이지요. 어찌 그 자취를 남긴 근본이겠소! 지금 그대가 말하는 것은 그런 자취에 불과하오. 무릇 발자취란 신발이 만들어 내는 것인데 어찌 발자취가 신발이 될 수 있겠소? 무릇 백로는 암수가 서로 바라보며 눈동자조차 움직이지 않는데도 정이 통해 생육을 하고, 벌레들은 수컷이 바람 부는 위쪽에서 울고 암컷이 바람 부는 아래쪽에서 호응만 해도 생육이 이루어지며, 유類라는 짐승은 스스로 암컷 수컷을 다 겸하고 있어 스스로 생육을 하고 있소. 본성이란 바뀌어질 수가 없고 천명天命도 바꿀 수 없으며, 시간은 멈출 수가 없고, 도道는 막을 수 없소. 그리하여 진실로 도를 터득하기만 하면 자신의 뜻대로 할 수 없는 것이 없고, 도를 잃으면 뜻대로 되는 것이 없다오."

공자는 석 달 동안 나오지 않고 있다가 다시 노자를 찾아가 만났다.

"저도 터득하였습니다. 까마귀와 까치는 알에서 부화하고, 물고기는 물거품에서 생기며, 벌은 배추벌레가 변해서 된 것이고, 아우가 생기면 형이 젖을 먹지 못하게 되어 울지요. 오래 되었습니다. 제가 사람으로써 이런 도와 변화하지 못한 지가. 도와 더불어 변화하지 못한 자가 어찌 남을 교화할 수 있겠습니까!"

노자가 말하였다.

"좋소. 그대는 도를 터득하였소!"

孔子謂老聃曰:「丘治詩書禮樂易春秋六經, 自以爲久矣, 孰知其故矣; 以奸者七十二君, 論先王之道而明周召之迹, 一君無所鈞用. 甚矣夫! 人之難說也! 道之難明邪?」

老子曰:「幸矣子之不遇治世之君也! 夫六經, 先王之陳迹也, 豈其所以迹哉! 今子之所言, 猶迹也. 夫迹, 履之所出, 而迹豈履哉! 夫白鶂之相視, 眸子不運而風化; 蟲, 雄鳴於上風, 雌應於下風而風化; 類自爲雌雄, 故風化. 性不可易, 命不可變, 時不可止, 道不可壅. 苟得於道, 无自而不可; 失焉者, 无自而可.」

孔子不出三月, 復見曰:「丘得之矣. 烏鵲孺魚傅沫, 細要者化, 有弟而兄啼. 久矣夫丘不與化爲人! 不與化爲人, 安能化人!」

老子曰:「可. 丘得之矣!」

【周召】周公 旦과 召公 奭. 모두가 周나라 武王의 아우이며 文王의 아들. 주공은 魯나라에 봉해졌으며 소공은 燕나라에 봉해짐.

【白鶂】역(鶂)은 익(鷁)과 같으며 이 새는 바람에 강하여 흔히 배의 앞머리에 이 새를 장식하며 이를 鷁頭라 함.

【烏鵲孺】孺는 알을 품어 부화함을 뜻함.

【類】암수 양성인 동물 이름.

【魚傅沫】물고기는 암수가 알을 낳아 濡沫(함께 물에 암수가 난자와 정자를 풀어 물거품을 일으켜 수정함)의 방법으로 번식함을 말함.

【細腰】허리가 가는 벌.

15. 각의刻意

　‘각의刻意’란 자신이 하고자 하는 목표를 이루기 위해 각고면려
함을 뜻한다. 그러나 이는 결국 허무염담虛無恬淡의 경지로 돌아가
천덕天德에 합일하느니만 못하다. 이는 장자의 수양론으로 무위
無爲로써 순純과 소素의 본 모습으로 들어서는 진인眞人을 설정하여
설명하고 있다.

　“진인은 복을 누리겠다고 앞서 나서지도 아니하며 화를 피하겠다고 앞서
도망하지도 않는다.”

084
(15-1) 뜻을 각박히 하여 실천하는 자

뜻을 각박히 하여 실천을 숭상하며 세속을 떠나 고상한 말을 하면서 세상을 원망하고 비난하는 것은 고고하게 구는 것에 불과하다. 이는 산골짜기에 숨어사는 선비, 세속을 비난하는 사람, 영락零落의 늪에 빠진 자들이 좋아하는 것이다.

인의와 충신을 이야기하고, 공손하고 검소하며, 남을 앞세워 겸양을 존중하는 것은 자기의 몸을 수양하려 함이다. 이는 세상을 다스리려는 사람, 남을 가르치는 사람, 그리고 이리저리 돌아다니는 학자들이 좋아하는 짓이다.

위대한 공적을 즐겨 거론하고, 위대한 명성을 세우며, 임금과 신하의 예를 지키고, 위아래의 질서를 바로잡는 것은 세상을 다스리기 위한 것일 뿐이다. 이는 조정에 나가 벼슬하는 사람, 임금을 높이고 나라를 강성하게 하려는 사람, 공을 이루어 다른 나라를 병합하려는 사람이 좋아하는 짓이다.

우거진 못으로 가서 넓은 곳에 살면서 고기를 낚으며 한가롭게 지내는 것은 무위無爲의 행동을 위한 것일 뿐이다. 이는 강이나 바다에서 노니는 사람, 세상을 피해 사는 사람, 그리고 한가로이 살고자 하는 사람들이 좋아하는 짓일 뿐이다.

깊은 호흡을 하면서 탁한 공기는 내뱉고 맑은 공기를 들이키면서, 곰이 나무에 매달리듯, 새가 날면서 발을 뻗는 듯한 동작을 하는 것은 오래 살기 위한 것일 뿐이다. 이는 영기靈氣를 끌어들이는 사람, 몸을 보양하는 사람, 팽조彭祖처럼 오래 살고자 하는 사람들이 좋아하는 짓이다.

그런데 뜻을 각박하게 하지 않고도 고상해지고, 인의가 없이도 몸이
수양되며, 공명을 세우지 아니 하고도 나라가 다스려지며, 강과 바다에서
노닐지 않고도 한가해지며, 영기를 끌어들이지 않고도 오래 사는 사람은
잊지 않아야 할 것도 없고 갖추고 있지 않은 것이 없는 사람이다. 담담하여
극한을 두지 않지만 모든 아름다움이 그에게로 모이게 되나니 이것이
천지의 도이며 성인의 덕이다.

刻意尚行, 離世異俗, 高論怨誹, 爲亢而已矣; 此山谷之士, 非世
之人, 枯槁赴淵者之所好也. 語仁義忠信, 恭儉推讓爲修而已矣; 此平
世之士, 教誨之人, 遊居學者之所好也. 語大功, 立大名, 禮君臣, 正上下,
爲治而已矣; 此朝廷之士, 尊主强國之人, 致功并兼者之所好也.

就藪澤, 處閒曠, 釣魚閒處, 无爲而已矣; 此江海之士, 避世之人,
閒暇者之所好也. 吹呴呼吸, 吐故納新, 熊經鳥申, 爲壽而已矣; 此導引
之士, 養形之人, 彭祖壽考者之所好也.

若夫不刻意而高, 无仁義而修, 无功名而治, 无江海而閒, 不導引
而壽, 无不忘也, 无不有也, 澹然无極而衆美從之. 此天地之道, 聖人
之德也.

【刻意】 자신의 심지를 갈고 닦음. 礪志와 같은 뜻임. 뜻을 각박하게 하여 자신이
　　이루고자 하는 목표를 실천해 나감.
【怨誹】 세속의 시비를 비난함.
【枯槁赴淵】 나무를 껴안고 죽은 介子推와 물에 빠져 죽은 屈原.
【藪澤】 山澤과 같음.
【吹呴呼吸】 묵은 것은 토해내고 새것은 흡입함.
【導引】 靈氣를 인도하여 끌어들임.

085
(15-2)
천지의 근본

　그러므로 염담恬淡, 적막寂寞, 허무虛無, 무위無爲는 천지의 근본이며, 도덕의 바탕이라 말한다.

　따라서 성인은 쉬고 있으니 쉬고 나면 평이해지고 평이해지면 염담을 누릴 수 있다. 평이하면서 염담을 누리면 우환이 그에게 파고들어 올 수가 없으며 사사로운 기가 그를 습격하지 못한다. 그 때문에 덕이 온전해지고 정신이 어그러짐이 없게 되는 것이다.

　그러므로 성인은 살아서는 하늘의 이치에 따르고, 죽어서는 사물의 변화에 따르며, 고요히 있으면 음기陰氣와 덕을 같이하고, 움직이면 양기陽氣와 흐름을 같이한다고 하는 것이다. 복을 누리겠다고 앞서 나서지도 아니하며 화를 피하겠다고 앞서 도망하지도 않는다. 감응을 받아도 나중에 대응하며 핍박을 받아도 나중에 행동하되 어쩔 수 없을 때가 되어야 비로소 일어선다. 그 때에는 지혜나 연고를 버리고 하늘의 이치를 따른다. 그러므로 그에게는 하늘의 재앙이란 것이 없고, 사물에 얽매임도 없으며, 사람들의 비난도 없고 귀신의 책망도 없다.

　생각도 염려함도 없으며 미리 모책을 따는 일도 없다. 빛을 발하되 눈부시지도 않으며 믿음이 있으나 일을 기필期必하지도 않는다. 그들은 잠을 자도 꿈을 꾸지 아니하며, 깨어나도 걱정할 일이 없어, 살아서는 물 위에 떠 있는 듯이 하고 죽어서는 쉬고 있는 듯이 한다. 그들의 정신은 순수하고, 그 영혼은 피로를 느끼지 않는다. 허무와 염담으로 하늘의 덕과 합치되는 것이다.

그러므로 비락悲樂이란 덕의 사악함이요, 희로喜怒란 도를 그릇되게
하는 것이며, 호오好惡란 마음이 평정을 잃은 것이라 하는 것이다.
　따라서 마음에 우락憂樂을 없이 하는 것이 덕의 지극함이며, 한결같이
하여 변함이 없도록 하는 것이 고요의 지극함이며, 거스름이 없이 하는
것이 허虛의 지극함이며, 외물과 교섭이 없는 것이 담惔의 지극함이며,
거역하는 바가 없이 하는 것은 수粹의 지극함이다.

　故曰: 夫恬惔寂漠虛无无爲, 此天地之本而道德之質也. 故聖人休焉,
休則平易矣, 平易則恬惔矣. 平易恬惔, 則憂患不能入, 邪氣不能襲,
故其德全而神不虧.

　故曰, 聖人之生也天行, 其死也物化; 靜而與陰同德, 動而與陽同波;
不爲福先, 不爲禍始; 感而後應, 迫而後動, 不得已而後起. 去知與故,
循天之理. 故曰无天災, 无物累, 无人非, 无鬼責. 不思慮, 不豫謀.
光矣而不燿, 信矣而不期. 其寢不夢, 其覺无憂. 其生若浮, 其死若休.
其神純粹, 其魂不罷. 虛无恬惔, 乃合天德.

　故曰, 悲樂者, 德之邪; 喜怒者, 道之過; 好惡者, 心之失. 故心不憂樂,
德之至也; 一而不變, 靜之至也; 无所於忤, 虛之至也; 不與物交,
惔之至也; 无所於逆, 粹之至也.

【天行·物化】 태어날 때는 하늘의 이치에 의한 것이며 죽은 다음에는 만물과
동화되어 사라짐.
【光矣而不燿】《老子》58장의 구절.

1. 《老子》 58장

其政悶悶, 其民醇醇; 其政察察, 其民缺缺. 禍兮福之所倚, 福兮禍之所伏. 孰知其極?
其無正. 正復爲奇, 善復爲妖. 人之迷, 其日固久. 是以聖人方而不割, 廉而不劌,
直而不肆, 光而不耀.

086
(15-3) 움직이지 않으면 수평을 이룬다

그러므로 육신을 수고롭게 하고도 쉬지 않으면 피폐하게 되고, 정기를 사용하되 그치지 않으면 고갈하게 된다라고 하는 것이다. 물의 본성은 잡된 것이 섞이지 않으면 맑고, 움직이지 않으면 수평을 이룬다. 그러나 막혀 흐르지 못하면 역시 맑아질 수가 없다. 이것이 자연이 지닌 덕의 형상이다.

그러므로 순수하여 잡된 것이 섞이지 않고, 고요하고 한결같아 변하지 않으며, 담담하게 하여 작위함이 없고 움직이되 자연의 운행에 따른다고 말하는 것이니 이것이 정신을 보양하는 도이다.

무릇 오월吳越의 명검을 가진 자는 이를 칼집에 넣어 잘 보관하여 감히 마구 사용하지 않으니 이는 그것이 지극히 보배로운 것이기 때문이다. 사람의 정신은 사방으로 유동하여 이르지 못하는 곳이 없어, 위로는 하늘에 닿고, 아래로는 땅속까지 서려 만물을 화육化育하나 그 형상은 알 수가 없다. 그래서 그 이름을 '동제同帝'라 한다.

순수하고 소박한 도란 오직 이 정신을 지키는 것이며 이를 지켜 잃지 않으면 정신과 하나가 되고, 하나가 된 정신은 정통해져 천륜天倫에 합치된다.

속담에는 이렇게 말하였다.

"보통 사람들은 이利를 중히 여기고, 청렴한 선비는 이름을 중히 여기며, 현명한 이는 뜻을 숭상하고, 성인은 정신을 귀히 여긴다."

따라서 소박하다는 것은 그의 정신에 다른 무엇이 섞이지 않음을 말하는 것이며, 순수하다는 것은 그 정신을 어그러뜨림이 없음을 말하는 것이다. 능히 순수하고 소박함을 체득한 이를 일러 진인眞人이라고 부른다.

故曰: 形勞而不休則弊, 精用而不已則竭. 水之性, 不雜則清, 莫動則平; 鬱閉而不流, 亦不能清; 天德之象也. 故曰, 純粹而不雜, 靜一而不變, 惔而无爲, 動而天行, 此養神之道也. 夫有干越之劍者, 柙而藏之, 不敢輕用也, 寶之至也. 精神四達並流, 无所不極, 上際於天, 下蟠於地, 化育萬物, 不可爲象, 其名爲同帝.

純素之道, 唯神是守; 守而勿失, 與神爲一; 一之精通, 合於天倫.

野語有之曰:「眾人重利, 廉士重名, 賢人尚志, 聖人貴精.」

故素也者, 謂其无所與雜也; 純也者, 謂其不虧其神也. 能體純素, 謂之眞人.

【干越】吳越과 같음. 혹은 명검이 생산되는 越나라 干溪가 아닌가 함.
【同帝】그 효용이 천지와 같음.
【天倫】자연의 도리. 섭리.

16. 선성繕性

　‘선성繕性’이란 글자 그대로 본성本性을 잘 수선修繕하여 ‘이념양지以恬養知’로써 본진本眞으로 되돌아 가야 하며 세속적인 학문으로는 이를 이룰 수 없음을 주장한 것이며 장자 수양론의 일부이다.

　“세상은 도를 잃었고 도는 세상을 잃어, 세상과 도가 서로를 잃었으니, 도가 어찌 세상을 일으킬 수 있으며, 세상 또한 어떻게 도를 일으킬 수 있겠는가!”

087
(16-1) 덕이란 조화이며 도란 이치이다

세속인 학문으로 본성을 닦아 처음의 본성으로 돌아가기를 구하고, 속된 생각으로 욕망을 어지럽히면서 그 밝은 지혜를 얻으려 하는 사람들을 일컬어 '몽매함에 들씌운 백성'이라 한다.

옛날에 도를 배우던 사람은 염담恬淡으로 지혜를 길렀고 나면서부터 지혜로써 행동하는 일이 없었으니 그를 두고 '지혜로써 염담함을 기른다'고 말한다. 지혜와 염담이 서로 잘 길러 줌으로써 그 본성에서 조화와 이치가 생겨나는 것이다.

무릇 덕이란 조화이며 도란 이치이다. 그 덕이 포용하지 못할 것이 없음이 인仁이요, 도가 이치에 맞지 않음이 없음이 의義이다. 의가 밝혀져 사물이 서로 친근하게 되는 것이 충忠이며, 마음이 순수하고 참되고 신실하여 본래의 뜻으로 돌아가는 것이 악樂이며, 자신 몸이 행하는 대로 내버려두어도 절도에 맞는 것이 예禮이다. 그런데 예와 악이 한쪽으로 치우쳐 행해지면 천하가 어지러워진다.

저가 바로잡아 주려 하면서도 자기의 덕을 어둡게 만드는 경우, 그것이 덕이라면 사물을 몽매하게 하지 않는다. 덕이 몽매해지면 사물은 틀림없이 그 본성을 잃고 말 것이다.

繕性於俗學, 以求復其初; 滑欲於俗思, 以求致其明; 謂之蔽蒙
之民.

古之治道者, 以恬養知; 知生而无以知爲也, 謂之以知養恬. 知與
恬交相養, 而和理出其性.

夫德, 和也; 道, 理也. 德无不容, 仁也; 道无不理, 義也; 義明而物親,
忠也; 中純實而反乎情, 樂也; 信行容體而順乎文, 禮也. 禮樂偏行,
則天下亂矣. 彼正而蒙己德, 德則不冒, 冒則物必失其性也.

【繕性】자신의 본성을 잘 닦고 수양함. 繕은 修繕의 뜻.
【滑欲於俗思】'滑'은 '亂'으로 해석함.

1. "夫德, 和也;~天下亂矣" 54자는 역대 이래로 莊子學派의 사상과 위배된다
하여 논란이 많았다. 錢穆은 《莊子纂箋》에서 "德和道理, 此非莊子語, 亦非老子語.
蓋晚世儒生之學老莊者爲之"라 하였다.

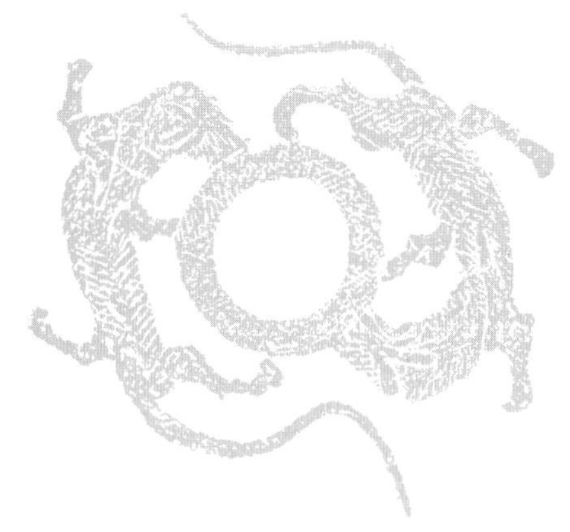

088
(16-2) 담박하고도 적막하게

옛날 사람들은 혼망混芒 속에 온 세상과 더불어 담박하고도 적막하게 살았다. 그 당시에는 음양이 조화를 이루어 고요하였고, 귀신도 날뛰지 않았으며, 사시도 절도에 맞아 만물이 손상을 입지 않았으며, 온갖 생물들은 일찍 죽는 경우가 없었다. 사람들은 지혜가 있어도 쓸데가 없었으니 이를 일러 지극한 합일至一이라 한다. 이 당시에는 작위함이 없어도 항상 자연스러웠다.

그러나 덕이 점점 쇠약해져 수인씨燧人氏와 복희씨伏羲氏가 천하를 다스리게 되었다. 이 까닭으로 백성들은 자연을 따르기는 하였지만 하나가 되지는 못하였다. 덕이 더 쇠약해져 신농神農과 황제黃帝가 천하를 다스림에 이르렀다. 이 때문에 백성들은 편안하기는 하였으나 자연을 따르지 않게 되었다. 덕이 더욱 쇠약해져 요순堯舜이 천하를 다스림에 이르러서는 정치와 교화가 흐르기 시작하여, 순수함이 흩어지고, 소박함이 사라졌으며, 도에서 멀어지는 행위가 생겨났으며 덕을 저버리는 것이 곧 행동이 되어 사람들은 본성을 버리고 각기 자신의 마음내키는 대로 따르게 되었다. 서로의 마음을 엿보아 지혜라는 것이 알려지자 천하를 안정시키기에 부족한 시대가 되고 말았으며 그 뒤에는 다시 아름다운 장식을 덧붙이고 박학함을 더하게 되었다. 아름다운 장식이란 본질을 없애는 것이며, 박학함이란 마음을 침몰하게 하는 것이었으니 그 뒤에는 백성들은 드디어 미혹에 빠져 혼란을 일으키게 되었고 본성으로 되돌아가 그 태초의 모습을 되찾는 일이란 있을 수 없게 되었다.

이로 말미암아 보건대 세상은 도를 잃었고 도는 세상을 잃어, 세상과 도가 서로를 잃었으니, 도가 어찌 세상을 일으킬 수 있으며, 세상 또한 어떻게 도를 일으킬 수 있겠는가! 도가 세상을 일으킬 수 없고, 세상이 도를 일으킬 수 없게 되고 나니 비록 성인이 산림 속에 묻혀 지내지 않더라도 그 덕은 숨겨지고 만 것이다.

숨겨진다는 것은 성인 스스로가 덕을 숨긴다는 것이 아니다. 옛날의 이른바 숨어사는 선비라는 이들은 그 몸을 숨기고 나타나지 않는 것이 아니었고, 그 입을 닫고 말을 하지 않는 것도 아니었으며, 그 지혜를 감추고 드러내지 않은 것도 아니었다. 시대의 사명이 그와 크게 어긋났기 때문이었다. 시대의 사명이 천하게 크게 행해진다면 순박한 원래 모습으로 되돌아가 아무런 자취도 남기지 않을 것이다. 시대의 사명이 맞지 않아 천하에서 크게 곤궁한 지경에 처하게 되면 자신의 근본을 깊이 간직하고, 자신의 극한을 편한 마음으로 받아들이며 때를 기다리는 것이니 이것이 몸을 보존하는 도이다.

古之人, 在混芒之中, 與一世而得澹漠焉. 當是時也, 陰陽和靜, 鬼神不擾, 四時得節萬物不傷, 群生不夭, 人雖有知, 无所用之, 此之謂至一. 當是時也, 莫之爲而常自然.

逮德下衰, 及燧人伏羲始爲天下, 是故順而不一. 德又下衰, 及神農黃帝始爲天下, 是故安而不順. 德又下衰, 及唐虞始爲天下, 與治化之流, 澆淳散朴, 離道以爲, 險德以行, 然後去性而從於心. 心與心識知, 而不足以定天下, 然後附之以文, 益之以博. 文滅質, 博溺心, 然後民始惑亂, 无以反其性情而復其初.

由是觀之, 世喪道矣, 道喪世矣. 世與道交相喪也, 道之人何由興乎世, 世亦何由興乎道哉! 道无以興乎世, 世无以興乎道, 雖聖人不在山林之中, 其德隱矣.

隱, 故不自隱. 古之所謂隱士者, 非伏身而弗見也, 非閉其言而不出也, 非藏其知而不發也, 時命大謬也. 當時命而大行乎天下, 則反一无迹; 不當時命而大窮乎天下, 則深根寧極而待; 此存身之道也.

【至一】完全하고 圓滿하며 純一한 경지.
【莫之爲而常自然】《老子》51장의 구절.

참고 및 관련 자료

1.《老子》51장

道生之, 德畜之, 物形之, 勢成之. 是以萬物莫不尊道而貴德. 道之尊, 德之貴, 夫莫之命而常自然. 故道生之, 德畜之, 長之育之, 亭之毒之, 養之覆之. 生而不有, 爲而不恃, 長而不宰. 是謂玄德.

089
(16-3) 지혜로써 천하의 이치를
밝히려 들지 않았다

옛날에 몸을 보존한 자는 변설로써 지혜를 꾸미지 않았고, 지혜로써 천하의 이치를 다 밝히려 하지 않았으며, 지혜로써 덕을 다 밝히려 하지 않았다. 그저 그 자리에 우뚝 서 있으면서 자신의 본성으로 돌아갈 뿐이었으니 다시 무슨 작위를 하였겠는가! 도란 진실로 작은 행동으로 따를 수 있는 것이 아니며, 덕이란 진실로 작은 지식으로 얻어지는 게 아니다. 작은 지식은 덕을 손상시키고 작은 행동은 도를 손상시킨다. 그러므로 자신을 바로잡을 뿐이라 말한 것이다. 이리하여 즐거움이 온전해지는 것이니 이를 일러 뜻을 얻었다得志라 하는 것이다.

옛날에 이른바 뜻을 얻었다는 것은 높은 벼슬을 얻는 것을 말하는 것이 아니다. 그 이상으로 즐거움을 더 보탤 것이 없는 바 뜻을 얻었다는 뜻이다. 그런데 지금의 뜻을 얻었다는 것은 높은 벼슬을 얻은 것을 말한다. 높은 벼슬이 자신에게 있다는 것은 자신의 운명이나 본성이 아니라 외물外物이 잠시 나에게 와서 기탁한 것이다. 기탁하여 머물고 있으니 그 오는 것을 막을 수도 없고 그가 떠날 때는 이를 붙잡아 둘 수도 없다. 그러므로 높은 벼슬을 얻었다 해도 뜻을 방자하게 해서도 안 되는 것이, 곤궁해졌다고 해서 세속을 좇아가서도 안 되는 것이다. 그 즐거움이란 높은 벼슬을 하든 곤궁에 처하든 한결같은 것이므로 근심이 없을 따름이다. 그러나 지금은 자신에게 머물렀던 것이 떠나면 즐거움을 느끼지 못한다. 이로 말미암아 본다면 비록 즐긴다 하더라도 황폐함에 이르지 않음이 없다. 그러므로 사물에 의해 자신을 잃고 세속에 의해 본성을 잃는 것을 두고 거꾸로 된 백성이라 말하는 것이다.

古之存身者, 不以辯飾知, 不以知窮天下, 不以知窮德, 危然虛其
所而反其性已, 又何爲哉! 道固不小行, 德固不小識. 小識傷德, 小行
喪道. 故曰, 正己而已矣. 樂全之謂得志.

古之所謂得志者, 非軒冕之謂也, 謂其无以益其樂而已矣. 今之所
謂得志者, 軒冕之謂也. 軒冕在身, 非性命也, 物之儻來, 寄者也.
寄之, 其來不可圉, 其去不可止. 故不爲軒冕肆志, 不爲窮約趨俗,
其樂彼與此同, 故无憂而已矣, 今寄去則不樂, 由是觀之, 雖樂, 未嘗
不荒也. 故曰: 喪己於物, 失性於俗者, 謂之倒置之民.

【存身】 일부 판본에는 '行身'으로 되어 있음.
【小行】 유가의 인의도덕 따위의 행위를 하찮은 것으로 본 것임.
【小識】 시비분별 따위의 하찮은 지식이나 앎.
【儻來】 생각하지 않았던 일이 갑자가 다가옴.

17. 추수秋水

　'추수秋水'란 여름이 지나 가을이 되어 그동안 상류에 쌓였던 물이 한꺼번에 하수河水로 쏟아지자 그 신 하백河伯이 자신의 존재를 대단한 줄로 여겨 뽐내는 것을 두고 북해北海의 신 약若이 그의 하찮음을 지적해준 내용이다.

　"소나 말이 네 개의 다리를 가지고 있는 것을 천天이라 하고, 말머리에 굴레를 씌우거나 소의 코를 뚫는 것을 인人이라 한다."

090
(17-1) 강물과 바닷물의 차이

가을이 되면 물이 불어난 모든 냇물이 하수河水로 흘러드는데, 그 물줄기는 얼마나 큰지 양쪽 물가의 거리가 반대편의 소나 말을 구별할 수 없을 정도이다. 그리하여 하신 하백河伯은 흔연히 기뻐하면서 천하의 아름다움이 모두 자신에게 있다고 생각하였다. 그 흐름을 따라 동쪽으로 가서 북해北海에 이르러 동쪽을 바라보니 물의 끝이 보이지 않았다. 이에 하백은 비로소 그 얼굴을 돌려 북해의 신 약若을 우러러보며 탄식하여 말하였다.

"속담에 '백 가지 도리를 들으면 자신만큼 뛰어난 자는 없다'라고 생각한다던데 바로 나 같은 이를 두고 한 말인 듯하오. 또 나는 일찍이 공자의 넓은 학식을 낮게 평가하고, 백이伯夷의 절의를 별것 아닌 것으로 여긴다는 말을 들은 적이 있는데 이제까지 나는 그 말을 믿지 않았었소. 지금 당신의 무궁한 모습을 보니 내가 당신의 문하로 찾아오지 않았다면 큰일 날 뻔하였구려. 위대한 도를 깨달은 사람들의 오랜 비웃음거리가 될 뻔하였소."

북해의 약이 말하였다.

"우물 안의 개구리가 바다에 대해 말을 할 수 없는 것은 그 빈 공간이 좁기 때문이며, 여름 벌레가 얼음에 대해 말을 할 수 없는 것은 그 시간을 넘어 살아보지 못하였기 때문이며, 비뚤어진 학문에 빠진 선비가 도道에 대해 말을 할 수 없는 것은 예교의 속박에 얽매어 있기 때문입니다. 지금 당신은 강가 언덕에 살다가 나와 큰 바다를 보고 당신의 천박함을 알게 되었으니 이제 더불어 위대한 이치에 대한 말을 나눌 수 있게 되었소. 천하의 물 가운데 바다보다 큰 것이 없으니, 수많은 강물이 바다로 흘러들어,

한시도 멈추지 않아도 차서 넘치는 법이 없소. 미려尾閭에서는 물이 끊임없이 새어나가지만 물은 마르지 않습니다. 봄, 가을에도 변함이 없고, 홍수나 가뭄도 알지 못한 채 그대로 출렁이지요. 이 바다가 강하江河에 비교하여 얼마나 방대한 것인가는 수량으로 계산할 수 없지만 나는 일찍이 이것을 많다고 생각해본 일이 없소. 내 스스로 천지로부터 형체를 물려받았고, 음양으로부터 기운을 얻었으니, 내가 천지 사이에 처하고 있는 것은 마치 돌이나 작은 나무가 큰 산에 있는 것과 같다고 여겼기 때문이오. 이렇듯 나의 존재를 작게 보고 있거늘 어찌 많다고 여길 수 있겠소! 사해四海도 천지 사이에 존재하고 있음을 비교한다면 마치 개미무덤이 큰 풀숲에 있는 것과 같지 않겠소? 또 중국中國이라는 것도 바다 안에 있는 것이니 이는 마치 큰 창고 속의 작은 곡식 알갱이가 있는 것과 같지 않겠소? 사물은 셈하는 숫자는 몇 만을 헤아리며 사람은 그 중의 하나일 뿐이며, 이 사람이라는 것도 구주九州에 퍼져 살고 곡식이 나는 곳, 배와 수레가 통하는 곳이면 어디에나 있으니 사람 하나란 그 속에 하나일 뿐입니다. 이런 인간을 만물에 비긴다면 작은 털 하나가 말의 몸에 붙어 있는 것과 같은 것이 아니겠소? 오제五帝가 서로 차례로 천하를 운영한 일이나 삼왕三王이 천하를 다툰 일은 모두가 어진 이가 근심하였던 일이나 일을 맡은 선비가 수고한 일과 모두가 이와 똑같은 것일 뿐이라오. 백이는 왕위를 사양하여 명예를 얻었고, 공자는 여러 가지 가르침을 강론하여 박학하다는 소리를 들어 이들은 자신들이 남보다 뛰어나다고 여기고 있었으니 그대가 방금 하수의 물이 많다고 여긴 것과 같은 것이 아니겠소?"

그러자 하백이 말하였다.

"그렇다면 제가 천지는 큰 것이고 터럭의 끝은 작은 것이라 여겨도 되겠습니까?"

북해의 약이 말하였다.

"그렇지 않소. 사물의 양은 끝이 없고 시간은 멈춤이 없으며, 각자의 운명은 일정하지 않아 변하는 것이며, 일도 처음부터 끝까지 변하지 않는 것이란 없소. 그러므로 위대한 지혜를 가진 사람은 원근을 모두 살필 수 있어 작은 것이라 하여 하찮게 여기는 법이 없으며, 큰 것이라 하여 훌륭한 것이라 여기지도 아니합니다. 이는 사물의 양이란 끝이 없음을 알기 때문이지요. 그는 또 지난 시간가 현재가 하나라는 것을 밝히 알고 있기에 먼 시간이라 하여 고민하지도 않으며, 삶이 일찍 거두어진다고 해서 더 살기를 바라지도 않지요. 이는 시간이란 멈추지 않고 흐르는 것임을 알기 때문이지요. 그는 달이 차고 기우는 이치를 살피며, 얻었다고 즐거워하지도 아니하고, 물건을 잃었어도 슬퍼하지 않습니다. 이는 사람의 운명이란 일정치 않다는 것을 알기 때문이지요. 그는 또 도라는 것은 넓은 것임을 밝히 알고 있어, 살아 있다고 해서 즐겁다 여기지 아니하며 죽는다고 불행으로 여기지 않습니다. 이는 일이란 처음과 끝이 변하지 않는 것이 없다는 것을 알기 때문이지요. 사람이 알고 있다는 것은 헤아려 보면 사람들이 모르고 있는 것만 못하고, 살아 있는 시간이란 그가 살아 있지 못한 시간에 비길 바가 되지 못하지요. 그런데도 지극히 작은 것으로 지극히 거대한 영역을 규명하려 듭니다. 이 때문에 미혹한 혼란에 빠지고 말아 스스로 헤어나오지 못하는 것입니다. 이로 말미암아 보건대 어찌 터럭 끝이 지극히 작은 것이라 단정할 수 있겠으며, 또한 천지는 족히 무한히 큰 영역이라고 단정할 수 있겠습니까?"

하백이 말하였다.

"세상 사람들의 논의에 모두가 '지극히 미세한 것은 형체가 없고, 지극히 큰 것은 둘러쌀 수가 없다'라고 말하는데 이는 진실로 그렇습니까?"

북해 신 약이 말하였다.

"무릇 작은 것이 되어 큰 것을 보면 그 전체를 다 볼 수가 없고, 큰 것의 입장에서 작은 것을 보면 분명하게 볼 수가 없소. 무릇 정밀하고 미세하다는 것은 작은 것 중에서도 더욱 작다는 것이며, 극대하다는 것은 큰 것 중에서도 가장 큰 것이오. 그것을 구별하기란 쉬우니 이는 형세가 그렇게 되어 있는 것입니다. 무릇 작고 크다는 것은 형체가 있음으로 해서 결정되는 것이니 형체가 없는 것은 그 수량으로 분별할 수가 없고, 둘러쌀 수 없는 것도 수량으로 설명할 수가 없습니다. 말로써 논할 수

있는 것은 사물 가운데에서도 지극히 조략粗略한 것일 뿐이며 생각으로
인지할 수 있는 것은 사물 가운데에서도 정밀한 것이지요. 따라서 말로써
논할 수 없고, 생각으로도 이를 수 없는 것은 그것이 정밀한 것인지 조략한
것인지에 대하여 어떻게 기약을 할 수 없는 것들입니다.

그러므로 대인大人의 행동은 사람들을 해치지 아니하며, 어짊이나 은혜
따위도 베풀겠다고 하지도 않으며, 이익을 두고 행동하지도 아니하며,
문지기나 노예를 천하게 여기지도 아니하며, 재물을 두고 다투는 법도
없고, 사양함을 자랑하지도 않습니다. 일을 함에 있어 남의 힘을 빌리지도
않지만 스스로의 힘으로 먹고 살아감을 자랑삼지도 않고, 탐욕하고 비열
한 상대라도 천히 여기지 않으며, 그 행동은 세속과 다르지만 편벽되고
기이함을 자랑하지도 아니하고, 여러 사람들을 따라 행동하되 간사하고
아첨하는 자들을 천시하지도 아니합니다. 따라서 세속의 작록爵祿으로
그의 행동을 권유할 수 있는 것이 아니며, 형벌이나 치욕으로도 그에게
모욕을 줄 수가 없는 것입니다. 그는 시비라는 것도 구분할 수 있는
것이 아님을 알고 있고, 작고 큰 것도 차별을 둘 수 있는 것이 아님을
알고 있습니다. 듣건대 '도인은 그 이름이 알려지지 않으며, 지덕은 남에게
얻는 것이 없고, 대인은 자기 자신을 가지고 있지 않다'라 하였으니
이것이 본분을 지키는 지극한 경지라오."

하백이 말하였다.

"사물의 외형이나 사물의 내면은 무엇을 기준으로 귀천의 구별이 나타
나며 무엇을 기준으로 작고 크기의 분별이 있는 것입니까?"

북해 약이 말하였다.

"도道의 입장에서 본다면 사물에는 귀천의 구별이 없으나, 사물 자신의
입장에서 보면 자신은 귀하고 상대는 천한 것이지요. 세속의 입장에서
보면 귀천은 자신에게 달려 있는 것이 아니라 남이 정해 주는 것입니다.
상대적인 관점에서 볼 때 큰 것을 크다고 여기면 만물 가운데 크지
않은 것이 없고, 작은 것을 작다고 하면 만물 가운데 작지 않은 것이
없게 됩니다. 하늘과 땅도 큰 것의 입장에서는 쌀 낱알처럼 작은 것이며,

터럭 같은 끝도 작은 것의 입장에서는 큰 산과 같다는 것을 알고 나면, 그것은 상대적인 구별로 인해 그렇게 됨을 알 수 있을 것이오. 사물의 효용이라는 관점에서 본다면 그 효용이 있다고 할 때는 만물이 쓸데없는 것이 없지만, 그 효용이 없다면 쓸모 있는 것이 없게 되지요. 동서는 서로 상반된 방향이지만 서로 어느 한 편이 없이는 존재할 수 있는 개념이 아님을 안다면, 곧 효용이라는 것도 상대적으로 구분되는 것일 뿐임을 알게 될 것입니다. 또 취향이라는 관점에서 본다면 제각기 옳다고 할 때 만물에는 옳지 않은 것이 없고, 그르다고 할 때에는 그릇되지 않은 것이 없게 되지요. 요임금이나 걸왕이 모두 자기 자신은 옳고 상대방을 그르다고 비난하였음을 안다면 취향이라는 것도 상대적으로 결정된다는 것을 알게 될 것입니다.

옛날에 요순은 천자 자리를 선양 받아 제왕이 되었으나, 연燕나라 임금 쾌噲는 아들이 아닌 재상 자지子之에게 왕위를 물려주었으나 왕통이 끊어져 버리고 말았소. 탕왕과 무왕은 전쟁으로 왕이 되었지만, 백공白公은 전쟁으로 인해 멸망하고 말았소. 이렇게 볼 때 전쟁이나 양위의 예禮와 요나 걸의 행동은 때에 따라 귀하다 여겨지기도 하고, 천하다 여겨지기도 하는 것이어서 항상 하나만의 기준이 있는 것은 아닙니다. 들보나 기둥감의 재목은 성벽을 허무는 데에는 유용하지만, 작은 구멍을 막는 데에는 쓸모가 없으니 이는 그 도구의 쓰임이 각기 다르기 때문이며, 천리마千里馬는 하루에 천리를 달릴 수 있지만 쥐를 잡는 데에는 삵쾡이만 못한 것은 각기 그 재주가 다르기 때문이오. 올빼미는 밤에는 벼룩도 잡고, 터럭 끝도 헤아리지만, 낮에는 눈을 뜨고도 산이나 언덕을 보지 못하니 이것은 그 본성이 다르기 때문이오. 그러므로 '어찌 옳은 것만 중히 여긴다고 해서 그릇된 것이 없을 것이며, 다스림을 숭상하면 혼란함이 없다는 것인가?'라고 하지요. 이는 천지의 이치와 만물의 진상을 제대로 알지 못하고 있음을 말한 것이지요. 이는 마치 하늘은 존중하고 땅은 무시하며, 음陰은 존중하면서도 양陽은 무시하는 것과 같은 것이니, 그것이 통용될 수 없음은 자명한 것이오. 그런데도 그런 주장을 버리지 않는다면 그런 자들은 어리석은 자가 아니면 남을 속이는 자일 것입니다. 옛날 제왕들이 왕위를 양보한 것은 그 방법이 각기 달랐고, 삼대三代에도 그 계승 방법이 달랐으니 시대에 어긋나고 풍속을 거스른 자를 찬부篡夫라 부르고 시대에 합당하게 하고 시속을 따르는 사람을 의로운 무리義之徒라고 부르는 것이오. 그러니 그대 하백은 잠자코 있으시오! 그대가 어찌 귀천의 구별과 소대小大의 분별을 알겠소!"

하백이 말하였다.

"그렇다면 나는 무엇을 해야 하고 무엇을 하지 않아야 합니까? 사양하고 받고, 취하고 버리는 일에 대하여 나는 끝내 어찌 해야 합니까?"

북해 약이 말하였다.

"도의 입장에서 본다면 어느 것이 귀하고 어느 것이 천합니까? 이를 일러 반연反衍이라 하오. 자신의 뜻에 얽매어서는 안됩니다. 그렇게 하였다가는 도에 크게 어긋나게 되오. 도의 입장에서 본다면 무엇이 많고 무엇이 적다고 하겠습니까? 이를 일러 사시謝施라 합니다. 그대는 행동을 치우치게 하지 마시오. 그러면 도에 어긋나게 될 것이오.

근엄하게 하기를 나라에 임금이 있듯이 하여 사사로이 은덕을 베푸는 일이 없도록 하고, 유유히 하기를 마치 제사를 받는 사社와 같이 하여 사사로이 복을 베푸는 일이 없도록 하며, 출렁거리기를 마치 사방이 트여 끝이 없는 듯이 하여 그 경계가 없이 하시오. 만물을 고루 포용하여 그 누구 하나만을 아끼거나 도와주는 일이 없어야 할 것이오. 이를 일러 무방無方이라 하오.

만물은 하나로 똑같은 것이니 어느 것이 짧은 것이며 어느 것이 긴 것이겠소? 도에는 시작도 끝도 없지만 사물에는 삶과 죽음이 있으니, 사물의 완성이란 기대할 수 없는 것이오. 사물은 어떤 때는 텅 비었다가도 어떤 때는 가득 차서 그 모습을 일정하게 갖추고 있는 것이 아니라오. 세월은 막을 수 없고 시간은 멈출 수 없어 소멸과 생장, 충만과 공허가 번갈아 계속되고 그쳤다가는 다시 시작되는 것입니다. 이야말로 내가 위대한 도의 뜻을 이야기하고 만물의 이치를 논하는 까닭이오. 사물의 생장은 마치 달리는 말처럼 빨리 움직여 변하지 않는 것이 없고, 시간의 흐름 따라 바뀌지 않는 것이 없는데 무엇을 하겠다는 것이며 무엇을 하지 않겠다는 것입니까? 그저 자연의 변화에 따라 그대로 두면 되는 것입니다."

하백이 말하였다.

"그렇다면 무엇이 도道에서 귀한 것입니까?"

북해 약이 말하였다.

"도를 아는 자는 틀림없이 사물의 이치에도 통달해 있고, 사물의 이치에 통달한 자는 사물의 변화에 대한 적응에도 밝은 법이며, 사물의 변화에 대한 적응에 밝은 사람은 사물에 의해 자신이 해를 입는 일이 없습니다. 덕이 지극한 자는 불로도 뜨겁게 할 수 없고, 물에도 빠뜨릴 수 없으며, 더위와 추위로도 그를 상하게 하지 못하고, 날짐승·길짐승도 그를 해치지 못합니다. 그렇다고 그것들을 가벼이 여긴다는 것이 아니라 안위安危를 잘 살피고, 화복禍福에도 안녕을 얻으며 거취去就를 신중히 하여 그들이 능히 자신에게 해를 끼치지 않도록 함을 말한 것입니다. 그러므로 자연의 도는 자신의 내부에 존재시키고 인위적인 것은 밖으로 하여 그의 덕은 자연에 있도록 하며 앎은 사람의 행동에 있도록 하며, 근본은 하늘에 두고 직위는 덕으로 하여 나아가고 물러가고 굽히고 펴고 하는 것이 모두 그 요체로 돌아와 도의 극치를 말할 수 있는 것입니다."

하백이 물었다.

"무엇을 천天이라 부르며 무엇을 인人이라 합니까?"

북해 약이 말하였다.

"소나 말이 네 개의 다리를 가지고 있는 것을 천天이라 하고, 말머리에 굴레를 씌우거나 소의 코를 뚫는 것을 인人이라 하오. 그러므로 인으로써 천을 손상시키는 일이 없어야 하며, 고故로써 천명天命을 손상시키는 일도 없어야 하며, 덕으로써 이름을 희생시키는 일도 있어서는 안 된다고 말하는 것입니다. 삼가고 지켜 잃지 않는 것, 이를 일러 그 진실로 돌아간다 (反其眞)라고 말하는 것입니다."

秋水時至, 百川灌河, 涇流之大, 兩涘渚崖之間不辯牛馬. 於是焉河伯欣然自喜, 以天下之美爲盡在己. 順流而東行, 至於北海, 東面而視, 不見水端, 於是焉河伯始旋其面目, 望洋向若而歎曰:「野語有之曰:『聞道百以爲莫己若者』, 我之謂也. 且夫我嘗聞少仲尼之聞而輕伯夷之義者, 始吾弗信; 今我睹子之難窮也, 吾非至於子之門, 則殆矣, 吾長見笑於大方之家.」

北海若曰:「井鼃不可以語於海者, 拘於虛也; 夏蟲不可以語於冰者, 篤於時也; 曲士不可以語於道者, 束於教也. 今爾出於崖涘, 觀於大海. 乃知爾醜, 爾將可與語大理矣. 天下之水, 莫大於海, 萬川歸之, 不知何時止而不盈, 尾閭泄之, 不知何時已而不虛; 春秋不變, 水旱不知. 此其過江河之流, 不可爲量數. 而吾未嘗以此自多者, 自以比形於天地而受氣於陰陽, 吾在天地之間, 猶小石小木之在大山也, 方存乎見少, 又奚以自多! 計四海之在天地之間也, 不似礨空之在大澤乎? 計中國之在海內, 不似稊米之在大倉乎? 號物之數謂之萬, 人處一焉; 人卒九州, 穀食之所生, 舟車之所通, 人處一焉; 此其比萬物也, 不似豪末之在於馬體乎? 五帝之所運, 三王之所爭, 仁人之所憂, 任士之所勞, 盡此矣. 伯夷辭之以爲名, 仲尼語之以爲博, 此其自多也, 不似爾向之自多於水乎?」

河伯曰:「然則吾大天地而小毫末, 可乎?」

北海若曰:「否, 夫物, 量无窮, 時无止, 分无常, 終始无故. 是故大知觀於遠近, 故小而不寡, 大而不多, 知量无窮; 證曏今故, 故遙而不悶, 掇而不跂, 知時无止; 察乎盈虛, 故得而不喜, 失而不憂, 知分之无常也; 明乎坦塗, 故生而不說, 死而不禍, 知終始之不可故也. 計人之所知, 不若其所不知; 其生之時, 不若未生之時; 以其至小求窮其至大之域, 是故迷亂而不能自得也. 由此觀之, 又何以知毫末之足以定至細之倪! 又何以知天地之足以窮至大之域!」

河伯曰:「世之議者皆曰:『至精无形, 至大不可圍.』是信情乎?」

北海若曰:「夫自細視大者不盡, 自大視細者不明. 故異便, 此勢之有也. 夫情, 小之微也; 垺, 大之殷也; 夫精粗者, 期於有形者也; 无形者, 數之所不能分也; 不可圍者, 數之所不能窮也. 可以言論者, 物之粗也; 可以意致者, 物之精也; 言之所不能論, 意之所不能致者, 不期精粗焉.

是故大人之行, 不出乎害人, 不多仁恩; 動不爲利, 不賤門隸; 貨財弗爭, 不多辭讓; 事焉不借人, 不多食乎力, 不賤貪汚; 行殊乎俗, 不多辟異; 爲在從衆, 不賤佞諂; 世之爵祿不足以爲勸, 戮恥不足以爲辱; 知是非之不可爲分, 細大之不可爲倪. 聞曰:『道人不聞, 至德不得, 大人无己.』約分之至也.」

河伯曰:「若物之外, 若物之內, 惡至而倪貴賤? 惡至而倪小大?」

北海若曰:「以道觀之, 物无貴賤; 以物觀之, 自貴而相賤; 以俗觀之, 貴賤不在己. 以差觀之, 因其所大而大之, 則萬物莫不大; 因其所小而小之; 則萬物莫不小; 知天地之爲稊米也, 知毫末之爲丘山也, 則差數觀矣. 以功觀之, 因其所有而有之, 則萬物莫不有; 因其所无而无之; 則萬物莫不无; 知東西之相反而不可以相无, 則功分定矣. 以趣觀之, 因其所然而然之, 則萬物莫不然; 因其所非而非之, 則萬物莫不非; 知堯桀之自然而相非, 則趣操觀矣.

「昔者堯舜讓而帝, 之噲讓而絕; 湯武爭而王, 白公爭而滅. 由此觀之, 爭讓之禮, 堯桀之行, 貴賤有時, 未可以爲常也. 梁麗可以衝城, 而不可以窒穴, 言殊器也; 騏驥驊騮, 一日而馳千里, 捕鼠不如狸狌, 言殊技也; 鴟鵂夜撮蚤, 察毫末, 晝出瞋目而不見丘山, 言殊性也. 故曰:『蓋師是而无非, 師治而无亂乎?』是未明天地之理, 萬物之情者也. 是猶師天而无地, 師陰而无陽, 其不可行明矣. 然且語而不舍, 非愚則誣也. 帝王殊禪, 三代殊繼. 差其時, 逆其俗者, 謂之篡夫; 當其時, 順其俗者, 謂之義之徒. 默默乎河伯! 女惡知貴賤之門, 小大之家!」

河伯曰:「然則我何爲乎, 何不爲乎? 吾辭受趣舍, 吾終奈何?」

北海若曰:「以道觀之, 何貴何賤, 是謂反衍; 无拘而志, 與道大蹇. 何少何多, 是謂謝施; 無一而行, 與道參差. 嚴嚴乎若國之有君, 其无私德; 繇繇乎若祭之有社, 其无私福; 泛泛乎其若四方之无窮, 其无所畛域. 兼懷萬物, 其孰承翼? 是謂无方. 萬物一齊, 孰短孰長? 道无終始, 物有死生, 不恃其成; 一虛一盈, 不位乎其形. 年不可擧, 時不可止; 消息盈虛, 終則有始. 是所以語大義之方, 論萬物之理也. 物之生也, 若驟若馳, 无動而不變, 无時而不移. 何爲乎, 何不爲乎? 夫固將自化.」

河伯曰:「然則何貴於道邪?」

北海若曰:「知道者必達於理, 達於理者必明於權, 明於權者不以物害己. 至德者, 火弗能熱, 水弗能溺, 寒暑弗能害, 禽獸弗能賊. 非謂其薄之也, 言察乎安危, 寧於禍福, 謹於去就, 莫之能害也. 故曰, 天在內, 人在外, 德在乎天. 知乎人之行, 本乎天, 位乎得; 蹢躅而屈伸, 反要而語極.」

河伯曰:「何謂天? 何謂人?」

北海若曰:「牛馬四足, 是謂天; 落馬首, 穿牛鼻, 是謂人. 故曰, 无以人滅天, 无以故滅命, 无以得殉名. 謹守而勿失, 是謂反其眞.」

【河伯】河水의 신. 河神.

【望洋】멀리 올려다봄. 첩운연면어. '望陽'으로도 씀.

【篤於時】시간에 제약을 받음. 시간에 얽매임.

【曲士】지식을 왜곡하거나 곡해하는 자.

【尾閭】바닷물이 새어나가는 곳. 전설 속의 지명으로 바닷물이 평형을 이루는 것은 어딘가 들어오는 만큼 새어나가는 곳이 있다고 믿었음.

【礨空】아주 작은 구멍. 혹은 개미구멍이라고도 함.

【時无止】사시의 운행은 그칠 때가 없으며 그 끝도 없음.

【坦塗】 탄탄대로.

【至細之倪】 倪는 限度. 端倪의 뜻.

【之噌讓而絕】 之는 子之. ‘噌’은 ‘噲’의 오자. 전국시대 燕王 쾌(噲)가 나라를
재상 子之에게 禪讓하면 자지가 받지 않을 것이며 도리어 堯舜과 같은 선양의
미명을 들을 것이라는 蘇代의 꾀임에 빠져 나라를 넘겨주었다가 내란이 일어났으며
이를 틈타 齊 宣王이 공격하여 쾌와 자지를 함께 죽인 사건을 말함.(《史記》
燕世家 및 《戰國策》 燕策 참조)

【白公爭而滅】 白公은 楚 平王의 손자이며 太子 建의 아들. 伍子胥를 따라 망명하였
다가 돌아와 백공에 봉해짐. 뒤에 내란을 일으켰다가 葉公子高에게 피살됨.
(《史記》 楚世家 및 《左傳》 哀公 16년 참조)

【騏驥驊騮】 모두 천리마의 이름. 驊騮는 周 穆王(穆天子)의 八駿馬 중 하나였다 함.

【蓋】 ‘盍’자임. ‘何不’의 合音字.

【反衍】 反覆과 같음. 혹은 아무 구별이 없고 혼돈하게 통일된 상태를 뜻함.

【謝施】 新陳代謝와 같은 뜻임. 서로 작용하여 끝없이 변화하는 상태.

【承翼】 알을 받아줌. 도와줌을 뜻함.

【蹢躅】 ‘척촉’으로 읽으며 첩운연면어. 머뭇거림. 進退不定의 모습.

【滅命】 생명을 멸절함. 훼멸함.

참고 및 관련 자료

1. “是故大人之行……約分之至也”이 101자는 문장이 연속되지 않으며 의미도
달라 다른 문장이 錯入된 것으로 봄.

2. 《幼學瓊林》 1251

妄自稱奇, 謂之遼東豕; 其見甚小, 譬如井底蛙.

외발 짐승

발이 하나밖에 없는 짐승인 기夔는 발이 많은 노래기를 부러워하고, 지네는 발 없이도 움직이는 뱀을 부러워하며, 뱀은 의지할 데도 없이 움직이는 바람을 부러워하고, 바람은 움직이지 않고도 가는 눈을 부러워하며, 눈은 가지 않고도 마음만 갈 수 있는 자를 부러워한다. 기가 노래기에게 말하였다.

"나는 한 발로 껑충거리며 뛰어다녀 뜻한 대로 갈 수가 없소. 그대는 수많은 발을 움직여 가니 얼마나 편리하겠는가?"

노래기가 말하였다.

"그렇지 않다. 자네는 침 뱉는 사람을 보지 못하였는가? 침을 뱉으면 큰 것은 구슬만큼이나 하고, 작은 것은 안개 같은데, 크고 작은 것이 섞여 떨어지는 게 그 수를 이루 다 헤아릴 수 없다. 지금 나는 그처럼 나의 천기天機를 사용하면서도 어찌 그렇게 되는지를 알지 못하고 있다."

노래기가 뱀에게 말하였다.

"나는 많은 발로 다니고 있지만은 발 없는 그대만 못하니 어찌된 것인가?"

뱀이 말하였다.

"무릇 천기에 의해 움직이는 것이니 내 어찌 가히 바꿀 수 있겠는가? 내 어찌 발을 쓸 필요가 있겠는가!"

뱀이 바람에게 말하였다.

"나는 척추와 갈비뼈를 움직여 다니고 있으니 의지할 것이 있지만, 그대는 휙하고 북해北海에서 일어나 휙하고 남해南海로 들어가는데도 의지하는 데라고는 없는 것 같은데 어찌 그럴 수 있는가?"

바람이 말하였다.

"그렇다. 나는 북해에서 휙하고 일어나 남해로 불어 들어간다. 그러나 손가락도 나를 이겨낼 수 있고 발로 차도 나를 이겨낼 수 있다. 비록 그럼에도 무릇 큰 나무를 꺾고 큰 집을 날려 버리는 일은 오직 나만이 할 수 있다. 그러니 작은 것은 이겨내지 못하면서 큰 것은 이겨내는 것이다. 크게 이겨낼 수 있는 것은 오직 성인聖人만이 능히 해낼 수 있는 것이다."

夔憐蚿, 蚿憐蛇, 蛇憐風, 風憐目, 目憐心.

夔謂蚿曰:「吾以一足趻踔而行, 予无如矣. 今子之使萬足, 獨奈何?」

蚿曰:「不然. 子不見夫唾者乎? 噴則大者如珠, 小者如霧, 雜而下者不可勝數也. 今予動吾天機, 而不知其所以然.」

蚿謂蛇曰:「吾以衆足行, 而不及子之无足, 何也?」

蛇曰:「夫天機之所動, 何可易邪? 吾安用足哉!」

蛇謂風曰:「予動吾脊脅而行, 則有似也. 今子蓬蓬然起於北海, 蓬蓬然入於南海, 而似无有, 何也?」

風曰:「然. 予蓬蓬然起於北海而入於南海也, 然而指我則勝我, 鰌我亦勝我. 雖然, 夫折大木, 蜚大屋者, 唯我能也, 故以衆小不勝爲大勝也. 爲大勝者, 唯聖人能之.」

【夔憐蚿】기는 외뿔 짐승. 獨角獸(一角獸). 憐은 '선모하다'의 뜻. 蚿은 노래기. 다리가 많은 벌레. '百足'이라고도 함.
【趻踔】'침초'로 읽으며 펄쩍 뛰어오르는 모습을 형용한 쌍성연면어.
【鰌】원래 발 족(足) 변에 '酋'자여야 함. '蹴'과 같은 뜻임.
【蜚】'飛'와 같음.

092
(17-3)

공자가 광匡 땅에서 포위되어

공자가 광匡 땅에 갔을 때 송宋나라 사람들이 그를 몇 겹으로 둘러싸고 위협하자 그는 거문고를 타며 노래하기를 그치지 않았다.

자로子路가 들어와 공자를 보고 말하였다.

"선생님께서는 어찌하여 이런 것을 즐기고 계십니까?"

그러자 공자가 말하였다.

"이리 오너라! 내 너에게 일러주마. 나는 이제껏 곤궁함을 꺼려 한 지 오래되었지만 그것을 면치 못하는 것은 틀림없이 운명 때문일 것이다. 뜻대로 되기를 바란 지 오래되었지만 그대로 되지 않은 것은 때의 형세 때문일 것이다. 요순堯舜 시대에는 천하에 곤궁한 사람이 없었다고 하지만 그것은 사람이 누구나 지혜가 있어서 그랬던 것은 아니었다. 걸주桀紂 시대에는 천하에 뜻대로 되는 사람이란 없었다고 하지만 그 역시 모든 사람이 지혜가 없었기 때문에 그랬던 것이 아니었다. 때의 형세가 마침 그러하였기 때문이었던 것이다.

무릇 물 속을 다니면서도 교룡蛟龍이나 용을 피하지 않는 것은 어부의 용맹이요, 뭍을 다니면서도 코뿔소나 호랑이를 피하지 않는 것은 사냥꾼의 용기이다. 흰 칼날이 눈앞에서 번쩍여도 죽음을 삶과 같이 여기는 것은 열사烈士의 용기이며, 자신의 곤궁함은 운명 때문임을 알고, 뜻대로 되는 것은 때의 형세임을 알아 큰 어려움을 당하더라도 두려워하지 않는 것은 성인聖人의 용기이다. 자로, 너는 그대로 있거라. 나는 운명의 제압을 받고 있는 것이란다."

얼마 되지 않아서 무장한 군사를 이끌고 온 자가 들어와 이렇게 사죄
하였다.

"저희는 선생님이 양호陽虎인 줄 알고 포위하였던 것입니다. 이제 그렇지
않다는 것을 알았으니 사과를 드리고 물러가겠습니다."

孔子遊於匡, 衛人圍之數帀, 而絃歌不惙. 子路入見, 曰:「何夫子
之娛也?」

孔子曰:「來! 吾語女. 我諱窮久矣, 而不免, 命也; 求通久矣, 而不得,
時也. 當堯舜之時而天下无窮人, 非知得也; 當桀紂之時而天下无
通人, 非知失也; 時勢適然. 夫水行不避蛟龍者, 漁父之勇也; 陸行不
避兕虎者, 獵夫之勇也; 白刃交於前, 視死若生者, 烈士之勇也; 知窮
之有命; 知通之有時, 臨大難而不懼者, 聖人之勇也. 由處矣, 吾命有
所制矣.」

无幾何, 將甲者進, 辭曰:「以爲陽虎也, 故圍之. 今非也, 請辭而退.」

【匡】 衛나라 지명. 지금의 河北 長垣縣. 공자가 이곳을 지날 때 그곳 사람들에게
학정을 일삼았던 陽虎(陽貨)의 모습이 공자와 비슷하여 이를 잘못 알고 광 땅
사람들이 공자의 일행을 포위한 것임.

【衛人圍之】 이는 080의 주를 볼 것.

【陸行不避兕虎】《노자》 50장의 구절.

【將甲者】 將은 솔(帥)의 뜻, 甲은 甲士(병졸)의 뜻.

1. 《老子》 50장

出生入死. 生之徒十有三, 死之道十有三, 人之生, 動之死地, 亦十有三. 夫何故? 以其生生之厚. 蓋聞善攝生者, 陸行不遇兕虎, 入軍不被兵甲. 兕無所投其角, 虎無所措其爪, 兵無所容其刃, 夫何故? 以其無死地.

2. 《論語》 子罕篇

子畏於匡, 曰: 「文王旣沒, 文不在玆乎? 天之將喪斯文也, 後死者不得與於斯文也; 天之未喪斯文也, 匡人其如予何?」

3. 《史記》 孔子世家

定公十四年, 孔子年五十六. …… 孔子遂適衛. 居十月, 去衛. 將適陳; 過匡. 匡人止孔子; 孔子使從者爲寗武子臣於衛, 然後得去. 去卽過蒲; 月餘反乎衛. 居衛月餘, 去衛過曹. 是歲魯定公卒. 孔子去曹適宋; 與弟子習禮大樹下. 宋司馬桓魋欲殺孔子, 拔其樹. 孔子去. 弟子曰: 『可以速矣.』孔子曰: 『天生德於予, 桓魋其如予何!』…… 孔子遂至陳; 主於司城貞子家.

093
(17-4)

우물 안의 개구리

공손룡公孫龍이 위모魏牟에게 말하였다.

"저는 어려서부터 옛 선왕의 도를 배웠고, 자라서는 인의의 행동을 밝혔으며, 이동異同의 논리를 합하고 견백堅白과 연불연然不然, 가불가可不可를 분리해 내어 많은 학자들의 지혜를 곤궁에 빠뜨렸으며 윗사람들의 변론을 궁지에 몰아 넣었습니다. 이리하여 저는 스스로 지극한 경지에 이르렀다고 여기고 있습니다. 그런데 지금 장자의 말을 듣고 망연자실하여 내 자신을 이상하다고 여기게 되었습니다. 저의 변론이 그에게 못 미치는 것인가요, 아니면 저의 지혜가 그만 못한 것인가요? 지금 저는 입을 열 수가 없습니다. 감히 그 방법을 묻습니다."

공자 위모는 책상에 기대어 크게 한숨을 짓고 하늘을 우러러 웃으면서 말하였다.

"그대는 얕은 우물 안의 개구리 이야기를 듣지 못하였소? 개구리가 어느 날 동해東海의 자라에게 말하였지요. '나는 즐겁다네. 나는 우물가 지붕까지 뛰어올라 놀기도 하고, 깨어진 벽 틈으로 들어가 쉬기도 하지. 물에 들어가서는 양쪽 겨드랑이를 수면에 대고 턱을 물 위로 받치고 있기도 하고 진흙을 발로 차면, 발은 발등까지밖에 빠지지 않지. 장구벌레나 게, 올챙이를 둘러보아도 나만 못하지. 게다가 한 구덩이의 우물을 나 혼자 차지하고 그 얕은 우물을 마음대로 놀고 있으니 이야말로 지극한 즐거움일세. 자네도 때때로 와서 구경해 보지 않겠나!' 그리하여 동해의 자라가 들어가 보려고 왼발을 다 집어넣기도 전에 오른발의 무릎이 걸려 버렸다오. 이에 자라는 뒤뚱뒤뚱 물러나와 개구리에게 바다 이야기를 해주었지요. '무릇 천리나 되는 먼 거리도 바다의 크기에 비교하기엔 부족하고, 천 길이나 되는 높이로도 바다의 깊이를 일러주기에는 부족하네. 우禹임금 때에는 10년 동안 아홉 번이나 홍수가 났지만 바닷물은 더 불어나지 않았고, 탕湯임금 때에는 8년 동안 일곱 번이나 가뭄이 들었지만 그 물은 더 줄지 않았다네. 시간의 길고 짧음에 따라 변하지 않았고, 비가 많고 적음에 따라 늘지도 줄지도 않는 것이 바로 동해의 커다란 즐거움이라네.' 그러자 그 얕은 우물 안 개구리는 이를 듣고 깜짝 놀라움을 감추지 못한 채 실색하고 말았다는 것입니다.

또 무릇 그대의 지혜로는 시비의 경지를 알 수 없으면서 장자의 말을 알고자 한다는 것은, 마치 모기에게 산을 짊어지도록 요구하고 노래기에게 황하를 건너도록 명하는 것과 같으니 결코 감당할 수 없을 것이외다. 게다가 극히 오묘한 말을 논할 줄도 모르면서 스스로 일시적인 이익에 맞추기만 하는 것은 바로 우물 안 개구리가 아니겠소? 또 장자의 말은 아래로는 황천黃泉에 이르고, 위로는 대황大皇까지 올라 남쪽도 없고 북쪽도 없이 사방으로 퍼져 헤아릴 수 없는 경지에 달하여 있으며, 동쪽도 없고 서쪽도 없이 아득한 현명玄冥에서 시작하여 위대한 대통大通으로 되돌아오는 것이라오. 그런데 그대는 적당히 그를 관찰하여 이해하고, 그에 맞설 변론을 찾고 있으니 이는 곧 대롱으로 하늘을 엿보고 송곳으로 땅을 가리키는 것이니 이 역시 좁은 소견이 아니겠소! 그대는 돌아가시오! 그대는 또 수릉壽陵의 젊은이가 한단邯鄲 땅에 가서 그곳의 걸음걸이를 배웠던 이야기를 들어 본 적이 없소? 그는 한단의 걸음걸이를 배우기도 전에 옛날의 걸음걸이마저 잊어버려 결국 엉금엉금 기어서 돌아왔다오. 지금 그대도 돌아가지 않으면 장차 그대의 본래 가진 것조차 잊어버리고, 그대의 본업도 잃고 말 것이오."

그러자 공손룡은 벌린 입을 다물지 못하고 혀가 말려 올라간 채 내려오지 않았다. 그리하여 달아나고 말았다.

公孫龍問於魏牟曰:「龍少學先王之道, 長而明仁義之行; 合同異, 離堅白然不然, 可不可; 困百家之知, 窮衆口之辯; 吾自以爲至達已. 今吾聞莊子之言, 汒焉異之. 不知論之不及與, 知之弗若與? 今吾无所開吾喙, 敢問其方.」

公子牟隱机大息, 仰天而笑曰:「子獨不聞夫埳井之䵷乎? 謂東海之鱉曰:『吾樂與! 出跳梁乎井幹之上, 入休乎缺甃之崖; 赴水則接腋持頤, 蹶泥則沒足滅跗; 還視虷蟹與科斗, 莫吾能若也. 且夫擅一壑之水, 而跨跱埳井之樂, 此亦至矣, 夫子奚不時來入觀乎!』東海之鱉左足未入, 而右膝已縶矣. 於是逡巡而卻, 告之海曰:『夫千里之遠, 不足以擧其大; 千仞之高, 不足以極其深. 禹之時十年九潦, 而水弗爲加益; 湯之時八年七旱, 而崖不爲加損. 夫不爲頃久推移, 不以多少進退者, 此亦東海之大樂也.』於是埳井之䵷聞之, 適適然驚, 規規然自失也.

且夫知不知是非之竟, 而猶欲觀於莊子之言, 是猶使蚊虻負山, 商蚷馳河也, 必不勝任矣, 且夫知不知論極妙之言而自適一時之利者, 是非埳井之䵷與? 且彼方跐黃泉而登大皇, 无南无北, 奭然四解, 淪於不測; 无東无西, 始於玄冥, 反於大通. 子乃規規然而求之以察, 索之以辯, 是直用管窺天, 用錐指地也, 不亦小乎! 子往矣!

且子獨不聞夫壽陵餘子之學行於邯鄲與? 未得國能, 又失其故行矣, 直匍匐而歸耳. 今子不去, 將忘子之故, 失子之業.」

公孫龍口呿而不合, 舌擧而不下, 乃逸而走.

【公孫龍】 전국시대 趙나라 학자로 平原君과 학문을 토론한 객이었음. 名家의 대표적인 인물로 '白馬非馬論'이 널리 알려져 있음. 그의 저술 《公孫龍子》는 지금 跡符, 白馬論, 指物論, 通變論, 堅白論, 名實論 등 6편이 남아 있음.

【魏牟】 전국시대 魏나라 公子. 中山에 봉해졌었음.

【喙】 새의 부리.

【然不然, 可不可】 어떤 논리의 그렇다고 여기는 것은 그렇지 않을 수도 있음을 말함. 可不可도 같음.

【埳井】 얕은 우물. 坎井으로도 씀.

【井幹】 우물의 지붕. 혹은 우물의 울타리. 혹은 우물 위의 井字 나무 두껑.

【虷】 우물에 사는 장구벌레.

【知不知】 '앞'의 知는 智와 같음. 지혜로는 알 수 없음을 말함.

【商蚷】 馬蚿. 노래기의 일종.

【黃泉】 지하의 깊은 곳.

【大皇】 하늘 끝. 아주 아득한 우주.

【玄冥】 아주 아득하고 현묘하여 알 수 없는 경지.

【大通】 모든 것을 통달한 경지.

【用管窺天】 대롱을 통해 하늘을 봄. '以管窺天'과 같은 말이며 用錐指地도 모두 소견이 좁음을 뜻함.

【壽陵】 燕나라의 지명.

【餘子】 나이 젊은 사람.

【邯鄲】 趙나라의 서울. 연나라 수릉 젊은이가 조나라 서울 한단 사람의 걸음걸이 모습을 배우러 간 고사를 흔히 '邯鄲習步', '邯鄲學步'라 함.

참고 및 관련 자료

1. 《列子》 仲尼篇

中山公子牟者, 魏國之賢公子也. 好與賢人游, 不恤國事; 而悅趙人公孫龍. 樂正子輿之徒笑之. 公子牟曰:「子何笑牟之悅公孫龍也?」子輿曰:「公孫龍之爲人也, 行無師, 學無友, 佞給而不中, 漫衍而無家, 好怪而妄言. 欲惑人之心, 屈人之口, 與韓檀等肆之.」公子牟變容曰:「何子狀公孫龍之過歟? 請聞其實.」子輿曰:「吾笑龍之詒孔穿, 言『善射者能令後鏃中前括, 發發相及, 矢矢相屬; 前矢造準而無絶落, 後矢之括猶銜弦, 視之若一焉.』孔穿駭之. 龍曰:『此未其妙者. 逢蒙之弟子曰鴻超, 怒其妻而怖之. 引烏號之弓, 綦衛之箭, 射其目. 矢來注眸子而眶不睫, 矢隧地而塵不揚.』

是豈智者之言與?」公子牟曰:「智者之言固非愚者之所曉. 後鏃中前括, 鈞後於前. 矢注眸子而眶不睫, 盡矢之勢也. 子何疑焉?」樂正子輿曰:「子, 龍之徒, 焉得不飾其闕? 吾又言其尤者. 龍誑魏王曰:『有意不心. 有指不至. 有物不盡. 有影不移. 髮引千鈞. 白馬非馬. 孤犢未嘗有母.』其負類反倫, 不可勝言也.」公子牟曰:「子不諭至言而以爲尤也, 尤其在子矣. 夫無意則心同. 無指則皆至. 盡物者常有. 影不移者, 說在改也. 髮引千鈞, 勢至等也. 白馬非馬, 形名離也. 孤犢未嘗有母, 非孤犢也.」樂正子輿曰:「子以公孫龍之鳴皆條也. 設令發於餘竅, 子亦將承之.」公子牟默然良久, 告退, 曰:「請待餘日, 更謁子論.」

2.《公孫龍子》跡府篇

公孫龍爲守白之論, 假物取譬, 以守白辯, 爲白馬爲非馬也.

094
(17-5)

죽은 거북의 뼈와 껍질

장자가 복수濮水에서 낚시를 하고 있을 때 초왕楚王이 두 사람의 대부大夫로 하여금 그에게 찾아가 이렇게 말하도록 하였다.

"원컨대 힘드시겠지만 나라 안의 정치를 맡아 주십시오!"

장자는 낚싯대를 든 채 돌아보지도 않으면서 이렇게 말하였다.

"내 듣기로 초나라에는 신령스런 거북이 있어 죽은 지 이미 2천 년이 지났다고 하더이다. 왕께서 이를 비단에 싸서 상자에 넣어 묘당廟堂 위에 모셔 놓았다는데 이 거북으로 말하면 죽어서 뼈만 남기어 존귀하게 되고 싶어하였겠소? 아니면 살아서 진흙 속에서 꼬리를 끌고 다니고 싶어하겠소?"

이에 두 명의 대부가 말하였다.

"그야 살아서 진흙 속에서 꼬리를 끌고 다니고 싶어하겠지요."

장자가 말하였다.

"가시오! 나는 장차 진흙에 꼬리를 끌고 다닐 것이오."

莊子釣於濮水, 楚王使大夫二人往先焉, 曰:「願以境內累矣!」

莊子持竿不顧, 曰:「吾聞楚有神龜, 死已三千歲矣, 王以巾笥而藏之廟堂之上. 此龜者, 寧其死爲留骨而貴乎? 寧其生而曳尾於塗中乎?」

二大夫曰:「寧生而曳尾塗中.」

莊子曰:「往矣! 吾將曳尾於塗中.」

【濮水】 지금의 山東 濮縣 남쪽을 흐르는 물.
【巾笥】 헝겊으로 싸서 대나무 상자에 보관함.
【塗中】 진흙 속. 泥中.

장자가 재상 자리에 뜻이 있어

혜자惠子가 양梁나라 재상으로 있을 때 장자가 그를 만나러 갔다. 어떤 사람이 혜자에게 말하였다.

"장자가 오는 것은 당신을 대신하여 이 나라 재상이 되려는 것이오."

그러나 혜자는 겁이 나 사람을 시켜 3일 낮과 밤을 두고 장자의 행방을 찾아보도록 하였다. 뒤에 장자가 이를 알고 혜자를 찾아가 말하였다.

"남쪽에 새가 있는데 그 이름을 원추鵷雛라고 하오. 당신은 그 새를 아시오? 무릇 원추라는 새는 남해南海에서 출발하여 북해北海까지 날아 가면서 오동나무가 아니면 앉지 아니하고, 대나무 열매가 아니면 먹지 않으며, 예천醴泉이 아니면 마시지를 않는다 하오. 그런데 올빼미가 썩은 쥐를 가지고 있다가 원추가 날아가자 올려다보고는 소리를 지르며 자기 것을 빼앗을까 놀랐다 하오. 지금 당신도 그 잘난 양나라 때문에 나를 보고 놀란 것이 아니오?"

惠子相梁, 莊子往見之. 或謂惠子曰:「莊子來, 欲代子相.」於是 惠子恐, 搜於國中三日三夜.

莊子往見之, 曰:「南方有鳥, 其名爲鵷鶵, 子知之乎? 夫鵷鶵, 發於 南海而飛於北海, 非梧桐不止, 非練實不食, 非醴泉不飮. 於是鴟得 腐鼠, 鵷鶵過之, 仰而視之曰:『嚇!』今子欲以子之梁國而嚇我邪?」

【梁】 전국시대 魏 惠王이 大梁(지금의 開封)으로 도읍을 옮겨 흔히 魏나라를
  梁나라로 부름. 惠施는 그 혜왕 당시 재상이었음.
【鵷鶵】 봉황과 같은 유의 새.
【練實】 竹實.
【鴟】 소리개. 貓頭鷹.

1. 《幼學瓊林》 1270

百舌五更頭, 學盡衆禽之語; 鵷鶵九霄外, 頓空諸鳥之群.

물고기가 아닌데
어찌 물고기의 뜻을 안다 하오

장자가 혜자와 함께 호수濠水의 다리 위를 거닐면서 장자가 말하였다.

"피라미가 나와서 조용히 헤엄치고 있군. 이것이 바로 피라미의 즐거움일 거야."

혜자가 말하였다.

"그대는 물고기도 아닌데 어찌 물고기의 즐거움을 안다 하오?"

장자가 말하였다.

"그대는 내가 아닌데 어떻게 내가 물고기의 즐거움을 모를 것이라 여기는 것이오?"

혜자가 말하였다.

"내가 그대가 아니기에 그대를 알지 못한다면 그대도 물고기가 아니니 그대가 물고기의 즐거움을 알지 못한다는 것은 틀림없는 것이지."

장자가 말하였다.

"청컨대 이야기를 처음으로 돌려봅시다. 그대가 '내가 어떻게 물고기의 즐거움을 알겠나'라고 말한 것은 이미 그대는 내가 물고기의 즐거움을 알고 있다고 인정하기 때문에 나에게 그런 질문을 하였던 것이며 나는 이 호수라는 물가에서의 즐거움을 스스로 느끼고 있었던 것임을 말하는 것이라오."

莊子與惠子遊於濠梁之上. 莊子曰:「儵魚出遊從容, 是魚之樂也.」

惠子曰:「子非魚, 安知魚之樂?」

莊子曰:「子非我, 安知我不知魚之樂?」

惠子曰:「我非子, 固不知子矣; 子固非魚也, 子之不知魚之樂, 全矣.」

莊子曰:「請循其本. 子曰『汝安知魚樂』云者, 旣已知吾知之而問我, 我知之濠上也.」

【濠梁】濠는 물 이름. 梁은 다리. 지금의 安徽 鳳陽縣 부근을 흐름.

【儵魚】白魚. 물고기 이름. 아주 작은 물고기. 피라미의 일종이라 함.

【我知之濠上也】내가 이 호상이라는 물가에 나와 물고기와 하나가 되어 즐거움을 누리고 있음을 나는 알고 있다는 뜻. 그러한 경지에 있음을 나는 스스로 알고 있다는 뜻.

18. 지락至樂

　'지락至樂'은 지극한 즐거움을 뜻한다. 사람이 세상에 살면서 어떤 것이 지극한 즐거움이며 또한 생사의 문제를 어떻게 대처할 것인가의 문제이다.

　지락은 곧 무락無樂이며 죽음은 자연상태로 되돌아가는 것이며 육신은 기가 모여 이루어졌다가 다시 흩어지는 자연 현상일 뿐이니 인위적인 예악을 보태어 슬픔을 표시하는 것은 섭리를 바르게 보지 못하기 때문이라 하였다.

　"지극한 즐거움이란 즐거움을 없이 하는 데에 있고, 지극한 명예란 그 명예를 없이 하는 데 있다."

097
(18-1) 상대적인 즐거움들

천하에 지극한 즐거움의 유무는 어떠한가? 몸을 보전할 수 있는 방법의 유무는 어떠한가? 지금은 무엇을 해야 하고 무엇을 의지해야 하나? 무엇을 피하고 무엇을 마음에 두어야 하나? 무엇을 따르고 무엇을 버려야 하나? 무엇을 즐거워하고 무엇을 미워해야 하나?

무릇 천하에서 존귀하게 여기는 것은 부귀와 장수, 그리고 명예일 것이다. 즐겁게 여기는 것은 몸의 안락함과 맛있는 음식, 아름다운 옷과 좋은 색色과 음악 같은 것이리라. 그리고 싫어하는 것은 가난과 천함, 일찍 죽는 것과 비난받는 것이리라. 괴롭게 여기는 것은 몸이 불편한 것과 맛있는 것을 먹지 못하는 것, 아름다운 옷을 입지 못하는 것, 아름다운 빛깔을 보지 못하는 것, 좋은 음악을 못 듣는 것이리라. 그러나 이러한 것들을 얻지 못하는 것을 두고 크게 걱정하고 두려워한다면 이는 그들의 육신만을 위하는 것이니 어리석은 짓이다.

무릇 부자가 만약 자신의 몸을 괴롭히면서 애써 일해 많은 재산을 모아 놓고도 다 쓰지 못한다면 이는 그의 육신만을 위한 것이니 도에서 벗어난 것이다. 고귀한 자가 밤낮을 가리지 않고 옳고 그름을 생각한다는 것도 역시 육신을 위한 것일 뿐 도와는 먼 것 것이다. 사람이 태어난다는 것은 근심과 더불어 함께 태어나는 것이니 장수한다고 해야 혼미한 정신으로 오래도록 근심하며 죽지 않는 것이니 이 얼마나 괴로운 것이겠는가! 이는 그 육신을 위한 것이니 도와는 멀리 떨어져 있는 것이다.

열사烈士들은 세상의 칭찬을 얻지만, 그것으로 육신을 살리지는 못한다.
나는 그들의 훌륭함이 과연 훌륭한 것인지 훌륭하지 않은 것인지에 대하여
알지 못하겠다. 훌륭한 것이라 여기면서도 자신의 몸은 살리지 못하고,
훌륭한 것이 아니라고 여기면서도 남은 살릴 수 있으니 말이다. 그 때문에
"충성스런 간언을 해도 듣지 않을 때에는 조용히 물러나 다투지 말라"라
한 것이다. 따라서 오자서伍子胥는 임금과 다투다 그 육신을 잃게 된 것이지만
그가 다투지 않았다면 그의 명성도 이루어지지 않았을 것이다. 그렇다면
진실로 훌륭한 것이란 있는 것일까, 없는 것일까?

지금 세속에서 하는 일과 그들이 즐기는 것을 보더라도 나는 그 즐거움이
과연 즐거움인지 즐거움이 아닌지를 모르겠다. 내가 보건대 세속에서
즐기는 것이란, 떼를 지어 몰려가서는 죽어도 그만둘 수 없다는 듯이
모두가 즐겁다고 말하지만 나는 아직도 그것이 즐거운 것인지 즐겁지
않은 것인지 모르겠다. 과연 즐거움이란 있는 것일까, 없는 것일까? 나는
무위無爲를 진실한 즐거움이라 여기고 있지만 세속에서는 그것을 크게
괴로운 것이라 여기고 있다. 그 때문에 "지극한 즐거움이란 즐거움을
없이 하는 데에 있고, 지극한 명예란 그 명예를 없이 하는 데 있다"라고
말하는 것이다.

천하의 옳고 그름이란 진정으로 단정할 수 없는 것이다. 비록 그렇다고는
하나 무위만은 옳고 그름을 판정할 수 있다. 지극한 즐거움과 몸을 보전하는
길은 오직 무위하는 데에만 존재한다. 시험삼아 이것을 논해 보기로 하자.
하늘은 무위하기에 맑고, 땅은 무위하기에 안정되어 있다. 그러므로 하늘과
땅 이 두 가지는 무위함으로 해서 만물이 변화 생성하게 되는 것이다.
아득하고 홀연하도다. 그것은 어디로부터 나오는 것인가! 홀연하고 망망
하도다. 없고 있음의 형상이여! 만물이 번성하고는 있는 것은 모두가
무위로부터 증식하고 있는 것이다. 그러므로 "천지는 아무 작위도 없으면서
작위하지 않는 것이 없다"라고 말하는 것이다. 세상 사람으로써 그 누가
능히 무위할 수 있겠는가!

天下有至樂无有哉? 有可以活身者无有哉? 今奚爲奚據? 奚避奚處? 奚就奚去? 奚樂奚惡?

夫天下之所尊者, 富貴壽善也; 所樂者, 身安厚味美服好色音聲也; 所下者, 貧賤夭惡也; 所苦者, 身不得安逸, 口不得厚味, 形不得美服, 目不得好色, 耳不得音聲; 若不得者, 則大憂以懼, 其爲形也, 亦愚哉!

夫富者, 若身疾作, 多積財而不得盡用, 其爲形也亦外矣. 夫貴者, 夜以繼日, 思慮善否, 其爲形也亦疏矣. 人之生也, 與憂俱生, 壽者惽惽, 久憂不死, 何苦也! 其爲形也亦遠矣. 烈士爲天下見善矣, 未足以活身. 吾未知善之誠善邪, 誠不善邪? 若以爲善矣, 不足活身; 以爲不善矣, 足以活人. 故曰:「忠諫不聽, 蹲循勿爭.」故夫子胥爭之以殘其形, 不爭, 名亦不成. 誠有善无有哉?

今俗之所爲與其所樂, 吾又未知樂之果樂邪, 果不樂邪? 吾觀夫俗之所樂, 擧群趣者誙誙然如將不得已, 而皆曰樂者, 吾未知之樂也, 亦未知之不樂也. 果有樂无有哉? 吾以无爲誠樂矣, 又俗之所大苦也. 故曰:「至樂无樂, 至譽无譽.」

天下是非果未可定也. 雖然, 无爲可以定是非. 至樂活身, 唯无爲幾存. 請嘗試言之. 天无爲以之淸, 地无爲以之寧, 故兩无爲相合, 萬物皆化生. 芒乎芴乎, 而无從出乎! 芴乎芒乎, 而无有象乎! 萬物職職, 皆從无爲殖. 故曰:「天地无爲也而无不爲也.」人也孰能得无爲哉!

【疾作】 힘들게 노동함.
【蹲循】 逡巡과 같음. 물러남. 첩운연면어.
【芒乎芴乎】《老子》 21장의 "恍兮惚兮"와 같음. 황홀함.
【職職】 번다한 모습.
【无爲而无不爲】《老子》 37장의 내용과 같음.

1.《老子》21장

孔德之容, 惟道是從. 道之爲物, 惟恍惟惚. 惚兮恍兮, 其中有象; 恍兮惚兮, 其中有物. 窈兮冥兮, 其中有精. 其精甚眞, 其中有信. 自古及今, 其名不去, 以閱衆甫. 吾何以知衆甫之狀哉? 以此.

2.《老子》37장

道常無爲而無不爲, 侯王若能守之, 萬物將自化. 化而欲作, 吾將鎭之以無名之樸. 無名之樸, 夫亦將無欲. 不欲以靜, 天下將自定.

098
(18-2) 고분지탄 叩盆之嘆

　　장자의 아내가 죽어 혜자惠子가 조문을 갔다. 장자는 그때 두 다리를 쭉 뻗고 앉아 항아리 악기를 두드리며 노래를 부르고 있었다. 혜자가 말하였다.

　　"자네는 아내와 함께 살면서 자식을 기르다가 함께 늙었네. 그런 부인이 죽었는데도 곡을 하지 않는 것은 족히 그럴 수 있다고 하세. 그러나 항아리를 두드리며 노래를 부르다니 역시 심한 것 아닌가!"

　　그러자 장자는 이렇게 말하였다.

　　"그렇지 않네. 아내가 처음 죽었을 때야 나라고 어찌 슬픔이 없었겠나! 그러나 그 처음을 살펴보면 본래 삶이란 없었던 것이지. 그리고 삶만 없었던 게 아니고 형체마저 없었던 것이며, 형체만 없었던 것이 아니라 본래 기氣라는 것조차도 없었지. 흐릿하고 아득한 속에 섞이어 있다가 그것이 변하여 기가 있게 되었고 그 기가 변하여 형체가 생겼으며 형체가 변하여 생명이 생겼고 이제 다시 변하여 죽은 것이지. 이는 봄, 여름, 가을, 겨울 사계절이 서로 자리를 바꾸며 운행하는 것과 같은 것일세. 그 사람은 지금 천지天地라는 거대한 방 속에 편안히 잠들고 있는 것이네. 그런데 엉엉 울면서 그를 따라 곡을 한다면 이는 내 스스로 하늘의 명에 통달하지 못한 것이라 여겨 울기를 그친 것이라네."

莊子妻死, 惠子弔之, 莊子則方箕踞鼓盆而歌.

惠子曰:「與人居, 長子·老·身死, 不哭, 亦足矣, 又鼓盆而歌, 不亦甚乎!」

莊子曰:「不然. 是其始死也, 我獨何能无槪然! 察其始而本无生, 非徒无生也而本无形, 非徒无形也而本无氣. 雜乎芒芴之間, 變而有氣, 氣變而有形, 形變而有生, 今又變而之死, 是相與爲春秋冬夏四時行也. 人且偃然寢於巨室, 而我嗷嗷然隨而哭之, 自以爲不通乎命, 故止也.」

【箕踞】 걸터앉음. 쌍성연면어.
【盆】 질그릇으로 만든 고대 저속한 악기. 瓦缶.
【槪然】 '槪'는 '慨'의 가차나. 슬픔을 느낌.
【芒芴】 '황홀'로 읽으며 쌍성어.
【偃然】 안식하는 상태.
【巨室】 천지 사이.

참고 및 관련 자료

1.《幼學瓊林》329

「蘇蕙織迴文, 樂昌分破鏡, 是夫婦之生離; 張瞻炊臼夢, 莊子鼓盆歌, 是夫婦之死別.」

 099 ₍₁₈₋₃₎ 팔꿈치에 생긴 혹

지리숙支離叔과 골개숙滑介叔이 명백冥伯의 언덕과 곤륜산의 높은 곳, 즉 황제黃帝가 노닐다 쉬었다는 곳을 구경하러 나섰다. 그런데 갑자기 골개숙의 왼쪽 팔꿈치에 혹이 생겨 그는 마음속으로 깜짝 놀라 그것을 언짢게 생각하였다. 그러자 지리숙이 말하였다.

"자네는 그것이 미운가?"

골개숙이 말하였다.

"아닐세. 내가 왜 미워하겠나! 살아 있는 것이란 빌린 것이니 이것도 천지의 기운을 빌려 생겨난 것으로 먼지나 티끌 같은 것이겠지. 살고 죽는다는 것은 낮과 밤이 구분되는 것과 마찬가지일세. 그런데 내가 자네와 더불어 만물의 조화를 보다가 그 조화가 내게 미친 것인데 내 어찌 이를 미워하겠나!"

支離叔與滑介叔觀於冥伯之丘, 崑崙之虛, 黃帝之所休. 俄而柳生其左肘, 其意蹶蹶然惡之.

支離叔曰: 「子惡之乎?」

滑介叔曰: 「亡, 予何惡! 生者, 假借也; 假之而生生者, 塵垢也. 死生爲晝夜. 且吾與子觀化而化及我, 我又何惡焉!」

【支離叔・滑介叔】장자가 임의로 내세운 허구 인물.

【冥伯】역시 허구로 설정한 지명.

【柳】'瘤'의 가차자. 혹. 옹이.

【假借】몸은 외부 여러 원소가 가탁하여 임시 생체를 이루고 있을 뿐임.

【觀化】생사의 변화를 관조함.

<h1>100 (18-4) 죽고 나서의 편안함에 대해서는 모르고 있군</h1>

　　장자가 초楚나라로 가다가 앙상한 해골을 보았는데 바짝 말라 그 형체만 남아 있는 것이었다. 이에 말채찍으로 해골을 두드리며 말하였다.

　　"무릇 그대는 삶을 탐하다가 이치를 잃어 이렇게 되었는가? 나라를 망쳐 부월斧鉞의 처형을 입어 이렇게 되었는가? 선하지 않은 행동을 하여 부모, 처자들에게 추하게 한 것을 부끄럽게 여겨 이렇게 되었는가? 춥고 주린 끝에 병들어 이렇게 되었는가? 나이가 들어 늙어 죽어 이렇게 되었는가?"

　　이에 말을 마치자 해골을 끌어 베고 누웠다. 그런데 밤중에 해골이 꿈에 나타나 이렇게 말하는 것이었다.

　　"그대의 말솜씨는 마치 변사辯士와 같았소. 그대의 말을 살펴보건대 모두가 살아 있는 사람들의 괴로움을 말한 것일 뿐, 죽고 나면 그런 것은 없어지고 만다오. 그대는 죽음에 대한 이야기를 들어보시겠소?"

　　장자가 말하였다.

　　"좋습니다."

　　해골이 말하였다.

　　"죽고 나면 위로는 임금이 없고, 아래로는 신하도 없으며, 역시 사시의 변화도 없이 다만 천지와 수명을 같이합니다. 비록 임금 노릇 하는 것이 즐겁다 해도 이보다 더하지는 않을 것입니다."

　　장자는 믿을 수 없다고 여겨 이렇게 말하였다.

　　"내가 사명司命 신에게 부탁하여 당신의 육신을 복원시켜 뼈와 살과 살갗을 갖추게 하고 당신의 부모 처자와 마을 사람들에게 돌아가게 한다면 그대는 그렇게 하겠소?"

해골은 미간에 슬픈 표정을 드러내며 이렇게 말하였다.

"내 어찌 임금 노릇보다 더한 즐거움을 버리고 다시 인간 세상의 괴로움을 원하겠소!"

莊子之楚, 見空髑髏, 髐然有形, 撽以馬捶, 因而問之, 曰:「夫子貪生失理, 而爲此乎? 將子有亡國之事, 斧鉞之誅, 而爲此乎? 將子有不善之行, 愧遺父母妻子之醜, 而爲此乎? 將子有凍餒之患, 而爲此乎? 將子之春秋故及此乎?」

於是語卒, 援髑髏, 枕而臥.

夜半, 髑髏見夢曰:「子之談者似辯士. 視子所言, 皆生人之累也, 死則无此矣. 子欲聞死之說乎?」

莊子曰:「然.」

髑髏曰:「死, 无君於上, 无臣於下; 亦无四時之事, 從然以天地爲春秋, 雖南面王樂, 不能過也.」

莊子不信, 曰:「吾使司命復生子形, 爲子骨肉肌膚, 反子父母妻子閭里知識, 子欲之乎?」

髑髏深矉蹙頞曰:「吾安能棄南面王樂而復爲人間之勞乎!」

【馬捶】 '捶'는 '箠'와 같음. 말채찍.
【司命】 사람의 생사 장수 등 목숨을 관장하는 신. 원래는 별 이름임.
【知識】 안면이 있어 가까이 지내는 친구를 뜻함.

참고 및 관련 자료

1. 《列子》 天瑞篇

子列子適衛, 食於道, 從者見百歲髑髏, 攓蓬而指, 顧謂弟子百豐曰:「唯予與彼知而未嘗生未嘗死也. 此過養乎? 此過歡乎?

101
(18-5)
두레박줄이 짧으면

안연顔淵이 동쪽 제齊나라로 가자 공자가 근심스러운 빛을 띠었다. 그러자 자공子貢이 아랫자리로 내려와 여쭈었다.

"제가 감히 여쭙건대 안연이 동쪽 제나라로 가자 선생님께서는 근심스러운 얼굴빛을 하시니 무슨 이유에서입니까?"

공자가 말하였다.

"훌륭하도다, 너의 질문이여! 옛날 관자管子가 한 말이 있는데 나는 이를 참으로 훌륭하다 여기고 있다. 즉 '주머니가 작으면 큰 것을 담을 수 없고, 두레박줄이 짧으면 깊은 우물물을 퍼 올릴 수 없다'라 하였단다. 무릇 이와 같아서 운명에는 정해진 바가 있고 형체에는 적절히 맞는 것이 있어 덜거나 더할 수 없단다. 내가 염려하는 것은 안연이 제나라 임금에게 가서 요순堯舜과 황제黃帝의 도를 말하고, 수인燧人과 신농神農까지 더 보탠다면 저 제나라 임금은 자신에게서 그것을 찾다가 찾지 못할 것이요, 찾지 못하면 결국 안연에게 의혹을 품을 것이며 의혹을 품으면 안연은 죽임을 당하고 말 것이라는 것이다.

또 너는 이런 이야기를 들어 보지 못하였느냐? 옛날에 바다새가 노魯나라 교외에 날아와 앉았더니 노나라 임금은 그 새를 맞이하여 종묘에서 잔치를 베풀고 구소九韶의 음악을 연주하며, 태뢰太牢를 잡아 그 새를 길렀단다. 그런데 그 새는 눈만 휘둥그레 뜨고는 걱정과 슬픔에 잠겨 감히 한 조각의 고기도 먹어 보지 못하고 한 잔의 술도 마셔 보지 못한 채 사흘 만에 죽어 버리고 말았단다. 이것은 왕이 사람을 보양하는 방법으로 새를 기르려 하였지, 그는 새를 기르는 방법으로 새를 기르려 하지 않았기 때문이었다.

무릇 새를 기르는 방법으로 새를 기르려면 마땅히 그 새를 깊은 숲 속에
살게 하고, 호수 가에서 노닐게 하며, 강이나 호수에서 헤엄치게 하며,
미꾸라지와 피라미를 잡아먹도록 해 주고, 자신의 무리들을 따라 줄을
지어 날다가 내려앉아 쉬고 편안히 처하도록 해 주었어야 할 것이다.
새는 사람의 말조차 듣기 싫어하거늘 어찌 시끄러운 음악 소리를 견디겠느냐!
함지咸池나 구소의 음악을 넓은 들판에서 펼쳐 놓고 연주한다면 새는
이를 듣고 날아가 버리고, 짐승들은 이를 듣고 달아나 버리며, 물고기는
이를 듣고 깊은 물 속으로 들어가 버릴 것이다. 오직 사람들만이 그것을
들으면 서로 어울려 모여들어 구경을 하겠지. 물고기는 물 속에서 살지만
사람은 물 속에 넣으면 죽는다. 서로가 좋아하고, 싫어하는 것이 다르기
때문에 옛 성현들도 그들의 능력을 똑같이 여겨 맡기는 일을 하지 않아
명분이 실질에 부합하도록 하였고 법도가 본성에 맞도록 하였던 것이다.
이를 일러 조리가 닿고 복을 지속시키는 것이라 한단다.”

顔淵東之齊, 孔子有憂色, 子貢下席而問曰:「小子敢問, 回東之齊,
夫子有憂色, 何邪?」

孔子曰:「善哉汝問! 昔者管子有言, 丘甚善之, 曰:『褚小者不可以
懷大, 綆短者不可以汲深.』夫若是者, 以爲命有所成而形有所適也,
夫不可損益. 吾恐回與齊侯言堯舜黃帝之道, 而重以燧人神農之言.
彼將內求於己而不得, 不得則惑, 人惑則死.

且女獨不聞邪? 昔者海鳥止於魯郊, 魯侯御而觴之于廟, 奏九韶
以爲樂, 具太牢以爲膳. 鳥乃眩視憂悲, 不敢食一臠, 不敢飮一杯,
三日而死. 此以己養養鳥也, 非以鳥養養鳥也. 夫以鳥養養鳥者, 宜栖
之深林, 遊之壇陸, 浮之江湖, 食之鰌鰷, 隨行列而止, 委蛇而處.
彼唯人言之惡聞, 奚以夫譊譊爲乎! 咸池九韶之樂, 張之洞庭之野,
鳥聞之而飛, 獸聞之而走, 魚聞之而下入, 人卒聞之, 相與還而觀之.

魚處水而生, 人處水而死, 彼必相與異, 其好惡故異也. 故先聖不一
其能, 不同其事. 名止於實, 義設於適, 是之謂條達而福持.」

【褚】布袋. 자루.
【九韶】舜임금 때의 음악.
【太牢】소, 양, 돼지를 잡아 치르는 큰 잔치나 대접, 연회.
【壇陸】'壇'은 '澶'과 같으며 호숫가의 모래톱.
【鰌鰷】미꾸라지나 피라미 등의 작은 물고기.
【咸池】黃帝 때의 음악.
【洞庭】廣野. 洞庭湖가 아님.
【委蛇】편안하고 안락한 상태. '위이'로 읽으며 쌍성연면어.

102
(18-6) 죽었던 적도 살았던 적도 없다

열자列子가 길을 가다 길가에서 밥을 먹고 있었다. 마침 백년이나 된 해골을 발견하고 쑥대를 뽑아 가리키며 이렇게 말하였다.

"오직 나와 그대만이 일찍이 죽었던 적도 없고 일찍이 살았던 적도 없음을 알고 있다. 그대에게도 과연 근심이라는 것이 있는가? 나에게 과연 즐거움이라는 것이 있는가?"

列子行食於道從, 見百歲髑髏, 攓蓬而指之曰:「唯予與汝知而未嘗死, 未嘗生也. 若果養乎? 予果歡乎?」

【攓】 뽑음(拔).
【養】 근심(憂)으로 해석함.

1. 《列子》 天瑞篇

子列子適衛, 食於道, 從者見百歲髑髏, 攓蓬而指, 顧謂弟子百豐曰:「唯予與彼知而未嘗生未嘗死也. 此過養乎? 此過歡乎?

만물의 생기生機

　　세상 만물은 모두가 생기生機가 있으니, 물이 있으면 작은 물풀이 되고, 물과 흙 사이에는 푸른 이끼가 생기며, 언덕 위에는 질경이가 나고, 질경이가 똥덩어리를 만나면 오족烏足이라는 풀이 된다. 오족의 뿌리는 굼벵이가 되고, 그 잎새는 나비가 되는데 나비는 잠깐 사이에 벌레가 되며, 이 벌레가 아궁이 밑에서 생겨날 때는 그 모양이 매미껍질 같으며 그 이름을 구철鴝掇이라 한다. 이 구철은 천 일이 지나면 새가 되는데 그 이름을 건여골乾餘骨이라 한다. 이 새의 침은 바구미斯彌가 되고, 이 바구미 식혜食醯가 되며, 식혜에서는 이로頤輅가 생긴다. 황황黃軦이라는 벌레는 구유九猷에서 생기고, 구유는 무예瞀芮에서 생겨나며, 무예는 부권腐蠸에서 생겨난다. 양해羊奚라는 풀은 죽순이 나지 않는 오래된 대나무와 합쳐 청녕青寧이라는 벌레가 생기게 한다. 이 청녕은 표범을 낳고, 표범은 말을 낳으며, 사람은 다시 만물의 기틀로 돌아간다. 이처럼 만물은 모두 기틀에서 생겨나고 변화의 기틀로 들어가는 것이다.

　　種有幾, 得水則爲䜌, 得水土之際則爲鼃蠙之衣, 生於陵屯則爲陵舃, 陵舃得鬱棲則爲烏足. 烏足之根爲蠐螬, 其葉爲胡蝶. 胡蝶胥也化而爲蟲, 生於竈下, 其狀若脫, 其名爲鴝掇. 鴝掇千日爲鳥, 其名爲乾餘骨. 乾餘骨之沫爲斯彌, 斯彌爲食醯. 頤輅生乎食醯; 黃軦生乎九猷;

瞀芮生乎腐蠸. 羊奚比乎不箰, 久竹生青寧; 青寧生程, 程生馬, 馬生人, 人又反入於機. 萬物皆出於機, 皆入於機.

【種有幾】 여러 가지 견해가 있음. '세상에 만물의 종류가 얼마나 많은가'의 뜻으로 보기도 하고, '幾'를 '機'로 보아 '세상 만물은 모두가 각기 그 生機를 가지고 있다'라고 보기도 함.

【㡭】 미세한 물풀의 일종. '繼'로도 표기함. 林希逸은 "繼者, 水上塵垢初生苔而未成, 亦有絲縷相縈之意, 但其爲物甚微耳"라 하였다.

【鼃蠙之衣】 靑苔. '蝦蟆衣'라고도 함.

【陸屯】 높은 언덕.

【陸舃】 질경이. 車前草.

【鬱棲】 똥 덩어리.

【烏足】 식물 이름. 풀이름.

【蠐螬】 굼벵이. 金龜子(풍뎅이)의 유충.

【胥也】 '須臾'와 같음.

【脫】 '蛻'의 가차자.

【鴝掇】 벌레 이름.

【斯彌】 역시 벌레 이름. 바구미의 일종.

【食醯】 술동이에 사는 蠛蠓(눈에놀이)라는 작은 벌레.

【頤輅·黃軦·九猷·瞀芮·腐蠸·羊奚·靑寧】 모두 벌레 이름.

【程】 표범.

참고 및 관련 자료

1.《列子》天瑞篇

種有幾: 若鼃爲鶉, 得水爲㡭, 得水土之際, 則爲鼃蠙之衣; 生於陵屯, 則爲陵舃. 陵舃得鬱栖, 則爲烏足. 烏足之根爲蠐螬, 其葉爲胡蝶. 胡蝶胥也, 化而爲蟲, 生竈下,

其狀若脫, 其名曰鴝掇. 鴝掇千日, 化而爲鳥, 其名曰乾餘骨. 乾餘骨之沫爲斯彌.
斯彌爲食醯頤輅, 食醯頤輅生乎食醯黃軦, 食醯黃軦生乎九猷. 九猷生乎瞀芮, 瞀芮
生乎腐蠸. 羊肝化爲地皋, 馬血之爲轉鄰也; 人血之爲野火也. 鷂之爲鸇, 鸇之爲布穀;
布穀久復爲鷂也, 鷰之爲蛤也. 田鼠之爲鶉也. 朽瓜之爲魚也. 老韭之爲莧也. 朽瓜之
爲魚也. 老韭之爲莧也. 老羭之爲猨也. 魚卵之爲蟲. 亶爰之獸自孕而生曰類. 河澤
之鳥視而生曰鶂. 純雌其名大腰, 純雄其名稺蜂. 思士不妻而感, 思女不夫而孕. 后稷
生乎巨跡, 伊尹生乎空桑. 厥昭生乎濕; 醯雞生乎酒. 羊奚比乎不筍, 久竹生靑寧,
靑寧生程, 程生馬, 馬生人, 人久入於機. 萬物皆出於機, 皆入於機.」

19. 달생達生

　'달생達生'이란 생명의 본원에 대하여 통달함을 뜻한다. 일종의 양신론養神論으로 문명의 이기를 배척하고 자연의 질박한 본원을 깨달아 그리로 돌아갈 것을 주장한 것이다. 즉 여천위일與天爲一, 무루無累, 망형忘形의 경지로 돌아가며 외물에 얽매임이 없는 진체眞諦를 얻어야 함을 말하고 있다.

　"천지天地는 만물의 부모이다. 하늘과 땅이 합쳐서 사물의 형체를 이루었고, 흩어지면 처음의 아무 것도 아닌 상태로 되돌아간다."

104
(19-1)

본성으로 어찌할 수 없는 일

삶의 정황에 통달한 사람은 타고난 본성으로 어찌할 수 없는 일에는 힘쓰지 아니한다. 천명天命의 정황에 통달한 사람은 지혜로 어찌해 볼 수 없는 일에는 힘쓰지 아니한다. 육체를 보양하려면 먼저 먹을 물질이 있어야 하지만 그 물질이 남아도는 데도 육체를 보양하지 못하는 사람이 있다. 삶을 지탱하자면 먼저 육체를 손상하지 말아야 하지만 육체가 손상되지 않으면서도 삶을 잃는 사람이 있다. 삶이 태어나는 것은 아무도 물리칠 수가 없고, 삶이 떠나버리는 것은 아무도 멈추게 할 수 없다. 안타깝도다! 세상 사람들은 육체만 보양하는 것만으로는 삶을 보전하기에 충분하지 않다고 여긴다면 세속의 일로써 할 만한 것이 무엇이 있겠는가? 할 만한 것이 되지 못한다고 여기면서도 하지 않을 수 없는 것은 육체를 보양한다는 생각을 버리지 못하기 때문이다.

무릇 육체를 보양한다는 생각을 버리고자 한다면 세속의 일을 버려야만 할 것이다. 세속의 일을 버리면 아무런 거리낌이 없게 되고, 거리끼는 것이 없으면 마음이 바르고 편안해지며, 마음이 바르고 편안해지면 자연과 더불어 날로 새롭게 변화하고 날로 새롭게 변화하면 도에 가까워진다.

세속의 일은 어찌하여 버려야 하고 세속의 삶은 어찌하여 잊어야 하는가? 세속의 일을 버리면 그 육체가 수고롭지 않게 되며, 세속의 삶을 버리면 정신이 손상되지 않기 때문이다. 무릇 육체가 온전하고 정신이 본래의 상태로 돌아간다면 자연과 일체가 될 것이다. 천지天地는 만물의 부모이다. 하늘과 땅이 합쳐서 사물의 형체를 이루었고, 흩어지면 처음의 아무 것도 아닌 상태로 돌아간다. 육체와 정신이 손상됨이 없는 것, 이를 두고 자연의 변화를 따라 만물과 함께 옮겨가는 것이라 한다. 정밀하고 또 정밀해지면 본원으로 돌아가 하늘을 도울 수 있는 것이다.

達生之情者, 不務生之所无以爲; 達命之情者, 不務命之所无奈何. 養形必先之以物, 物有餘而形不養者有之矣; 有生必先无離形, 形不離而生亡者有之矣. 生之來不能卻, 其去不能止. 悲夫! 世之人以爲養形足以存生; 而養形果不足以存生, 則世奚足爲哉! 雖不足爲而不可不爲者, 其爲不免矣.

夫欲免爲形者, 莫如棄世. 棄世則无累, 无累則正平, 正平則與彼更生, 更生則幾矣. 事奚足棄而生奚足遺? 棄事則形不勞, 遺生則精不虧. 夫形全精復, 與天爲一. 天地者, 萬物之父母也, 合則成體, 散則成始. 形精不虧, 是謂能移; 精而又精, 反以相天.

【達生】 生命의 眞義를 통달함.
【更生】 날마다 새로운 삶을 살아감을 뜻함.
【遺生】 일상의 자질구레한 일을 잊어버림.
【相天】 相은 '돕다'의 뜻으로 자연 섭리에 순응함을 뜻함.

105
(19-2) 만물에는 우열이 없다

열자列子가 관윤關尹에게 물었다.

"지인至人은 물 속에 들어가도 숨이 막히지 않고, 불을 밟아도 뜨거움을 느끼지 않으며, 만물의 꼭대기에서 행동해도 두려움을 느끼지 않는다고 하더이다. 청하여 묻건대 어찌 이러한 경지에 이를 수 있습니까?"

관윤이 말하였다.

"그것은 순정한 기운을 잘 지키기 때문이지, 지혜나 기교, 용기 따위로 될 수 있는 것이 아닙니다. 자, 내가 그대에게 말해 주리라! 모든 모습이나 모양, 소리, 색깔이 있는 것은 모두가 사물이니 사물과 사물이 어찌 서로 멀리 떨어져 있는 것이겠습니까? 또 그 중에 어느 것이 어찌 앞선다고 할 수 있겠소? 그것들은 형태와 빛깔에 의해 차이가 날 뿐이오. 그렇다면 사물의 형체가 이루어지기 전의 원래 경지에 이르고, 아무런 변화도 없던 경지에 이르는 경우라면 무릇 이런 경지를 터득한 자를 사물이 어찌 그를 제지할 수 있겠소!

그런 사람이라면 분수에 지나치지 않는 경지에 처하고, 자연의 끝이 없는 벼리에 자신을 갈무리하며 만물의 시작과 끝의 경지에서 노니는 것이오. 그는 본성을 한결같이 하고, 자신의 기를 수양하며, 그의 덕을 자연에 합치시켜 만물의 조화에 소통시키는 것입니다. 무릇 이와 같이 하는 자는 그 천성을 온전히 지키고, 그 정신에는 빈틈이 없으니 사물이 어찌 그에게 뚫고 들어갈 수가 있으리오!

무릇 술에 취한 사람은 수레에서 떨어져도 다치기는 하되 죽지는 않으니 그의 뼈가 부러지는 것은 다른 사람들과 다르지 않지만 상처를 입는 것이 남과 다른 것은 술 취한 사람은 정신이 온전하여 자신이 수레를 타고 있다는 것조차 의식하지 못하고 떨어지는 것도 알지 못하기 때문이오. 생사나 놀람이나 두려움조차 그의 가슴속으로 파고들지 않기 때문에 이 까닭으로 외물에 부딪쳐도 두려워하지 않게 되는 것이오. 술에 의해 온전함을 얻음이 이 정도이니 하물며 자연에 의해 온전함을 얻은 사람이라면 어떠하겠소? 성인은 몸을 하늘에 갈무리하기에 그 까닭으로 그 무엇도 그를 다치게 할 수 없다오.

복수하려는 사람이라면 막간鏌干까지 부러뜨리지는 않으며 비록 마음에 원한을 가진 사람이라 하여도 상대가 던진 기왓장을 원망하지는 않으니 이로써 천하는 평안한 것이라오. 따라서 남을 공격하고 싸우는 혼란이 없어지고, 사람을 죽이는 형벌이 없어지자면 이러한 도道를 따라야 하는 것이오. 사람을 위한답시고 하늘의 원리를 열지 않아야 하며, 하늘의 하늘 됨을 열어야 할 것입니다. 하늘을 여는 자에게는 덕이 생겨날 것이요, 사람을 위해 여는 자에게는 해치려는 마음이 생겨날 것이오. 하늘의 원리를 싫어하지 않으면서 사람의 일에도 소홀히 하지 않아야 백성들이 그 진실함에 가까워질 것이오!"

子列子問關尹曰:「至人潛行不窒, 蹈火不熱, 行乎萬物之上而不慄. 請問何以至於此?」

關尹曰:「是純氣之守也, 非知巧果敢之列. 居, 予語汝! 凡有貌象聲色者, 皆物也, 物與物何以相遠? 夫奚足以至乎先? 是形色而已. 則物之造乎不形而止乎无所化, 夫得是而窮之者, 物焉得而止焉! 彼將處乎不淫之度, 而藏乎无端之紀, 遊乎萬物之所終始, 壹其性, 養其氣, 合其德, 以通乎物之所造. 夫若是者, 其天守全, 其神無郤,

物奚自入焉!

夫醉者之墜車, 雖疾不死. 骨節與人同而犯害與人異, 其神全也, 乘亦不知也, 墜亦不知也, 死生驚懼不入乎其胸中, 時故遻物而不慴. 彼得全於酒而猶若是, 而況得全於天乎? 聖人藏於天, 故莫之能傷也.

復讎者不折鏌干, 雖有忮心者不怨飄瓦, 是以天下平均. 故无攻戰之亂, 无殺戮之刑者, 由此道也. 不開人之天, 而開天之天, 開天者德生, 開人者賊生. 不厭其天, 不忽於人, 民幾乎以其眞!」

【子列子】列子. 列禦寇. 앞의 ‘子’자는 ‘선생님’이라는 높임을 뜻하며 현존 《列子》 책은 제자와 후인의 기록으로 ‘열자’를 지칭하면서 반드시 ‘자열자’라 하였음. 장자는 이를 연용한 것임.

【關尹】關令尹. 원래 ‘函谷關의 문지기 우두머리’라는 뜻. 노자가 은거하려 할 때 노자를 만나자 도덕의 글을 써줄 것을 부탁하였으며 이렇게 하여 기록한 5천 여자가 지금의 《老子(道德經)》임. 《史記》 老子列傳에 “關令尹喜”로 되어 있어 喜를 이름으로 보아 ‘尹喜’라고도 하며 ‘關尹子’로 부르기도 하나 “함곡관의 우두머리가 노자를 만나자 즐거워하며”의 풀이말로도 볼 수 있음.

【无郤】‘郤’은 ‘隙’과 같음.

1. “復讎者不折鏌干~民幾乎以其眞”의 구절 72자는 본장의 주제와 관련이 적어 다른 곳의 구절이 잘못 삽입된 것이 아닌가 함. 陳鼓應의 註釋本에는 “根據列子並省察文義, 宜刪”이라 하고 주석을 하지 않았음.

2. 《列子》 黃帝篇

列子問關尹曰:「至人潛行不空, 蹈火不熱, 行乎萬物之上而不慄. 請問何以至於此?」
關尹曰:「是純氣之守也, 非智巧果敢之列. 姬! 魚語女. 凡有貌像聲色者, 皆物也.

物與物何以相遠也? 夫奚足以至乎先? 是色而已. 則物之造乎不形, 而止乎無所化.
夫得是而窮之者, 焉得而正焉? 彼將處乎不深之度, 而藏乎無端之紀, 游乎萬物之
所終始. 壹其性, 養其氣, 含其德, 以通乎物之所造. 夫若是者, 其天守全, 其神無郤,
物奚自入焉? 夫醉者之墜於車也, 雖疾不死. 骨節與人同, 而犯害與人異, 其神全也.
乘亦弗知也, 墜亦弗知也. 死生驚懼不入乎其胸, 是故遻物而不慴. 彼得全於酒而猶
若是, 而況得全於天乎? 聖人藏於天, 故物莫之能傷也.」

3.《史記》老莊申韓列傳

老子脩道德, 其學以自隱無名爲務. 居周久之, 見周之衰, 迺遂去. 至關, 關令尹喜曰:
「子將隱矣, 彊爲我著書.」於是老子迺著書上下篇, 言道德之意五千餘言而去, 莫知
其所終.

106
(19-3)
매미를 잡고 있는 곱추

공자가 초楚나라로 가는 길에 숲 속을 지나다 꼽추 한 사람이 매미를 잡고 있는 것을 보았는데 마치 매미를 줍듯이 하는 것이었다. 공자가 말하였다.

"당신 재주도 좋소! 무슨 좋은 도가 있습니까?"

그가 대답하였다.

"도가 있지요. 5, 6개월 동안 매미채 위에 두 개의 알을 겹쳐 올려놓고서도 떨어뜨리지 않게 되면 실패하는 일이 지극히 드물어지고, 알을 세 개 올려놓고서도 떨어뜨리지 않으면 실패하는 일이 열에 한 번 정도가 되며, 알을 다섯 개를 올려놓고도 떨어뜨리지 않게 되면 마치 줍듯이 잡을 수 있지요.

지금 내가 이 세상에 가지고 나온 몸은 마치 나무의 뒤틀린 그루터기 같아 움직이지 않고, 나의 팔놀림은 마치 마른나무 가지와 같아 움직일 수 없습니다. 비록 하늘과 땅이 크고 만물이 많고 많지만 오직 매미의 날개만을 알게 됩니다. 나는 몸이 젖혀지지도 않고, 기울지도 않으며 어떤 일에도 매미 날개에 대한 집념을 빼앗기지 않습니다. 그러니 어찌 잡지 못할 수 있겠습니까!"

공자가 그의 제자들을 돌아보며 말하였다.

"뜻이 흩어지지 않으면 이에 정신이 집중되느니라. 바로 저 꼽추 어른을 두고 한 말이리라!"

仲尼適楚, 出於林中, 見痀僂者承蜩, 猶掇之也.

仲尼曰:「子巧乎! 有道邪?」

曰:「我有道也. 五六月累丸二而不墜, 則失者錙銖; 累三而不墜, 則失者十一; 累五而不墜, 猶掇之也. 吾處身也, 若橛株枸; 吾執臂也, 若槁木之枝; 雖天地之大, 萬物之多, 而唯蜩翼之知. 吾不反不側, 不以萬物易蜩之翼, 何爲而不得!」

孔子顧謂弟子曰:「用志不分, 乃凝於神, 其痀僂丈人之謂乎!」

【痀僂】곱사등이. 등이 굽은 사람. '傴僂'로도 표기함.
【承蜩】장대 끝에 매미를 달아 맴.
【五六月】5, 6개월 동안 학습하였음을 말함.
【錙銖】아주 작은 단위. 錙는 한 냥의 4분의 1 무게. 銖는 한 냥의 24분의 1이라 함. 아주 가볍거나 숫자가 적음을 뜻함.
【橛株枸】大椿. 枸는 나무의 뿌리 부분. 뒤틀린 상태를 말함.

참고 및 관련 자료

1. 《列子》黃帝篇

仲尼適楚, 出於林中, 見痀僂者承蜩, 猶掇之也. 仲尼曰:「子巧乎! 有道邪?」曰:「我有道也. 五六月, 纍垸一而不墜, 則失者錙銖; 纍三而不墜, 則失者十一; 纍五而不墜, 猶掇之也. 吾處也, 若橛株駒; 吾執臂若槁木之枝. 雖天地之大, 萬物之多, 而唯蜩翼之知. 吾不反不側, 不以萬物易蜩之翼, 何爲不得?」孔子顧謂弟子曰:「用志不分, 乃疑於神. 其痀僂丈人之謂乎!」丈人曰:「汝逢衣徒也, 亦何知問是乎? 脩汝所以, 而後載言其上.」

107 (19-4) 사공의 경지

안연顔淵이 공자에게 여쭈었다.

"제가 일찍이 상심觴深이라는 못을 건넌 적이 있었는데 사공의 배 다루는 솜씨가 신과 같았습니다. 제가 이렇게 물었지요. '배를 조종하는 것은 배우면 할 수 있습니까?' 그러자 그는 '가능하지요. 헤엄을 잘 치는 사람은 몇 번 만에 배울 수 있고, 잠수를 잘하는 사람은 배를 본 적이 없어도 곧 배울 수 있지요'라고 하더군요. 제가 그 까닭을 물었으나 말해 주지 않았습니다. 감히 여쭙건대 어찌하여 그렇습니까?"

공자가 말하였다.

"헤엄을 잘 치는 사람이 몇 번 만에 배울 수 있다는 것은 그가 물에 대하여 잊고 있기 때문이요, 잠수를 잘 하는 사람이 배를 본 적이 없어도 노를 저을 수 있다는 것은 그런 사람은 심연을 언덕과 같이 여기고, 배가 뒤집혀도 수레가 뒤로 물러나는 것같이 여기기 때문이다. 뒤집히고 물러나는 등의 온갖 상황이 앞에서 벌어진다 해도 그것들이 그의 마음에 끼어들지 않기 때문이다. 그러니 어디로 간들 여유가 없겠느냐! 질그릇을 내기로 하고 활을 쏘면 잘 쏠 수 있지만 허리띠의 고리를 내기로 걸고 활을 쏘면 마음이 떨리게 마련이며 황금을 걸고 활을 쏘면 눈앞이 혼미해지고 만다. 그 기교는 한 가지로 같건만 마음쓰는 바가 생기게 되면 외물을 중히 여기게 되는 것이니, 외물을 중히 여기게 되면 속마음이 졸렬해지는 것이다."

顏淵問仲尼曰:「吾嘗濟乎觴深之淵, 津人操舟若神. 吾問焉, 曰: 『操舟可學邪?』曰:『可. 善游者數能. 若乃夫沒人, 則未嘗見舟而便操之也.』吾問焉而不吾告, 敢問何謂也?」

仲尼曰:「善游者數能, 忘水也. 若乃夫沒人之未嘗見舟而便操之也, 彼視淵若陵, 視舟之覆猶其車却也. 覆却萬方陳乎前而不得入其舍, 惡往而不暇! 以瓦注者巧, 以鉤注者憚, 以黃金注者殙. 其巧一也, 而有所矜, 則重外也. 凡外重者內拙.」

【觴深】 못 이름.
【津人】 나룻배를 젓는 사람. 뱃사공.
【數能】 삭(數)은 '速'의 뜻. 쉽게 빠른 시간 안에 배울 수 있음.
【內拙】 안으로 졸렬하여 제 능력을 발휘하지 못함.

1. 《列子》 黃帝篇

顏回問乎仲尼曰:「吾嘗濟乎觴深之淵矣, 津人操舟若神. 吾問焉, 曰:『操舟可學邪?』曰:『可; 能游者可教也, 善游者數能, 乃若夫沒人, 則未嘗見舟而謖操之者也.』吾問焉, 而不告. 敢問何謂也?」仲尼曰:「譆! 吾與若玩其文也久矣, 而未達其實, 而固且道與. 能游者可教也, 輕水也; 善游者之數能也, 忘水也. 乃若夫沒人之未嘗見舟也而謖操之也, 彼視淵若陵, 視舟之覆猶其車卻也. 覆卻萬物方陳乎前而不得入其舍. 惡往而不暇? 以瓦摳者巧, 以鉤摳者憚, 以黃金摳者惛. 巧一也, 而有所矜, 則重外也. 凡重外者拙內.」

# 문 앞과 마당 청소나 하였을 뿐

전개지田開之가 주周나라 위공威公을 만나자 위공이 말하였다.

"내 듣기로 축신祝腎이 양생養生의 도를 배웠다 하더이다. 그대는 축신을 따라 배웠으니 무슨 이야기를 들었소?"

전개지가 말하였다.

"저는 비를 들고 문 앞과 마당 청소나 하였을 뿐입니다. 그러니 선생님으로부터 무슨 이야기를 들었겠습니까!"

위공이 말하였다.

"그대는 사양하지 마십시오. 과인은 듣기를 원합니다."

전개지가 말하였다.

"선생님께 들은 것이라고는 '양생을 잘하는 사람은 양을 치는 것과 같아서 그 중 뒤쳐지는 놈을 살펴 채찍질을 하는 것'이라 하셨습니다."

위공이 말하였다.

"무슨 뜻입니까?"

전개지가 말하였다.

"노나라에 선표單豹라는 사람이 있었는데 바위굴에 들어가 골짜기 흐르는 물만 먹고살았습니다. 속세의 사람들과 이利를 다투지 않았고, 나이 칠십에도 어린아이 같은 얼굴빛을 하고 있었는데 그만 불행히도 굶주린 호랑이를 만나 잡혀먹었습니다. 또 장의張毅라는 사람이 있었는데 부잣집, 가난한 집을 가리지 않고 부지런히 쫓아다니다가 나이 마흔에 열병으로 죽고 말았습니다.

선표는 그의 속마음을 보양하였으나 그 육신을 호랑이에게 먹혔고, 장의는 그 외부를 보양하였으나 그의 속이 병들고 말았으니 이 두 사람은 모두가 그 중 뒤지는 것에 채찍질을 하지 않은 것입니다.”

공자가 말하였다.

“안으로 들어가 속에 있는 것만 길러 숨기지 말 것이며, 밖으로 나와 외부만을 기른다고 드러내지도 말고 마른 나무처럼 무심히 가운데 우뚝 서 있도록 하라. 안과 밖, 그리고 가운데 이 세 가지를 터득되면 그 명성이 틀림없이 극에 이르게 될 것이다. 무릇 험한 길이 있어 열 사람 가운데 한 사람은 반드시 죽는다면 부자父子와 형제들이 서로 경계할 것이며, 필히 많은 사람들을 모아 거느리고서야 문을 나설 것이다. 이것 역시 지혜가 아니겠느냐! 그런데 사람들이 두려워해야 할 것은 방안의 잠자리와 먹고 마시는 일상에 있는데도 그것들을 경계할 줄 모르니 잘못이로다!”

田開之見周威公. 威公曰:「吾聞祝腎學生, 吾子與祝腎游, 亦何聞焉?」

田開之曰.「開之操拔篲以侍門庭, 亦何聞於夫子!」

威公曰:「田子无讓, 寡人願聞之.」

開之曰:「聞之夫子曰:『善養生者, 若牧羊然, 視其後者而鞭之.』」

威公曰:「何謂也?」

田開之曰:「魯有單豹者, 巖居而水飲, 不與民共利, 行年七十而猶有嬰兒之色; 不幸遇餓虎, 餓號殺而食之. 有張毅者, 高門縣薄, 无不趨也, 行年四十而有內熱之病以死. 豹養其內而虎食其外, 毅養其外而病攻其內, 此二子者, 皆不鞭其後者也.」

仲尼曰:「无入而藏, 无出而陽, 柴立其中央. 三者若得, 其名必極. 夫畏塗者, 十殺一人, 則父子兄弟相戒也, 必盛卒徒而後敢出焉, 不亦知乎! 人之所取畏者, 衽席之上, 飲食之間; 而不知爲之戒者, 過也!」

【田開之】사람 이름.

【周威公】東周의 임금.

【祝腎】인명.

【學生】養生을 배우는 사람.

【拔篲】篲(수)는 '帚'와 같은 뜻임. 빗자루. 掃帚.

【單豹】'선표'로 읽으며 인명. 가설로 내세운 허구의 인물.

【張毅】인명. 노나라 사람으로《呂氏春秋》必己篇과《淮南子》人間訓에 "張毅好恭"이라 하였음.

【不鞭其後者也】자신의 부족함을 메우지 못함을 뜻함.

【畏塗】도둑을 만날까 길을 나서기를 두려워함.

참고 및 관련 자료

1.《呂氏春秋》必己篇

張毅好恭, 門閭帷薄聚居衆無不趨, 輿隸姻媾小童無不敬, 以定其身, 不終其壽, 內熱而死. 單豹好術, 離俗棄塵, 不食穀實, 不衣芮溫, 身處山林巖堀, 以全其生, 不盡其年, 而虎食之.

2.《淮南子》人間訓

單豹倍世離俗, 巖居谷飲, 不衣絲麻, 不食五穀. 行年七十, 猶有童子之顏色. 卒而遇饑虎, 殺而食之. 張毅好恭, 過宮至廊廟必趨, 見門閭聚衆必下. 厮徒馬圉, 皆與伉禮. 然不終其壽, 內熱而死, 豹養其內, 而虎食其外, 毅脩其外, 而疾攻其內. 故直意適情, 則堅强賊之, 以身役物, 則陰陽食之. 此皆載務而戲乎其調者也. 得道之士, 外化而內不化, 外化所以入人也. 內不化所以全身也. 故內有一定之操, 而外能詘伸贏縮卷舒, 與物推移, 故萬擧而不陷. 所以貴聖人者, 以其能龍變也. 今捲捲然, 守一節, 推一行, 雖以毀碎滅沈, 猶且弗易者, 此察於小好, 而塞於大道也.

곧 희생이 될 돼지의 소망

제사를 지내는 축관祝官이 예복을 입고 돼지우리로 가서 돼지에게
말하였다.

"너는 어찌하여 죽기를 싫어하느냐? 내가 석 달 동안 너를 잘 기르고,
7일 동안 몸을 깨끗이 하며, 사흘 동안 부정을 피하고, 흰 띠풀을 깔고
너의 어깨와 엉덩이 살을 잘 만든 제기 위에 모셔 놓으려 하는데 너는
어떠냐?"

돼지를 대신하여 말해 본다면 '겨나 지게미를 먹을지언정 돼지우리에
그대로 있는 것만 못합니다'라고 할 것이다.

사람이란 진실로 살아서는 높은 벼슬을 하고 죽어서는 상여 위의 아름다운
관 속에 놓이게 해주겠다면 곧 그렇게 하려 들것이다. 그런데 돼지에게는
편안한 삶을 누리지 못하도록 하면서 사람이 자신을 위해서는 편안한
삶을 취하려 하고 있다. 돼지를 이렇게 다르게 여기는 것은 무엇 때문일까?

祝宗人玄端以臨牢筴, 說彘曰:「汝奚惡死? 吾將三月犠汝, 十日戒,
三日齊, 藉白茅, 加汝肩尻乎彫俎之上, 則汝爲之乎?」爲彘謀, 曰不
如食以糠糟而錯之牢筴之中, 自爲謀, 則苟生有軒冕之尊, 死得於
豚楯之上·聚僂之中則爲之. 爲彘謀則去之, 自爲謀則取之, 所異彘
者何也?

【祝宗人】 제사를 담당하는 관직.

【玄端】 예복을 뜻함.

【牢筴】 돼지우리.

【彘】 돼지의 다른 명칭.

【錯】 '措'의 가차자.

【腞楯】 그림으로 장식한 영구차.

【聚僂】 관이나 곽에 겉면의 장식.

환공桓公이 못가에서 사냥을 하면서 관중이 수레를 몰고 있었는데 환공이 귀신을 보자 관중의 손을 잡으며 말하였다.

"중보仲父께서도 무엇을 보셨소?"

관중이 대답하였다.

"저는 아무 것도 보지 못하였습니다."

환공은 돌아와 헛소리를 하며 앓으면서 여러 날을 밖에 나오지 못하였다.

제나라의 선비에 황자고오皇子告敖라는 자가 있었는데 환공을 찾아와 말하였다.

"임금님께서는 스스로 병을 앓고 계신 것입니다. 어찌 귀신이 임금님을 상하게 하였으리오! 무릇 마음속에 맺힌 기운이 흩어졌다가 되돌아오지 않으면 곧 기기 부족하게 되고, 기운이 올라가기만 하고 내려오지 않으면 사람으로 하여금 쉽게 노하게 하고, 내려갔다가 올라오지 않으면 사람으로 하여금 쉽게 잊도록 하며, 올라가지도 내려가지도 않아 몸에 갇혀 심장에 머물고 있으면 이것이 병이 되는 것입니다."

환공이 말하였다.

"그렇다 하더라도 귀신이라는 것이 있는 것입니까?"

황자고오가 말하였다.

"있습니다. 도랑의 흙탕물 속에는 이履라는 귀신이 있고, 부뚜막에는 결髻이라는 귀신이 있으며, 집안의 쓰레기더미에는 뇌정雷霆이 살고 있고, 집의 동북쪽 담장 아래에는 배아倍阿와 해롱鮭蠪이라는 귀신이 뛰어다니며,

서북쪽 담장 아래에는 일양洪陽이라는 귀신이 살고 있으며, 물에는 망상罔象이, 언덕에는 신峷이라는 귀신이, 산에는 기夔가, 들에는 방황彷徨이, 못에는 위사委蛇라는 귀신이 있습니다."

환공이 말하였다.

"청하여 묻건대 위사라는 귀신의 모양은 어떻게 생겼소?"

황자고오가 말하였다.

"위사는 그 크기가 수레바퀴 통만하고, 그 길이는 수레의 멍에만 하며, 자주색 옷에 붉은 관을 썼습니다. 그놈은 수레 달리는 소리를 싫어하여 만약 사람이 타고오는 수레 소리를 들으면 목을 빼고 일어나는데, 그놈을 본 사람은 패자霸者가 된다고 합니다."

환공은 기뻐하여 웃으며 말하였다.

"이것이 바로 과인이 보았던 자이다."

그리고는 의관을 바르게 하고 황자고오와 더불어 이야기를 나누는데, 하루를 넘기기도 전에 모르는 사이에 그 병이 사라지고 말았다.

桓公田於澤, 管仲御, 見鬼焉.

公撫管仲之手曰:「仲父何見?」

對曰:「臣无所見.」

公反, 誒詒爲病, 數日不出.

齊士有皇子告敖者曰:「公則自傷, 鬼惡能傷公! 夫忿滀之氣, 散而不反, 則爲不足; 上而不下, 則使人善怒; 下而不上, 則使人善忘; 不上不下, 中身當心, 則爲病.」

桓公曰:「然則有鬼乎?」

曰:「有. 沈有履, 竈有髻. 戶內之煩壤, 雷霆處之; 東北方之下者, 倍阿鮭蠪躍之; 西北方之下者, 則洪陽處之. 水有罔象, 丘有峷, 山有夔, 野有彷徨, 澤有委蛇.」

公曰:「請問, 委蛇之狀何如?」

皇子曰:「委蛇, 其大如轂, 其長如轅, 紫衣而朱冠. 其爲物也, 惡聞雷車之聲, 則捧其首而立. 見之者殆乎霸.」

桓公囅然而笑曰:「此寡人之所見者也.」

於是正衣冠與之坐, 不終日而不知病之去也.

【桓公】춘추시대 齊나라의 임금으로 春秋五霸의 하나. 43년간(B.C.685~643) 재위하였음. 이름은 小白.

【田】'畋'과 같음. 사냥을 뜻함.

【仲父】齊桓公이 管仲을 높여서 부른 칭호. '중부'로도 읽음.

【皇子告敖】齊나라의 현인으로 皇子는 성, 告敖는 이름.

【沈雨】도랑의 흙탕물이라 함. 또는 진흙이라고도 함.

【履】신(神)의 이름.

【髻】아궁이(부뚜막) 신으로 붉은 옷을 입어 미인의 형상이라 함.

【雷霆】귀신의 이름. 우레와 번개를 일으킴.

【倍阿鮭蠪】역시 귀신 이름으로 어린 아이처럼 생겼으며 검은 옷에 붉은 머리띠를 두르고 劍戟을 가지고 있다 함.

【泆陽】역시 귀신 이름.《國語》周語에는 '夷羊'으로 되어 있음.

【罔象】水神 이름.

【峷】山의 귀신.

【夔】뿔이 하나인 산신 이름.

【彷徨】들의 귀신.

【委蛇】뱀처럼 생긴 귀신이라 함. 혹 '위이'로 읽기도 함.

【囅然】크게 웃는 모습.

111
(19-8)

목계 木鷄

기성자紀渻子가 임금을 위해 싸움닭을 키웠다.

열흘이 지나자 임금이 물었다.

"닭을 싸움시킬 수 있느냐?"

기성자가 대답하였다.

"아직 안됩니다. 바야흐로 허세를 부리며 교만하여 제 기운을 믿고 있습니다."

열흘이 더 지나 다시 묻자 그가 대답하였다.

"아직 아닙니다. 그래도 소리나 그림자에 반응을 합니다."

열흘이 지나 왕이 묻자 그가 대답하였다.

"아직 아닙니다. 그래도 상대를 노려보며 기가 성합니다."

열흘이 지나 왕이 묻자 그는 이렇게 대답하였다.

"이제 거의 되었습니다. 다른 닭 중에 우는 자가 있어도 이미 아무런 변화를 보이지 않습니다. 멀리서 보면 마치 나무로 만든 닭 같습니다. 그 덕이 온전해졌습니다. 다른 닭들이 감히 덤벼들지 못할뿐더러 그를 보기만 해도 돌아서서 달아납니다."

〈木鷄〉丘堂 呂元九(현대)

紀渻子爲王養鬪雞.

十日而問:「雞可鬪已乎?」

曰:「未也, 方虛憍而恃氣.」

十日又問, 曰:「未也. 猶應嚮景.」

十日又問, 曰:「未也. 猶疾視而盛氣.」

十日又問, 曰:「幾矣. 雞雖有鳴者, 已无變矣, 望之似木雞矣, 其德全矣, 異雞无敢應, 見者反走矣.」

【紀渻子】사람 이름. 紀는 성, 이름은 渻子. 혹은 紀渻에 봉해진 子爵의 어떤 인물.

【王】《列子》黃帝篇에는 구체적으로 周 宣王이라 하였음. 周 宣王은 西周 시대 주나라 임금. 姬靖(姬靜). 厲王의 아들로 B.C.828~782년 재위.

【應嚮景】'嚮'은 '響'이어야 하며 '景'은 '影'의 본자. 메아리와 그림자.

【木鷄】나무를 조각하여 만든 닭. 아무런 의식이나 반응이 없음을 말함. '鷄'는 '雞'와 같음.

1. ‘木鷄’로 널리 알려진 고사이다.

2. 《列子》黃帝篇

紀渻子爲周宣王養鬪雞. 十日而問:「雞可鬪已乎?」曰:「未也; 方虛驕而恃氣.」十日
又問. 曰:「未也; 猶應影響.」十日又問. 曰:「未也; 猶疾視而盛氣.」十日又問.
曰:「幾矣. 雞雖有鳴者, 已無變矣. 望之似木雞矣. 其德全矣. 異雞無敢應者, 反走耳.」

3. 《藝文類聚》91

列子曰: 紀渻子爲周宣王養鬥雞, 十日而問之:「雞可鬥乎?」曰:「未也. 方虛驕而
恃氣.」十日又問之. 曰:「未也. 猶疾視而盛氣.」十日又問之. 曰:「幾矣. 望之如木雞,
其德全矣, 異雞無敢應者也.」

112
(19-9) 여량呂梁에서 헤엄치는 사나이

공자가 여량呂梁을 구경하였다. 그곳에는 30길이나 되는 폭포가 40리에 이르러 포말을 이루며 흐르는 급류라 큰 자라, 물고기나 자라들도 헤엄을 칠 수 없었다. 그런데 한 사나이가 거기에서 헤엄치고 있는 것을 보고 삶이 고통스러워 죽으려나 보다 하고 제자로 하여금 물줄기를 따라 내려가 그를 구해 주도록 하였다. 그러나 그는 수백 보쯤의 거리를 헤엄치고 나와서는 머리를 풀어헤친 채 노래를 부르며 언덕 가를 노닐고 있는 것이었다.

공자가 그를 따라가며 물었다.

"나는 그대가 귀신인 줄 알았더니 가만히 보니 사람이 틀림없구려. 물 속을 헤엄치는 데 도가 있는 것입니까?"

그 사나이는 이렇게 대답하였다.

"없습니다. 나에게 도란 없습니다. 단지 처음부터 익었던 곳이며 자라서는 천성대로 하였으며 천명에 따라 이루었을 뿐이오. 나는 소용돌이와 함께 물 속에 들어가 솟아오르는 물길과 더불어 나오되, 물의 도를 따를 뿐 사사로이 힘을 쓰지 않습니다. 이것이 내가 이곳에서 헤엄칠 수 있는 방법입니다."

공자가 말하였다.

"무엇을 일러 처음부터 익은 채로 시작하고, 천성대로 자라며, 천명에 따라 이루었다는 것이오?"

사나이가 말하였다.

"제가 뭍에서 나서 뭍을 편안히 여긴 것이 익숙하다는 것이고, 물에서 자라 물을 편안히 여긴 것이 천성이라는 것이며, 내가 그렇게 된 까닭은 모르지만 그렇게 된 것이 천명이라는 것입니다."

孔子觀於呂梁, 縣水三十仞, 流沫四十里, 黿鼉魚鼈之所不能游也. 見一丈夫游之, 以爲有苦而欲死也, 使弟子並流而拯之. 數百步而出, 被髮行歌而游於塘下.

孔子從而問焉, 曰:「吾以子爲鬼, 察子則人也. 請問, 蹈水有道乎?」

曰:「亡, 吾无道. 吾始乎故, 長乎性, 成乎命. 與齊俱入, 與汨偕出, 從水之道而不爲私焉. 此吾所以蹈之也.」

孔子曰:「何謂始乎故, 長乎性, 成乎命?」

曰:「吾生於陵而安於陵, 故也; 長於水而安於水, 性也; 不知吾所以然而然, 命也.」

【呂梁】齊나라와 魯나라 사이의 국경 지역을 일컬음. 山東省 泗水 지역. 梁은 河梁(물의 다리나 절벽)을 뜻함. 酈道元의 《水經注》에 「泗水過呂縣南, 水上有 石梁, 謂之呂梁」이라 함. 그러나 달리 혹 山西省 離石縣의 西河라고도 하고 혹 江蘇省 銅山縣의 彭城이라고도 함.

【縣水】懸水와 같음. 공중에 매달려 있듯이 쏟아지는 물을 표현한 것.

【命】자연의 이치.

【齊】소용돌이. 漩渦.

【汨】용솟음치면서 흐르는 물.

【陵】언덕. 즉 물이 아닌 육지. 뭍.

1. 《列子》黃帝篇

孔子觀於呂梁, 懸水三十仞, 流沫三十里, 黿鼉魚鼈之所不能游也, 見一丈夫游之. 以爲有苦而欲死者也, 使弟子幷流而承之. 數百步而出. 被髮行歌, 而游於棠行. 孔子從而問之, 曰:「呂梁懸水三十仞, 流沫三十里, 黿鼉魚鼈所不能游, 向吾見子道之. 以爲有苦而欲死者, 使弟子幷流將承子. 子出而被髮行歌, 吾以子爲鬼也. 察子, 則人也. 請問蹈水有道乎?」曰:「亡, 吾無道. 吾始乎故, 長乎性, 性乎命, 與齊俱入, 與汨偕出. 從水之道而不爲私焉, 此吾所以道之也.」孔子曰:「何謂始乎故, 長乎性, 性乎命也?」曰:「吾生於陵而安於陵, 故也; 長於水而安於水, 性也; 不知吾所以然而然, 命也.」

2. 《列子》說符篇

孔子自衛反魯, 息駕乎河梁而觀焉. 有懸水三十仞, 圜流九十里, 魚鱉弗能游, 黿鼉弗能居. 有一丈夫方將屬之. 孔子使人並涯止之曰:「此懸水三十仞, 圜流九十里, 魚鱉弗能游, 黿鼉弗能居也. 意者難可以濟乎?」丈夫不以錯意, 遂度而出. 孔子問之曰:「巧乎? 有道術乎? 所以能入而出者何也?」丈夫對曰:「始吾之入也, 先以忠信, 及吾之出也, 又從以忠信. 忠信錯吾軀於波流, 而吾不敢用私. 所以能入而復出者, 以此也.」孔子謂弟子曰:「二三子識之, 水且猶可以忠信誠身親之, 而況人乎?」

3. 《說苑》雜言篇

孔子觀於呂梁, 懸水四十仞, 環流九十里, 魚鼈不能過, 黿鼉不敢居; 有一丈夫, 方將涉之. 孔子使人並崖而止之曰:「此懸水四十仞, 圜流九十里, 魚鼈不敢過, 黿鼉不敢居, 意者, 難可濟也!」丈夫不以錯意, 遂渡而出. 孔子問:「子巧乎? 且有道術乎? 所以能入而出者何也?」丈夫對曰:「始吾入, 先以忠信, 吾之出也, 又從以忠信; 忠信錯吾軀於波流, 而吾不敢用私. 吾所以能入而復出也.」孔子謂弟子曰:「水而尚可以忠信, 義久而身親之, 況於人乎?」

4. 《孔子家語》致思篇

孔子自衛反魯, 息駕於河梁而觀焉. 有懸水三十仞, 圜流九十里, 魚鼈不能導, 黿鼉不能居. 有一丈夫方將屬之. 孔子使人並涯止之, 曰:「此懸水三十仞, 圜流九十里, 魚鼈黿鼉不能居也, 意者難可濟也.」丈夫不以措意, 遂度而出. 孔子問之曰:「子巧乎? 有道術乎? 所以能入而出者何也?」丈夫對曰:「始吾之入也, 先以忠信, 及吾之出也, 又從以忠信. 忠信措吾軀於波流, 而吾不敢以用私, 所以能入而復出也.」孔子謂弟子曰:「二三子識之, 水且猶可以忠信成身親之, 而況於人乎?」

113
(19-10)

목수의 비술秘術

자경梓慶이 나무를 깎아 악기 걸이를 만들었는데 다 만들어지자 그것을 본 사람들은 귀신 같은 솜씨라 여겨 놀라워하였다.

노나라 후侯가 이를 보고 자경에게 물었다.

"그대는 무슨 비술로 이렇게 만들었소?"

그러자 자경이 대답하였다.

"저는 목수일 뿐이니 무슨 비술이 있겠습니까! 비록 그렇기는 하나 한 가지는 있습니다. 저는 악기 걸이를 만들 때 일찍이 저의 기를 모두 소모한 적이 없습니다. 반드시 재계齋戒하고 마음을 고요히 가라앉힙니다. 사흘을 재계하면 상이나 벼슬을 얻는다는 따위에 대한 생각이 사라지게 되고, 닷새를 재계하면 감히 비난이나 칭찬, 정교함이나 졸렬함 따위는 생각하지 않게 되며, 이레를 재계하면 문득 나 자신에게 사지와 육체가 있는 것도 잊어버리게 됩니다. 이렇게 되면 조정의 권세에 대한 생각도 없어져, 자신의 기교를 다할 뿐이며 혼란스러움도 없어집니다. 그런 연후에 산림山林으로 들어가 나무의 성질을 살피고 모양도 완전한 것을 찾아내어 마음속에 완전한 북 걸이의 모양이 떠오르게 되어 그 때 손을 대기 시작합니다. 그렇게 되지 않으면 그만둡니다. 곧 저의 천성을 나무의 천성과 합치시키는 것이니 기구에 신기神技가 아닌가 의심할 정도인 것은 바로 이로 말미암는 것입니다!"

梓慶削木爲鐻, 鐻成, 見者驚猶鬼神.

魯侯見而問焉, 曰:「子何術以爲焉?」

對曰:「臣工人, 何術之有! 雖然, 有一焉. 臣將爲鐻, 未嘗敢以耗
氣也, 必齊以靜心. 齊三日, 而不敢懷慶賞爵祿; 齊五日, 不敢懷非譽
巧拙; 齊七日, 輒然忘吾有四枝形體也. 當是時也, 无公朝, 其巧專而
而滑消; 然後入山林, 觀天性; 形軀至矣, 然後成見鐻, 然後加手焉;
不然則已. 則以天合天, 器之所以疑神者, 其由是與!」

【梓慶】 ‘梓’는 목공을 뜻하며 ‘慶’은 그의 이름.
【鐻】 악기의 일종으로 夾鐘과 비슷하며 걸어놓고 연주한다 함. 북의 틀, 혹은
　　악기의 걸이라고도 함.
【魯侯】 노나라 임금. 구체적으로는 알 수 없음.
【齊】 ‘齋’와 같음.
【四枝】 四肢와 같음.
【无公朝】 朝廷이라는 것이 있는 줄 모름.

 저 말은 고꾸라질 것입니다

　　동야직東野稷이 수레 모는 기술을 가지고 장공莊公을 찾아왔다. 그의 솜씨는 나아가고 들어오는 게 먹줄을 댄 듯 곧았고, 좌우로 도는 것은 둥근 자에 들어맞듯 둥글었다. 장공은 그림으로 그린다 해도 이만 못할 것이라 여겨 그로 하여금 백 바퀴를 돌아보도록 하였다. 안합顏闔이 그를 보고 와서 장공에게 말하였다.

　　"동야직의 말은 넘어지고 말 것입니다."

　　장공은 묵묵히 아무 대답도 하지 않았다. 잠시 후 과연 말이 넘어지고 동야직만 돌아오자 장공이 물었다.

　　"그대는 어떻게 이렇게 될 것을 알았소?"

　　안합이 대답하였다.

　　"그의 말이 힘을 다하였는데도 여전히 달리기를 요구하였으니 그 때문에 넘어질 것이라 말한 것입니다."

　　東野稷以御見莊公, 進退中繩, 左右旋中規. 莊公以爲文弗過也, 使人鉤百而反.

　　顏闔遇之, 入見曰:「稷之馬將敗.」

　　公密而不應.

　　少焉, 果敗而反. 公曰:「子何以知之?」

　　曰:「其馬力竭矣. 而猶求焉, 故曰敗.」

【東野稷】말을 모는데 뛰어났던 인물.《荀子》哀公篇 등에는 ‘東野畢’로 되어 있음.

【莊公】노나라 군주.《荀子》에는 定公으로 되어 있음.

【鉤百】‘鉤’는 ‘轉’의 뜻. 백 번이나 빙글빙글 돌림.

【顏闔】인명. 魯나라의 현인.

1.《新序》雜事(五)

顏淵侍魯定公于臺, 東野畢御馬于臺下. 定公曰:「善哉! 東野畢之御.」顏淵曰:「善則善矣. 雖然, 其馬將失.」定公不悅, 以告左右曰:「吾聞之: 君子不讒人. 君子亦讒人乎?」顏淵不悅, 歷階而去. 須臾, 馬敗聞矣. 定公躝席而起, 曰:「趨駕請顏淵.」顏淵至, 定公曰:「向寡人曰:『善哉! 東野畢御也.』吾子曰:『善則善矣. 雖然, 其馬將失矣.』不識君子何以知之也?」顏淵曰:「臣以政知之. 昔者, 舜工於使人, 造父工於使馬. 舜不窮於其民, 造父不盡其馬, 是以舜無失民, 造父無失馬. 今東野畢之御也, 上車執轡, 御體正矣, 周旋步驟; 朝禮畢矣, 歷險致遠, 而馬力殫矣. 然求不已, 是以知其失矣.」定公曰:「善! 可少進與?」顏淵曰:「獸窮則觸, 鳥窮則啄, 人窮則詐. 自古及今, 有窮其下能無危者, 未之有也. 詩曰:『執轡如組, 兩驂如舞.』善御之謂也.」定公曰:「善哉! 寡人之過也.」

2.《荀子》哀公篇

定公問於顏淵曰:「東野畢之善馭乎?」顏淵對曰:「善則善矣, 雖然, 其馬將失.」定公不悅. 入謂左右曰:「君子固讒人乎?」三日而校來謁曰:「東野畢之馬失. 兩驂列, 兩服入廐.」定公越席而起曰:「趨駕召顏淵.」顏淵至, 定公曰:「前日寡人問吾子, 吾子曰:『東野畢之馭, 善則善矣, 雖然, 其馬將失』, 不識吾子何以知之?」顏淵對曰:「臣以政知之. 昔舜巧於使民, 而造父巧於使馬. 舜不窮其民, 造父不窮其馬, 是以舜無失民, 造父無失馬也. 今東野畢之馭, 上車執轡, 銜體正矣, 步驟馳騁, 朝禮畢矣, 歷險致遠, 馬力盡矣, 然猶求馬不已, 是以知之也.」定公曰:「善. 可得少進乎?」顏淵對曰:「臣聞之, 鳥窮則啄, 獸窮則攫, 人窮則詐. 自古及今, 未有窮其下而能無危者也.」

3.《韓詩外傳》卷二

顏淵侍坐魯定公于臺, 東野畢御馬于臺下. 定公曰:「善哉! 東野畢之御也.」顏淵曰:

「善則善矣. 其馬將佚矣.」定公不說, 以告左右曰:「聞君子不譖人, 君子亦譖人乎?」
顏淵退, 俄而廄人以東野畢馬佚聞矣. 定公揭席而起, 曰:「趣駕召顏淵.」顏淵至, 定公
曰:「鄉寡人曰:『善哉! 東野畢之御也.』吾子曰:『善則善矣. 然則馬將佚矣.』不識吾子
以何知之?」顏淵曰:「臣以政知之. 昔者, 舜工於使人, 造父工於使馬, 舜不窮其民,
造父不極其馬. 是以舜無佚民, 造父無佚馬. 今東野畢之上車執轡, 銜體正矣, 周旋步驟.
朝禮畢矣, 歷險致遠, 馬力殫矣. 然猶策之不已, 所以知佚也.」定公曰:「善! 可少進.」
顏淵曰:「獸窮則齧, 鳥窮則啄, 人窮則詐. 自古及今, 窮其下, 能不危者, 未之有也.
詩曰:『執轡如組, 兩驂如舞.』善御之謂也.」定公曰:「寡人之過矣.」

4.《孔子家語》顏回篇

魯定公問於顏回曰:「子亦聞東野畢之善御乎?」對曰:「善則善矣, 雖然, 其馬將
必佚.」定公色不悅, 謂左右曰:「君子固有誣人也.」顏回退, 後三日, 牧來訴之曰:
「東野畢之馬佚, 兩驂曳兩服入于廄.」公聞之, 越席而起, 促駕召顏回, 回至, 公曰:
「前日寡人問吾子以東野畢之御, 而子曰:『善則善矣, 其馬將佚.』不識吾子奚以
知之?」顏回對曰:「以政知之. 昔者, 帝舜巧於使民, 造父巧於使馬. 舜不窮其民力,
造父不窮其馬力. 是以舜無佚民, 造父無佚馬. 今東野畢力之御也, 升馬執轡, 銜體
正矣; 步驟馳騁, 朝禮畢矣; 歷險致遠, 馬力盡矣. 然而猶乃求馬不已, 臣以此知之.」
公曰:「善! 誠若吾子之言也. 吾子之言, 其義大矣. 願少進乎!」顏回曰:「臣聞之;
鳥窮則啄, 獸窮則攫, 人窮則詐, 馬窮則佚. 自古及今, 未有窮其下而能無危者也.」
公悅, 遂以告孔子, 孔子對曰:「夫其所以爲顏回者, 此之類也, 豈足多哉?」

5.《呂氏春秋》適威篇

東野稷以御見莊公, 進退中繩, 左右旋中規. 莊公曰:「善, 以爲造父不過也, 使之鉤
百而少及焉.」顏闔入見, 莊公曰:「子遇東野稷乎?」對曰:「然. 臣遇之. 其馬必敗」莊公
曰:「將何敗?」少頃, 東野之馬敗而至. 莊公召顏闔而問之曰:「子何以知其敗也?」
顏闔對曰:「夫進退中繩, 左右旋中規, 造父之御, 無以過焉. 鄉臣遇之, 猶求其馬,
臣是以知其敗也.」

6.《管子》形勢解篇

造父, 善馭馬者也. 善視其馬, 節其飲食, 度量馬力, 審其足走. 故能取遠道而馬不罷.
明主猶造父也, 善治其民, 度量其力, 審其技能. 改立功而民不困傷. 故術者, 造父之
所以取遠道也. 主之所以立功名也. 馭者, 操轡也. 故曰:「造父之術非馭也.」

7. 기타 참고자료

《說郛》80

115
(19-12) 발을 잊고 사는 것은 신발이 꼭 맞기 때문

공수工倕는 맨손으로 그려도 규구規矩로 그린 것과 같았으니 이는 그의 손가락과 외물이 동화되어 있어 마음으로 계산하지 않아도 되었기 때문이었다. 그러므로 그의 영혼은 한결같이 하나가 되어 어디에도 걸리지 않았던 것이다.

발을 잊고 사는 것은 신발이 꼭 맞기 때문이요, 허리를 잊고 사는 것은 허리띠가 꼭 맞기 때문이며, 옳고 그름을 잊고 사는 것은 마음이 그에 맞아떨어지기 때문이다. 안으로 마음이 변하지 않고 밖으로 외물에 끌려 다니지 않는 것은 자신의 처지가 그에 맞기 때문이다. 알맞음에서 시작하여 늘 알맞지 않은 일이 없게 되면 알맞은 것이 알맞다는 것조차도 잊게 된다.

工倕旋而蓋規矩, 指與物化而不以心稽, 故其靈壹一而不桎. 忘足, 屨之適也; 忘要, 帶之適也; 忘是非, 心之適也; 不內變, 不外從, 事會之適也. 始乎適而未嘗不適者, 忘適之適也.

【工倕】 고대 물건의 제작에 뛰어났던 匠人.
【蓋】 '초과하다', 혹은 '그 그림과 맞으나 이를 드러내지 않는다'는 뜻으로도
해석함.
【靈臺】 마음(心)을 뜻함.
【桎】 '막히다'(窒)의 가차자.
【要】 '허리'(腰)의 가차자.
【事會】 外物과 接應함을 뜻함.

116
(19-13)
지인至人의 덕

손휴孫休라는 사람이 편경자扁慶子의 집을 찾아가 대뜸 이렇게 말하였다.

"저는 고향에 살면서 수양이 덜 되었다는 말도 듣지 않았고, 어려움을 당해도 용기가 없다는 말을 듣지도 않았습니다. 그런데 농사를 지어도 풍년을 만나지 못하고, 임금을 섬겨도 때를 만나지 못하고 있습니다. 향리에서는 배척을 받고 고을로부터는 쫓겨나게 되었는데 무슨 죄를 하늘로 받았기 때문입니까? 아니면 제가 이런 운명을 타고나서 그런 것입니까?"

편경자가 말하였다.

"그대는 홀로 지인至人의 행동에 대하여 들어 보지 못하였습니까? 자신의 간과 쓸개조차 잊고, 눈과 귀도 잊은 채, 아득히 티끌 세상의 밖에서 노닐며, 아무 일도 없는 곳을 소요하지요. 이를 일러 일을 하되 그 일을 믿는 것이 아니며, 우두머리가 되어도 주재하지 않는 것이라 말한다오.

지금 그대는 지혜를 꾸며 어리석은 사람들을 놀라게 하고 제 몸을 수양해 남의 허물을 밝히면서 해와 달처럼 자신을 드러내어 자랑하고 행동하고 있소. 그대가 육체를 온전히 보전하고, 아홉 개의 구멍을 온전히 갖춘 채 중도에 귀머거리나, 장님, 절름발이가 되지 않고 사람들 무리 속에 끼어 있는 것만으로도 다행이거늘 어찌 하늘을 원망할 겨를이 있겠소! 그만 돌아가시오!"

손휴가 나가자 편경자는 들어와 앉아 잠시 후 하늘을 우러러 탄식하였다. 그러자 제자가 여쭈었다.

"선생님께서는 무슨 일로 탄식을 하십니까?"

편경자가 말하였다.

"조금 전에 손휴가 왔을 때 나는 그에게 지인의 덕을 일러주었다. 나는 그가 놀라서 미혹에 빠질까 염려가 되어 그런 것이다."

제자가 말하였다.

"그렇지 않습니다. 손휴의 말이 옳고 선생님의 말씀이 그르다면 그른 것이 옳은 것을 미혹시킬 수는 없고, 또 손휴의 말이 틀렸고 선생님의 말씀이 옳았다면 그는 본래 미혹된 상태로 온 것이니 선생님께서 무슨 잘못이 있겠습니까?"

편경자가 말하였다.

"그렇지 않다. 옛날에 한 마리 새가 날아와 노魯나라 교외에 앉았었다. 노나라 임금이 기뻐하여 태뢰太牢를 갖추어 먹이고, 구소九韶의 음악을 연주하여 그 새를 즐겁게 해 주었다. 그러나 새는 그 때부터 걱정과 슬픔에 젖어 눈이 어지러워져서 감히 아무 것도 마시지도 먹지도 못하였다. 이를 일러 자신을 보양하는 방법으로 새를 보양한다고 하는 것이다. 만약 새를 기르는 방법으로 새를 보양하려 한다면, 마땅히 깊은 숲에 살도록 해주고, 강물이나 호수 위를 떠다니게 해야 하며, 그로 하여금 진흙 속의 미꾸라지를 잡아먹도록 해주었어야 할 것이다. 그리하여 마음놓고 지내게 해 주었다면 그는 평평한 뭍에서 평안을 누렸을 것이다. 지금 손휴는 견문이 적은 백성인데 내가 지인의 덕을 들려주었으니 이는 비유컨대 마치 생쥐를 즐겁게 해주려 수레와 말을 갖추어주고 메추라기를 즐겁게 해 주겠다고 종을 울리고 북을 치는 것과 같은 것이었으니 저가 어찌 능히 놀라지 않을 수 있겠느냐?"

有孫休者, 踵門而詫子扁慶子曰:「休居鄉不見謂不脩, 臨難不見
謂不勇; 然而田原不遇歲, 事君不遇世, 賓於鄉里, 逐於州部, 則胡罪
乎天哉? 休惡遇此命也?」

扁子曰:「子獨不聞夫至人之自行邪? 忘其肝膽, 遺其耳目, 芒然
彷徨乎塵垢之外, 逍遙乎无事之業, 是謂爲而不恃, 長而不宰. 今汝
飾知以驚愚, 脩身以明汙, 昭昭乎若揭日月而行也. 汝得全而形軀,
具而九竅, 无中道夭於聾盲跛蹇而比於人數, 亦幸矣, 又何暇乎天之
怨哉! 子往矣!」

孫子出. 扁子入, 坐有間, 仰天而歎. 弟子問曰:「先生何爲歎乎?」

扁子曰:「向者休來, 吾告之以至人之德, 吾恐其驚而遂至於惑也.」

弟子曰:「不然. 孫子之所言是邪? 先生之所言非邪? 非固不能惑是.
孫子所言非邪? 先生所言是邪? 彼固惑而來矣, 又奚罪焉!」

扁子曰:「不然. 昔者有鳥止於魯郊, 魯君說之, 爲具太牢而饗之,
奏九韶以樂之, 鳥乃始憂悲眩視, 不敢飲食. 此之謂以己養養鳥也.
若夫以鳥養養鳥者, 宜棲之深林, 浮之江湖, 食之以鰌鰷, 委蛇而處,
則安平陸而已矣. 今休, 款啓寡聞之民也, 吾告以至人之德, 譬之若
載鼷以車馬, 樂鴳以鐘鼓也. 彼又惡能无驚乎哉!」

【孫休】인명. 노나라 사람.
【子扁慶子】인명. 역시 노나라의 현인. 子扁慶子의 앞의 子자는 선생님을 높여
　부르는 칭호. 성은 扁慶, 子는 작위나 諸子의 명칭. 혹은 扁이 성씨이며 慶子는
　字라 함.

1. 본문은 본 達生篇과 전혀 관련이 없으며 잘못 삽입된 것으로 보고 있음. 일부 내용은 至樂篇에도 보이며 혹 이의 異文이 아닌가 함.

2. "食之以鰌鰷……則安平陸而已矣"의 문장은 闕文이 있는 것으로 보임. 王先謙의 《莊子集解》에 "至樂篇: '夫以鳥養養鳥者, 宜栖之深林, 游之壇陸, 浮之江湖, 食之鰌鰷, 隨行列而止, 委蛇而處.' 然則此文亦當云: '食之以鰌鰷, 委蛇而處.' 傳寫者闕文耳. 且云'委蛇而處'方與下文'則平陸而已矣'文義相屬. 若無'而處'二字, 下句便不貫矣"라 하였음.

20. 산목山木

　‘산목山木’은 장자가 산길을 가다가 발견한 뒤틀려 재목으로 쓸 수 없는 나무를 발견한 내용을 시작으로 한다. ‘쓸모없기 때문에 쓸모가 있는 것(無用之用)’의 극대화를 통해 온전한 삶이란 자연 그대로임을 강조한 것이다. 일종의 처세 이론으로 허기虛己와 불위공명 不爲功名을 중시하고 있다.

　“배를 타고 강을 건널 때 어떤 빈 배가 와서 자신의 배를 부딪치면 비록 마음이 좁은 사람일지라도 화를 내지 않을 것이다. 그 배에 사람이 타고 있지 않았기 때문이다. 그러니 자신을 텅 비우고 세상을 노닌다면 누가 능히 그를 해치려 하겠는가!”

117 (20-1) 산 속의 나무와 친구 집의 거위

장자가 산 속을 가다가 큰 나무를 보았는데 가지와 잎이 무성하였으나 나무꾼이 그 옆에 있으면서도 나무를 베지 않았다. 이를 보고 그 까닭을 물었더니 이렇게 말하는 것이었다.

"아무 쓸모가 없습니다."

이에 장자가 말하였다.

"이 나무는 재목감이 되지 않기 때문에 천수를 누리는 것이로구나!"

장자가 산을 나와 친구의 집에서 머물게 되었다. 그 친구가 반가워하면서 하인에게 거위를 잡아 삶도록 명하자 하인이 물었다.

"거위 중 한 놈은 잘 울고 한 놈은 울지 못합니다. 어느 놈을 잡을까요?"

주인이 말하였다.

"울 줄 모르는 놈을 잡아라."

그 다음날 제자가 장자에게 여쭈었다.

"어제 산 속의 나무는 재목감이 되지 못하기에 천수를 누린다 하셨는데, 지금은 이 집 주인의 거위는 쓸모가 없어 죽었습니다. 선생님께서는 어떻게 처신하시려는지요?"

장자가 웃으며 말하였다.

"나는 장차 재목이 되기도 하고 재목이 되지 못하기도 하는 중간에 처신하겠다. 그러나 재목이 되고 재목이 되지 않는 것의 중간이란 것은 도와 비슷한 것 같으나 도가 아니다. 그 때문에 얽매임에서 벗어날 수는 없다. 만약 도와 덕을 타고 유유히 떠다니는 자라면 그렇지 않다. 칭찬도

없고 비방도 없으며, 한번은 용이 되었다가 한번은 뱀이 되었다가 시간과
더불어 변화하면서 한 곳에 집착하지 않고 오르락내리락 하면서 조화로움을
자신의 법도로 삼을 것이다. 만물의 근원에서 노닐면서 사물을 사물로서
부리되 외물에 의해 사물로서의 부림을 받지 않을 것이니 어찌 얽매임이
있겠느냐! 이것이 바로 신농神農과 황제黃帝의 법칙인 것이다. 만약 만물의
정황이나 인륜의 전습傳習이라면 그렇지 않다. 모이면 흩어지고, 이루면
무너지고, 모가 나면 깎이고, 높아지면 비난받고, 해 놓으면 허물게 되며,
어질면 모함을 받고, 어리석으면 속임을 당한다. 그러니 어찌 반드시
기필期必할 일이 있을 수 있겠느냐! 안타깝도다! 너희들은 기억하라. 오직
도와 덕의 근본에서만이 그렇게 될 수 있느니라!"

莊子行於山中, 見大木, 枝葉盛茂, 伐木者止其旁而不取也.
問其故, 曰:「无所可用.」
莊子曰:「此木以不材得終其天年夫!」
出於山, 舍於故人之家. 故人喜, 命豎子殺雁而烹之.
豎子請曰:「其一能鳴, 其一不能鳴, 請奚殺?」
主人曰:「殺不能鳴者.」
明日, 弟子問於莊子曰:「昨日山中之木, 以不材得終其天年; 今主
人之雁, 以不材死; 先生將何處?」
莊子笑曰:「周將處乎材與不材之間. 材與不材之間, 似之而非也,
故未免乎累. 若夫乘道德, 而浮遊則不然. 无譽无訾, 一龍一蛇, 與時
俱化, 而无肯專爲; 一上一下, 以和爲量, 浮遊乎萬物之祖; 物物而
不物於物, 則胡可得而累邪! 此神農黃帝之法則也. 若夫萬物之情,
人倫之傳, 則不然. 合則離, 成則毀; 廉則挫, 尊則議, 有爲則虧, 賢則謀,
不肖則欺, 胡可得而必乎哉! 悲夫! 弟子志之, 其唯道德之鄉乎!」

【雁】 거위(鵝)를 뜻함.

【一龍一蛇】 때에 따라 나타나기도 하고 혹은 숨겨지기도 함을 비유한 것.

【人倫之傳】 사람들의 관습. 전해오는 습관. 傳習.

【廉】 ‘磏’고 같으며 ‘날카롭다’의 뜻.

【道德之鄕】 천지 자연의 근본.

참고 및 관련 자료

1.《呂氏春秋》必己篇

莊子行於山中, 見木甚美, 長大, 枝葉盛茂, 伐木者止其旁而弗取, 問其故, 曰:「無所可用.」莊子曰:「此以不材得終其天年矣.」出於山, 及邑, 舍故人之家. 故人喜, 具酒肉, 令豎子爲殺鴈饗之. 豎子請曰:「其一鴈能鳴, 一鴈不能鳴, 請奚殺?」主人之公曰:「殺其不能鳴者.」明日, 弟子問於莊子曰:「昔者山中之木以不材得終天年, 主人之鴈以不材死, 先生將何以處?」莊子笑曰:「周將處於材·不材之間. 材不材之間, 似之而非也, 故未免乎累. 若夫道德則不然, 無訝無訾, 一龍, 一蛇, 與時俱化, 而無肯專爲, 一上一下, 以禾爲量, 而浮游乎萬物之祖, 物物而不物於物, 則胡可得而累? 此神農黃帝之所法. 若夫萬物之情·人倫之傳則不然, 成則毁, 大則衰, 廉則剉, 尊則虧, 直則戳, 合則離, 愛則隳, 多智則謀, 不肖則欺, 胡可得而必?」

118
(20-2)

여우 덫은 가죽 때문

시남의료市南宜僚가 노나라 임금을 만났더니 노나라 임금은 근심하는 빛을 띠고 있었다. 의료가 말하였다.

"임금께서 근심스런 얼굴을 하고 계시니 어찌된 일이십니까?"

노나라 임금이 말하였다.

"나는 선왕의 도를 배웠고, 선군先君의 업을 닦았으며, 귀신을 공경하고 현자를 존중하며 몸소 나서서 실행에 옮기며 잠시도 편안히 지낸 적이 없소. 그럼에도 환난을 면치 못하고 있으니 나는 이 까닭으로 근심에 젖어 있는 것이오."

시남자가 말하였다.

"임금께서는 환난을 제거하는 방법이 얕으시군요! 무릇 살찐 여우와 무늬가 아름다운 표범이 산림에 살면서 굴속에 엎드려 있는 것은 조용함을 위해서이며, 밤에만 나다니고 낮에는 들어앉아 있는 것은 경계를 위해서이며, 비록 배고프고 목마르며 곤궁한 처지에 있다 하더라도 은밀히 멀리 떨어진 강이나 호수까지 가서 먹이를 찾는 것은 안전을 위해서입니다. 그런데도 그물과 덫에 걸리는 환난을 면하지 못하는 것은 그들에게 무슨 잘못이 있어서이겠습니까? 바로 그들의 가죽이 재난의 원인인 것입니다.

지금 노나라는 바로 임금님께 그 가죽이 아니겠습니까? 저는 임금께서 몸을 잊고, 가죽을 벗어버리며, 마음을 씻고, 욕심을 버리시고, 아무도 없는 들판에서 노닐기를 원합니다.

남월南越 땅에 고을이 있으니 이름을 건덕建德의 나라라 부릅니다. 그곳의 백성들은 어리석고 소박하며 사심이 적고 욕심도 적으며 일만 할 줄 알았지 물건을 저장해둔다는 것도 모릅니다. 남에게 무엇을 주고도 그 대가를 바라지 않으며, 어떤 것이 의義라는 것인지, 어디에 적용되는 것인지도 모르고 예禮라는 것이 무엇을 거느리는 것인지도 모릅니다. 멋대로 아무 생각 없이 행동하면서도 위대한 자연의 도를 실천하고 삶을 즐길 만한 것이라 여기며 죽어서는 묻히면 된다고 여깁니다. 저는 임금께서도 이 나라를 버리시고 속된 일을 내던져 자연의 도를 보태면서 그런 곳으로 가시기를 원합니다."

임금이 말하였다.

"그곳으로 가는 길은 멀고도 험하거니와 강과 산으로 막혀 있을 텐데 내게는 배도 수레도 없으니 어찌하면 되겠소?"

시남자가 말하였다.

"임금께서는 거만함을 버리고 높은 지위에 앉아 있고자 하는 마음을 없애는 것을 타고 가실 수레로 삼으십시오."

임금이 말하였다.

"그곳에 가는 길은 아득히 멀고도 험하고 사람도 없다는데 나는 누구를 이웃으로 삼을 수 있겠소? 양식도 없고 내가 먹을 것도 없는데 어떻게 거기에 이를 수 있겠소?"

시남자가 말하였다.

"임금님의 비용을 줄이시고 욕심을 적게 가지시면 비록 양식이 없다 해도 풍족할 것입니다. 임금께서 강을 건너 바다에 배를 띄우고 멀리 보면 그 끝이 안 보이고 갈수록 그 끝이 어딘지 알 수 없을 것입니다. 바닷가에 나와 임금님을 전송하던 사람들이 모두 돌아가고 나면 임금께서는 이로부터 세상과 멀어지는 것입니다! 그러므로 백성을 가지고 있는 자는 지치고 그로부터 부림을 당하는 사람은 근심에 젖는 것이니 그 때문에 요堯임금은 사람들을 소유하지 않았고 남에게 보호를 받지도 않았습니다. 저는 임금께서도 얽매임을 없애고 근심을 제거하여 홀로 도와 더불어 크고 드넓은 나라에서 노니시기를 바랍니다. 방주方舟를 타고 강을 건널 때 어떤 빈 배가 와서 자신의 배를 부딪치면 비록 마음이 좁은 사람일지라도 화를 내지 않을 것입니다. 그러나 그 배에 한 사람이라도 타고 있었다면 비켜나라고 소리를 지를 것입니다. 한 번 소리쳐서 듣지 못하면 두 번 소리치고, 그래도 듣지 못하면 세 번 소리치되 결국 욕설이 뒤를 따를 것입니다. 앞서는 화를 내지 않았다가 이 경우에 화를 내는 것은 먼저는 빈 배였지만 이번에는 사람이 타고 있었기 때문일 것입니다. 사람이 자신을 텅 비우고 세상을 노닌다면 누가 능히 그를 해치려 하겠습니까!"

市南宜僚見魯侯, 魯侯有憂色.

市南子曰:「君有憂色, 何也?」

魯侯曰:「吾學先王之道, 脩先君之業; 吾敬鬼尊賢, 親而行之, 无須臾居; 然不免於患, 吾是以憂.」

市南子曰:「君之除患之術淺矣! 夫豐狐文豹, 棲於山林, 伏於巖穴, 靜也; 夜行晝居, 戒也, 雖飢渴隱約, 猶且胥疏於江湖之上而求食焉, 定也; 然且不免於罔羅機辟之患. 是何罪之有哉? 其皮爲之災也. 今魯國獨非君之皮邪? 吾願君刳形去皮, 洒心去欲, 而遊於无人之野. 南越有邑焉, 名爲建德之國. 其民愚而朴, 少私而寡欲; 知作而不知藏, 與而不求其報; 不知義之所適, 不知禮之所將; 猖狂妄行, 乃蹈乎大方; 其生可樂, 其死可藏. 吾願君去國捐俗, 與道相補而行.」

君曰:「彼其道遠而險, 又有江山, 我无舟車, 奈何?」

市南子曰:「君无形倨, 无留居, 以爲君車.」

君曰:「彼其道幽遠而无人, 吾誰與爲鄰? 吾无糧, 我无食, 安得而至焉?」

市南子曰:「少君之費, 寡君之欲, 雖无糧而乃足. 君其涉於江而浮於海, 望之而不見其崖, 愈往而不知其所窮. 送君者皆自崖而反, 君自此遠矣! 故有人者累, 見有於人者憂. 故堯非有人, 非見有於人也.
吾願去君之累, 除君之憂, 而獨與道遊於大莫之國. 方舟而濟於河,
有虛船來觸舟, 雖有惼心之人不怒; 有一人在其上, 則呼張歙之; 一呼
而不聞, 再呼而不聞, 於是三呼邪, 則必以惡聲隨之. 向也不怒而今
也怒, 向也虛而今也實. 人能虛己以遊世, 其孰能害之!」

【市南宜僚】熊宜僚. 市의 남쪽에 살아 호를 '市南'이라 하였음. 《左傳》에 그
　이름이 보이며 楚나라 사람이라 하였음.
【先王】王季와 文王을 지칭함.
【先君】周公 旦과 그의 아들 伯禽을 가리킴.
【脩疏】멀리 여김. 쌍성연면어.
【罔羅機辟】모두 짐승을 잡는 그물이나 덫 등의 도구.
【南越】아주 먼 곳을 지칭함.
【民愚而朴】《노자》57장의 구절.
【少私而寡欲】《노자》19장의 구절.
【方舟】두 배를 묶어 운행하는 것이라 함. 방은 '舫'과 같음.

1. 《老子》57장

以正治國, 以奇用兵, 以無事取天下. 吾何以知其然哉? 以此: 天下多忌諱, 而民
彌貧; 朝多利器, 國家滋昏; 人多伎巧, 奇物滋起; 法令滋彰, 盜賊多有. 故聖人云:
「我無爲而民自化, 我好靜而民自正, 我無事而民自富, 我無欲而民自樸.」

2. 《老子》19장

絶聖棄智, 民利百倍; 絶仁棄義, 民復孝慈; 絶巧棄利, 盜賊無有. 此三者以爲文不足.
故令有所屬. 見素抱樸, 少私寡欲.

119
(20-3) 한 가지 생각만을 골똘히 하면

북궁사北宮奢가 위衛나라 영공靈公을 위해 백성들의 세금을 거두어들여 종을 만들었다. 그는 성곽 문밖에 제단을 만들고 석 달 만에 위아래 이층의 종을 거는 틀을 완성시켰다. 왕자 경기慶忌가 이를 보고 물었다.

"그대는 무슨 재주로 이렇게 빨리 설치하였소?"

북궁사가 말하였다.

"하나만 생각하였지 감히 어떤 설치도 한 것이 없습니다. 제가 듣건데 '이미 쪼고 또 다듬으니 다시 본래의 순박한 모습으로 돌아간다'라 하였습니다. 저는 아무런 생각도 없이 멍하니 바보처럼 행동하였습니다. 의식이 없는 속에서 변화하는 것을 따라, 가는 것은 보내고 오는 것은 맞아들였습니다. 오는 것은 금하지 않고 가는 것은 막지 않았습니다. 뻣뻣하여 순종하지 않는 사람에게도 그대로 따르고 유순히 따르는 사람들도 그대로 두었습니다. 스스로 자신들이 힘을 다하는 대로 내버려 둔 것이지요. 그러므로 아침저녁으로 세금을 거둬들여도 털끝만큼도 백성들을 손상시키지 않았던 것입니다. 하물며 위대한 도를 터득한 사람은 어느 정도이겠습니까!"

北宮奢爲衛靈公賦斂以爲鐘, 爲壇乎郭門之外, 三月而成上下之縣. 王子慶忌見而問焉, 曰:「子何術之設?」 奢曰:「一之間, 无敢設也. 奢聞之:『旣彫旣琢, 復歸於朴.』侗乎其无識, 儻乎其怠疑; 萃乎芒乎, 其送往而迎來; 來者勿禁, 往者勿止; 從其強梁, 隨其曲傅, 因其自窮, 故朝夕賦斂而毫毛不挫, 而況有大塗者乎!」

【北宮奢】衛나라 대부.
【侗】모습이 순박함을 뜻함.
【儻】아무런 욕심이 없음을 표현한 것.
【強梁】뻣뻣하여 순종하지 않음을 뜻하는 첩운어.

120
(20-4)

죽음을 두려워한 공자

공자가 진陳, 채蔡 사이에서 포위를 당하여 이레 동안이나 불에 익힌 음식을 먹지 못하였다. 그때 태공임太公任이 찾아와 위로하며 물었다.

"거의 죽음에 이르셨습니까?"

공자가 대답하였다.

"그렇소."

"선생은 죽음을 싫어하십니까?"

공자가 말하였다.

"그렇소."

태공임이 말하였다.

"제가 시험삼아 죽지 않는 도를 일러드리겠습니다. 동해에 새가 있는데 그 이름을 의태意怠라 합니다. 그는 새이면서도 퍼덕퍼덕 느리기만 하여 아무런 능력이 없는 듯합니다. 다른 새들이 서로 이끌어 주어야 날고, 다른 새들이 가까이 기대 주어야 쉽니다. 나아갈 때에는 감히 다른 새들의 앞에 서지도 못하고, 물러설 때에는 감히 다른 새들보다 뒤에 서지도 못합니다. 먹이를 먹을 때에도 감히 다른 새보다 앞서 맛보지 못하고, 반드시 다른 새가 먹고 난 나머지를 먹는답니다. 그래서 그 새는 다른 새들 무리에서 배척당하는 일이 없고, 사람들에게도 해를 입지 않습니다. 따라서 환난을 면하고 있습지요.

곧은 나무는 먼저 잘리고 물맛이 좋은 우물은 먼저 마르는 법입니다. 그런데 선생의 생각하는 바는 자신의 지식을 꾸며 어리석은 사람들이 놀라도록 하고, 몸을 닦아 남의 허물을 들추어내며, 마치 해와 달을 걸고 가듯이 훤하게 자신을 내세우고 있습니다. 이 때문에 환난을 면치 못하는 것입니다. 옛날 내가 덕을 성취한 이에게 들었더니 '스스로 뽐내는 자는 공이 없는 것이며, 이룬 공이란 무너지게 마련이며, 이루어 놓은 명성이란 허물어지게 마련'이라 하더이다. 어느 누가 과연 공명을 버리고 보통 무리들과 같이 처신해 내겠습니까! 그 도가 널리 행하여져도 자신의 이름을 밝히지 아니하고, 그 덕이 세상에 시행되어도 명성을 받아들이지 않으며, 마음을 순수하게 가지고, 언제나 한결같이 행동하여 마치 미친 사람인 양 무심하게 공적을 남기지 않고, 권세를 버리며 공명을 추구하지 않는 사람이 바로 그런 사람일 것입니다. 그 때문에 남에게 책망을 듣지 아니하고, 사람들도 역시 그를 책하지 않는 것이외다. 지인至人은 세상에 알려지지 않는 법인데 선생은 어찌 공명을 그리도 좋아하십니까?"
　공자가 말하였다.

"훌륭하오!"

　그리고는 곧 사람들과의 교유를 끊고 제자들을 버리고 대택으로 도망하여 남루한 옷을 걸치고 도토리와 밤을 주워 먹으며 살았다. 그리하여 짐승들 사이로 들어가도 짐승 무리가 흩어지지 않았고, 새들 틈에 들어가도 그 새의 행렬이 흐트러지지 않았다. 새와 짐승들도 그를 싫어하지 않았는데 하물며 사람들이야 어떠하였겠는가!

孔子圍於陳蔡之間, 七日不火食.
大公任往弔之曰:「子幾死乎?」
曰:「然.」
「子惡死乎?」
曰:「然.」
任曰:「予嘗言不死之道. 東海有鳥焉, 其名曰意怠. 其爲鳥也, 翂翂
翐翐, 而似无能; 引援而飛, 迫脅而棲; 進不敢爲前, 退不敢爲後;

食不敢先嘗, 必取其緒. 是故其行列不斥, 而外人卒不得害, 是以免
於患. 直木先伐, 甘井先竭. 子其意者飾知以驚愚, 修身以明汙, 昭昭
乎如揭日月而行, 故不免也. 昔吾聞之大成之人曰:『自伐者无功,
功成者墮, 名成者虧.』孰能去功與名而還與衆人! 道流而不明居,
德行而不名處; 純純常常, 乃比於狂; 削迹捐勢, 不爲功名. 是故无責
於人, 人亦无責焉. 至人不聞, 子何喜哉?」

　孔子曰:「善哉!」

　辭其交遊, 去其弟子, 逃於大澤; 依裘褐, 食杼栗; 入獸不亂群,
入鳥不亂行. 鳥獸不惡, 而況人乎!

【陳蔡】080의 주를 참조할 것.
【大公任】'大公'은 나이 많은 어른을 지칭한 것이며 任은 그의 이름.
【迫脅】서로 아주 가까이 모여 있음을 뜻함.
【大成之人】老子(李耳)를 가리킴.
【自伐者无功】《노자》 24장의 구절.
【功成者墮, 名成者虧】이는 《노자》에 없으며 2장 "功成而不居"와 9장 "功遂身退"의
　뜻과 같음.
【裘褐】거칠고 조악한 의복을 뜻함.

참고 및 관련 자료

1. 《老子》24장

企者不立, 跨者不行. 自見者不明, 自是者不彰, 自伐者無功, 自誇者不長. 其於道也,
曰: 餘食贅行. 物或惡之, 故有道者不處.

2. 《老子》2장

天下皆知美之爲美, 斯惡已. 皆知善之爲善, 斯不善已. 故有無相生, 難易相成, 長短
相形, 高下相傾, 音聲相和, 前後相隨. 是以聖人處無爲之事, 行不言之敎. 萬物作焉
而不辭, 生而不有, 爲而不恃, 功成而不居. 夫唯弗居, 是以不去.

3. 《老子》9장

持而盈之, 不如其已; 揣而銳之, 不可長保. 金玉滿堂, 莫之能守; 富貴而驕, 自遺其咎. 功成身退, 天之道.

4. 《韓詩外傳》卷七

孔子困於陳蔡之間, 即三經之席, 七日不食, 藜羹不糝, 弟子有飢色. 讀書習禮樂不休. 子路進諫曰:「爲善者, 天報之以福; 爲不善者, 天報之以賊. 今夫子積德累仁, 爲善久矣. 意者, 當遺行乎? 奚居之隱也?」孔子曰:「由來! 汝小人也, 未講於論也. 居, 吾語汝; 子以知者爲無罪乎? 則王子比干何爲剖心而死? 子以義者爲聽乎? 則伍子胥何爲抉目而懸吳東門? 子以廉者爲用乎? 則伯夷叔齊何爲餓於首陽之山? 子以忠者爲用乎? 則鮑叔何爲而不用? 葉公子高終身不仕? 鮑焦抱木而泣? 子推登山而燔? 故君子博學深謀, 不遇時者衆矣. 豈獨丘哉! 賢不肖者, 材也. 遇不遇者, 時也, 今無有時, 賢安所用哉? 故虞舜耕於歷山之陽, 立爲天子, 其遇堯也; 傅說負土而版築, 以爲大夫, 其遇武丁也; 伊尹故有莘氏僮也, 負丁操俎, 調五味, 而立爲相, 其遇湯也; 呂望行年五十, 賣食棘津, 年七十, 屠於朝歌, 九十乃爲天子師, 則雨文王也; 管夷吾束縛自檻車, 以爲仲父, 則遇齊桓公也; 百里奚自賣五羊之皮, 爲秦伯牧牛, 舉爲大夫, 則遇秦繆公也; 虞丘於天下爲令尹, 讓於孫叔傲, 則遇楚莊王也; 伍子胥前功多, 後戮死, 非知有盛衰也, 前遇闔閭, 後遇夫差也. 夫驥罷鹽車, 此非無形容也, 莫知之也. 使驥不得伯樂, 安得千里之足, 造父亦無千里之手矣. 夫蘭茝生於茂林之中, 深山之間, 不爲人莫見之故不芬; 夫學者非爲通也, 爲窮而不憂, 困而志不衰. 先知禍福之始, 而心無惑. 故聖人隱居深念, 獨聞獨見. 夫舜亦賢聖矣, 南面而治天下, 惟其遇堯也. 使舜居桀紂之世, 能自免於刑戮之中, 則爲善矣. 亦何位之有? 桀殺關龍逢, 紂殺王子比干. 當此之時, 豈關龍逢無知, 而王子比干不慧乎哉! 此皆不遇時也. 故君子務學修身端行, 而須其時者也, 子無惑焉.」詩曰:『鶴鳴于九皋, 聲聞于天.』

5. 《論語》衛靈公篇

在陳絶糧, 從者病, 莫能興. 子路慍見曰:「君子亦有窮乎?」子曰:「君子固窮, 小人窮斯濫矣.」

6. 《荀子》宥坐篇

孔子南適楚, 戹於陳・蔡之間, 七日不火食, 藜羹不糂, 弟子皆有飢色. 子路進, 問之曰:「由聞之, 爲善者天報之以福, 爲不善者天報之以禍, 今夫子累德積義懷美, 行之日久矣, 奚居之隱也?」孔子曰:「由不識. 吾語女. 女以知者爲必用邪? 王子比干

不見剖心乎? 女以忠者爲必用邪? 關龍逢不見刑乎? 女以諫者爲必用邪? 吳子胥
不磔姑蘇東門外乎? 夫遇不遇者, 時也. 賢不肖者, 材也. 君子博學深謀不遇時者
多矣. 由是觀之, 不遇世者衆矣! 何獨丘也哉? 且夫, 芷·蘭生於深林, 非以無人而
不芳. 君子之學, 非爲通也, 爲窮而不困, 憂而意不衰也, 知禍福終始而心不惑也.
夫賢不肖者, 材也; 爲不爲者, 人也; 遇不遇者, 時也; 死生者, 命也. 今有其人不遇其時,
雖賢, 其能行互? 苟遇其時, 何難之有? 故君子博學深謀, 修身端行, 以俟其時.」

7. 《呂氏春秋》愼人篇

孔子窮於陳·蔡之間, 七日不嘗食, 藜羹不糝. 宰予備矣, 孔子弦歌於室, 顏回擇菜
於外. 子路與子貢相與而言曰:「夫子逐於魯, 削迹於衛, 伐樹於宋, 窮於陳·蔡,
殺夫子者無罪, 藉夫子者不禁, 夫子弦歌鼓舞, 未嘗絶音, 蓋君子之無所醜也若
此乎?」顏回無以對, 入以告孔子. 孔子愀然推琴, 喟然而歎曰:「由與賜, 小人也.
召, 吾語之.」子路與子貢入. 子貢曰:「如此者可謂窮矣.」孔子曰:「是何言也? 君子
達於道之謂達, 窮於道之謂窮. 今丘也拘仁義之道, 以遭亂世之患, 其所也, 何窮
之謂? 故內省而不疚於道, 臨難而不失其德. 大寒旣至, 霜雪旣降, 吾是以知松柏之
茂也. 昔桓公得之莒, 文公得之曹, 越王得之會稽. 陳·蔡之阨, 於丘其幸乎!」孔子
烈然返瑟而弦, 子路抗然執干而舞. 子貢曰:「吾不知天之高也, 不知地之下也. 古之
得道者, 窮亦樂, 達亦樂. 所樂非窮達也, 道得於此, 則窮達一也, 爲寒暑風雨之
序矣. 故許由虞乎潁陽, 而共伯得乎共首.」

8. 《說苑》雜言篇

孔子遭難陳蔡之境, 絶糧, 弟子皆有飢色, 孔子歌兩柱之間. 子路入見曰:「夫子
之歌, 禮乎?」孔子不應, 曲終而曰:「由, 君子好樂爲無驕也, 小人好樂爲無懾也,
其誰知之? 子不我知而從我者乎?」子路不悅, 援干而舞, 三終而出. 及至七日, 孔子
脩樂不休, 子路慍見曰:「夫子之脩樂時乎?」孔子不應, 樂終而曰:「由, 昔者齊桓霸
心生于莒, 勾踐霸心生於會稽, 晉文霸心生於驪氏, 故居不幽, 則思不遠, 身不約則
智不廣, 庸知而不遇之.」於是興, 明日免於厄. 子貢執轡曰:「二三子從夫子而遇此
難也, 其不可忘已!」孔子曰:「惡是何也? 語不云乎? 三折肱而成良醫. 夫陳, 蔡之間,
丘之幸也. 二三子從丘者皆幸人也. 吾聞人君不困不成王, 列士不困不成行. 昔者湯
困於呂, 文王困於羑里, 秦穆公困於殽, 齊桓困於長勺, 勾踐困於會稽, 晉文困於驪氏.
夫困之爲道, 從寒之及煖, 煖之及寒也, 唯賢者獨知而難言之也. 易曰:「困亨貞,
大人吉, 無咎. 有言不信.」聖人所與人難言信也.」

9.《說苑》雜言篇

孔子困於陳蔡之間, 居環堵之內, 席三經之席, 七日不食, 藜羹不糂, 弟子皆有飢色, 讀詩書治禮不休. 子路進諫曰:「凡人爲善者天報以福, 爲不善者天報以禍. 今先生積德行, 爲善久矣. 意者尙有遺行乎? 奚居隱也!」孔子曰:「由, 來, 汝不知. 坐, 吾語汝. 子以夫知者爲無不知乎? 則王子比干何爲剖心而死? 以諫者爲必聽耶? 伍子胥何爲抉目於吳東門? 子以廉者爲必用乎? 伯夷, 叔齊何爲餓死於首陽山之下? 子以忠者爲必用乎? 則鮑莊何爲而肉枯? 荊公子高終身不顯, 鮑焦抱木而立枯, 介子推登山焚死. 故夫君子博學深謀不遇時者衆矣, 豈獨丘哉! 賢不肖者才也, 爲不爲者人也, 遇不遇者時也, 死生者命也; 有其才不遇其時, 雖才不用, 苟遇其時, 何難之有! 故舜耕歷山而逃於河畔, 立爲天子則其遇堯也. 傅說負壞土, 釋板築, 而立佐天子, 則其遇武丁也. 伊尹, 有莘氏媵臣也, 負鼎俎調五味而佐天子, 則其遇成湯也. 呂望行年五十賣食於棘津, 行年七十屠牛朝歌, 行年九十爲天子師, 則其遇文王也. 管夷吾束縛膠目, 居檻車中, 自車中起爲仲父, 則其遇齊桓公也. 百里奚自賣取五羊皮, 伯氏牧羊以爲卿大夫, 則其遇秦穆公也. 沈尹名聞天下, 以爲令尹, 而讓孫叔敖, 則其遇楚莊王也. 伍子胥前多功, 後戮死, 非其智益衰也, 前遇闔廬, 後遇夫差也. 夫驥厄罷鹽車, 非無驥狀也, 夫世莫能知也; 使驥得王良, 造父, 驥無千里之足乎? 芝蘭生深林, 非爲無人而不香. 故學者非爲通也, 爲窮而不困也, 憂不衰也, 此之禍福之始而心不惑也, 聖人之深念獨知獨見. 舜亦賢聖矣, 南面治天下, 唯其遇堯也; 使舜居桀紂之世, 能自免於刑戮固可也, 又何官得治乎? 夫桀殺關龍逢而紂殺王子比干, 當是時, 豈關龍逢無知, 而比干無惠哉? 此桀紂無道之世然也. 故君子疾學修身端行, 以須其時也.」

10.《史記》孔子世家

孔子遷于蔡三歲, 吳伐陳. 楚救陳, 軍于城父. 聞孔子在陳蔡之閒, 楚使人聘孔子. 孔子將往拜禮, 陳蔡大夫謀曰:「孔子賢者, 所刺譏皆中諸侯之疾. 今者久留陳蔡之閒, 諸大夫所設行皆非仲尼之意. 今楚, 大國也, 來聘孔子. 孔子用於楚, 則陳蔡用事大夫危矣.」於是乃相與發徒役圍孔子於野. 不得行, 絕糧. 從者病, 莫能興. 孔子講誦弦歌不衰. 子路慍見曰:「君子亦有窮乎?」孔子曰:「君子固窮, 小人窮斯濫矣.」子貢色作. 孔子曰:「賜, 爾以予爲多學而識之者與?」曰:「然. 非與?」孔子曰:「非也. 予一以貫之.」孔子知弟子有慍心, 乃召子路而問曰:「詩云'匪兕匪虎, 率彼曠野'. 吾道非邪? 吾何爲於此?」子路曰:「意者, 吾未仁邪? 人之不我信也. 意者吾未知邪? 人之不我行也.」孔子曰:「有是乎! 由, 譬使仁者而必信,

安有伯夷·叔齊? 使知者而必行, 安有王子比干?」子路出, 子貢入見. 孔子曰:「賜,
詩云'匪兕匪虎, 率彼曠野'. 吾道非邪? 吾何爲於此?」子貢曰:「夫子之道至大也,
故天下莫能容夫子. 夫子蓋少貶焉?」孔子曰:「賜, 良農能稼而不能爲穡, 良工能巧
而不能爲順. 君子能脩其道, 綱而紀之, 統而理之, 而不能爲容. 今爾不脩爾道而求
爲容. 賜, 而志不遠矣!」子貢出, 顏回入見. 孔子曰:「回, 詩云'匪兕匪虎, 率彼曠野'.
吾道非邪? 吾何爲於此?」顏回曰:「夫子之道至大, 故天下莫能容. 雖然, 夫子推而
行之, 不容何病, 不容然後見君子! 夫道之不脩也, 是吾醜也. 夫道既已大脩而不用,
是有國者之也. 不容何病, 不容然後見君子!」孔子欣然而笑曰:「有是哉顏氏之子!
使爾多財, 吾爲爾宰.」於是使子貢至楚. 楚昭王興師迎孔子, 然後得免.

11. 《孔子家語》 在厄篇

楚昭王聘孔子, 孔子往, 拜禮焉, 路出于陳·蔡, 陳·蔡大夫相與謀曰:「孔子聖賢,
其所刺譏, 皆中諸侯之病, 若用於楚, 則陳·蔡危矣.」遂使徒兵距孔子, 孔子不得行,
絕糧七日, 外無所通, 藜羹不充, 從者皆病, 孔子愈慷慨講誦, 弦歌不衰, 乃召子路而
問焉曰:「詩云:『匪兕匪虎, 率彼曠野.』吾道非乎? 奚爲至於此?」子路慍, 作色而對
曰:「君子無所困, 意者, 夫子未仁與? 人之弗吾信也; 意者, 夫子未智與? 人之弗吾
行也. 且由也昔者聞諸夫子:『爲善者天報之以福, 爲不善者天報之以禍.』今夫子
積德懷義, 行之久矣, 奚居之窮也?」子曰:「由! 未之識也. 吾語汝: 汝以仁者爲必
信也, 則伯夷·叔齊不餓死首陽: 汝以智者爲必用也, 則王子比干不見剖心; 汝以忠
者爲必報也, 則關龍逢不見刑; 汝以諫者爲必聽也, 則伍子胥不見殺. 夫遇不遇者,
時也; 賢不肖者, 才也. 君子博學深謀, 而不遇時者衆矣, 何獨丘哉? 且芝蘭生於
深林, 不以無人而不芳; 君子修道立德, 不謂窮困而改節. 爲之者人也, 生死者命也,
是以晉重耳之有霸心, 生於曹·衛; 越王句踐之有霸心, 生於會稽. 故居下而無
憂者, 則思不遠; 處身而常逸者, 則志不廣, 庸知其終始乎?」子路出, 召子貢, 告如
子路, 子貢曰:「夫子之道至大, 故天下莫能容夫子, 夫子盍少貶焉?」子曰:「賜!
良農能稼, 不必能穡; 良工能巧, 不能爲順; 君子能修其道, 綱而紀之, 不必其能容.
今不修其道而求其容, 賜! 爾志不廣矣, 思不遠矣.」子貢出, 顏回入, 問亦如之,
顏回曰:「夫子之道至大, 天下莫能容; 雖然夫子推而行之, 世不我用, 有國者之
醜也, 夫子何病焉? 不容然後見君子.」孔子欣然歎曰:「有是哉! 顏氏之子. 吾亦使
爾多財, 吾爲爾宰.」

12. 《十八史略》卷一 魯

楚使人聘之, 陳蔡大夫謀曰:「孔子用於楚, 則陳蔡危矣.」相與發徒, 圍之於野, 孔子曰:「詩云:『匪兕匪虎, 率彼曠野.』吾道非邪, 吾何爲於是?」子貢曰:「夫子道至大, 天下莫能容.」顏回曰:「不容何病, 然後見君子.」楚昭王興師迎之, 乃至楚. 將封以書社地七百里, 令尹子西不可, 孔子反于衛, 季康子迎歸魯, 哀公問政, 終不能用, 乃序書, 上自唐虞, 下至秦繆, 刪古詩三千, 爲三百五篇, 皆絃歌之, 禮樂自此可述

13. 《孔子集語》 事譜(下)

孔子困於陳蔡之間, 即三經之席, 七日不食, 藜羹不糁, 弟子有飢色, 讀書習禮樂不休. 子路進諫曰:「爲善者, 天報之以福; 爲不善者, 天報之以賊. 今夫子積德累仁, 爲善久矣, 意者, 當遺行乎? 奚居之隱也?」孔子曰:「由來! 汝小人也, 未講於論也. 居, 吾語汝; 子以知者爲無罪乎? 則王子比干何爲剖心而死; 子以義者爲聽乎? 則伍子胥何爲抉目而懸吳東門; 子以廉者爲用乎? 則伯夷叔齊何爲餓於首陽之山; 子以忠者爲用乎? 則鮑叔何爲而不用, 葉公子高終身不仕, 鮑焦抱木而泣, 子推登山而燔. 故君子博學深謀, 不遇時者衆矣, 豈獨丘哉! 賢不肖者, 材也, 遇不遇者時也, 今無有時, 賢安所用哉! 故虞舜耕於歷山之陽, 立爲天子, 其遇堯也; 傅說負土而版築, 以爲大夫, 其遇武丁也; 伊尹故有莘氏僮也, 負丁操俎. 調五味, 而立爲相, 其遇湯也; 呂望行年五十, 賣食棘津, 年七十, 屠於朝歌, 九十乃爲天子師, 則雨文王也; 管夷吾束縛自檻車, 以爲仲父, 則遇齊桓公也; 百里奚自賣五羊之皮, 爲秦伯牧牛, 擧爲大夫, 則遇秦繆公也; 虞丘於天下爲令尹, 讓於孫叔傲, 則遇楚莊王也; 伍子胥前功多, 後戮死, 非知有盛衰也, 前遇闔閭, 後遇夫差也. 夫驥罷鹽車, 此非無形容也, 莫知之也, 使驥不得伯樂, 安得千里之足, 造父亦無千里之手矣. 夫蘭茝生於茂林之中, 深山之間, 不爲人莫見之故不芬; 夫學者非爲通也, 爲窮而不不憂, 困而志不衰, 先知禍福之始, 而心無惑, 故聖人隱居深念, 獨聞獨見. 夫舜亦賢聖矣, 南面而治天下, 惟其遇堯也, 使舜居桀紂之世, 能自免於刑戮之中, 則爲善矣, 亦何位之有? 桀殺關龍逢, 紂殺王子比干, 當此之時, 豈關龍逢無知, 而王子比干不慧乎哉! 此皆不遇時也. 故君子務學修身端行而須其時者也, 子無惑焉.」

14. 기타 참고자료

《呂氏春秋》 任數篇·《墨子》 非儒篇·《論衡》 知實篇

121
(20-5)
아이의 값과 구슬의 값

공자가 자상호子桑瓠에게 물었다.

"나는 두 번이나 노魯나라에서 쫓겨났고, 송宋나라에서는 바로 옆에 있는 나무가 베어져 덮칠 뻔하였으며, 위衛나라에서는 나를 쫓아내 발자취조차 없애려 하였고, 송나라와 주周나라에서는 곤경에 빠졌었고, 진陳, 채蔡 사이에서는 포위를 당하기도 하였었소. 내가 이렇듯 여러 번의 환난을 당하는 동안 친한 사람들과는 소원해졌고, 제자와 친구들은 점점 흩어졌으니 이는 어찌하여 그렇게 되었던 것입니까?"

자상호가 말하였다.

"당신은 은殷나라 사람이 도망친 이야기를 들어보지 못하였소? 그 나라 임회林回가 천금의 구슬을 버리고 어린아이를 업고 달아났소. 이를 보고 어떤 이가 물었지요. '값으로 따져볼까요? 아이의 값이 구슬보다 덜 나가지요. 힘들기로 따져볼까요? 아이가 더 무거워 힘들겠지요. 그런데 천금의 구슬을 버리고 아이를 업고 달아나다니 어찌 된 일이오?' 그러자 임회라는 자가 '구슬은 나와 이익으로 합쳐진 것이지만 아이는 하늘에 의해 맺어진 것이라오'라고 대답하였다 하오. 무릇 이익으로 만난 것은 위급한 경우를 당하여 궁지에 몰리면 서로 버려지게 되지만 하늘에 의해 맺어진 것은 위급한 경우를 당하였을 때라도 서로 거두어 주는 법입니다. 서로 거두어 주어야 할 사이와 서로 버려지는 사이란 이렇듯 거리가 먼 것이오. 또한 군자의 사귐이란 담담하기가 물과 같고, 소인들의 사귐이란 단술과 같이 달콤한 것입니다. 군자들의 사이는 담담하기에 더 친해지고 소인들의

사이는 달콤하지만 결국 끊어지게 마련이오. 아무런 연고 없이 맺어진
것은 아무런 연고 없이 사라지게 마련이라오.”

공자가 말하였다.

“삼가 가르침을 받들겠소!”

그리고 공자는 천천히 걸어서 돌아와서는 학문을 끊고 책을 버렸으며
제자들이 그의 앞에서 절은 하지 않아도 그 사랑의 정은 더욱 두터워갔다.

뒷날 자상호가 다시 말하였다.

“순舜이 죽을 때 우禹에게 이렇게 명하였소. ‘너는 명심하라! 육신이란
자연의 인연에 따르느니만 못하고, 심정은 그 진솔함을 따르느니만 못하다.
인연대로 하면 떨어지지 않게 되고, 진솔함을 따르면 노고롭지 않게 된다.
자연으로부터 떨어지거나 노고롭지도 아니하다면 자신을 꾸미겠다고
나서지 않아도 되고, 자신을 꾸미려 하지 않아도 된다면 구태여 외물에
기댈 필요도 없게 되는 것이니라.’”

孔子問子桑雽曰:「吾再逐於魯, 伐樹於宋, 削迹於衛, 窮於商周,
圍於陳蔡之間. 吾犯此數患, 親交益疏, 徒友益散, 何與?」

子桑雽曰:「子獨不聞假人之亡與? 林回棄千金之璧, 負赤子而趨.
或曰:『爲其布與? 赤子之布寡矣; 爲其累與? 赤子之累多矣; 棄千金
之璧, 負赤子而趨, 何也?』林回曰:『彼以利合, 此以天屬也.』夫以
利合者, 迫窮禍患害相棄也; 以天屬者, 迫窮禍患害相收也. 夫相收
之與相棄亦遠矣. 且君子之交淡若水, 小人之交甘若醴; 君子淡以親,
小人甘以絶. 彼无故以合者, 則无故以離.」

孔子曰:「敬聞命矣!」

徐行翔佯而歸, 絶學捐書, 弟子无揖於前, 其愛益加進.

異日, 桑雽又曰:「舜之將死, 乃命禹曰:『汝戒之哉! 形莫若緣,

情莫若率. 緣則不離, 率則不勞; 不離不勞, 則不求文以待形; 不求文
以待形, 固不待物.』」

【子桑雽】성은 상(桑), 이름은 호(雽)인 어떤 은자.
【再逐於魯】
【削迹於衛·窮於商周·圍於陳蔡】080의 주를 참조할 것.
【翔佯】'徜佯'과 같음. 유유자적하는 모습을 뜻하는 첩운연면어.
【率】진솔함. 솔직함.
【文】虛文. 文飾. 꾸밈.

참고 및 관련 자료

1. 원문 "假人之亡"에서 '假'는 '殷'의 오기로 봄. 孫詒讓은 "司馬彪曰: 林回, 殷之逃
民之姓名. 則'假人'當爲'殷人'之誤"라 하였고, 馬叙倫은 "按史記酷吏傳: 楚有殷仲.
徐廣曰: 殷, 一作假. ……此字當爲殷, 殷卽宋也. 疑謂宋偃王暴虐, 其民有逃亡者"
라 함.
2.《明心寶鑑》交友篇
莊子云:「君子之交, 淡若水; 小人之交, 甘若醴.」
3.《禮記》表記
君子之接如水, 小人之接如醴; 君子淡以成, 小人甘以壞.

122 ₍₂₀₋₆₎ 가시나무에 갇힌 원숭이

장자가 거친 베옷을 기워 입고 삼으로 얽어맨 신발을 신은 채 위왕魏王을 찾아가자 위왕이 말하였다.

"어찌 선생은 그토록 지친 모습이오?"

장자가 말하였다.

"가난한 것이지 지친 것이 아닙니다. 선비에게는 지켜야 할 도덕이 있으니 이를 실행하지 못하는 것이 지친 것입니다. 옷이 낡아 떨어지고 신에 구멍이 난 것은 가난한 것이지 지친 것은 아닙니다. 이것이 이른바 때를 만나지 못하였다는 것입니다. 임금께서는 나무를 타고 오르는 원숭이를 보지 못하셨습니까? 그 원숭이가 남자柟梓나 예장豫章 같은 큰 나무에 올라 늘어진 나뭇가지를 붙들고 의기양양하게 그 사이를 다니며 재주를 피우고 있으면, 비록 예羿나 봉몽蓬蒙 같은 명사수라고 해도 조준해 낼 수가 없습니다. 그러나 그놈이 자극柘棘이나 지구枳枸 같은 산뽕나무, 가시나무나 탱자나무, 구기자나무 같은 작은 나무 사이에 처해 있다면 그 자는 위태로운 듯이 곁눈질을 하고 다니며 부들부들 떨 것입니다. 이것은 원숭이의 힘줄이나 뼈가 위급한 상황이라 그 부드러움을 잃어서가 아니라 그가 처해 있는 형세가 불편하여 그 능력을 펴 볼 수 없기 때문입니다. 지금처럼 어리석은 군주와 간교한 신하들이 있는 곳에서 병들어 지치지 않으려 해도 어찌 그렇게 될 수가 있겠습니까? 이는 비간比干이 가슴을 찢긴 일로도 증명할 수 있습니다!"

莊子衣大布而補之, 正緳係履而過魏王.

魏王曰:「何先生之憊邪?」

莊子曰:「貧也, 非憊也. 士有道德不能行, 憊也; 衣弊履穿, 貧也, 非憊也; 此所謂非遭時也. 王獨不見夫騰猿乎? 其得柟梓豫章也, 攬蔓其枝而王長其間, 雖羿·蓬蒙不能眄睨也. 及其得柘棘枳枸之間也, 危行側視, 振動悼慄; 此筋骨非有加急而不柔也, 處勢不便, 未足以逞其能也. 今處昏上亂相之間, 而欲无憊, 奚可得邪? 此比干之見剖心徵也夫!」

【大布】 조악한 베옷.

【正緳係履】 正은 '以'자의 오기가 아닌가 함. '거친 삼베로 신을 매어 신다'의 뜻으로 봄.

【柟梓豫章】 모두가 아주 곧고 바르게 자라는 나무.

【王長】 '旺漲'으로도 쓰며 의기가 양양한 모습을 표현한 첩운어.

【羿·蓬蒙】 활의 명수였던 有窮后羿와 그의 제자.

【柘棘枳枸】 모두가 가시가 있는 작은 관목.

【不柔】 靈活하지 못함을 뜻함.

【徵】 '證'과 같음. 증거가 됨. 증명할 수 있음.

진, 채에서 도를 깨우친 공자

　공자가 진陳, 채蔡 사이에서 곤경에 처하여 이레 동안이나 불로 익힌 음식을 먹지 못하였었다. 그러나 공자는 왼손은 마른 나무에 걸쳐놓고 오른손으로는 마른 나뭇가지를 두드리면서 염제炎帝 신농씨의 노래를 불렀다. 갖추기는 하였으나 박자가 없고, 노래 소리는 있으나 궁상의 음조에는 맞지 않았음에도 나무 두드리는 소리와 그의 노래 소리가 어울려 사람의 마음에 와 닿았다.

　안회顔回가 두 손을 모아 단정히 하여 눈길을 떨어뜨린 채 그를 바라보자 공자는 그가 자신을 존경한 나머지 이 재난이 너무 크다고 여기거나 자신을 사랑한 나머지 슬퍼할까 걱정되어 이렇게 말하였다.

　"회야! 하늘의 재난을 받아도 이를 인정하기는 쉽지만, 사람의 세상에서 이익을 생각하면서 마음이 편하기란 어려운 것이란다. 모든 일은 시작이 없으면 끝도 없으니, 사람이란 하늘과 하나란다. 지금 노래를 부르는 사람이 그 누구이겠느냐?"

　안회가 말하였다.

　"감히 하늘의 재난을 받아도 이를 인정하기란 쉽다는 뜻을 여쭙습니다."

　중니가 말하였다.

　"기갈飢渴과 한서寒暑 그리고 궁지에 몰려 뜻대로 행할 수 없는 고통이란 천지의 운행이며 만물이 운행하면서 생기는 것으로 자연의 조화를 함께 따라야 함을 말한 것이다. 신하된 사람은 임금의 명을 떠날 수 없으니 신하 노릇 하는 도리도 이러하거늘 하물며 하늘을 대하는 도리야 어떠하겠느냐!

“세상의 이익에 마음을 두면서 마음 편하기란 어렵다는 것은 무슨 뜻입니까?”

중니가 말하였다.

“처음부터 사방에 통달하여 쓰임을 받고 작록爵祿이 이에 아울러 끝없이 불어난다면 이는 외물에서 얻어지는 이익이지 자기 자신이 지니고 있던 것은 아니다. 우리는 천명이 외부에 있는 자이다. 군자는 도둑질을 하지 않고, 현자는 물건을 훔치지 않는 법이다. 그런데 우리가 이를 취하고자 하는 것은 무슨 이유에서일까? 그 때문에 새 중에서 제비보다 지혜로운 새가 없으니 눈으로 보아 처신하기 마땅치 않은 곳이라면 돌아보지도 않는다. 그 입에 물고 있던 먹이를 떨어뜨렸다 해도 그것을 버리고 달아나 버린단다. 이처럼 사람을 두려워하면서도 사람 사는 집에 둥지를 트는 것은 그곳을 사직社稷으로 두고 있기 때문일 것이다.”

“시작이 없으면 끝도 없다는 것은 무엇을 말하는 것입니까?”

중니가 말하였다.

“만물은 변화하지만 누가 그렇게 대신해 주는지 알지 못하니 어찌 그 끝나는 곳을 알겠느냐? 어찌 그 시작되는 바를 알겠느냐? 자신을 올바르게 하여 이를 기다릴 뿐이니라.”

“무엇을 일러 사람과 하늘이 하나라는 것입니까?”

중니가 말하였다.

“사람이 작위할 수 있는 것은 하늘이 있기 때문이며 하늘이 하는 일도 역시 하늘에 의한 것이다. 사람이 하는 일은 하늘의 상태를 지켜낼 수가 없다. 이는 그 성능이 제한되어 있기 때문이다. 단지 성인만이 편안히 자연의 변화를 따라 그 끝까지 가는 것이란다.”

孔子窮於陳蔡之間, 七日不火食, 左據槁木, 石擊槁枝, 而歌焱氏
之風, 有其具而无其數, 有其聲而无宮角, 木聲與人聲, 犁然有當於
人之心.

顏回端拱還目而窺之. 仲尼恐其廣己而造大也, 愛己而造哀也,
曰:「回, 无受天損易, 无受人益難. 无始而非卒也, 人與天一也. 夫今
之歌者其誰乎?」

回曰:「敢問无受天損易.」

仲尼曰:「飢渴寒暑, 窮桎不行, 天地之行也, 運物之泄也, 言與之偕
逝之謂也. 爲人臣者, 不敢去之. 執臣之道猶若是, 而況乎所以待天乎!」

「何謂无受人益難?」

仲尼曰:「始用四達, 爵祿並至而不窮, 物之所利, 乃非己也, 吾命
其在外者也. 君子不爲盜, 賢人不爲竊. 吾若取之, 何哉! 故曰, 鳥莫
知於鷾鴯, 目之所不宜處, 不給視, 雖落其實, 棄之而走. 其畏人也,
而襲諸人間, 社稷存焉爾.」

「何謂无始而非卒?」

仲尼曰:「化其萬物而不知其禪之者, 焉知其所終? 焉知其所始?
正而待之而已耳.」

「何謂人與天一邪?」

仲尼曰:「有人, 天也; 有天, 亦天也. 人之不能有天, 性也, 聖人晏
然體逝而終矣!」

【焱氏】神農氏를 말함. 炎帝, '焱'은 '炎'자와 같은 뜻으로 글자 형태가 비슷하여
  이렇게 표기한 것임. 079 참조.
【无宮角】宮商角徵羽에 맞지 않음. 음률에 맞지 않음을 뜻함.
【偕逝】함께 변화에 참여함.
【鷾鴯】제비(燕)의 다른 이름. 쌍성연면어의 物名.

【襲諸人間】사람이 사는 가옥의 처마에 들어와 제비집을 지음. '襲'은 '入'과 같음.
【社稷】여기서는 제비집을 가리킴. 집을 짓기에 가장 알맞은 곳이기 때문에
그곳을 사직으로 삼아 깃듦을 뜻함.
【禪】'代'와 같음.

1. 《說苑》雜言篇

孔子遭難陳蔡之境, 絶糧, 弟子皆有飢色, 孔子歌兩柱之間. 子路入見曰:「夫子
之歌, 禮乎?」孔子不應, 曲終而曰:「由, 君子好樂, 爲無驕也, 小人好樂, 爲無懾也,
其誰知之? 子不我知而從我者乎?」子路不悅, 援干而舞, 三終而出. 及至七日, 孔子
脩樂不休, 子路慍見曰:「夫子之修樂, 時乎?」孔子不應, 樂終而曰:「由, 昔者,
齊桓霸心生于莒, 勾踐霸心生於會稽, 晉文霸心生於驪氏, 故居不幽, 則思不遠,
身不約, 則智不廣, 庸知而不遇之?」于是興, 明日免於厄. 子貢執轡曰:「二三子,
從夫子而遇此難也, 其不可忘已!」孔子曰:「惡是何也? 語不云乎? 三折肱而成
良醫. 夫陳蔡之間, 丘之幸也. 二三子從丘者, 皆幸人也. 吾聞人君不困不成王, 列士
不困不成行. 昔者, 湯困於呂, 文王困於羑里, 秦穆公困於殽, 齊桓困於長勺, 勾踐困
於會稽, 晉文困於驪氏. 夫困之爲道, 從寒之及暖, 暖之及寒也, 惟賢者, 獨知而難言
之也. 易曰:「困, 亨, 貞, 大人吉, 无咎. 有言不信.」聖人所與人難言, 信也.」

2. 《說苑》談叢篇

孔子困於陳蔡之間, 居環堵之內, 席三經之席, 七日不食, 藜羹不糝, 弟子皆有飢色,
讀詩書治禮不休. 子路進諫曰:「凡人爲善者, 天報以福, 爲不善者, 天報以禍. 今先
生積德行, 爲善久矣. 意者, 尙有遺行乎? 奚居隱也!」孔子曰:「由, 來, 汝不知.
坐, 吾語汝. 子以夫知者, 無不知乎? 則王子比干何爲剖心而死? 以諫者, 爲必聽耶?
伍子胥何爲抉目於吳東門? 子以廉者, 爲必用乎? 伯夷・叔齊何爲餓死於首陽山
之下? 子以忠者, 爲必用乎? 則鮑莊何爲而肉枯? 荊公子高終身不顯, 鮑焦抱木而
立枯, 介子推登山焚死? 故夫君子博學深謀, 不遇時者, 衆矣, 豈獨丘哉! 賢不肖者,
才也, 爲不爲者, 人也, 遇不遇者, 時也, 死生者, 命也; 有其才不遇其時, 雖才不用,
苟遇其時, 何難之有! 故舜耕歷山, 而逃於河畔, 立爲天子, 則其遇堯也. 傅說負

壤土, 釋板築, 而立佐天子, 則其遇武丁也. 伊尹, 有莘氏媵臣也, 負鼎俎調五味,
而佐天子, 則其遇成湯也. 呂望行年五十賣食於棘津, 行年七十屠牛朝歌, 行年九十
爲天子師, 則其遇文王也. 管夷吾束縛膠目, 居檻車中, 自車中起爲仲父, 則其遇齊
桓公也. 百里奚自賣取五羊皮, 伯氏牧羊, 以爲卿大夫, 則其遇秦穆公也. 沈尹名聞
天下, 以爲令尹, 而讓孫叔敖, 則其遇楚莊王也. 伍子胥前多功, 後戮死, 非其智益
衰也, 前遇闔廬, 後遇夫差也. 夫驥厄罷鹽車, 非無驥狀也, 夫世莫能知也; 使驥得王
良造父, 驥無千里之足乎? 芝蘭生深林, 非爲無人而不香. 故學者, 非爲通也, 爲窮
而不困也, 憂不衰也, 此之禍福之始, 而心不惑也, 聖人之深念, 獨知獨見. 舜亦賢
聖矣, 南面治天下, 惟其遇堯也; 使舜居桀紂之世, 能自免於刑戮固可也, 又何官得
治乎? 夫桀殺關龍逄, 而紂殺王子比干, 當是時, 豈關龍逄無知, 而比干無惠哉?
此桀紂無道之世然也. 故君子積學修身端行, 以須其時也.」

3.《孔子家語》困誓篇

孔子遭厄於陳蔡之間, 絶糧七日, 弟子餒病, 孔子絃歌. 子路入見曰:「夫子之歌,
禮乎?」孔子弗應. 曲終而曰:「由來! 吾語女, 君子好樂, 爲無驕也, 小人好樂, 爲無
懾也, 其誰之子不我知而從我者乎?」子路悅, 援戚而舞, 三終而出. 明日, 免於厄,
子貢執轡, 曰:「二,三子從夫子而遭此難也, 其弗忘矣!」孔子曰:「善, 惡何也, 夫陳蔡
之間, 丘之幸也, 二,三子從丘者, 皆幸也. 吾聞之, 君不困不成王, 烈士不困行不彰,
庸知其非激憤厲志之始於是乎在.」

4.《呂氏春秋》愼人篇

孔子窮於陳蔡之間, 七日不嘗食, 藜羹不糝. 宰予備矣, 孔子弦歌於室, 顔回擇菜
於外. 子路與子貢相與而言曰:「夫子逐於魯, 削迹於衛, 伐樹於宋, 窮於陳·蔡,
殺夫子者無罪, 藉夫子者不禁, 夫子弦歌鼓舞, 未嘗絶音, 蓋君子之無所醜也若
此乎?」顔回無以對, 入以告孔子. 孔子愀然推琴, 喟然而歎曰:「由與賜, 小人也.
召, 吾語之.」子路與子貢入. 子貢曰:「如此者可謂窮矣!」孔子曰:「是何言也? 君子
達於道之謂達, 窮於道之謂窮. 今丘也拘仁義之道, 以遭亂世之患, 其所也, 何窮
之謂? 故內省而不疚於道, 臨難而不失其德. 大寒既至, 霜雪既降, 吾是以知松柏
之茂也. 昔桓公得之莒, 文公得之曹, 越王得之會稽. 陳·蔡之阨, 於丘其幸乎!」
孔子烈然返瑟而弦, 子路抗然執干而舞. 子貢曰:「吾不知天之高也, 不知地之下也.」
古之得道者, 窮亦樂, 達亦樂. 所樂非窮達也, 道得於此, 則窮達一也, 爲寒暑風雨之
序矣. 故許由虞乎潁陽, 而共伯得乎共首.

5. 《論語》衛靈公篇

衛靈公問陳於孔子. 孔子對曰:「俎豆之事, 則嘗聞之矣; 軍旅之事, 未之學也.」明日遂行. 在陳絶糧, 從者病, 莫能興. 子路慍見曰:「君子亦有窮乎?」子曰:「君子固窮, 小人窮斯濫矣.」

6. 《荀子》宥坐篇

孔子南適楚, 厄於陳蔡之間, 七日不火食, 藜羹不糂, 弟子皆有飢色. 子路進問之曰:「由聞之: 爲善者天報之以福, 爲不善者天報之以禍, 今夫子累德積義, 懷美, 行之日久矣, 奚居之隱也?」孔子曰:「由不識, 吾語汝. 女以知者爲必用邪? 王子比干不見剖心乎! 女以忠者爲必用邪? 關龍逢不見刑乎! 女以諫者爲必用邪? 伍子胥不磔姑蘇東門外乎! 夫遇不遇者, 時也; 賢不肖者, 材也; 君子博學深謀不遇時者多矣! 由是觀之, 不遇世者衆矣! 何獨丘也哉? 且夫芷蘭生於深林, 非以無人而不芳. 君子之學, 非爲通也, 爲窮而不困, 憂而意不衰也, 知禍福終始而心不惑也. 夫賢不肖者, 材也; 爲不爲者, 人也; 遇不遇者, 時也; 死生者, 命也. 今有其人不遇其時, 雖賢, 其能行乎? 苟遇其時, 何難之有? 故君子博學深謀, 修身端行以俟其時.」

7. 《韓詩外傳》卷七

孔子困於陳蔡之間, 即三經之席, 七日不食, 藜羹不糝, 弟子有飢色, 讀詩 書, 習禮樂不休. 子路進諫曰:「爲善者, 天報之以福, 爲不善者, 天報之以禍. 今夫子積德累仁, 爲善久矣, 意者尚有遺行乎, 奚居之隱也?」孔子曰:「由來! 汝小人也, 未講於論也. 居, 吾語汝. 子以知者爲無罪乎, 則王子比干何爲刳心而死? 子以義者爲聽乎, 則伍子胥何爲抉目而懸吳東門? 子以廉者爲用乎, 則伯夷叔齊何爲餓於首陽之山? 子以忠者爲用乎, 則鮑叔何爲而不用, 葉公子高終身不仕, 鮑焦抱木而立, 子推登山而燔? 故君子博學深謀, 不遇時者衆矣. 豈獨丘哉? 賢不肖者, 材也; 遇不遇者時也. 今無有時, 賢安所用哉? 故虞舜耕於歷山之陽, 立爲天子, 其遇堯也. 傅說負土而版築, 以爲大夫, 其遇武丁也. 伊尹故有莘氏僮也, 負鼎操俎調五味, 而立爲相, 其遇湯也. 呂望行年五十, 賣食棘津, 年七十屠於朝歌, 九十乃爲天子師, 則遇文王也. 管夷吾束縛自檻車, 以爲仲父, 則遇齊桓公也. 百里奚自賣五羊之皮, 爲秦伯牧牛, 舉爲大夫, 則遇秦繆公也. 虞丘名聞於天下, 以爲令尹, 讓於孫叔敖, 則遇楚莊王也. 伍子胥前功多, 後戮死, 非知有盛衰也, 前遇闔閭, 後遇夫差也. 夫驥罷鹽車, 此非無形容也, 莫知之也. 使驥不得伯樂, 安得千里之足? 造父亦無千里之手矣. 夫蘭茝生於茂林之中, 深山之間, 不爲人莫見之故不芬. 夫學者非爲通也. 爲窮而不困,憂而志不衰, 先知禍福之終始而心無惑焉. 故聖人隱居深念, 獨聞獨見. 夫舜亦賢聖矣, 南面而治天下, 惟其遇堯也. 使舜居桀紂之世, 能自免於刑戮之中, 則爲善矣, 亦何位之有? 桀殺關龍逢, 紂殺王子比干, 當此之時, 豈關龍逢無知, 而王子比干不慧乎哉? 此皆不遇時也. 故君子務學, 脩身端行而須其時者也. 子無惑焉.」詩曰: 『鶴鳴九皐, 聲聞於天.』

8.《孔子家語》在厄篇

楚昭王聘孔子, 孔子往拜禮焉. 路出於陳蔡, 陳蔡相與謀曰:「孔子聖賢, 其所刺譏, 皆中諸侯之病, 若用於楚, 則陳蔡危矣.」遂使徒兵距孔子. 孔子不得行, 絶糧七日, 外無所通, 藜羹不充, 從者皆病. 孔子愈慷慨講誦, 絃歌不衰, 乃召子路而問焉, 曰:「詩云:『匪兕匪虎, 率彼曠野.』吾道非乎? 奚爲至於此?」子路慍, 作色而對曰:「君子無所困. 意者夫子未仁與? 人之弗吾信也; 意者夫子未智與? 人之弗吾行也. 且由也, 昔者聞諸夫子曰:『爲善者天報之以福, 爲不善者天報之以禍.』今夫子積德懷義, 行之久矣, 奚居之窮也?」子曰:「由, 未之識也, 吾語汝. 汝以仁者爲必信也? 則伯夷叔齊不餓死首陽; 汝以智者爲必用也? 則王子比干不見剖心; 汝以忠者爲必報也? 則關龍逢不見刑; 汝以諫者爲必聽也? 則伍子胥不見殺. 夫遇不遇者, 時也; 賢不肖者, 才也. 君子博學深謀而不遇時者衆矣, 何獨丘哉! 且芝蘭生於深林, 不以無人而不芳, 君子修道立德, 不爲窮困而改節, 爲之者人也, 生死者命也.」

9.《史記》孔子世家

孔子遷于蔡三歲, 吳伐陳. 楚救陳, 軍于城父. 聞孔子在陳蔡之閒, 楚使人聘孔子. 孔子將往拜禮, 陳蔡大夫謀曰:「孔子賢者, 所刺譏皆中諸侯之疾. 今者久留陳蔡之閒, 諸大夫所設行皆非仲尼之意. 今楚, 大國也, 來聘孔子. 孔子用於楚, 則陳蔡用事大夫危矣.」於是乃相與發徒役圍孔子於野. 不得行, 絶糧. 從者病, 莫能興. 孔子講誦弦歌不衰. 子路慍見曰:「君子亦有窮乎?」孔子曰:「君子固窮, 小人窮斯濫矣.」

10.《十八史略》卷一

楚使人聘之, 陳蔡大夫謀曰:「孔子用於楚, 則陳蔡危矣.」相與發徒, 圍之於野. 孔子曰:「詩云:『匪兕匪虎, 率彼曠野』, 吾道非邪? 吾何爲於是?」子貢曰:「夫子道至大, 天下莫能容.」顏回曰:「不容何病? 然後見君子.」楚昭王興師迎之, 乃得至楚, 將封以書社地七百里, 令尹子西不可.

124 (20-8) 당랑포선螳螂捕蟬

장주莊周가 조릉雕陵의 숲에서 노닐다가 이상한 까치 한 마리가 남쪽에서 날아오는 것을 보았다. 그 날개의 너비는 일곱 자이고 눈의 크기는 한 치나 되었다. 그 새는 장주의 이마를 스치더니 밤나무 숲으로 날아가 앉는 것이었다.

장주가 말하였다.

"이것은 무슨 새일까? 날개는 큰데 멀리 가지 못하고, 눈은 크면서도 잘 보지 못하는가?"

그리고는 바지를 걷어올리고 빠른 걸음으로 다가가 탄환을 잡고 살펴보았다. 그 때 매미 한 마리가 나무 그늘에 앉아 자기 몸조차 잊고 있는 것이 보였다. 그리고 사마귀 한 마리는 나무 그늘에 몸을 숨기고 매미를 잡으려는 생각에 자신을 잊고 있었다. 이상한 까치는 그 틈을 타 사마귀를 잡으려고 역시 제 몸을 잊고 있었다. 장주는 놀라 말하였다.

"아! 사물이란 본시 서로 얽혀 있어 이利와 해害를 서로 불러들이는 것이로구나!"

그리고는 탄환을 버리고 돌아서 달려왔다. 그러자 우인虞人이 그가 그곳에서 밤을 훔쳐 달아나는 줄 여기고 쫓아와 욕을 퍼부었다.

장주가 집에 돌아와 사흘을 유쾌하지 못한 모습을 보이자, 제자 인저藺且가 그것을 보고 물었다.

"선생님께서는 어찌하여 요즘 잠시 불쾌한 모습을 보이십니까?"

장주가 말하였다.

"나는 외물外物을 지켜보느라 내 몸을 잊고 있었다. 흐린 물을 구경하다가 그만 맑은 못을 잊고 있었던 것이다. 또 내가 선생님에게 듣기로는 '속세에 들어가면 속세에 따르라'고 하였다. 지금 내가 조릉의 숲 속을 거닐다가 나 자신을 잊었고, 이상한 까치는 내 이마를 스치고 밤나무 숲으로 날아가서는 그 자신의 몸을 잊고 있었으며, 밤나무 숲을 지키던 우인은 나를 도적으로 여겨 욕을 퍼부었다. 이 때문에 즐거운 표정이 사라진 것이다."

莊周遊於雕陵之樊, 覩一異鵲自南方來者, 翼廣七尺, 目大運寸, 感周之顙而集於栗林. 莊周曰:「此何鳥哉? 翼殷不逝, 目大不覩?」

蹇裳躩步, 執彈而留之. 覩一蟬, 方得美蔭而忘其身; 螳蜋執翳而搏之, 見得而忘其形; 異鵲從而利之, 見利而忘其眞.

莊周怵然曰:「噫! 物固相累, 二類召也!」

捐彈而反走, 虞人逐而誶之.

莊周反入, 三日不庭. 藺且從而問之:「夫子何爲頃間甚不庭乎?」

莊周曰:「吾守形而忘身, 觀於濁水而迷於清淵. 且吾聞諸夫子曰:『入其俗, 從其令.』今吾遊於雕陵而忘吾身, 異鵲感吾顙, 遊於栗林而忘眞, 栗林虞人以吾爲戮, 吾所以不庭也.」

【雕陵之樊】雕陵은 언덕 이름. '樊'은 '藩'과 같음.
【感】감각으로 느낄 수 있을 정도로 가까이 스침.
【目大運寸】눈의 둘레가 한 치나 되도록 큼. '運'은 '員, 圓'과 같음.
【蹇裳】'褰裳'과 같음. 옷을 들어 올림.
【二類相召】매미는 당랑을 부르고 당랑은 까치를 부르듯이 서로 불러 스스로 해를 입음.
【虞人】사냥터를 관리하는 사람.

【三日不庭】 '三日'은 통행본에는 '三月'로 되어 있음. '庭'은 '逞'과 같음. 유쾌하지
않은 모습을 뜻함.
【戮】 '辱'과 같음.

1. '螳蜋捕蟬'의 고사이며 다른 기록에도 널리 실려 있다. 눈앞의 이익에 빠져
뒤에 도사린 화를 알지 못함을 뜻한다.

2. 《說苑》 正諫篇

吳王欲伐荊, 告其左右曰:「敢有諫者死.」舍人有少孺子者, 欲諫不敢, 則懷丸操彈,
遊於後園, 露沾其衣, 如是者三旦, 吳王曰:「子來何苦, 沾衣如此?」對曰:「園中有樹,
其上有蟬, 蟬高居悲鳴飮露, 不知螳螂在其後也! 螳螂委身曲附, 欲取蟬, 而不知黃雀在
其傍也! 黃雀延頸欲啄螳螂, 而不知彈丸在其下也! 此三者, 皆務欲得其前利, 而不顧
其後之有患也.」吳王曰:「善哉!」乃罷其兵.

3. 《韓詩外傳》 卷十

楚莊王將興師伐晉, 告士大夫曰:「敢諫者死無赦.」孫叔敖曰:「臣聞: 畏鞭箠之嚴,
而不敢諫其父, 非孝子也; 懼斧鉞之誅, 而不敢諫其君, 非忠臣也.」於是遂進諫曰:
「臣園中有楡, 其上有蟬, 蟬方奮翼悲鳴, 欲飮淸露, 不知螳蜋之在後, 曲其頸, 欲攫
而食之也. 螳蜋方欲食蟬, 而不知黃雀在後, 擧其頸, 欲啄而食之也. 黃雀方欲食
螳蜋, 不知童挾彈丸在下, 迎而欲彈之. 童子方欲彈黃雀, 不知前有深坑, 後有窟也.
此皆言前之利, 而不顧後害者也. 非獨昆蟲衆庶若此也, 人主亦然. 君今知貪彼
之土, 而樂其士卒.」國不怠, 而晉國以寧, 孫叔敖之力也.

4. 《吳越春秋》 夫差內傳 14년

十四年, 夫差旣殺子胥, 連年不熟, 民多怨恨. 吳王復伐齊, 闕爲闌溝於商魯之間.
北屬蘄, 西屬濟, 欲與魯晉合攻於黃池之上. 恐群臣復諫, 乃令國中曰:「寡人伐齊,
有敢諫者, 死.」太子右知子胥忠而不用, 太宰嚭佞而專政, 欲切言之, 恐罹尤也.
乃以諷諫激於王. 淸旦懷丸持彈, 從後園而來, 衣裾履濡, 王怪而問之曰:「子何爲
裾衣濡履, 體如斯也?」太子右曰:「適游後園聞秋蟬之聲, 往而觀之. 夫秋蟬登高樹
飮淸露, 隨風撟撓, 長吟悲鳴, 自以爲安. 不知螳螂超枝緣條, 曳腰聳踞距, 而稷
其形. 夫螳螂翁心而進, 志在有利, 不知黃雀盈綠林, 徘徊枝陰踟跋微進, 欲啄螳螂.

夫黃雀但知伺螳螂之有味, 不知臣挾彈危擲蹲蹬飛丸而集其背. 今臣但虛心志在
黃雀, 不知空堁其旁闇忽堁中陷於深井. 臣故裕體濡履, 幾爲大王取笑.」王曰:
「天下之愚, 莫過於捨, 但貪前利, 不覩後患.」

5. 《戰國策》 楚策(四)

王獨不見夫蜻蛉乎? 六足四翼, 飛翔乎天地之間, 俛啄蚊虻而食之, 仰承甘露而
飲之, 自以爲無患, 與人無爭也. 不知夫五尺童子, 方將調鉛膠絲, 加己乎四仞之上,
而下爲螻蟻食也. 蜻蛉其小者也, 黃雀因是以. 俯噣白粒, 仰棲茂樹, 鼓翅奮翼, 自以
爲無患, 與人無爭也. 不知夫公子王孫, 左挾彈, 右攝丸, 將加己乎十仞之上, 以其類
爲招. 晝游乎茂樹, 夕調乎酸醎, 倏忽之間, 墜於公子之手. 夫雀其小者也, 黃鵠因
是以. 游於江海, 淹乎大沼, 俯噣鱓鯉, 仰嚙陵蘅, 奮其六翮, 而凌淸風, 飄搖乎高翔,
自以爲無患, 與人無爭也. 不知夫射者, 方將脩其碆盧, 治其矰繳, 將加己乎百仞
之上. 彼礛磻, 引微繳, 折淸風而抎矣. 故晝游乎江河, 夕調乎鼎鼐. 夫黃鵠其小
者也, 蔡聖侯之事因是以. 南游乎高陂, 北陵乎巫山, 飲茹谿流, 食湘波之魚, 左抱
幼妾, 右擁嬖女, 與之馳騁乎高蔡之中, 而不以國家爲事. 不知夫子發方受命乎
宣王, 繫己以朱絲而見之也.

6. 《藝文類聚》 60

楚莊王將興師伐晉, 告士大夫曰:「敢諫者死無赦.」孫叔敖進諫曰:「臣之國中有楡,
其上有蟬, 蟬方奮翼悲鳴, 欲飲淸露, 不知螳蜋之在後, 螳蜋方欲食蟬; 而又不知黃雀
在後, 黃雀方欲食螳蜋, 不知童子挾彈丸在楡下; 童子方欲彈黃雀, 不知前有深坑,
後有掘株也. 皆貪前之利, 不顧後害者也.」超國不征, 而晉國以寧, 孫叔敖之力也.

7. 《藝文類聚》 86

楚莊王將伐晉, 敢諫者死. 孫叔敖進諫王曰:「臣園中有楡, 楡上有蟬, 蟬方奮翼
悲鳴, 吟淸露, 不知螗蜋之在後也.」

8. 기타 참고자료

《新序》 雜事(三)·《北堂書鈔》 124·《太平御覽》 303, 350, 946·《冊府元龜》 741

아름다움의 차이

양자陽子가 송宋나라에 이르러 여인숙에 묵게 되었다. 여인숙 주인에게는 두 사람의 첩이 있었는데 그 중 하나는 예쁘고 하나는 추하게 생겼었다. 그런데 추하게 생긴 여자가 귀여움을 받고 예쁜 여자는 천대를 받는 것이었다. 양자가 그 이유를 물었더니 여관 주인은 이렇게 말하는 것이었다.

"예쁜 여자는 스스로를 아름답다고 여기기에 나는 그가 예쁜 줄을 모르겠고 추한 여자는 스스로 추하다고 여기기에 나는 그가 추한 줄을 모르게 된 것입니다."

양자가 말하였다.

"제자들아, 기억해 두어라! 행실이 어질면서도 스스로 어질다고 생각하는 마음을 버린다면 어디간들 사랑을 받지 않겠는가!"

陽子之宋, 宿於逆旅. 逆旅人有妾二人, 其一人美, 其一人惡, 惡者貴而美者賤. 陽子問其故, 逆旅小子對曰:「其美者自美, 吾不知其美也; 其惡者自惡, 吾不知其惡也.」

陽子曰:「弟子記之! 行賢而去自賢之心, 安往而不愛哉!」

【陽子】《韓非子》에는 楊子로 표기되어 있으며, 《列子》에는 楊朱로 되어 있어 《장자》에서의 '陽子'는 모두 '楊朱'를 가리킨다.

【宋】 전국 초기에 徐州에 도읍하였던 나라.

【逆旅】 客舍. 나그네를 맞이하는 곳. 李白의 〈春夜宴桃李園序〉에 「夫天地者, 萬物之逆旅; 光陰者, 百代之過客」이라 함.

1. 《列子》 黃帝篇

楊朱過宋, 東之於逆旅. 逆旅人有妾二人, 其一人美, 其一人惡; 惡者貴而美者賤. 楊子問其故. 逆旅小子對曰:「其美者自美, 吾不知其美也; 其惡者自惡, 吾不知其惡也.」楊子曰:「弟子記之! 行賢而去自賢之行, 安往而不愛哉?」

2. 《韓非子》 說林上

楊子過於宋, 東之逆旅. 有妾二人, 其惡者貴, 美者賤. 楊子問其故, 逆旅之父答曰:「美者自美, 吾不知其美也; 惡者自惡, 吾不知其惡也.」楊子謂弟子曰:「行賢而去自賢之心. 焉往而不美?」

21. 전자방田子方

　첫 장에 전자방田子方의 이야기를 실었으므로 이를 임의로 제목으로 삼은 것뿐이다. 본편의 내용은 수필이나 필기筆記와 비슷하며 주로 허회무위虛懷無爲, 수응자연隨應自然, 불루외물不累外物 등의 내용을 담고 있다.

　"만 가지 변화는 일찍이 끝이 있을 것임을 두고 시작한 것이 아니니 어찌 족히 마음에 근심할 일이겠소! 이미 도를 터득한 사람이라면 이런 것에서 벗어난다오."

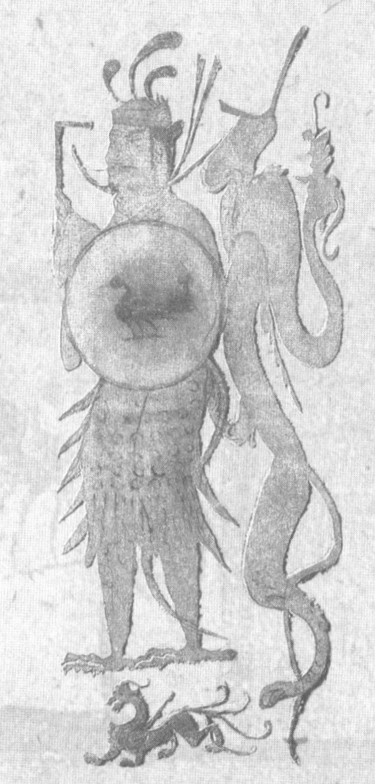

126
(21-1) 그대의 스승은 누구요?

전자방田子方이 위魏 문후文侯를 모시고 앉아 거듭 계공谿工의 훌륭함을 이야기하였다.

문후가 말하였다.

"계공은 그대의 스승이오?"

전자방이 말하였다.

"아닙니다. 제 고향 사람인데 그의 도에 관한 이야기가 자주 이치에 맞기에 그 때문에 제가 훌륭하다고 칭찬해 말씀을 올리는 것입니다."

문후가 말하였다.

"그렇다면 그대는 스승이 없소?"

전자방이 말하였다.

"있습니다."

문후가 물었다.

"그대의 스승은 누구요?"

전자방이 말하였다.

"동곽순자東郭順子입니다."

문후가 말하였다.

"그렇다면 어찌하여 그대는 그 분의 훌륭함을 이야기한 적이 없소?"

전자방이 말하였다.

"그 분의 사람됨은 참되어 비록 사람의 모습은 하고 있지만 자연 그대로 텅 비어 있으며, 자연대로 하여 참됨을 간직하고 있으며, 맑은 마음으로 사물을 포용합니다. 남이 무도한 짓을 하더라도 자신을 올바르게 함으로써 그로 하여금 깨닫게 하고, 사람으로서의 뜻을 사라지게 해 줍니다. 제가 어떻게 그 분의 훌륭함을 형용할 수 있겠습니까!"

전자방이 나간 뒤에도 문후는 멍청히 하루 종일 말을 하지 않았다. 그러다가 옆에 서 있는 신하를 불러 이렇게 말하였다.

"원대하도다. 온전한 덕을 지닌 군자여! 처음에 나는 성인聖人이나 지혜 있는 자들의 말과 인의仁義의 행동이 지극한 것인 줄로 여겼었는데 전자방의 스승에 대한 이야기를 듣고 보니 내 형체가 풀리어 움직이고 싶지도 않고 입은 재갈을 물려 말을 하고 싶은 생각도 없구나. 내가 배워 온 것들이란 한낱 흙으로 만든 인형이었을 뿐이었다. 무릇 위魏나라는 진실로 나를 얽어매는 성가신 존재일 뿐이로다!"

田子方侍坐於魏文侯, 數稱谿工.

文侯曰:「谿工, 子之師邪?」

子方曰:「非也, 无擇之里人也; 稱道數當, 故无擇稱之.」

文侯曰:「然則子无師邪?」

子方曰:「有.」

曰:「子之師誰邪?」

子方曰:「東郭順子.」

文侯曰:「然則夫子何故未嘗稱之?」

子方曰:「其爲人也眞, 人貌而天虛, 緣而葆眞, 清而容物. 物无道, 正容以悟之, 使人之意也消. 无擇何足以稱之!」

子方出, 文侯儻然終日不言, 召前立臣而語之曰:「遠矣, 全德之君子! 始吾以聖知之言仁義之行爲至矣, 吾聞子方之師, 吾形解而不欲動, 口鉗而不欲言. 吾所學者直土梗耳, 夫魏眞爲我累耳!」

【田子方】 전국시대 위나라 현인. 위문후의 스승이며 성은 田, 이름은 无擇, 자는 子方.

【魏文侯】 전국 초기 위나라의 영명한 군주. 50년간(B.C.445~396) 재위함.

【谿工】 역시 위나라의 현인으로 성은 谿, 이름은 工.

【東郭順子】 전자방의 스승. 東郭은 성, 順子는 이름.

【人貌而天虛】 사람의 모습을 하고 났으나 마음은 자연과 합일되어 있음.

【葆眞】 '葆'는 '保'와 같음. 진솔함을 지니고 있음.

【儻然】 스스로 실망한 모습.

【形解】 형체를 해탈함.

【土梗】 土偶. 흙으로 빚은 인형. 아무 쓸모가 없음을 뜻함.

예절은 밝으나

온백설자溫伯雪子가 제齊나라로 가는 길에 노魯나라에서 묵게 되었다. 그 때 노나라 어떤 사람이 그를 만나고 싶어하자 온백설자가 이렇게 거절하였다.

"싫다. 내가 듣건대 중국中國의 군자들은 예의는 밝지만 남의 마음을 헤아리는데는 고루하다더라. 만나고 싶지 않다."

그가 제나라에 갔다가 돌아오는 길에 다시 노나라에서 묵게 되자 그 사람이 다시 만나주기를 청하였다. 이에 온백설자가 말하였다.

"전에도 나를 만나고자 하고 이번에도 나를 만나고자 하니 틀림없이 무언가 나를 깨우쳐 줄 것이 있어서 그리리라."

그리고는 나가서 손님을 만나고는 들어와 탄식하였다. 그 다음날에도 그 손님을 만났는데 또 들어와서 탄식하는 것이었다. 이에 그의 하인이 물었다.

"손님을 만나고 들어오시면 매번 한숨을 쉬시니 어찌된 일입니까?"

온백설자는 이렇게 말하였다.

"내가 진실로 너에게 말했었지. 중국의 사람들은 예의에는 밝지만 남의 마음을 헤아리는데는 고루하다고. 어제 내가 만난 사람은 진퇴의 예절이 마치 자를 댄 듯 정확하였고, 그 행동은 마치 용이나 호랑이 같으면서 그가 나를 간諫하는 태도는 자식과 같았고 나를 인도하는 태도는 아버지와 같았다. 그래서 탄식하였던 것이다."

중니가 그를 만나고 돌아와서는 아무 말도 하지 않자 자로가 여쭈었다.

"선생님께서는 온백설자를 만나고 싶어하신 지가 오래 되셨습니다. 그런 사람을 만나고 와서는 아무 말씀이 없으시니 어찌된 것입니까?"

중니가 말하였다.

"그 사람은 눈으로 보기만 해도 도를 지니고 있음을 알 수 있었다. 그리하여 역시 아무 말도 용납될 수가 없었단다."

溫伯雪子適齊, 舍於魯. 魯人有請見之者, 溫伯雪子曰. 「不可. 吾聞中國之君子, 明乎禮義而陋於知人心, 吾不欲見也.」

至於齊, 反舍於魯, 是人也又請見. 溫伯雪子曰: 「往也蘄見我, 今也又蘄見我. 是必有以振我也.」

出而見客, 入而歎. 明日見客, 又入而歎.

其僕曰: 「每見之客也, 必入而歎, 何耶?」

曰: 「吾固告子矣: 『中國之民, 明乎禮義而陋乎知人心.』昔之見我者, 進退一成規一成矩, 從容一若龍一若虎, 其諫我也似子, 其道我也似父, 是以歎也.」

仲尼見之而不言. 子路曰: 「吾子欲見溫伯雪子久矣, 見之而不言, 何邪?」

仲尼曰: 「若夫人者, 目擊而道存矣, 亦不可以容聲矣.」

【溫伯雪子】楚나라의 도인. 성은 溫, 이름은 伯. 雪子는 호.
【中國】中原을 지칭함. 여기서는 구체적으로 魯나라를 가리킴.
【從容】조용함. 첩운연면어. 그러나 여기서는 動容의 뜻으로 行動, 擧動과 같음.
【道】'導'와 같음.

128
(21-3) 따를 수 없는 선생님의 덕

안회顔回가 중니에게 여쭈었다.

"선생님께서 걸으시면 저도 걷고, 선생님께서 빨리 걸으시면 저도 빨리 걷고, 선생님께서 뛰시면 저도 뜁니다. 선생님께서 먼지를 가르며 달려갈 때는 저는 뒤에서 눈만 뻔히 뜨고 뒤로 처질 뿐입니다!"

중니가 말하였다.

"안회야! 무슨 뜻이냐?"

안회가 말하였다.

"선생님께서 걸으시면 저도 걷는다는 것은 선생님께서 저에게 말씀하시는 대로 저도 따라서 말한다는 것입니다. 선생님께서 빨리 걸으시면 저도 빨리 걷는다는 것은 선생님께서 사리를 분석하시면 저도 그를 따라 분석한다는 것이며, 선생님께서 뛰시면 저도 뛴다는 것은 선생님께서 대도를 말씀하시면 저 역시 대도를 말한다는 것입니다. 그러나 선생님께서 먼지를 가르며 달려 버리시면 저는 뒤에서 눈만 뻔히 뜨고 뒤쳐져 있을 뿐이라는 것은, 선생님께서는 말씀을 하시지 않으셔도 남에게 신임과 복종을 받고, 남들과 친하려 하지 않으셔도 남들이 친하게 따르며, 벼슬이나 권력이 없어도 백성들이 앞에 모여들어 저로서는 따라할 수 없는 것이니 그렇게 되는 까닭을 모르겠다는 것입니다."

공자가 말하였다.

"아! 어찌 잘 살피지 않을 수 있겠느냐! 무릇 슬픈 일 가운데 마음이 죽는 것보다 슬픈 것이 없고, 육신의 죽음은 그 다음의 슬픔이란다. 해는

동쪽에서 떠서 서쪽으로 지는데, 만물은 모두 해를 따라 방향을 정하고, 눈과 발이 있는 것이라면 이 해를 기다려 일을 시작한다. 해가 뜨면 일을 하고 해가 지면 쉬는 것이다. 만물 역시 그러하니 모두가 그것에 의해 죽기도 하고 살기도 하는 것이다. 우리가 한번 형체를 타고나서 다른 물건으로 변하지 아니한 채 목숨을 마치는 것이며, 외물에 따라 움직이면서 밤낮으로 쉬지 아니하되 그 끝은 알지 못하고 있다. 만물이 다같이 형체를 타고났지만 명을 아는 자라 해도 장래의 갈 길은 알 수 없다. 그래서 나는 날마다 자연의 변화를 따라갈 뿐이란다.

내가 평생토록 너와 더불어 팔을 붙들고 살아가려 해도 결국은 이 좋은 기회에 착오를 일으켜 너로 하여금 이러한 도리를 이해시키지 못하니 슬픈 일이 아니랴! 너는 나의 겉으로 드러난 것만을 행하려 하는구나. 그러나 그러한 자취는 이미 지나간 것이다. 그런데도 너는 그것을 지금 실존하는 것이라 생각하고 추구하고 있다. 그것은 마치 이미 끝난 시장에서 말을 사고자 하는 것과 같다. 너는 내가 익힌 것을 모두 잊어야 하며 나 또한 네가 나를 그렇게 생각하는 것을 잊으련다. 비록 그렇다고는 하나 너는 걱정할 것이 무엇이 있겠느냐! 비록 옛날의 나를 잊어버린다 해도 내게는 언제나 잊혀질 수 없는 존재가 있단다."

顏淵問於仲尼曰:「夫子步亦步, 夫子趨亦趨, 夫子馳亦馳; 夫子奔逸絶塵, 而回瞠若乎後矣!」

仲尼曰:「回, 何謂邪?」

曰:「夫子步, 亦步也; 夫子言, 亦言也; 夫子趨, 亦趨也; 夫子辯, 亦辯也; 夫子馳, 亦馳也; 夫子言道, 回亦言道也; 及奔逸絶塵而回瞠若乎後者, 夫子不言而信, 不比而周, 无器而民滔乎前, 而不知所以然而已矣.」

仲尼曰:「惡! 可不察與! 夫哀莫大於心死, 而人死亦次之. 日出東方而入於西極, 萬物莫不比方, 有首有趾者, 待是而後成功, 是出則存, 是入則亡. 萬物亦然, 有待也而死, 有待也而生. 吾一受其成形, 而不化以待盡, 效物而動, 日夜无隙, 而不知其所終; 薰然其成形, 知命不能規乎其前, 丘以是日徂. 吾終身與汝交一臂而失之, 可不哀與! 女殆著乎吾所以著也. 彼已盡矣, 而女求之以爲有, 是求馬於唐肆也. 吾服女也甚忘, 女服吾也亦甚忘. 雖然, 女奚患焉! 雖忘乎故吾, 吾有不忘者存.」

【瞠若】 직시함. 똑바로 쳐다봄.

【不比而周】《論語》爲政篇의 구절.

【比方】 태양이 비치는 방향을 따라 감.

【規】 '窺'와 같음.

【日徂】 날마다 그 변화를 쫓아감. '徂'는 '往'과 같음.

【唐肆】 '唐'은 '空'의 의미. 시장이 비어 있음. 이미 파장이 된 시장.

1. 《幼學瓊林》651

虞舜慕唐堯, 見堯於羹, 見堯於墻; 門人學孔聖, 孔步亦步, 孔趨亦趨.

129
(21-4) 태초의 시간과 함께 하고 있었다오

공자가 노담을 만나러 갔더니 노자는 마침 새로 머리를 감고 나서 바야흐로 머리를 풀어 늘어뜨린 채 말리고 있었는데 꼼짝을 아니하여 마치 사람이 아닌 것 같았다.

공자는 물러나 기다렸다가 잠시 후에 만나 이야기하였다.

"제가 눈이 어두워진 것인지요. 정말 그런 것일까요? 방금 전의 선생님의 형체는 뻣뻣하여 마치 마른 나무 같았으며 외물外物을 잊고 사람을 떠나 홀로 서 있는 것 같았습니다."

노담이 말하였다.

"나는 만물이 처음 생겨나던 그런 경지에서 노닐고 있었소."

공자가 말하였다.

"무엇을 말씀하시는 것입니까?"

노담이 말하였다.

"도란 마음만 곤혹스러울 뿐 알 수가 없고, 입이 닫혀져 말로 할 수 없지만 시험삼아 그대를 위해 그 대략을 논의해 보겠소.

지극한 음기陰氣는 엄숙하고, 지극한 양기陽氣는 밝은데, 엄숙한 음기는 하늘에서 나오고, 밝은 양기는 땅에서 나와 이 두 가지 기운이 서로 통하고 조화를 이룸으로써 만물이 생겨나는 것이오. 혹 이렇게 벼리를 만드는 이가 있는 듯하나 그 형체는 볼 수가 없군요. 만물은 사라지기도 하고 생겨나기도 하며, 가득 차기도 하고 텅 비기도 하며 , 어두웠다가 밝았다가 차례가 있으며, 날로 바뀌고 달로 변하여 하루도 쉬지 않고 지속되지만 그 조화의 공은 보이지 않습니다. 만물의 발생에는 싹이 트는 것으로 시작하고, 죽어서는 돌아갈 바가 있어 사물의 시종始終이 서로 끝없이 반복되고 있는데 그 궁극은 알 수 없습니다. 그러나 이것(도)이 아니라면 또 그 무엇이 만물의 종주宗主가 될 수 있겠소!"

공자가 말하였다.

"그런 경지에서 노닒에 대하여 여쭙습니다."

노담이 말하였다.

"무릇 그러한 경지를 얻는다면 지극히 아름답고 지극히 즐거울 것입니다. 이러한 지극한 아름다움을 얻고 지극한 즐거움에서 노니는 이를 일러 지인至人이라 하지요."

공자가 말하였다.

"그러한 경지에 이르는 방법을 듣기를 원합니다."

노담이 말하였다.

"풀을 먹는 짐승은 풀이 난 소택지가 바뀌었다고 해서 꺼리는 것이 없으며, 물에 사는 벌레는 그가 사는 물이 바뀌었다고 싫어하는 것이 아니오. 생활의 작은 변화가 일어났을 뿐 그의 대상大常을 잃은 것이 아니기에 희로애락의 감정이 가슴속으로 파고들 수 없기 때문이지요. 무릇 천하라는 것은 만물이 한결같이 존재하는 장소이니 그것과 하나가 되어 동화될 수만 있다면 육신과 사지四肢는 먼지나 때와 같은 것일 뿐이며 죽음과 삶, 끝과 시작은 밤낮의 변화처럼 당연한 것이어서 그 무엇도 그를 어지럽힐 수가 없을 것인데 하물며 세상의 득실得失이나 화복禍福 따위가 그에게 미칠 수 있겠소! 자신에게 예속된 물건을 버리기를 진흙처럼 여기는 자는, 자신의 몸이 예속된 물건보다 귀하다는 것을 알기 때문일 것이니 가장 귀한 것이 나에게 있으면 어떤 변화에도 잃지 않을 수 있소. 또한 만 가지 변화는 일찍이 끝이 있을 것임을 두고 시작한 것이 아니니 어찌 족히 마음에 근심할 일이겠소! 이미 도를 터득한 사람이라면 이런 것에서 벗어난다오."

공자가 말하였다.

"선생님의 덕은 천치의 짝이 될 만한데도 지극한 말씀에 가탁하여

마음을 닦고 계시니 옛날의 군자라 하더라도 누가 이러한 수양의 방법을
벗어날 수 있겠습니까?"

노담이 말하였다.

"그렇지 않소. 물이 그렇게 솟구쳐 오르는 것은 물이 스스로 작용해서가
아니라 물의 본성에 따라 저절로 그렇게 되는 것이며, 지인至人이 덕을
가지고 있는 것도 덕을 닦지 않아도 만물이 다가와 떠나지 않기 때문이라오.
이는 하늘이 스스로 높고, 땅이 스스로 두꺼우며, 해와 달이 스스로 밝은
것과 같은 것이니 무슨 수양이라는 것이 필요하겠소!"

공자가 물러 나와 안회顔回에게 일러주었다.

"나는 도에 있어서 술단지 속의 눈에놀이 같은 것이었도다! 선생님께서
나의 그 술단지를 열어 주지 않았더라면, 나는 천지의 그 크고 온전함을
알지 못하였을 것이다."

孔子見老聃, 老聃新沐, 方將被髮而乾, 熱然似非人.

孔子便而待之, 少焉見, 曰:「丘也眩與, 其信然與? 向者先生形體掘
若槁木, 似遺物離人而立於獨也.」

老聃曰:「吾遊心於物之初.」

孔子曰:「何謂邪?」

曰:「心困焉而不能知, 口辟焉而不能言, 嘗爲汝議乎其將. 至陰肅肅,
至陽赫赫; 肅肅出乎天, 赫赫發乎地; 兩者交通成和而物生焉, 或爲之
紀而莫見其形. 消息滿虛, 一晦一明, 日改月化, 日有所爲, 而莫見其功.
生有所乎萌, 死有所乎歸, 始終相反乎无端而莫知乎其所窮. 非是也,
且孰爲之宗!」

孔子曰:「請問遊是.」

老聃曰:「夫得是, 至美至樂也, 得至美而遊乎至樂, 謂之至人.」

孔子曰:「願聞其方.」

曰:「草食之獸不疾易藪, 水生之蟲不疾易水, 行小變而不失其大常也, 喜怒哀樂不入於胸次. 夫天下也者, 萬物之所一也. 得其所一而同焉, 則四支百體將爲塵垢, 而死生終始將爲晝夜而莫之能滑, 而況得喪禍福之所介乎! 棄隷者若棄泥塗, 知身貴於隷也, 貴在於我而不失於變. 且萬化而未始有極也, 夫孰足以患心! 已爲道者解乎此.」

孔子曰:「夫子德配天地, 而猶假至言以修心, 古之君子, 孰能脫焉?」

老聃曰:「不然. 夫水之於汋也, 无爲而才自然矣. 至人之於德也, 不修而物不能離焉, 若天地自高, 地之自厚, 日月之自明, 夫何修焉!」

孔子出, 以告顏回曰:「丘之於道也, 其猶醯雞與! 微夫子之發吾覆也, 吾不知天地之大全也.」

【慹然】움직이지 않고 있음.
【便而待之】'便'은 '屛'과 같음. 막아서 가림.
【掘若槁木】'掘'은 '兀'과 같음.
【交通成和】《노자》 42장의 구절.
【消息滿虛】만물의 消逝, 生長, 盈滿, 空虛 등의 변화와 규율. '消息盈虛'와 같음.
【汋】물이 솟구쳐 오르는 것.
【醯雞】술 단지나 식혜 항아리 속에 살고 있는 눈에놀이(蠛蠓)라는 작은 벌레.

참고 및 관련 자료

1. 《老子》 42장

道生一, 一生二, 二生三, 三生萬物. 萬物負陰而抱陽, 沖氣以爲和. 人之所惡, 唯孤·寡·不穀, 而王公以爲稱. 故物或損之而益, 或益之而損. 人之所敎, 我亦敎之. 梁强者不得其死, 吾將以爲敎父.

2. 《幼學瓊林》 1255

怡堂燕雀, 不知後災; 甕裏醯雞, 安有廣見.

 유자儒者의 옷을 입은 사람들

장자가 노魯나라 애공哀公을 만나자 애공이 말하였다.

"우리 노나라에는 유자儒者들이 많아 선생의 학술을 배우는 사람은 적습니다."

장자가 말하였다.

"노나라에는 유자가 적습니다."

애공이 말하였다.

"노나라 전체를 들어 사람 모두가 유자의 옷을 입고 있는데 어찌 적다고 말씀하십니까?"

장자가 말하였다.

"제가 듣건대 유자가 환관圜冠을 쓰고 있는 것은 천시天時를 안다는 표시이며 구구句屨라는 신발을 신는 것은 지형地形을 안다는 표시이며, 오색 실로 구슬을 꿰어차고 있는 것은 일이 닥치면 결단을 내린다는 표시라 하더이다. 군자가 그런 도를 가지고 있다 해도 꼭 그러한 옷차림을 해야 하는 것은 아니며 또 그러한 옷차림을 하고 있다고 해서 반드시 도를 알고 있는 자이기 때문이라고 할 수는 없습니다. 임금께서 진실로 그렇지 않다고 생각하신다면 어찌 전국에 영을 내려 '그런 도를 가지고 있지 않으면서도 그런 옷을 입고 있는 자는 사형에 처한다!'라고 하지 않습니까?"

이에 애공이 그런 명령을 내리자 닷새 만에 노나라에는 감히 유자의 옷을 입고 있는 자가 없어지게 되었는데 다만 한 사람만이 유자의 복장을 하고 궁궐 문 앞에 서 있는 것이었다. 애공이 즉시 그를 불러 국사에 대하여 물어 보았더니 그 말이 천변만화千變萬化하여 끝이 없었다.

이에 장자가 말하였다.

"노나라에 유자는 이 한 사람뿐입니다. 많다고 할 수 있겠습니까?"

莊子見魯哀公.

哀公曰:「魯多儒士, 少爲先生方者.」

莊子曰:「魯少儒.」

哀公曰:「擧魯國而儒服, 何謂少乎?」

莊子曰:「周聞之, 儒者冠圜冠者, 知天時; 履句屨者, 知地形; 緩佩玦者, 事至於斷. 君子有其道者, 未必爲其服也; 爲其服者; 未必知其道也. 公固以爲不然, 何不號於國中曰:『无此道而爲此服者, 其罪死!』」

於是哀公號之五日, 而魯國无敢儒服者, 獨有一丈夫儒服而立乎公門. 公卽召而問以國事, 千轉萬變而不窮.

莊子曰:「以魯國而儒者一人耳, 可謂多乎?」

【魯哀公】 장자는 전국시대 魏(梁)惠王, 齊威王, 孟子 등과 동시대 인물로 노
　애공과는 120년의 차이가 있음. 우언으로 시대에 관계없이 이야기를 꾸민 것임.
【圜冠】 孔子를 추앙하는 유가들이 쓰는 둥그런 모자.
【句屨】 유가를 숭상하는 사람들이 신는 굽은 신발.
【緩佩玦】 '緩'은 '綬'의 오기로 봄. 몸에 많은 패물을 장식하여 차고 있음.
【一人】 혹 孔子를 지칭하기도 하나 구체적인 것은 아닌 것을 여김.

131
(21-6) 어디에 집착함이 없어야

　백리해百里奚는 벼슬이나 녹봉 따위를 마음에 두지 않았다. 그래서 그가 소를 먹이면 소가 살쪘고, 진秦나라 목공穆公으로 하여금 그의 천한 신분을 잊고 그와 더불어 함께 정사를 돌볼 수 있도록 하였던 것이다.
　순임금은 죽고 사는 데 마음을 두지 않았다. 그래서 족히 사람들을 움직일 수 있었던 것이다.

　百里奚爵祿不入於心, 故飯牛而牛肥, 使秦穆公忘其賤, 與之政也. 有虞氏死生不入於心, 故足以動人.

【百里奚】원래 虞나라 신하로 脣亡齒寒의 고사와 관련이 있는 인물. 뒤에 망명하였다가 秦나라 穆公에 의해 五羖(五羔, 다섯 마리 염소 가죽)에 팔려 진나라로 들어가 중용됨. 五羖大夫라 불림.
【飯】'飼'와 같음.

132 (21-7) 진짜 화공畫工

송宋나라 원군元君이 그림을 그리려 하자 많은 화공들이 몰려들었다. 그들은 명령을 받고 절을 한 다음 일어나서 붓을 빨고 먹을 가는데 사람이 너무 많아 방 밖에 있는 사람이 반이 넘었다.

화공 하나가 늦게 도착하였으나 유유히 서두르지 않고 명령을 받자 절을 하고는 일어나 머무르지 않고 그대로 집으로 돌아가는 것이었다. 원군이 사람을 시켜 그를 살펴보게 하였더니 그는 집에서 옷을 다 벗고 두 다리를 쭉 뻗은 채 벌거숭이가 되어 누워 있는 것이었다. 원군이 말하였다.

"옳구나. 그 사람이 진짜 화공이로다."

宋元君將畫圖, 衆史皆至, 受揖而立; 舐筆和墨, 在外者半. 有一史後至者, 儃儃然不趨, 受揖不立, 因之舍. 公使人視之, 則解衣槃礴臝.

君曰:「可矣, 是眞畫者也.」

【宋元君】송나라 元公. 이름은 佐.
【史】여기서는 畫工을 가리킴.
【槃礴】서로 뒤섞여 앉음. 쌍성연면어.
【臝】'裸'와 같음.

133
(21-8) 고기를 잡지 않기 위한 낚시질

주周나라 문왕文王이 장藏이라는 곳을 유람하다가 한 노인이 낚시를 하고 있는 것을 보았는데 그는 낚싯대를 들고 있으나 고기를 낚지는 않았다. 낚싯대를 들고 고기를 낚으려는 게 아니라 낚시질로 유유자적하고 있는 것이었다.

문왕은 그를 천거하여 정사를 맡기고 싶었으나 대신과 친족들이 불안해할까 두려웠으며, 그렇다고 그냥 두자니 차마 백성들에게 하늘같은 위정자를 잃게 됨을 그냥 지나칠 수가 없었다.

이에 다음 날 아침 대부들을 불러 이렇게 부탁하였다.

"어젯밤 나는 꿈에 훌륭한 사람을 보았소. 검은 얼굴에 구레나룻을 기른 한 현인이 얼룩말을 타고 있었는데 그 말은 한 쪽 발굽이 붉은 색이었소. 그는 나에게 '장藏 땅의 노인에게 정사를 맡기면 백성들의 고통이 사라질 것이오'라고 하였소."

여러 대부들이 얼굴빛을 바꾸며 말하였다.

"돌아가신 선왕이신 것 같습니다."

문왕이 말하였다.

"그렇다면 점을 쳐보아 주시오."

여러 대부들이 말하였다.

"돌아가신 선왕께서 명하신 것이니 달리 의심할 것이 없는데 다시 어찌 점을 치겠습니까!"

마침내 장 땅의 노인을 맞아들여 그에게 정치를 맡겼다. 그는 종전의 법을 하나도 바꾸지 않고 새로운 명령을 내리지도 않았다. 3년만에 문왕이 나라를 시찰하였더니 조정의 신하들은 자신들의 당파를 해산하고, 각 부처의 장들은 자기의 공로를 내세우지 않았으며, 당시 사용하던 다른 도량형이 감히 사방 나라로부터 들어오지 않았다. 조정의 신하들이 자신들의 당파를 해산한 것은 백성들과 화합하는 것을 숭상하였기 때문이었고, 각 부처의 장들이 자신의 치적을 공으로 생각하지 않았던 것은 모든 사람들이 함께 힘쓰기 때문이었으며, 다른 도량형이 감히 사방의 외국으로부터 들어오지 않은 것은 제후들이 각기 두 마음을 갖고 있지 않았기 때문이었다.

문왕은 이에 그를 태사太師로 삼고 북면北面하여 물었다.

"이런 정치를 온 천하에 미치게 할 수 있겠습니까?"

장의 노인은 아무 것도 모른다는 듯이 대답을 아니하고 있다가 범연泛然히 물러가 아침에 문왕의 영을 받고는 저녁에 몸을 숨겨 종신토록 소식이 없었다.

안회가 중니에게 여쭈었다.

"문왕은 아직 그에 미치지 못한 것입니까? 어찌하여 꿈을 빌려 말하였을까요?"

공자가 말하였다.

"잠자코 있어라. 너는 말하지 말아라! 무릇 문왕께서는 진력을 다한 것이니 어찌 다시 비판을 가하겠느냐! 그 분은 곧바로 급히 여러 사람의 뜻을 따랐던 것이니라."

文王觀於臧, 見一丈人釣, 而其釣莫釣; 非持其釣有釣者也, 常釣也.

文王欲擧而授之政, 而恐大臣父兄之弗安也; 欲終而釋之, 而不忍百姓之无天也. 於是旦而屬之大夫曰:「昔者寡人夢見良人, 黑色而頰, 乘駁馬而偏朱蹄, 號曰:『寓而政於臧丈人, 庶幾乎民有瘳乎!』」

諸大夫蹴然曰:「先君王也.」

文王曰:「然則卜之.」

諸大夫曰:「先君之命, 王其无它, 又何卜焉!」

遂迎臧丈人而授之政. 典法无出, 偏令无出. 三年, 文王觀於國, 則列士壞植散群, 長官者不成德, 鈇斛不敢入於四竟. 列士壞植散群, 則尚同也; 長官者不成德, 則同務也; 鈇斛不敢入於四竟, 則諸侯无二心也.

文王於是焉以爲大師, 北面而問曰:「政可以及天下乎?」

臧丈人昧然而不應, 泛然而辭, 朝令而夜遁, 終身无聞.

顏淵問於仲尼曰:「文王其猶未邪? 又何以夢爲乎?」

仲尼曰:「黙, 汝无言! 夫文王盡之也, 而又何論刺焉! 彼直以循斯須也.」

【臧】 지명. 西安 渭水 근처.
【駁馬】 무늬가 뒤섞인 말. 잡색 말. 얼룩말.
【偏朱蹄】 말굽의 반이 붉은 색임.
【鈇斛】 '와곡'으로 읽으며 모두 곡식의 양을 계산하는 들이의 단위. 度量衡을 가리킴.
【斯須】 '須臾'와 같음. 쌍성연면어.

134
(21-9) 활쏘는 솜씨

열어구(列禦寇, 列子)가 백혼무인伯昏无人를 위해 활 쏘는 솜씨를 보여주었다. 활시위를 가득 잡아당겨도 팔꿈치 위에 올려놓은 잔의 물이 쏟아지지 않았고, 활을 쏘아 화살이 시위를 떠나면 다른 화살이 벌써 활시위에 준비되어 있었다. 그러한 때의 그의 모습은 마치 나무로 만든 인형 같았다. 백혼무인이 말하였다.

"이것은 활쏘기를 위한 활쏘기이지 활을 쏘지 않고자 할 때의 활쏘기는 아니구려. 내 그대와 함께 높은 산에 올라가 위험하게 절벽으로 삐죽 나온 돌을 밟고 백 길이나 되는 연못을 앞에 두고도 이렇게 활을 쏠 수 있겠소?"

이에 백혼무인은 높은 산으로 올라가 벼랑 끝으로 삐죽 솟은 바위를 밟고 그 아래 백 길이나 되는 연못이 있는 곳에 이르러 그 벼랑을 등지고 뒷걸음하여 발의 삼분의 이가 허공 밖으로 나와 있도록 위치를 잡았다. 그리고 열자를 손짓하여 다가오도록 하였다. 열자는 땅에 엎드린 채 땀이 발뒤꿈치까지 흘렸다.

백혼무인이 말하였다.

"무릇 지인至人이란 위로는 푸른 하늘을 살피고, 아래로는 황천까지 들어가며, 팔방을 멋대로 휘젓고 다니되 그 정신과 기氣가 변함 없는 것이오. 지금 그대는 두려움에 떨며 눈까지 아물거리고 있으니 그대는 과녁을 맞히기 어려울 거요!"

列禦寇爲伯昏无人射, 引之盈貫, 措杯水其肘上, 發之, 適矢復沓, 方矢復寓. 當是時, 猶象人也.

伯昏无人曰:「是射之射, 非不射之射也. 嘗與汝登高山, 履危石, 臨百仞之淵, 若能射乎?」

於是无人遂登高山, 履危石, 臨百仞之淵, 背逡巡, 足二分垂在外, 揖禦寇而進之. 禦寇伏地, 汗流至踵.

伯昏无人曰:「夫至人者, 上窺青天, 下潛黃泉, 揮斥八極, 神氣不變. 今汝怵然有恂目之志, 爾於中也殆矣夫!」

【伯昏无人】 가설로 내세운 인물.《列子》黃帝篇에는 '伯昏瞀人'으로 되어 있음.
【象人】 偶人. 木偶. 나무로 깎아 만든 인형.
【恂目】 눈을 휘둥그레 뜸. 恂은 眩과 같은 뜻으로 봄.

참고 및 관련 자료

1.《列子》黃帝篇

列禦寇爲伯昏無人射, 引之盈貫, 措杯水其肘上, 發之, 鏑矢復沓, 方矢復寓. 當是時也, 猶象人也, 伯昏無人曰:「是射之射, 非不射之射也. 當與汝登高山, 履危石, 臨百仞之淵, 若能射乎?」於是無人遂登高山, 履危石, 臨百仞之淵, 背逡巡, 足二分垂在外, 揖禦寇而進之. 禦寇伏地, 汗流至踵. 伯昏無人曰:「夫至人者, 上闚青天, 下潛黃泉, 揮斥八極, 神氣不變. 今汝怵然有恂目之志, 爾於中也殆矣夫!」

135 (21-10) 손숙오

견오肩吾가 손숙오孫叔敖에게 물었다.

"선생께서는 세 번이나 초나라 영윤令尹이 되셨으나 그것을 영화로운 것이라 여기지 않으시고, 세 번이나 물러나셨음에도 그것을 근심하는 기색이 없었습니다. 처음에 나는 선생을 이상하다고 의심하였지만 지금 선생의 코 언저리를 보니 기쁨과 즐거움에 젖은 듯 하니 선생만의 그런 마음 쓰심은 어찌된 것입니까?"

손숙오가 말하였다.

"내가 어찌 남보다 나은 게 있겠소! 나는 내게 오는 것을 물리치지 않았고, 가는 것은 막지 않았을 뿐이오. 나는 얻고 잃는 것이 나의 잘못이라고 생각하지 아니하기에 근심의 빛이 없을 따름이오. 내가 어찌 남보다 낫다고 하겠소! 또 내가 존경받는 것이 영윤이라는 벼슬 때문인지 나 자신 때문인지도 알 수 없습니다. 벼슬 때문이라면 나 자신 때문이 아닐 것이고, 나 자신 때문이라면 벼슬 때문이 아닐 것이오. 그러니 나는 머뭇거리며 사방을 둘러보기에 바쁘거늘 어찌 부귀나 빈천 따위에 마음을 쓸 겨를이 있겠소?"

공자가 그 이야기를 듣고 말하였다.

"옛날의 진인眞人은 지혜 있는 사람이라도 그를 설복시킬 수 없었고, 미인이라도 그를 유혹할 수 없었으며, 도둑도 그를 겁탈할 수 없었고, 복희伏戱나 황제黃帝라 해도 그와 벗할 수 없었다. 죽고 사는 것 역시 큰 문제이기는 하나 그의 마음을 변하게 하지 못하였으니 하물며 세속의 벼슬이나 봉록 따위야 더 무슨 영향을 주겠는가! 그러한 사람의 정신은

큰 산과 맞닥뜨려도 막힘이 되지 않고, 깊은 못에 들어가더라도 젖지 않을 것이며, 낮고 천한 지위에 있어도 괴로워하지 않을 것이다. 하늘과 땅에 충만하여 이미 남에게 모든 것을 주었더라도 자신은 그럴수록 더욱 더 많아지게 될 것이다.”

肩吾問於孫叔敖曰:「子三爲令尹而不榮華, 三去之而无憂色. 吾始也疑子, 今視子之鼻間栩栩然, 子之用心獨奈何?」

孫叔敖曰:「吾何以過人哉! 吾以其來不可却也, 其去不可止也, 吾以爲得失之非我也, 而无憂色而已矣. 我何以過人哉! 且不知其在彼乎, 其在我乎? 其在彼邪? 亡乎我; 在我邪? 亡乎彼. 方將躊躇, 方將四顧, 何暇至乎人貴人賤哉!」

仲尼聞之曰:「古之眞人, 知者不得說, 美人不得濫, 盜人不得劫, 伏戲黃帝不得友. 死生亦大矣, 而无變乎己, 況爵祿乎! 若然者, 其神經乎大山而无介, 入乎淵泉而不濡, 處卑細而不憊, 充滿天地, 旣以與人, 己愈有.」

【肩吾】 은자의 이름. 逍遙遊篇 참조.
【孫叔敖】 楚나라 莊王 때의 令尹이며 이름난 재상. ‘兩頭蛇’의 고사를 남긴 인물.
【介】 ‘막히다’, 혹은 ‘界’의 뜻으로도 봄.

136
(21-11) 애초에 있지 않았던 나라

초楚나라 왕과 범凡나라 군주가 마주앉아 있었다. 잠시 후 초나라 임금과 신하가 범나라가 망하였다고 세 번이나 말하였다. 그러자 범나라 군주가 말하였다.

"범나라가 망하였다 해도 나의 존재가 없어지는 것은 아니다. 무릇 '범나라가 망해도 나의 존재가 없어지는 것이 아니다'라 하였다면 초나라의 존재도 나의 존재를 존재하도록 하는 것이 아니다. 이로 말미암아 보건대 범나라는 애초부터 사라진 것이 아니며 초나라 역시 애초부터 존재한 일이 없었던 것이다."

楚王與凡君坐, 少焉, 楚王左右曰凡亡者三. 凡君曰:「凡之亡也, 不足以喪吾存. 夫『凡之亡不足以喪吾存』, 則楚之存不足以存存. 由是觀之, 則凡未始亡而楚未始存也.」

【楚王】楚 文王을 가리킴.
【凡君】凡나라의 僖侯. 凡은 汲郡 共縣 근처에 있던 나라로 周公의 후손이라 함.
【凡亡者三】초왕의 좌우 신하들이 세 번이나 범나라는 장차 멸망할 것이라 말함.

《中國哲學百科大辭典》(1987, 北京)에 실려 있는 '장자' 이미지 상

22. 지북유 知北遊

 ‘지북유知北遊’란 장자가 가설한 인물 지知라는 사람이 북쪽으로 나서서 무위위無爲謂라는 사람을 만나 도道가 무엇인지 대화를 나눈 것으로 시작하여 편명을 삼은 것이다. 북쪽은 현玄을 뜻하며 현은 ‘어둡다, 유원幽遠하다’의 뜻으로 결국 도를 의미하기도 한다.

 “도를 닦는 사람은 날마다 가식을 덜어내어 그것을 버려야 한다. 무위無爲에 이르면 아무 작위함도 없으면서 작위하지 않음이 없게 된다.”

137
(22-1)
어떻게 하면 도를 알 수 있습니까?

지知가 북쪽의 현수玄水가에서 노닐다가 은분隱弅의 언덕으로 올라가서 무위위無爲謂를 만났다. 지가 무위위에게 말하였다.

"그대에게 묻고 싶은 것이 있소. 어떻게 생각하고 어떻게 염려해야 도를 알 수 있소? 어떻게 처신하고 어떻게 행동해야 도에 편히 머물 수 있소? 어떤 것을 따르고 어떤 길로 가야 도에 이를 수 있소?"

세 번이나 물었지만 지는 대답하지 않았다. 대답을 하지 않은 것이 아니라 그 대답을 할 줄 모르는 것이었다. 지는 더 묻지 못한 채 백수白水의 남쪽으로 돌아와 호결狐闋의 언덕으로 올라가서 이번에는 광굴狂屈을 만났다. 지는 앞서 하였던 질문을 광굴에게도 하였다.

그러자 광굴은 이렇게 말하였다.

"아! 나는 알고 있소. 당신에게 말해 주리다. 그런데 말하려던 중에 말하고자 하는 말을 잊고 말았구려."

지는 다시 더 묻지 못한 채 궁전으로 돌아와 황제黃帝를 만나 또다시 같은 질문을 하였다.

황제가 말하였다.

"아무런 생각이 없어야 비로소 도를 알게 되고, 아무런 처신도 없고 행동도 없어야 비로소 도에 편히 머물며, 따르는 것도 없고 가는 길도 없어야 비로소 도를 얻게 되는 것이라오."

지가 황제에게 물었다.

"나와 당신은 도를 알고 있지만 무위위와 광굴은 알지 못하고 있소이다.

그 중 누가 옳은 것이오?"

황제가 말하였다.

"저 무위야말로 진실로 올바른 도를 알고 있는 것이며 광굴은 도에 거의 가까이 있는 사람이지만 당신과 나는 결국 도와 가까이 있지 못한 사람들이오. 무릇 도를 아는 사람은 도를 말로 표현하지 아니하며, 도를 말하는 사람은 도를 모르는 것입니다. 그 때문에 성인들은 말로 표현하지 않는 가르침을 행하셨던 것입니다. 도란 말로써 이룰 수 없고, 덕은 행동을 얻을 수 있는 것이 아니라오. 인仁은 그대로 행할 만한 것이지만 의義는 사람들에게 해를 끼치는 것이며, 예禮는 서로를 속이는 것입니다. 그러므로 '도를 잃은 뒤에 덕이 나온 것이며, 덕을 잃은 뒤에 인이 나타났고, 인을 잃은 뒤에 의가 생겨났으며, 의를 잃은 뒤 예가 나온 것이니, 예란 도의 꽃과 같아 열매는 없으며 혼란의 우두머리이다'라고 말한 것입니다. 따라서 '도를 닦는 사람이 날마다 가식을 덜어내어 그것을 버려야 한다. 무위無爲에 이르면 아무 작위함도 없으면서 작위하지 않음이 없게 된다'라고 말한 것입니다. 지금 이미 하나의 사물이 형성되었다면 그 근본으로 돌아가고자 해도 역시 어려운 일이 아니겠소! 이를 쉽게 여길 수 있는 사람은 오직 대인뿐이라오!

삶이란 죽음과 같은 무리이며, 죽음이란 삶의 시작입니다. 그런데 누가 그 법칙을 알아낼 수 있으리오! 사람의 삶이란 기氣가 모인 것이니 기가 모이면 살고, 기가 흩어지면 죽는 것입니다. 만약 죽음과 삶을 같은 무리로 여긴다면 우리가 무슨 걱정할 것이 있겠소! 그러므로 만물은 하나입니다. 그런데도 사람들은 아름다운 것은 신비롭다 여기고, 추악한 것은 썩어 냄새나는 것이라 여기고 있소이다. 그렇지만 썩어 냄새가 나는 것이 다시 신비한 것으로 변하고, 신비한 것이 다시 썩어 냄새나는 것으로 변하는 것입니다. 그래서 '천하에 하나인 기는 통한다'라고 말한 것입니다. 성인은 이 까닭으로 하나라는 것을 귀중하게 여기는 것입니다."

지가 황제에게 말하였다.

"내가 무위위에게 물었을 때 무위위는 나에게 아무런 대답을 하지 않았는데, 나에게 대답을 하지 않은 것이 아니라 어떻게 대답을 해야 할지를 알지

못하였던 것이었습니다. 그리고 내가 광굴에게 물었을 때, 광굴은 마음으로는 나에게 설명해 주고자 하면서도 말해 주지 않았는데 이 역시 나에게 이야기해 주지 않고자 한 것이 아니라 말해주고자 하던 그 순간에 그만 할 말을 잊고 말았던 것이었습니다. 그런데 지금 당신에게 질문하자 당신은 잘 알고 있었소. 그런데 어찌하여 도에 가깝지 않다고 여기십니까?"

황제가 말하였다.

"무위위가 진실로 도를 알고 있다는 것은 그가 도를 모른다는 것이며, 광굴이 도에 가깝다는 것은 그가 도를 잊고 있기에 그런 것이오. 그대와 내가 끝내 도에 가까이 가지 못한다는 것은 거기에 대해 알고 있다고 여기기 때문이지요."

광굴이 그 말을 전해 듣고는 황제는 말을 할 줄 아는 자라고 여겼다.

知北遊於玄水之上, 登隱弅之丘而適遭无爲謂焉.

知謂无爲謂曰:「予欲有問乎若; 何思何慮則知道? 何處何服則安道? 何從何道則得道?」

三問而无爲謂不答也, 非不答, 不知答也.

知不得問, 反於白水之南, 登狐闋之上, 而睹狂屈焉. 知以之言也問乎狂屈.

狂屈曰:「唉! 予知之, 將語若, 中欲言而忘其所欲言.」

知不得問, 反於帝宮, 見黃帝而問焉.

黃帝曰:「无思无慮始知道, 无處无服始安道, 无從无道始得道.」

知問黃帝曰:「我與若知之, 彼與彼不知也, 其孰是邪?」

黃帝曰:「彼无爲謂眞是也, 狂屈似之; 我與汝終不近也. 夫知者不言, 言者不知, 故聖人行不言之敎. 道不可致, 德不可至. 仁可爲也, 義可虧也, 禮相僞也. 故曰:『失道而後德, 失德而後仁, 失仁而後義, 失義而後禮. 禮者, 道之華而亂之首也.』故曰:『爲道者日損, 損之又損之以至於无爲, 无爲而无不爲也.』今已爲物也, 欲復歸根, 不亦難乎!
其易也, 其唯大人乎!

生也死之徒, 死也生之始, 孰知其紀! 人之生, 氣之聚也; 聚則爲生,
散則爲死. 若死生爲徒, 吾又何患! 故萬物一也, 是其所美者爲神奇,
其所惡者爲臭腐; 臭腐復化爲神奇, 神奇復化爲臭腐. 故曰:『通天下
一氣耳.』聖人故貴一.」

知謂黃帝曰:「吾問无爲謂, 无爲謂不應我, 非不我應, 不知應我也.
吾問狂屈, 狂屈中欲告我而不我告, 非不我告, 中欲告而忘之也. 今予
問乎若, 若知之, 奚故不近?」

黃帝曰:「彼其眞是也, 以其不知也; 此其似之也, 以其忘之也; 予與
若終不近也, 以其知之也.」

狂屈聞之, 以黃帝爲知言.

【知北遊】'知라는 사람이 북방을 遊歷하다'의 뜻. 知는 智와 같으며 지혜롭고
분별력이 있는 사람이란 뜻으로 장자가 임의로 내세운 가공 인물.
【玄水】물 이름. 玄은 북방을 가리키며 동시에 매우 심오하다는 뜻을 지니고
있음.
【隱弅】언덕 이름.
【无爲謂】가공으로 설정한 인물 이름.
【白水】玄水에 상대하여 밝다는 의미로 쓴 물 이름.
【狐闋】'호결'로 읽으며 '의심이 많다'는 뜻으로 가설한 언덕.
【狂屈】역시 가공으로 설정한 인물 이름.
【知者不言】《노자》56장 참조.
【不言之敎】《노자》43장 참조.
【失道而後德】《노자》38장 참조.
【爲道者日損】《노자》48장 참조.
【復歸根】《노자》16장 참조.
【死之道】《노자》50장 및 76장 참조.

1.《老子》56장

知者不言, 言者不知. 塞其兌, 閉其門, 挫其銳, 解其紛, 和其光, 同其塵. 是謂玄同.
故不可得而親, 不可得而疏; 不可得而利, 不可得而害; 不可得而貴, 不可得而賤.
故爲天下貴.

2.《老子》43장

天下之至柔, 馳騁天下之至堅, 無有入無間. 吾是以知無爲之有益. 不言之敎, 無爲
之益, 天下希及之.

3.《老子》38장

上德不德, 是以有德; 下德不失德, 是以無德. 上德無爲而無以爲; 下德無爲而有以爲.
上仁爲之而無以爲; 上義爲之而有以爲. 上禮爲之而莫之應, 則攘臂而扔之. 故失道而
後德, 失德而後仁, 失仁而後義, 失義而後禮, 夫禮者忠信之薄, 而亂之首. 前識者,
道之華, 而愚之始. 是以大丈夫處其厚, 不居其薄, 處其實, 不居其華. 故去彼取此.

4.《老子》48장

爲學日益, 爲道日損. 損之又損, 以至於無爲. 無爲而無不爲. 取天下常以無事, 及其
有事, 不足以取天下.

5.《老子》16장

致虛極, 守靜篤. 萬物並作, 吾以觀復. 夫物芸芸, 各復歸其根. 歸根曰靜, 是謂復命.
復命曰常, 知常曰明, 不知常, 妄作凶. 知常容, 容乃公, 公乃全, 全乃天, 天乃道,
道乃久. 沒身不殆.

6.《老子》50장

出生入死. 生之徒十有三, 死之徒十有三, 人之生, 動之死地, 亦十有三. 夫何故? 以其
生生之厚. 蓋聞善攝生者, 陸行不遇兕虎, 入軍不被兵甲. 兕無所投其角, 虎無所措
其爪, 兵無所容其刃, 夫何故? 以其無死地.

7.《老子》76장

人之生也柔弱, 其死也堅强. 萬物草木之生也柔脆, 其死也枯槁. 故堅强者死之徒, 柔弱
者生之徒. 是以兵强則不勝, 木强則兵. 强大處下, 柔弱處上.

138
(22-2) 천지나 사시는 아무 말이 없건만

천지天地는 위대한 아름다움을 지니고 있으면서도 말하지 아니하고, 사시四時는 분명한 법도를 지니고 있으면서도 이를 논의하지 아니하며, 만물萬物은 생성의 이치를 지니고 있으면서도 이를 설명하지 아니한다. 성인이란 천지의 아름다움에 근원을 두고, 만물의 이치에 통달한 사람이다. 이 까닭으로 지인至人은 만들어냄이 없으며, 대성大聖은 지어냄이 없으니 이는 천지의 원리에 달관하고 있음을 말하는 것이다.

저 신명神明하고 지정至精함에 합일하며 온갖 만물의 변화에 함께 하여, 어떤 것은 죽고 어떤 것은 모나고 어떤 것은 둥글게 하지만 그 누구도 그 근원을 알지 못한다. 그럼에도 천지에 만물이 두루 생겨나 예로부터 그대로 존재하고 있다.

육합六合이 크다고는 하지만 도道 안에서 벗어나지 못하고, 추호秋毫가 작다고는 하지만 도에 의지하여야 그 형체를 이룰 수 있다. 천하 만물은 부침하고 변화하지 않는 것이 없어 처음부터 끝까지 일정한 모습을 유지하지는 못한다. 음양과 사시의 운행은 각기 그 차례를 잃지 않는다. 어둡고 막막하여 없는 듯하지만 존재하고, 희미하여 형체가 없으면서도 신령스러우며 만물은 그의 길러줌에 의해 자라지만 이를 알아채지 못한다. 이것을 일러 만물의 근본이라 하나니 이를 통하여야 자연을 관조할 수 있다.

天地有大美而不言, 四時有明法而不議, 萬物有成理而不說. 聖人者, 原天地之美而達萬物之理, 是故至人无爲, 大聖不作, 觀於天地之謂也.

合彼神明至精, 與彼百化, 物已死生方圓, 莫知其根也, 扁然而萬物自古以固存. 六合爲巨, 未離其內; 秋豪爲小, 待之成體. 天下莫不沉浮, 終身不故; 陰陽四時運行, 各得其序. 惛然若亡而存, 油然不形而神, 萬物畜而不知. 此之謂本根, 可以觀於天矣.

【神明】 천지 대자연의 오묘한 법칙.
【六合】 천지, 세상, 우주를 뜻함. 원래 사방과 상하를 지칭하는 말.
【秋毫】 짐승이 가을 털갈이를 할 때 그 털이 매우 가늘다고 함. 이에 아주 미세한 것을 지칭하는 말로 대신 쓰임.
【油然】 희미함. 구체적이지 아니함.

139
(22-3)
마른 해골과 불꺼진 재

설결齧缺이 피의被衣에게 도에 대하여 질문을 하자 피의가 대답하였다.

"그대의 형체를 바르게 갖고, 그대의 시선을 집중시킨다면 자연의 조화가 장차 이르게 될 것입니다. 그대가 그대의 지혜를 버리고, 그대의 태도를 하나가 되도록 하면 신명神明이 그대 몸에 와서 머무를 것입니다. 그렇게 되면 덕이 그대를 아름답게 만들 것이고 도가 그대의 거처가 될 것입니다. 그대는 갓난 송아지처럼 무심하게 되어 사물의 이치를 따지지 않게 될 것입니다."

말이 채 끝나기도 전에 설결은 잠이 들었다.

피의는 크게 기뻐하면서 이렇게 노래를 부르며 그 자리를 떠났다.

"그 형체는 마른 해골 같고, 그 마음은 꺼진 재와 같구나. 진실로 모든 사실을 알면서도 그렇다고 뽐내지도 않았었구나. 무념무상의 모습에 마음조차 없이하여 함께 이야기도 나눌 수 없으니 저 자는 대체 어떤 사람일까!"

齧缺問道乎被衣, 被衣曰:「若正汝形, 一汝視, 天和將至; 攝汝知, 一汝度, 神將來舍. 德將爲汝美, 道將爲汝居, 汝瞳焉如新生之犢而无求其故!」

言未卒, 齧缺睡寐. 被衣大說, 行歌而去之, 曰:「形若槁骸, 心若死灰, 眞其實知, 不以故自持. 媒媒晦晦, 无心而不可與謀. 彼何人哉!」

【天和】 천연의 和氣.

【槁骸·死灰】 마른 해골과 이미 불씨가 꺼진 재.

【媒媒】 어둡고 캄캄함. 아무런 욕망이나 생각조차도 없는 상태. 무념무상의 상태.

140
(22-4) 도란 소유할 수 없는 것

순舜이 승丞에게 물었다.

"도道란 가히 얻어 소유할 수 있는 것입니까?"

승이 말하였다.

"그대의 몸도 그대의 소유가 아닐진대 그대가 어찌 도를 소유하여 가질 수 있겠소?"

순임금이 말하였다.

"내 몸이 나의 소유가 아니라면 누가 내 몸을 소유하고 있는 것입니까?"

승이 말하였다.

"이는 천지가 그대에게 형체를 위탁한 것이고 삶도 그대의 것이 아니라 천지가 그대에게 위탁한 화기和氣일 뿐이며, 성명性命도 그대의 것이 아니라 천지가 자연의 이치에 따라 그대에게 위탁한 것이며, 자손들 역시 그대의 소유가 아니라 천지가 그대에게 맡겨 탈바꿈시켜 놓은 것입니다.

그러므로 가면서도 어디로 가는지를 알지 못하고, 처신함에 있어서도 무엇을 소지하고 있는지도 모르는 것이며, 먹으면서도 무슨 맛이지도 모르는 것입니다. 이는 하늘과 땅에서 활동하고 있는 기氣일 뿐인데 어찌 이를 얻어 소유할 수 있겠습니까!"

舜問乎丞曰:「道可得而有乎?」

曰:「汝身非汝有也, 汝何得有夫道?」

舜曰:「吾身非吾有也, 孰有之哉?」

曰:「是天地之委形也; 生非汝有, 是天地之委和也; 性命非汝有, 是天地之委順也; 子孫非汝有, 是天地之委蛻也. 故行不知所往, 處不知所持, 食不知所味. 天地之强陽氣也, 又胡可得而有邪!」

【舜】 고대 성인으로 알려진 제왕. 성은 姚. 虞舜이라고도 칭함.

【丞】 제왕의 보필을 뜻함. 烝과 같음. 皮錫瑞의 《今文尚書考證》에 「烝, 當作丞」이라 하였고, 《列子釋文》에도 「烝, 謂補筆, 疑丞之官」이라 함.

【子孫】 다른 본에는 '孫子'로 되어 있음.

【强陽】 운동을 나타내는 첩운연면어.

참고 및 관련 자료

1. 《列子》 天瑞篇

舜問乎烝曰:「道可得而有乎?」曰:「汝身非汝有也, 汝何得有夫道?」舜曰:「吾身非吾有, 孰有之哉?」曰:「是天地之委形也. 生非汝有, 是天地之委和也. 性命非汝有, 是天地之委順也. 孫子非汝有, 是天地之委蛻也. 故行不知所往, 處不知所特, 食不知所以. 天地强陽, 氣也; 又胡可得而有邪?」

141
(22-5) 죽어서 어디로 가는지도 알 수 없으니

공자가 노담에게 물었다.

"오늘은 한가하니 감히 지도至道에 대해 여쭙고자 합니다."

노담이 말하였다.

"그대는 제계齊戒하여 그대의 마음을 시원하게 씻고, 정신을 맑게 씻어, 그대의 지식을 쳐 없애시오. 무릇 도라는 것은 아득하여 말로 표현하기 어려운 것이오! 장차 그대를 위하여 그 대략을 말해 드리겠소.

무릇 분명한 밝음이란 캄캄한 어둠에서 생겨나는 것이며, 형체가 있는 것은 형체가 없는 것에서 생겨나는 것입니다. 정신精神은 도에서 생겨나며 형체는 정精에 근본을 두고 생겨나는 것입니다. 만물은 형체로써 상생相生하기 때문에 몸에 아홉 개의 구멍을 가진 동물은 태胎에서 태어나고, 여덟 개의 구멍을 가지고 있는 동물은 알에서 태어납니다. 그러나 그러한 원리는 어디로부터 오는지 자취도 없고, 그들이 죽어서 어디로 가는지도 알 수 없으며, 드나드는 문도 없고 묵는 방도 없어 사방으로 통하여 끝이 없이 넓다오.

이러한 도에 따르는 자는 사지가 강건하고, 사려가 두루 통달하며 이목이 총명하여 마음을 써도 피로하지 않으며 사물에 응함에도 방위가 없다오. 하늘도 이를 얻지 못하면 높을 수가 없고, 땅도 이를 얻지 못하면 운행될 수 없으며 일월도 이를 얻지 못하면 운행할 수 없으며, 만물도 이를 얻지 못하면 창성할 수 없으니 이것이 바로 도라는 것입니다!

또한 무릇 이를 넓힌다고 해서 반드시 지혜로운 것도 아니며 이를 잘 설명한다고 해서 반드시 밝은 것도 아니니 성인은 이 때문에 끊어버리는 것입니다. 만약 이를 더한다 해도 더해지지 아니하며 이를 덜어버린다 해도 덜어지지 않으니 이 때문에 성인은 이를 그대로 보존하는 것입니다.

넓고 넓기가 마치 바다와 같고 높고 높기가 산과 같아 끝나면 다시 시작하고 만물을 운용하고 요량하되 다함이 없습니다. 군자의 도라는 것이 그것의 밖에 있을 수 있겠소! 만물이 모두가 이에게 가서 자질을 삼아도 다함이 없으니 이것이 바로 도라는 것입니다!

중국中國에 사람이라는 것이 존재하되 음陰도 아니고 양陽도 아니어서 천지 사이에 그저 처하고 있는 것이며, 그들은 잠시 사람의 형체를 지니고 있다가 다시 곧 만물의 근원으로 돌아갑니다. 그 근본이 무엇인지를 살펴본다면 생生이란 잠시 기氣가 모여서 이루어진 것입니다. 비록 오래 살고 일찍 죽고 하는 구분은 있지만 그 차이가 얼마나 되겠소? 짧은 순간일 뿐이라오. 그러니 어찌 족히 요堯와 걸桀의 옳고 그름을 가릴 수 있겠소! 초목의 열매에도 자연의 이치가 깃들어 있으니 인륜도 비록 다하기 어렵다 하나 그 이치에 의해 서로 들쭉날쭉하며 얽혀 있는 것이라오. 따라서 성인은 그 이치를 만나도 이를 거부하지 아니하고 지나가는 것이라면 이를 붙잡아 지키려 들지도 아니 한다오. 그에 조화함으로써 순응하는 것은 덕德이며, 그와 짝을 이루어 적응하는 것이 도道입니다. 이것으로써 제왕帝王이 흥기하였고 왕도王道가 일어난 것이라오.

사람이 천지 사이에 태어나 살다 가는 것은 마치 흰 망아지가 급히 지나가는 것을 문틈으로 보는 시간처럼 짧은 것이어서 홀연히 흘러갈 뿐이오. 후닥닥 지나쳐서 나가버리지 않는 것이 없으며 질펀하고 휘돌아 다시 들어오지 않는 것이 없다오. 이미 자연의 조화로 살아나고 이미 자연의 조화로 죽는 것이니 생명을 가진 자는 애통해하고 사람이라면 이를 슬퍼하게 되지만 죽음이란 자연의 활집에서 활을 풀고, 자연의 칼집에서 칼을 부수어 버리는 것 같아 그저 사방으로 흩어지고 잃을 것을 잃어버리는 것이며 혼백이 제 갈 곳으로 갈 때 육신이 그를 따라

가는 것이니 이것이 바로 자연의 커다란 귀착점인 도라는 것이오! 형체가
없던 속에서 형체가 생긴 것이며, 형체가 있던 것이 형체가 없는 상태로
되돌아가는 것이니 이는 사람이라면 누구나 똑같이 그렇다고 알고 있지만
지극한 도에 이르려는 사람은 그런 것에 힘쓸 바가 아니라오. 이를 두고
여러 사람들이 논하지만 저 지극한 도를 찾으려는 사람이라면 이를 논하지
않으니 논의한다 해도 이르지 못하는 경지라오. 도는 분명히 보려 해도
만날 수 없는 것이니 이를 두고 변론하는 것은 침묵을 지키느니만 못하며,
또한 도란 들을 수 없는 것이니 듣는다는 것이 도리어 귀를 막고 듣지
않는 것만 못하오. 이를 일러 대득大得이라 한다오.”

孔子問於老聃曰:「今日晏閒, 敢問至道.」

老聃曰:「汝齊戒, 疏瀹而心, 澡雪而精神, 掊擊而知! 夫道, 窅然難
言哉! 將爲汝言其崖略:

夫昭昭生於冥冥, 有倫生於无形, 精神生於道, 形本生於精, 而萬物
以形相生, 故九竅者胎生, 八竅者卵生. 其來无迹, 其往无崖, 无門无房,
四達之皇皇也. 邀於此者, 四肢强, 思慮恂達, 耳目聰明, 其用心不勞,
其應物无方. 天不得不高, 地不得不廣, 日月不得不行, 萬物不得不昌,
此其道與!

且夫博之不必知, 辯之不必慧, 聖人以斷之矣. 若夫益之而不加益,
損之而不加損者, 聖人之所保也. 淵淵乎其若海, 巍巍乎其若山, 終則
復始也, 運量萬物而不匱. 則君子之道, 彼其外與! 萬物皆往資焉而不匱,
此其道與!

中國有人焉, 非陰非陽, 處於天地之間, 直且爲人, 將反於宗. 自本
觀之, 生者, 暗醷物也. 雖有壽夭, 相去幾何? 須臾之說也. 奚足以爲堯
桀之是非! 果蓏有理, 人倫雖難, 所以相齒. 聖人遭之而不違, 過之而
不守. 調而應之, 德也; 偶而應之, 道也; 帝之所興, 王之所起也.

人生天地之間, 若白駒之過郤, 忽然而已. 注然勃然, 莫不出焉; 油然漻然, 莫不入焉. 已化而生, 又化而死, 生物哀之, 人類悲之. 解其天弢, 墮其天袠, 紛乎宛乎, 魂魄將往, 乃身從之, 乃大歸乎! 不形之形, 形之不形, 是人之所同知也, 非將至之所務也, 此衆人之所同論也. 彼至則不論, 論則不至. 明見无值, 辯不若黙. 道不可聞, 聞不若塞. 此之謂大得.」

【齊戒】齋戒와 같음.

【疏瀹】물이 흐르도록 소통시킴.

【澡雪】씻어 버림.

【崖略】'槪略'과 같음.

【九竅】사람을 지칭함. 눈, 귀, 코, 입, 항문, 요도 등 모두 아홉 개의 구멍이 있다 하여 대신 지칭한 것.

【八竅】鳥類는 항문과 요도가 함께 있어 여덟 개의 구멍이어서 짐승을 뜻하는 말로 쓰인 것임.

【四肢强】이 다음에 문자가 탈락한 것으로 보고 있음.

【博之不必知·辯之不必慧】《노자》81장 참고.

【喑醷】氣가 모여듦.

【弢】'韜'(도)와 같으며 활을 넣는 활집.

【袠】'질'로 읽으며 칼을 넣는 칼집.

【大得】도를 크게 터득함.

1.《老子》81장

信言不美, 美言不信. 善者不辯, 辯者不善. 知者不博, 博者不知. 聖人不積, 既以爲人己餘有, 既以與人己愈多. 天之道, 利而不害; 聖人之道, 爲而不爭.

도란 존재하지 않는 곳이 없소

동곽순자東郭順子가 장자에게 물었다.

"소위 도라는 것은 어디에 있습니까?"

장자가 말하였다.

"존재하지 않는 곳이 없소."

동곽자가 말하였다.

"하나라도 일러주신 뒤라야 믿겠습니다."

"땅강아지나 개미에게 있소."

"어찌하여 그렇게 하찮은 것을 비유하십니까?"

"돌피나 피에게도 있소."

"어찌하여 더욱 하찮은 것을 비유하십니까?"

"기와나 벽돌에도 있소."

"어찌하여 더욱 심하게 말씀하시는 것입니까?"

"똥이나 오줌에도 있소."

이에 동곽순자는 아무 응대도 하지 않았다.

장자가 말하였다.

"그대의 질문은 도의 본질과 먼 것이었소. 정획正獲이 시장을 관리하면서 감독하는 이에게 돼지를 밟아보고 그 살찐 정도를 알아보게 할 때에도, 아래로 밟아 내려갈수록 그 정도를 더 잘 알 수 있는 것입니다. 그러니 그대는 도를 어디에 기필期必해서도 안되며, 도가 사물을 벗어난 것이라 여겨도 안될 것입니다. 지극한 도는 이처럼 어디에나 있으며, 위대한

이론도 역시 그런 것입니다. 두루周, 어디에나遍, 모두咸, 이 세 가지는 각기 이름은 다르지만 그 실질은 같은 것으로 그 지적하는 것은 하나입니다.

시험삼아 그대와 더불어 아무 것도 없는 경지에서 소요하며 함께 자연의 도에 합치되어 도의 경지를 논해보면 그 끝이나 궁함이 없는 것이겠지요! 함께 자연의 무위에 가 볼까요! 담담하고 조용히 해 볼까요! 막막하고 청허함에 들어가 볼까요! 만물과 조화를 이루며 유유자적하게 해 볼까요! 나의 마음을 아득하게 하여 마음을 갈 곳이 없이 한 채 자연에 맡기면 그 이르는 곳도 알지 못하게 될 것이며, 마음이 오고 가더라도 그 멈추는 곳도 모르게 될 것입니다. 나도 이미 그렇게 마음의 오고 가는 속에서 도리어 어디가 종착점인지 알지 못하고 있습니다. 광활한 공간을 방황하였지만 아무리 큰 지혜를 가진 자라 해도 그 궁극을 알 수는 없습니다. 사물을 사물로서 존재하게 하는 자는 사물과 한계가 없는데도 사물에 대하여 구분이 있다고 여기는 자는 소위 사물에 의해 자신을 구분하는 사람이라 일컫는 것입니다. 사물과 구분을 짓지 않는다는 것은 구분이 있어도 구분을 짓지 않는 것입니다. 찼다가는 비고 쇠패하고 소멸하는 것을 두고 말한다면, 그 사물이 차고 비는 것은 결국 차고 비는 것이 아니며, 그 사물이 쇠패하고 소멸하는 것도 쇠패하고 소멸하는 것이 아니며 그 본말도 본말이 아니며 그 적산積散도 적산이 아닙니다."

東郭子問於莊子曰:「所謂道, 惡乎在?」

莊子曰:「無所不在.」

東郭子曰:「期而後可.」

莊子曰:「在螻蟻.」

曰:「何其下邪?」

曰:「在稊稗.」

曰:「何其愈下邪?」

曰:「在瓦甓.」

曰:「何其愈甚邪?」

曰:「在屎溺.」

東郭子不應. 莊子曰:「夫子之問也, 固不及質. 正獲之問於監市履狶也, 每下愈況. 汝唯莫必, 无乎逃物. 至道若是, 大言亦然. 周遍咸三者, 異名同實, 其指一也.

嘗相與游乎无何有之宮, 同合而論, 无所終窮乎! 嘗相與无爲乎! 澹而靜乎! 漠而清乎! 調而閒乎! 寥已吾志, 无往焉而不知其所至, 去而來而不知其所止, 吾已往來焉而不知其所終; 彷徨乎馮閎, 大知入焉而不知其所窮. 物物者與物无際, 而物有際者, 所謂物際者也; 不際之際, 際之不際者也. 謂盈虛衰殺, 彼爲盈虛非盈虛, 彼爲衰殺非衰殺, 彼爲本末非本末, 彼爲積散非積散也.」

【稊稗】논에 벼와 함께 자라는 피와 돌피.

【正獲】시장의 질서를 감독하는 사람. 獲은 그의 이름.

【履狶】돼지의 살찐 정도를 알아보기 위하여 발로 돼지의 다리를 밟아 봄.

【馮閎】광활한 공간.

【物物者】만물이 만물이 되게 하는 것. 만물의 존재를 존재로 인정함.

【物際】물건과 자신을 구분함.

【盈虛衰殺】盈虛는 차고 기우는 것. 차고 비워지는 것. 衰殺은 쇠패하고 소멸하는 변화와 순환.

【積散】모이고 흩어짐. 역시 사물의 순환과 변화를 뜻함.

143
(22-7) 논할 수 있는 도는 참된 도가 아니다

　　아하감妸荷甘이 신농神農과 함께 노용길老龍吉에게 배웠다. 신농이 문을 닫고 안석案席에 기대어 낮잠을 자고 있는데 아하감이 문을 열고 들어와 말하였다.

　　"노용 선생이 돌아가셨다 합니다!"

　　신농은 안석에 기댄 채 지팡이를 짚고 일어섰다가 지팡이를 휙 집어 던지고 웃으며 말하였다.

　　"하늘은 내가 편벽되고 고루하며 게으르고 방탕한 자라 하여 나를 버리고 돌아가시게 한 것이리라. 끝났도다! 선생님께서는 나를 일깨워줄 지극한 말씀도 하시지 않은 채 돌아가셨도다!"

　　엄강조弇堈弔가 이를 듣고 말하였다.

　　"무릇 도道를 체득한 사람에게는 천하의 군자들이 모여들게 마련이다. 지금 신농은 지극한 도에 대해서는 털끝만큼도 모르면서 그 분이 지극한 도를 숨겨 알려주지 않고 품은 채 죽었다고 알고 있다. 그러니 도를 체득한 사람이야 어떠하겠는가! 도란 보아도 그 형체가 없고, 들어보아도 소리가 없다. 사람들 가운데 그것을 논하는 자는 그것이 깊고도 그윽한 것이라고 말하지만 논할 수 있는 도는 결국 참된 도가 아닌 것이다."

妸荷甘與神農同學於老龍吉.

神農隱几闔戶晝瞑, 妸荷甘日中㓦戶而入曰:「老龍死矣!」

神農擁杖而起, 曝然放杖而笑, 曰:「天知予僻陋慢訑, 故棄予而死.
已矣! 夫子无所發予之狂言而死矣夫!」

弇堈弔聞之曰:「夫體道者, 天下之君子所繫焉. 今於道, 秋豪之端
萬分未得處一焉, 而猶知藏其狂言而死, 又況夫體道者乎! 視之无形,
聽之无聲, 於人之論者, 謂之冥冥, 所以論道, 而非道也.」

【妸荷甘·老龍吉】두 사람 모두 가설로 내세운 허구의 인물.
【爹】'열다'(開)의 뜻.
【天】老龍吉을 높여 부른 것.
【狂言】진실한 말. 큰 도를 말로 풀이하는 것.
【弇堈弔】역시 허구로 내세운 가공 인물.

144
(22-8) 안다는 것은 모른다는 것

이에 태청泰淸이 무궁無窮에게 물었다.

"그대는 도를 아십니까?"

무궁이 말하였다.

"나는 모릅니다."

다시 무위無爲에게 질문하자 무위는 이렇게 대답하였다.

"나는 도를 압니다."

태청이 물었다.

"당신이 알고 있는 도에는 역시 어떤 법도라는 것이 있습니까?"

무위가 대답하였다.

"있습니다."

태청이 물었다.

"그 법도라는 것은 어떤 것입니까?"

무위는 이렇게 말하였다.

"내가 아는 도는 귀해질 수도 있고, 천해질 수도 있으며, 묶을 수도 있고, 흩어버릴 수도 있습니다. 이것이 내가 아는 도의 법도입니다."

태청이 이 이야기를 가지고 무시無始에게 물었다.

"이와 같다면 무궁은 알지 못하고 무위는 알고 있는데, 누가 옳고 누가 그른 것입니까?"

무시가 말하였다.

"알지 못한다는 것은 심오하다는 것이며, 안다는 것은 천박한 것이오. 알지 못한다는 것은 내면의 것이며 알고 있다는 것은 외면의 것입니다."

이에 태청은 하늘은 우러러 탄식하며 말하였다.

"알지 못한다는 것이 곧 안다는 것인가! 안다는 것이 곧 모르는 것인가! 누가 알지 못하는 것이 곧 아는 것임을 알겠는가?"

무시가 말하였다.

"도란 들을 수 없는 것이니 들은 것은 도가 아닙니다. 도란 볼 수 없는 것이니 볼 수 있는 것은 도가 아닙니다. 도란 말할 수 없는 것이니 말로 표현할 수 있으면 도가 아닙니다. 형체는 형체를 가지고 있지만 형체가 아님을 안다면 도라는 것에는 마땅히 이름을 붙일 수 없는 것입니다."

무시가 말을 덧붙였다.

"도에 대한 질문이 있다고 해서 이에 응대하는 자는 도를 모르는 자이며, 도에 대해 묻는 사람도 역시 도를 모르는 것입니다. 도에는 질문이 있을 수 없으며 묻는다고 대답할 수도 없는 것입니다. 물어볼 수 없는 것을 묻는 것은 질문이 궁한 것이며 응대할 수 없는 응답을 하는 것은 내면이 없는 것입니다. 안에 아무것도 없으면서 궁한 질문을 대한다면 이와 같은 자는 밖으로는 우주의 현상을 관찰하지 못하고 안으로는 태초의 현묘한 이치를 알지 못하는 자입니다. 이 까닭으로 곤륜산崑崙山 같이 높은 경지를 넘어서지 못하고, 태허太虛의 심오한 경지에서 노닐지도 못하는 것입니다."

於是泰淸問乎无窮曰:「子知道乎?」

无窮曰:「吾不知.」

又問乎无爲. 無爲曰:「吾知道.」

曰:「子之知道, 亦有數乎?」

曰:「有.」

曰:「其數若何?」

无爲曰:「吾知道之可以貴, 可以賤, 可以約, 可以散, 此吾所以知道之數也.」

泰清以之言也問乎无始曰:「若是, 則无窮之弗知與无爲之知, 孰是而孰非乎?」

无始曰:「不知深矣, 知之淺矣; 弗知內矣, 知之外矣.」

於是泰清中而歎曰:「弗知乃知乎! 知乃不知乎! 孰知不知之知?」

无始曰:「道不可聞, 聞而非也; 道不可見, 見而非也; 道不可言, 言而非也. 知形形之不形乎! 道不當名.」

无始曰:「有問道而應之者, 不知道也. 雖問道者, 亦未聞道. 道无問, 問无應. 无問問之, 是問窮也; 无應應之, 是无內也. 以无內待問窮, 若是者, 外不觀乎宇宙, 內不知乎大初, 是以不過乎崑崙, 不遊乎太虛.」

【泰清·無窮·无爲·无始】모두 시간과 공간의 무궁함을 빗대어 허구로 내세운 寓言의 가공 인물들.

【泰清中而歎】'中'은 '卯'을 판각 오류이며 이는 '仰'의 가차자임.

【崑崙】높은 산을 대표하는 경지.

【太虛】우주. 태초.

145
(22-9) 무無마저 없는 경지

광요光曜가 무유無有에게 물었다.

"무릇 그대라는 것이 존재하는 거요? 아니면 존재하지 않는 거요?"

무유가 아무런 응답을 하지 않자 광요는 더 이상 묻지 못한 채 무유의 모습을 자세히 살펴보았다. 그랬더니 그의 모습은 아득하고 텅 빈 듯하여 하루 종일 그를 보다도 보이지 않는 것 같았고 들으려 하였으되 들리지 않는 듯 하였으며 잡으려 해도 잡히지 않는 것이었다.

광요가 말하였다.

"지극하도다! 그 누가 이런 경지에 이를 수 있겠는가! 나는 무無의 경지가 있는 줄은 알았지만 무마저 없는 경지가 있는 줄은 몰랐다. 무와 유有에만 다다른 자가 어찌 이런 경지에 이를 수 있겠는가!"

光曜問乎无有曰:「夫子有乎? 其无有乎?」

无有弗應也. 光曜不得問, 而孰視其狀貌, 窅然空然, 終日視之而不見, 聽之而不聞, 搏之而不得也.

光曜曰:「至矣! 其孰能至此乎! 予能有无矣, 而未能无无也; 及爲无有矣, 何從至此哉!」

【光曜·无有】역시 임의로 의미를 붙여 내세운 우언의 가공 인물.

【无有弗應也】이 5글자는 원래 빠져 있으나 《淮南子》道應訓에 의해 삽입한 것임.

【視之而不見】《노자》 14장 참고.

참고 및 관련 자료

1. 《淮南子》道應訓

光耀問於無有曰:「子果有乎? 其果無有乎?」無有弗應也. 光耀不得問, 而就視其狀貌, 冥然忽然. 視之不見其形, 聽之不聞其聲, 搏之不可得, 望之不可極也. 光耀曰:「貴矣哉! 孰能至于此乎! 予能有無矣, 未能無無也. 及其爲無無, 又何從至於此哉!」故老子曰:「無有入于無間, 吾是以知無爲之有益也.」

2. 《老子》 14장

視之不見名曰夷; 聽之不聞名曰希; 搏之不得名曰微. 此三者不可致詰, 故混而爲一. 其上不皦, 其下不昧, 繩繩不可名, 復歸於無物. 是謂無狀之狀, 無物之象, 是謂惚恍. 迎之不見其首, 隨之不見其後. 執古之道, 以御今之有. 能知古始, 是謂道紀.

146
(22-10)
허리띠 고리 만드는 재주

대사마大司馬 집에 허리띠 고리를 만드는 사람이 있었는데 나이 팔십이 되도록 털끝만큼의 실수도 없이 일을 하는 것이었다. 대사마가 물었다.

"그대의 재주가 뛰어난 거요? 아니면 무슨 도술이 있는 거요?"

그는 이렇게 대답하였다.

"저는 지키는 바가 있습니다. 제 나이 스물에 허리띠 고리 만들기를 좋아하였는데 다른 것은 눈에 들어오지 않았고 허리띠 고리가 아니면 살펴보려 하지도 않았습니다. 나는 허리띠 고리를 만드는 데는 쓰지 않아도 되는 기능까지 거기에 빌려주어 오래도록 이를 사용하였던 것입니다. 그런데 하물며 쓰지 않으면 안 되는 것까지 하나에 집중한다면 어떠하겠습니까! 세상 그 어떤 물건인들 그의 자질이 되어주지 않겠습니까!"

大馬之捶鉤者, 年八十矣, 而不失豪芒.

大馬曰:「子巧與? 有道與?」

曰:「臣有守也. 臣之年二十而好捶鉤, 於物无視也, 非鉤无察也. 是用之者, 假不用者也以長得其用, 而況乎无不用者乎! 物孰不資焉!」

【大馬】大司馬. 관직 이름.

【豪芒】'毫芒'과 같음. 아주 미세함을 말함.

【假不用者也】직접 사용할 필요가 없는 것까지 그에게 빌려줌. 成玄英의 疏에 "假賴於不用心視察他物故也"라 함.

147
(22-11) 천지가 생겨나기 전의 일

염구冉求가 중니에게 여쭈었다.

"천지가 생겨나기 전의 일은 알 수 있습니까?"

중니가 말하였다.

"알 수 있고말고. 예나 지금이나 같았다."

염구는 질문을 놓치고 물러났다가 다음날 다시 공자를 뵙고 말하였다.

"어제 제가 '천지가 있기 전의 일을 알 수 있습니까?'라고 여쭈었더니 선생님께서는 '알 수 있다. 예나 지금이나 같다'라고 말씀하셨습니다. 어제는 그렇다고 환하게 알 수 있었던 것 같았는데 지금은 이해하지 못하겠습니다. 감히 여쭙건대 무슨 뜻이었습니까?"

중니가 말하였다.

"어제 이해할 수 있었던 것은 너의 신명神明으로서 먼저 받아들였기 때문이며 오늘 이해하지 못한 것은 또한 마음에 장애가 있어 신명하지 못한 마음으로 뜻을 추구하였기 때문이니라! 옛날도 없고 지금도 없으며 시작도 없고 끝도 없으니 아직 자손이 있지도 않은데 자손이 있는 것으로 여겨 어떠니 한다면 되겠느냐?"

염구가 아무런 대답을 못하자 공자가 다시 말하였다.

"그만두어라. 대답할 필요가 없다! 삶의 작용이 살게도 하고 죽게도 하는 것이 아니며, 죽음의 작용이 죽게도 하고 살게도 하는 것이 아니다. 죽고 사는 것이 서로 상대를 기다리는 것이겠느냐? 모두가 한 몸이니라.

천지가 생성되기 전에 사물이 있었겠느냐? 사물을 사물로서 존재하도록
하는 것은 사물이 아니며 사물이 다른 사물에 앞서 생겨날 수 없는 것이니라.
그러나 사물은 존재하고 있으며 그 사물의 존재는 끝이 없다. 성인이
사람을 사랑하는 데에도 끝이 없는 것이니 그것 역시 여기에서 원리를
취한 것이니라.”

冉求問於仲尼曰:「未有天地可知邪?」

仲尼曰:「可. 古猶今也.」

冉求失問而退, 明日復見, 曰:「昔者吾問『未有天地可知乎?』夫子
曰:『可. 古猶今也.』昔日吾昭然, 今日吾昧然, 敢問何謂也?」

仲尼曰:「昔之昭然也, 神者先受之; 今之昧然也, 且又爲不神者求邪!
无古无今, 无始无終. 未有子孫而有子孫, 可乎?」

冉求未對. 仲尼曰:「已矣, 未應矣! 不以生生死, 不以死死生. 死生
有待邪? 皆有所一體. 有先天地生者物邪? 物物者非物. 物出不得
先物也, 猶其有物也. 猶其有物也, 无已. 聖人之愛人也終无已者,
亦乃取於是者也.」

【冉求】 공자의 제자. 冉有.
【无已】 만물이 계속 生生하여 끝없이 이어짐.

보내줄 것도 없고 맞이할 것도 없다

안회顔回가 중니仲尼에게 여쭈었다.

"저는 일찍이 선생님으로부터 '보내줄 것도 없고 맞이할 것도 없다'라는 말을 들은 적이 있습니다. 저는 감히 그 이유를 여쭙습니다."

중니가 말하였다.

"옛날 사람들은 외물이 변화하더라도 거기에 순응하기만 하였을 뿐, 자신의 마음은 변하지 않았는데 지금 사람들은 자신의 마음은 외물에 의해 변화하면서도 외부의 사물에 동화하지는 못하고 있다. 사물에 따라 변화하는 사람은 한결같이 자신의 마음은 변하지 않는 거이니, 자연에 따라 변하기도 하고 변화하지 않기도 하는데 언제나 자연의 변화를 따르기만 하며 반드시 자연에 대해 지나치는 일이 없이 자신의 분수를 지킬 뿐이다. 시위씨狶韋氏는 원유苑囿에서, 황제皇帝는 채소밭에서, 유우씨有虞氏는 궁전에서, 탕왕湯王과 무왕武王은 궁실에서 각각 시세에 따라 안주하였다. 이처럼 후대로 올수록 노니는 범위가 좁아져, 후세에는 군자라는 사람들이 유묵儒墨을 따라 스승으로 모시게 되어 옳고 그름을 따지며 서로를 공격하게 되었던 것이다. 그러니 하물며 지금이야 어떻겠느냐?"

성인聖人은 만물과 같이 살면서 만물을 손상시키지 아니하였고 만물도 그를 손상시키지 않았었다. 사물을 손상시키지 않는 사람을 사물이 그를 손상시키지 않았던 것이다. 오직 사물을 손상시킨 일이 없는 사람만이 자연을 보내고 마중할 수 있게 되느니라.

산림이여! 평원이여! 우리로 하여금 흔쾌히 즐기게 하도다! 그러나
즐거움이 끝나기도 전에 슬픔이 뒤따라 이어오게 된다. 그러한 애락哀樂이
오는 것을 나는 막을 수가 없고 가는 것도 역시 멈추게 할 수 없다.
안타깝도다, 세상에 태어나 사는 사람들에게 있어서 그러한 것은 바로
만물의 여인숙과 같은 것이로다!

무릇 알 수 있는 것은 알지만 알 수 없는 것은 알 수가 없다. 역시
능히 할 수 있는 일은 할 수 있지만 할 수 없는 일을 해낼 수가 없다.
그러므로 무지와 무능이란 정말로 사람으로서는 면할 길이 없다.

무릇 사람으로써 면할 수 없는 것을 면해보겠다고 힘쓰고 있으니 또한
안타까운 일이 아니겠느냐! 지극한 말이란 그 말을 없애버리는 것이며
지극한 행위란 그 행위를 없애는 것이다. 알아야 할 바를 누구나 똑같이
알아야 한다고 여기는 것은 천박한 일이다."

顏淵問乎仲尼曰:「回嘗聞諸夫子曰:『无有所將, 无有所迎.』回敢
問其遊.」

仲尼曰:「古之人, 外化而內不化, 今之人, 內化而外不化, 與物化者,
一不化者也. 安化安不化, 安與之相靡, 必與之莫多. 狶韋氏之囿,
黃帝之圃, 有虞氏之宮, 湯武之室. 君子之人, 若儒墨者師, 故以是非
相韲也, 而況今之人乎! 聖人虛物不傷物. 不傷物者, 物亦不能傷也.
唯无所傷者, 爲能與人相將迎. 山林與! 皋壤與! 使我欣欣然而樂與!
樂未畢也, 哀又繼之. 哀樂之來, 吾不能禦, 其去弗能止. 悲夫, 世人
直爲物逆旅耳! 夫知遇而不知所不遇, 能能而不能所不能. 无知无
能者, 固人之所不免也. 夫務免乎人之所不免者, 豈不亦悲哉! 至言
去言, 至爲去爲. 齊知之所知, 則淺矣.」

【顔淵】 공자의 제자 顔回.

【所將】 가는 바. 사라져 없어지는 것.

【其遊】 ‘遊’는 ‘由’의 가차자. 이유, 까닭.

【靡】 ‘順’의 뜻으로 봄.

【狶韋氏】 고대 전설상의 제왕.

【黃帝】 중국 민족의 시조이며 軒轅氏로 불림. 土德으로 왕이 되어 黃帝라 칭함.

【有虞氏】 虞舜, 즉 舜임금을 말함.

【相蟹】 서로 공격함.

【皐壤】 들판. 原野.

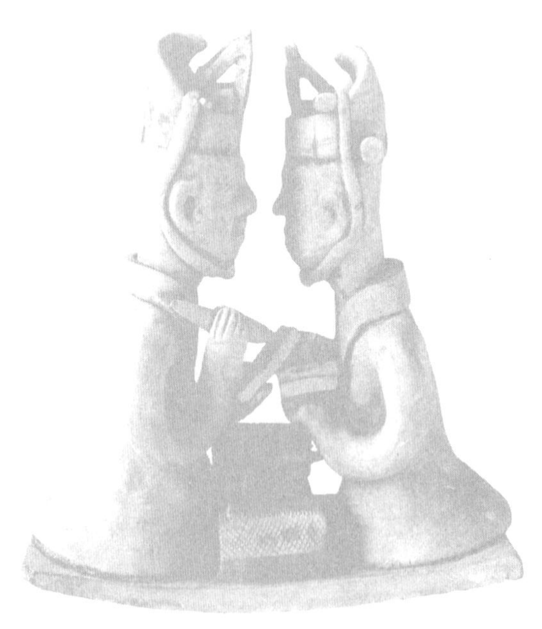

임동석(茁浦 林東錫)

慶北 榮州 上茁에서 출생. 忠北 丹陽 德尙골에서 성장. 丹陽初中 졸업. 京東高 서울
敎大 國際大 建國大 대학원 졸업. 雨田 辛鎬烈 선생에게 漢學 배움. 臺灣 國立臺灣師
範大學 國文硏究所(大學院) 博士班 졸업. 中華民國 國家文學博士(1983). 建國大學校
敎授. 文科大學長 역임. 成均館大 延世大 高麗大 外國語大 서울대 등 大學院 강의.
韓國中國言語學會 中國語文學硏究會 韓國中語中文學會 會長 역임. 저서에《朝鮮譯
學考》(中文)《中國學術槪論》《中韓對比語文論》. 편역서에《수레를 밀기 위해 내린
사람들》《栗谷先生詩文選》. 역서에《漢語音韻學講義》《廣開土王碑硏究》《東北民族
源流》《龍鳳文化源流》《論語心得》〈漢語雙聲疊韻硏究〉 등 학술 논문 50여 편.

임동석중국사상100

장자莊子

莊周 撰 / 林東錫 譯註
1판 1쇄 발행/2009년 12월 12일
2쇄 발행/2011년 10월 10일
발행인 고정일
발행처 동서문화사
창업 1956. 12. 12. 등록 16-3799
서울강남구신사동563-10 ☎546-0331~6 (FAX)545-0331
www.epascal.co.kr
잘못 만들어진 책은 바꾸어 드립니다.

*

*

사업자등록번호 211-87-75330
ISBN 978-89-497-0598-9　04080
ISBN 978-89-497-0542-2　(세트)